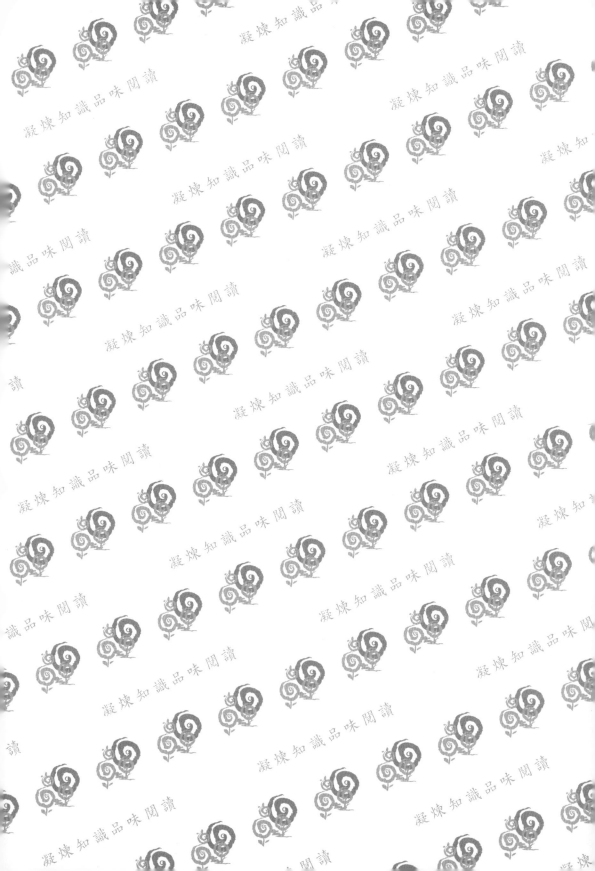

在中國革命的道路上

歷史巨變下的臺灣人

林德政 著

五南圖書出版公司 印行

再版序　省思臺灣人與中國革命

自一九一一年之後，一百一十二年來，中國一直處於動盪不安的局面中。

辛亥革命雖然結束兩千多年的君主專制，但是進入民主共和後，只是虛有其表，內憂外患接踵而至，自洪憲帝制後，是南北軍閥割據混戰，經北伐戰爭，勉強統一，然而緊接著新軍閥又起兵作亂，更嚴重的是中國共產黨對中國國民黨領導的國民政府之挑戰。

內憂之外，伴隨的是外患，中共就是藉著日本發動的侵中戰爭而苟延殘喘並壯大，抗日戰爭甫結束，國共兩黨之戰全面爆發，在慘烈無比的戰火中，雙方傷亡無數，血流成河，最終中共奪得政權，國民黨幸而有臺灣讓它敗退，臺灣做爲國民黨殘餘政權的避難之所，被迫扛起「反共復國」的旗幟。

流亡到臺灣的國民黨政權披掛「中華民國」外衣，蔣介石一直大聲吶喊「反攻大陸」，究其實，糧食生產者、納稅主體和當兵上戰場的主體都是臺灣人。海外則由於微妙的國際形勢，以及美國力挺，得以昂然屹立。

從辛亥革命以降，中國諸多重大事件，幾乎臺灣人都捲入其中，無役不與，然則觀看本書結論，那些先輩們的下場是如何呢？讀畢能不浩然長嘆嗎？

培根（Francis Bacon）告訴世人：「History make men wise」，願以此語和大家互勉之。

林德政

二〇二二年十月十二日寫於臺南．虎尾寮寓所

自序

這本書既是中國現代史的一部份，也是臺灣史的一部份，究其實，乃是臺海兩岸關係史的一部份。

著述本書的緣起，最早要追溯到讀國小的時候，當時學校要求小朋友回家問爸媽祖籍在那裡，爸爸不假思索說是福建省漳州府龍溪縣石碼鎮第廿八都，當下覺得那是一個有點古老又有點不合時宜的地名，尤其是那漳州府的「府」，以及第廿八都的「都」。爸爸接著說你的曾祖父可是清朝時代的秀才喔，本來準備好要去福州考舉人，卻因甲午戰爭無法成行。聽完後對祖籍中國、對福建漳州龍溪石碼開始有了概念，也對曾祖父林旭初秀才起了崇敬之心。小小年紀就經常思考中國、福建，心想那是多遙遠的地方啊，衆多臺灣人的祖輩爲什麼會橫渡海峽到臺灣來呢。從這裡，我開始反覆思索漢人渡海移民到臺的問題，也思索到臺漢人反過來渡海到中國參加科考及任官、經商等問題。進入大學歷史系後，我立志雙主修中國現代史與臺灣史，爲本書這個專題研究，奠下基礎。

一九九三年我第一次踏上中國大陸的土地，在福州認識楊玉輝先生，他是臺南人，日治時代畢業於臺南二中（今臺南一中），一九四六年以臺籍公費生到上海讀暨南大學，因國共內戰回不來臺灣，他告訴我當年從日治時到光復初期以及置身共黨中國的見聞，又介紹林江先生和我認識。和林江對談後，知道他的祖父翁瑟士、父親翁澤生都參與中國的革命，翁澤生且是臺灣共產黨的創始人之一，當下感覺到臺灣的歷史就在身邊。玉輝先生進一步介紹李克世先生給我認識，當下我從福州坐飛機到廈門採訪李克世（當時福州與廈門之間尚無高速公路、高速鐵路），驚訝獲知他父親竟然就是「二林事件」領導人李應章，李應章在事件之後逃到中國加入中共，說了一句話：「加入了中共，我終於和祖國的革命接上頭了」。二〇〇〇年夏天到重慶開會並蒐集資料，認識了清末臺灣進士許南英的曾孫女許沛小姐，她告訴我有關其曾祖父許南英和叔祖父許地山的一手事蹟。此時我下定決心，要把那一代進出中國參與革命的臺灣人史事書寫下來。

返臺後我前往臺北訪問嚴秀峰女士，她是臺灣義勇隊長李友邦的遺孀，訪談中看出她對其夫的深情，也得知李友邦當年被慘殺經過。一九九九年五月我認識戴國煇教授，他說在東京時與丘念台相熟，而我正進行丘念台的初步研究，他說訪談丘時，丘不讓他錄音。同一年十月認識蕭開平教授，他的父親與母親都是丘念台組訓的「東區服務隊」隊員，承蒙蕭媽媽黃素貞女士不棄，詳告我其夫蕭道應如何參加革命，又得知丘念台如何創辦東區服務隊，她還唱「東區服務隊隊歌」給我聽。僅僅幾年後，非常榮幸地又認識了「霧峰林家」後代林光輝先生，他是閩南軍司令林祖密的孫子、參與滇緬戰役九死一生的林正亨的侄子，和他認識之後，眞是一見如故，從他身上我看到「霧峰林家」這個臺灣首富家族的世家風範。光輝先生除了詳細述說他們林家與中國、臺灣緊密相連的家族史，也介紹丘念台的秘書林憲先生和我認識，當時林憲老先生高齡九十，精、氣、神飽滿，老先生記憶力驚人地對我詳述丘念台有關的種種事情。

口述歷史訪談做得差不多了，我開始深入檔案與文獻進行研究，檔案館跑了好幾個，在臺灣計有國史館、中國國民黨黨史館、中研院近史所檔案館；在中國計有重慶市檔案館、廣東省檔案館、福建省檔案館、廈門市檔案館、上海市檔案館、南京市第二檔案館、北京市檔案館、天津市檔案館等，在這裡我要向這些檔案館致上謝意。又廈門大學臺灣研究院聘我為訪問學人，該院劉國深、陳在正、陳孔立、李祖基、鄧孔昭諸教授給我協助關照，惠我良多。

這本專題研究，從立志研究與書寫開始，到出版已經二十年，曾經接受訪談與請教的耆老或學者，有的已經離開人間，如楊玉輝先生、黃素貞女士、張超英先生、林憲先生、戴國煇教授，遺憾不能在他們有生之年出版本書，心裡懷著愧疚，我永遠感念他們。

在我學習和研究中國現代史的過程中，給與我諄諄教誨的恩師有李雲漢教授、蔣永敬教授、胡春惠教授、陳存恭教授四位，他們奠定我研究中國現代史的基礎，我感激他們。胡春惠教授對我的治學與爲人處世，指導尤多，是我最敬愛的恩師，我在政大修讀博士時，他慷慨借我研究室，他現在擔任香港珠海大學文學院院長兼亞洲研究中心主任，專研聯省自治運動與韓國獨立運動在中國，享譽學界。陳存恭教授在他與夫人出國講學期間，把家裡的鑰匙交給我，囑我北上時去他家住宿，順便爲他看家，其信任我有若此。

在我學習和研究臺灣史的過程中，啓蒙老師是周宗賢教授、林衡道教授，進階老師是方豪教授，感謝他們帶領我進入臺灣史研究的領域。周宗賢教授授課很用心，安排的課程很豐富多元。林衡道教授是著名的「板橋林家」後人，曾任臺灣省文獻委員會主任委員，足跡踏遍全臺灣，對各地名勝古蹟如數家珍，他手提白蘭洗衣粉袋子，腳穿特大號皮鞋，親自帶領身爲學生的我們到艋舺、板橋、新莊做田野調查。我後來研究笨港媽祖之爭，著作《新港奉天宮志》時，到臺北他府上拜訪，請他爲該書撰寫序文，他親筆書寫，至今感念。方豪教授是中央研究院院士，也是開拓臺灣史研究的先驅學者，他的課就在臺北木柵溝子口天主堂他家上（方師是該堂神父），政大與臺大的研究生濟濟一堂，迄今難忘，當時上課諸同學至今還有聯絡的是劉靜貞，她現在和我一同在成大任教。如今林衡道、方豪兩位老師都已仙逝了，他們著作豐富，嘉惠後學，風範令人長相懷念。

本書數易其稿，方成今天模樣，距初稿已大不相同，初稿先後承蒙夏祖焯（夏烈）教授、呂芳上教授、王曉波教授、林能士教授、陳哲三教授、邵銘煌教授、劉維開教授，惠賜寶貴意見。廣東省委黨校曾慶榴教授，是著名的黃埔軍校史專家，多年來給我許多教導，情誼介乎師友之間，甚銘心坎。黃英甫教授單獨爲我一人講授高級日文，極爲感謝。張榮平先生講述其父張邦傑返臺後事蹟，本書未及補上，將另文處理。

這本書是研究上一輩在中國的臺灣人，主題扣緊在革命活動上，那些被研究、被探討的人物，現在除了史明，如今都已經不在人世，正是好好研究的時候。著者在進行研究時完全秉承著公正客觀、有幾分證據講幾分話的學術態度爲之，不涉統獨立場，請勿以統獨眼光看待本書。研究過程中，原本蒐集到的浩瀚材料，並沒有完全放入書中，因爲一限於篇幅，二限於議題。書中有所引述，均註明資料來源，書末不再羅列參考及引用書目，本書雖已盡力，但疏陋仍然難免，尚祈國內外學者專家指正，不勝感謝。

著者任教成功大學，多年來它提供安定舒適的教學與研究環境，讓所有任教其中的學者能夠安心教學與著述，本書能夠出版，首先要感謝成功大學恢宏的辦學傳統。其次要感謝五南出版公司董事長楊榮川先生、編輯人員，沒有他們的厚愛與支持，這本書是無法出版的，我也以本書能夠在五南出版感到榮幸，因爲五南出版的各類型書籍，都深具價值。

林德政
二〇一四年五月廿五日
於國立成功大學歷史系

目次

引論

第一篇　戰時中國大陸臺灣人的認同與紛爭——以親重慶國民政府的臺灣人為例

01　臺灣革命同盟會——推動臺灣革命運動、響應祖國抗戰、反「臺灣歸國際共管」　13

02　臺灣革命同盟會內部的紛爭與分裂　26

03　中國國民黨臺灣黨部的籌備與建立　32

04　中國國民黨臺灣黨部內部的紛爭——指控翁俊明把持黨部　38

05　紛爭平議與認同困境　59

第二篇　揭開臺灣人參加中國革命的序幕——辛亥革命

01　丘逢甲的革命之路——從擁護立憲到贊助革命的生命轉折　69

02　參與革命團體　84

03　捐獻革命經費　92

04 以臺灣爲革命後援基地的惠州之役 97
05 臺灣人參加辛亥革命起義 100

第三篇 從護法到北伐

01 林祖密組織閩南軍，護法行動功敗垂成 112
02 臺灣熱血青年在革命聖地廣州的革命行動 124
03 革命的搖籃——臺灣學生與黃埔軍校 148
04 北伐軍先鋒——林志民組建民軍遊擊隊 186
05 哭望天涯弔偉人——臺灣人哀悼孫中山 197

第四篇 參與反帝國主義運動

01 在上海革命大熔爐中的臺灣青年 208
02 上海的臺灣學生聯合會與臺灣青年團 219
03 閩南地區臺灣學生的反帝運動 226
04 上海大學與五卅運動 232
05 在五卅運動狂潮下——打倒帝國主義、爲死難烈士復仇 246

第五篇　對共產主義的嚮往——臺共從誕生到滅亡
01　前進莫斯科東方共產主義勞動大學　262
02　創建臺灣共產黨——主張「臺灣民族獨立」和「無產階級革命」　273
03　臺共的重建　291
04　中共干擾導致臺共內鬥　302

第六篇　在國共兩黨之間追尋
01　蔡孝乾參與中共長征　316
02　農民運動領導者李應章加入中共　332
03　延安取經——丘念台赴延安考察　342
04　丘念台創立廣東「東區服務隊」　369
05　李友邦創立「臺灣義勇隊」　382

第七篇　在抗日烽火中
01　臺灣志士與國民黨政府　411
02　臺灣志士與中共　438
03　臺灣人在戰場上　444

結　論　參與中國革命者的下場　459

引論

一、歷史巨變下的臺灣

太史公司馬遷在《史記》一書中，言其著史之目標是：「究天人之際，通古今之變，成一家之言」，這句話裡的「變」（Changing），指的是變化、變遷，乃是歷史演化過程中一個重要的元素。

中國歷史上，最巨大的一個變化是「辛亥革命」，這個發生在一九一一年由孫中山及其革命黨人領導的革命，推翻了滿清王朝，結束了中國自秦始皇以來二千多年的君主專制政體，開創了亞洲第一個民主共和國：中華民國，從此當家做主的不再是世襲的皇帝，而是人民。

辛亥革命後，中國在表面上是民主共和，但是因為變化太快，導致骨子裡還是在專制上打轉，政治運作上一下子無法合乎民主的要求，甚至還倒退，民國成立才四年，就出現袁世凱的洪憲帝制，革命黨人當初的理想無由實現，於是孫中山在反袁之後，繼續領導護法運動，接著是改組國民黨，實行聯俄容共政策，並發動國民革命運動，謀求推翻北洋軍閥，統一全中國。

而臺灣自一六八四年納入清朝版圖後，原本與中國已經同一歷史命運，雖然因為地理上被臺灣海峽隔絕在海外，再加上移民社會的特性，使得臺灣有著一些中國所沒有的特質，具有和中國各省相異的特殊性，但是既然是同一國，基本上臺灣與中國在政治、經濟、文化上還是有著密切的聯結，這種情況一直持續到一八九五年為止。

一八九五年對於臺灣人來說，是一個巨大的變化，因為這一年的四月十七日清朝和日本簽訂「馬關條約」，臺灣和澎湖割讓給日本，從此脫離中國，變成日本的殖民地，時間長達半個世紀，其間臺灣在政治上隸屬於日本，經濟上也從和中國的依存關係轉向日本，文化上更是被迫屈從日本化。馬關條約對中國而言，是失掉一塊土地，是割地加上賠款，中國近代史上本來就是一連串的割地和賠款，割讓臺灣也不是第一次失去領土，割臺當然心痛，當然不捨，但時間一久也就淡忘；可是對臺灣而言，就大不一樣了，那意味著臺灣人從此脫離母國，得面對異民族暴虐的殖民統治，以及異文化的衝擊，壓力是直接的，時間是長久的，臺灣人民如何因應？

乙未割臺對所有臺灣人來說，是一個「歷史巨變」，臺灣面臨了空前未有的大變化，之後臺灣人被異族殖民統治，所謂殖民統治，指的是不平等的統治、被壓榨的統治，殖民地人民的地位次於殖民母國的人民，是二等國民，殖民地的法律與母國的法律不同，日本在臺灣設置總督，他可以頒佈法律，如「六三法」，根據此法對臺灣人予取予求，有如臺灣皇帝一般。

當年李鴻章和日本伊藤博文簽訂馬關條約，割讓臺灣給日本，臺灣有識之士，立即向清廷陳情，反對割臺，請求收回成命不果，臺灣人民不得已而謀求獨立，在官紳領導下於一八九五年五月廿五日成立「臺灣民主國」，以原臺灣巡撫唐景崧爲總統，丘逢甲爲副總統兼義軍統領。既然祖國無力保護臺灣，臺灣人只好自己來抵抗日本的入侵，民主國的年號都還是取名「永清」，表示永遠擁戴清朝，意味著祖國不要臺灣，但臺灣還是永遠愛著祖國。

臺灣人雖然明知抗拒日本是不可爲的，但仍然爲之，所謂「知其不可而爲之」。臺灣人的民族意識，在乙未割臺一役上面，表現得淋漓盡致，許多可歌可泣的抗日史實，令人肅然起敬，感動莫名。

著名的臺灣文學家吳濁流，著作《亞細亞的孤兒》一書，書成於日治時代末期，第二次世界大戰的尾聲，當時臺灣被日本統治已經快五十年了，這本書內容所指涉的是臺灣人內心深層還是隱含著「孤兒心態」，即臺灣是被祖國的中國所遺棄的「孤兒」。

「馬關條約」第五條規定割臺後臺灣人可以自由選擇國籍，但是只有少數人有條件選擇離開臺灣回到祖國的中國，分析原因：

第一，欲回中國的人，得有相當的錢財，首先他就得有一筆相當的旅費，才能夠攜家帶眷坐船渡過臺灣海峽。

第二，幸能回到中國再進而抵達閩、粵原鄉祖籍地的臺灣人，得有更多餘的錢財購置田產，興建房舍，以便在祖籍地安家落戶，否則坐吃山空，如何生活？

總之，當時爲了躲避日本殖民統治，爲了國家民族意識，而選擇回到中國的臺灣人，人數是非常少的，最大的制約因素是必須擁有較大的財力，但畢竟擁有大財富者，爲數甚少，即使擁有財富，也不一定認爲日本統治和清朝統治有何嚴重區別。所以乙未割臺之初，選擇回到中國的臺灣人，第一類，首先是商賈巨戶，第二類是知識份子。

第一類，最著名的是「霧峰林家」以及「板橋林家」。他們是巨室，是士紳，家人也有獲得科舉功名者，如捐納或以正途取得舉人、秀才等，算是紳商合一的階層。在這一類當中，有一部份人的財富稍遜上述兩大林家，但是在地方上也可以算是富甲一方，他們在乙未一役後同樣離臺出走到中國，如著名的屏東「茄冬蕭家」。[1]

第二類，此類大多是純粹的知識份子，擁有科舉功名，以著名的丘逢甲、許南英、施士洁三進士爲代表，他們或多或少地參加了「臺灣民主國」及乙未抗日之役，事敗後選擇回到祖國原鄉。另外則有各地區的士紳，例如嘉義朴子黃鴻翔舉人家、嘉義新港林維朝秀才家等。

以上兩類，霧峰林家與板橋林家的家屬一部分定居在中國、一部分則依舊回到臺灣。三進士的丘逢甲、許南英、施士洁則定居於中國。至於其他如：茄冬蕭家的蕭光明，則是回到廣東原鄉四年之後又重返臺灣。新港林維朝秀才，也是在臺灣局勢安定後，又重返回臺灣。其中丘逢甲是父子、兄弟，幾乎是全家一起遷回中國。[2]

---

1 蕭家祖籍廣東梅縣，清嘉慶年間，蕭達梅渡海來臺，初至臺南，後定居於茄冬腳（今屏東佳冬六根村），以釀酒爲業。至蕭光明時，在台南、東港、佳冬一帶經營貿易，並從事碾米及染布生意，經營有成，成爲南臺灣一大家族。

2 丘逢甲的哥哥丘先甲（一八五七—一九一七）回中國爲時甚短，即返臺定居，最後終老臺灣。

二、參加中國革命的臺灣人

臺灣割讓給日本後，中國進入革命派與改革派的對峙中，改革派亦稱立憲派，最初以康有爲、梁啓超爲首，試圖把中國帶上君主立憲國家的道路上，其後有更多的官紳加入。革命派以孫中山爲領導人，提倡革命，推翻滿清，建立民國，歷經十七年，在一九一一年的十月發動武昌起義，推翻清朝，建立民國。此後中國內憂外患不斷，最後進入國民革命、共產革命的鬥爭中。

大約同一時期，臺灣在日本殖民統治下，不同於丘逢甲、許南英、施士洁等傳統功名的新一代出生了，他們多數人是在一八九五年之後出生，更多的人是一九〇〇年世紀之際誕生，他們這些人受了日本語文基礎教育，乃至中學教育，甚至高等教育。有了新的思維，他們有的人反日，有的人則無所感。至於如何反日、抗日？都有了新的思考方式，而反日的人有溫和派的，也有激烈派的，其分際都有脈絡，也都在現代史上留下足跡。有的臺人在臺灣本土反日或抗日，有的臺人則跑到祖國的中國去反日或抗日。

北伐統一之前，中國處在軍閥割據混戰的局面中，也處在帝國主義欺凌宰割之境，國幾不國，自顧不暇，根本就沒有能力過問臺灣的事情，因此這個階段，到中國的臺灣有志青年，雖然組織所謂臺灣革命團體，但都只能是學生團體的性質，或是同人團體的性質，本身力量是很小的，並且他們也是各自爲政，互不統屬。既非中國政府授意，更非中國政府資助經費。

政治和經濟狀況都混亂不堪的中國，國民黨改組給自身帶來了新生，更給中國帶來了希望。一九二六至一九二八年的北伐，史家稱其爲「再革命」或是「大革命」，出師前，回返中國的臺灣青年，趕上了國民黨改組、實行聯俄容共的大時代，熱血青年進入黃埔軍校就讀，用以學習軍事。更有臺籍左翼青年加入中共，甚至在中國成立臺灣共產黨。反帝國主義運動的洪流中，臺灣青年也參與其中。

臺灣人加入北伐，是他們自動自發的行爲，中國無論是北洋政府或是統一前後的國民政府，都沒有明確的臺灣政策，一直要到抗日戰爭爆發，國民政府方才有比較明確的所謂臺灣政策，也開始資助和輔導臺灣抗日團體。

另一方面，延續著臺灣左翼青年對共產主義的嚮往，繼續有絡繹不絕的臺灣青年前往所謂革命聖地的延安，投入中共陣營；與聚集在重慶投入國民黨陣營的臺灣青年，兩者相互輝映。

日本領臺的五十年間，一批又一批的臺人陸續踏上中國，參與中國革命。這一批人在回到中國後，其所從事的革命活動可說是臺灣抗日運動的延伸，也是中國近現代民族運動及反帝國主義運動不可或缺的一部份，在相當程度內，他們的活動與臺海兩岸關係的歷史進程進行了連結。

這種連結顯現在孫中山之逝，也顯現在反帝國主義思潮。例一：一九二五年四月，杭州孫中山追悼會上，臺灣女青年謝雪紅說：孫中山的逝世，使全國人民掀起了未曾有過的大規模反帝愛國運動高潮，我回到祖國馬上投入這個運動中，這就促使我很快決意參加革命。[3]例二：一九二七年三月九日，臺灣青年林文騰、張深切、張月澄，在廣州發起「孫中山先生逝世二周年紀念」，表達對孫中山的崇敬，並謀求中國民眾支持臺灣的革命，不要忘記臺灣同胞。三月十三日他們在廣州示威遊行，散發「孫中山先生逝世二周年敬告中國同胞書」三千份，文件對共產主義、三民主義有所評述，極力肯定孫中山的三民主義。

在中國革命的道路上，臺灣人有加入中國自身的革命，也有從事臺灣光復運動的，對於中國革命的態度，有此看法：「我們需要援助中國的革命，但不能相信中國革命的成功，就等於臺灣革命的成功，所以我們不需要參加任何派別的鬥爭」，臺灣青年也知道這個主張雖然未受反對，但事實上則不受歡

---

3 謝雪紅口述，楊克煌筆錄，《我的半生記》（臺北：楊翠華出版，二〇〇四年），頁一七二。

迎。[4]

臺人對臺灣與中國的關係體認極深，認爲臺灣人應認清時局，熱烈參加中國的革命：「臺灣也是東方弱小民族之一，雖然與中國同祖同宗，但被日本帝國主義者的壓迫與蹂躪，其所受的慘痛，確實超乎中國數倍，中國現在已進入革命發展的階段，我臺胞應認清時局的趨勢，急起直追，熱烈參加祖國的革命」。[5]

面對國、共的殊途發展，當時候連中國人都被迫做出選擇，更何況是臺灣人？因此臺灣人有的加入國民革命、有的則加入共產革命。到抗戰爆發，臺人成立「臺灣革命同盟會」，稱：「獨立論與附歸論已無重要」，從此臺灣革命就是復歸祖國的復省運動。[6]

三、臺灣人的認同抉擇

本書所指涉的臺灣人，可以分成兩類：第一類，日本主權正式進入臺灣之前，已經居住臺灣，在日本對臺灣行使統治權之際，匆匆離開臺灣，他們自認爲臺灣人，並未取得日本國籍，實際上他們也不會願意取得日本國籍。終其一生，他們始終懷念臺灣，至死不渝，這一類臺灣人，最明顯的例子是割臺之際離臺的科舉士群，代表人物是丘逢甲、許南英、施士洁等。他們生於清領時期，成長於清領時期，離臺時年紀已經三十歲或四十歲以上。他們對臺灣的思想理念有時也影響到第二代子女，例如丘逢甲之子丘念台也視爲臺灣人，就是明顯的例子。

4 張深切，《里程碑》（臺中：聖工出版社），第二冊，頁二二一。

5 張深切，《里程碑》，《張深切全集》，第一卷，頁三三四。

6 一九四二年臺灣革命同盟會第二屆大會文件，國民黨黨史館藏。

第二類，出生於清領末期或是日治初期甚至更後，他們在日本領臺時還是幼年、少年，或是之後才出生。這些人受到日本語文教育，按其受教育的深淺，而不同層次地掌握日本語文，如讀到中學，或讀到高等以上學校，甚至讀到大學，不同的學歷對日本語文的掌握當然有所不同，他們當然取得日本國籍，對日本的歷史文化有一定程度的認識和瞭解。這一類臺灣人與上一類臺灣人不同，他們到中國，有些人成為抗日運動者，有些人則成為日本通，提供日本情報給中國政府。

以上兩類，人數最多的是第二類，也是本書論述的另一個重要對象，因此凡屬日治時期居住在臺灣地區，擁有日本國籍受日本統治當局掌控的臺灣人民而離開臺灣到中國進行革命活動者，都是本書所要討論的對象。儘管在那個情況下的臺灣人，其實際狀況是二等國民，是被日本殖民的殖民地人民，與日本人地位不平等，不能平起平坐。相對於當時的中國人而言，「臺灣人」是不同的、另類的，文化雖然相同，國籍卻不同，臺人是日本統治下的殖民地人民，而日本是中國的敵國，日本人是中國的敵人，因而臺人有時也被中國人敵視。

在此定義下的臺灣人，即使他離開臺灣回到中國，他仍然是擁有日本國籍的臺灣人，在國籍法上受到日本的管轄和制約。在這種情況下，臺灣人，特別是回到中國的臺灣人，其處境難免就產生各種各樣的問題，若是在中日兩國處於和平狀況時，問題可能不會太大，但是一旦中日兩國處於緊張乃至於戰爭狀況之下時，那些臺灣人的處境可能就非常尷尬，甚至是危險了，他們在中國，有些不免要隱藏臺籍的身份，在一九三七年中日兩國正式爆發戰爭後，這種情況就非常明顯，但即使如此，當時還是有不少臺灣人被監禁，甚至因而死亡。

臺灣人把中國當祖國，但是回返中國，往往又被當成是日本人派去的間諜，被當作漢奸，面臨生命威脅。在臺灣人心目中，原本中國是遺棄他們的，甲午戰爭打了敗戰就簽馬關條約把臺灣割給日本，難道臺灣人要認同日本嗎？日本明明是壓迫臺灣人的殖民者，不把臺灣人平等對待，怎麼能認同它？即使臺灣人認同它，它也只是虛情假意，只想要臺灣人當做砲灰。在困惑的情況下，到底臺灣人要認同誰？有時他們不禁要捫心自問，中國人背棄我，我爲何還要爲它效忠？

有志氣的臺灣人不能認同日本。不能認命、有強烈漢族民族意識的臺灣人，面對日本殖民統治的差別待遇，更是無法認同日本！民族主義是驅使臺人反日、抗日的原動力。但是反抗日本，要付出代價，不是關押就是殺戮，尤其是以激烈手段反日，主張激烈反抗日本的人，他們以爲如果反抗不成就逃出臺灣到中國。

並非所有去中國的臺灣人都參加革命，而那些臺灣人爲何參加中國革命呢？以參加中國革命的臺灣人而論，他們參加中國的革命，目的之一是希望中國救臺灣，背後的文化意識很濃厚，背負著故鄉人的期待與熱愛，有救亡圖存之心，他們想到中國搬救兵。部份臺灣人是希望與中國共同抗日，等了將近五十年啊！結果祖國始終沒有來救臺灣，一直等到第二次世界大戰爆發，才有轉機。目的之二是身爲漢人與中華民族，很自然地就參與救中國的革命活動。

臺灣人在乙未割臺後，一方面推動臺灣島內的抗日運動，另外藉由響應或參與中國抗戰，期望對日抗戰勝利，臺灣人可以脫離日本統治，獲得自由。在中國漫長的革命過程中，從辛亥革命、北伐到抗戰，部份臺灣人認爲中國若能打敗日本，臺灣方可自由解放。正如一九四〇年三月廿九日「臺灣革命團體聯合會」宣言所宣誓：

> 吾人決以三民主義及抗戰建國綱領為今後運動之總則，在我民族領袖蔣委員長領導之下，集中一切臺灣革命勢力，推翻日本帝國主義在臺灣統治，爭取臺灣同胞之自由解放。同時加緊動員臺胞，擴充「臺灣義勇隊」，協助祖國英勇將士，驅逐倭寇出中國。惟吾人深感責重力薄，切望臺胞奮起合作，中外父老隨時指導，以輔其成。即臺灣幸甚！中國幸甚！

臺灣人滿懷愛家愛鄉的救國理想，赴中國參加革命，從近現代臺灣歷史的角度出發加以觀察，或者從臺灣兩岸交流的角度觀察，赴中國參加革命的臺灣人，是不可或缺的一群，他們不僅豐富了中國革命的內涵，且在統計學上，有著特殊意義，例如說統計辛亥革命過程中，中國各省區有多少人參與其中，臺灣人不缺席，可以出現在統計圖表上，那就顯出歷史意義了。還有，到中國參加革命的臺灣人，如同「海外臺灣人」這個群體裡特殊的一組，原本就是秀異的的一群人。他們讓日本統治當局頭痛，也讓中國當局覺得可以運用，本身具有充分的研究價值。

從辛亥革命、抗戰到國共鬥爭的亂世之中，將近五十年，中國動盪不已！對臺灣人而言「認同」錯亂了，這是中國各種各樣的原因造成的，辛亥革命結束，中國依舊混亂，軍閥割據混戰不已；北伐後，國共分途，臺灣人無所適從。

「中國革命」是去中國參加革命的臺灣人的舞臺，他們在舞臺上上下下、進進出出，他們把生命的熱血無私地奉獻給他們的祖國，而搭建中國革命主要舞臺的人，是國民黨人與共產黨人，因此本書把焦點集中在國民黨和中共身上。

千里迢迢地到中國參加革命的臺灣人，必定是熱愛祖國，必定是認同祖國，想以祖國為依靠和奧援，然則他們的認同對了嗎？是否產生紛爭？其實情為何？

第一篇

戰時中國大陸臺灣人的認同與紛爭——以親重慶國民政府的臺灣人爲例

一九一一年廣州三二九之役，臺南進士許南英的兒子許贊元參加進攻兩廣督署的隊伍，僅以身免；一九一二年就讀臺北醫學校的翁俊明，因為福建籍同學的介紹，加入「同盟會」；一九一七年孫中山提倡護法，霧峰林家子弟林祖密捐款又組閩南軍予以響應；一九二四年六月黃埔軍官學校開辦，李友邦、林文騰、林萬振、黃濟英、陳辰同、楊春錦等臺灣青年報考獲錄取，成為黃埔軍校生；同一年中山大學創校，謝東閔、張深切、何塗生、張月澄等臺生報考獲得入學；一九二六年北伐首途，陳辰同與楊春錦死在砲火中。[1]

上述之外，還有不屬於那些時代大洪流中的，是個別的，也是零星的，甚至是在偶發的狀況下，前往中國的，如劉啓光，連震東、謝南光、李萬居、宋斐如、黃朝琴、何非光、黃國書、鄒洪、林士賢、陳尚文、游彌堅等人。

這一連串的舉動，連結了臺灣人和國民黨的紐帶關係，他們向著國民黨，也向著三民主義。往後更把回到中國的部份臺灣人帶向重慶，帶向重慶國民政府的網絡中，也帶向中國現代史、臺灣現代史的洪流中。

---

1 有關就讀黃埔軍校的臺灣學生，參見林德政，〈黃埔軍校的臺籍學生〉，臺北：《近代中國》，第一六〇期，二〇〇五年三月。

01 臺灣革命同盟會——推動臺灣革命運動、響應祖國抗戰、反「臺灣歸國際共管」

一、從臺灣革命團體聯合會到臺灣革命同盟會

抗戰爆發前，臺籍人士在中國，業已成立許多以抗日、反日爲目標的政治性團體，其後歷經整併以迄抗戰爆發，臺籍人士跟著遷到重慶，相繼組成的復臺團體，主要是「臺灣革命團體聯合會」及「臺灣革命同盟會」。

「臺灣革命團體聯合會」於一九四〇年三月廿九日成立於重慶，是在翁俊明及劉啓光奔走下，以原在華南一帶活動的臺灣抗日革命團體「臺灣獨立革命黨」與「臺灣民族革命總同盟」爲主體合組而成。一九四〇年七月廿五日，此會再併入陳友欽、柯台山主持的「臺灣青年革命黨」和「臺灣國民革命黨」。

中國國民黨中央執行委員會任用書

任用翁後明同志
為直屬台灣黨部執
行委員會主任委員
總裁 蔣中正
中華民 三 月 八 日

國民黨任用翁俊明證書。（翻拍黃敦涵編著，《翁俊明烈士編年傳記》一書）

「臺灣革命團體聯合會」於三月廿九日成立，日期選在中國革命史上具有重大意義的黃花崗烈士死難紀念日，當天發表成立宣言。強調「加緊推動臺灣革命運動，響應祖國抗戰」。宣言中提到：

甲午戰後割於日本，五百餘萬臺胞，從此淪為日本帝國主義之奴隸牛馬，任其所欲，屠殺欺凌，臺胞為求解放，四十餘年來，前仆後繼，革命運動未嘗一日或懈。七七事變後，更聞風響應，……組義軍、與生產、施醫療，以必死之決心，馳騁於祖國戰場之上。蓋以臺灣就種族歷史各方面言，均與祖國有不可分之關係，祖國抗戰與臺灣革命乃一物之兩面，非相輔為用，不足以速其成。……，加緊推動臺灣革命，對於祖國抗戰，實有莫大之幫助。……，中國欲速獲最後勝利，而保持國家之強盛於久遠，必須援助臺胞重獲自由解放；臺胞欲變奴為主，亦必須協助祖國抗戰。[2]

臺灣革命團體聯合會成立後，陸續有一些臺人組成的小黨加入，如十一月上旬，張邦傑領導的「臺灣革命黨」也加入臺灣革命團體聯合會。但是因爲組織鬆散、聯絡不易、缺乏群衆基礎等原因，臺灣革命團體聯合會再合併「臺灣革命黨」，於一九四一年二月十日，正式成立「臺灣革命同盟會」於重慶，號稱擁有一千多名會員。[3]

臺灣革命團體聯合會秘書長是劉啓光。以其在重慶，聯絡方便之故，此團體從史實看，其實只是一個過渡性的團體，可以說是爲成立臺灣革命同盟會而鋪路的。該會在一九四〇年五月間，就臺灣革命問題函詢中國國民黨中央，請明示對於臺灣問題的具體政策，以爲該會活動之綱領：

一、中央希望臺灣之根本政策如何？

（一）中央希望臺灣完全復歸祖國？抑由日本脫離後，保持獨立形態，受祖國保護？

（二）臺灣受日本統治已久，社會形態與祖國略有不同，倘實行復國，中央對臺灣政制，擬採如何辦法？

2 《臺灣先鋒》第二期，一九四〇年五月十五日。

3 參見呂芳上，〈臺灣革命同盟會與臺灣光復運動一九四〇—一九四五〉，《中國現代史專題研究報告》，第三輯，臺北：中華民國史料研究中心，一九七三年九月。

二、中央對臺灣革命運動之具體意見如何？
（一）組織問題？
（二）統層問題？
（三）目前之中心工作？
（四）可否幫助臺灣革命同志建立武裝？
三、中央對回國參加抗戰之臺胞的國籍問題，擬以如何處理？
（一）可否不經法律手續，即可取得中華民國公民權？
（二）可否請通令全國，保護臺灣革命同志？[4]

「臺灣革命團體聯合會」之所以會有這個請示舉動，乃是不久前，即一九四〇年三月，國民黨當局開始積極地規劃臺灣政策，三月卅日國民黨總裁蔣中正致電朱家驊、教育部長陳立夫、王芃生，請策動日、韓、臺革命運動，內謂：

汪逆傀儡登場在即，我方對倭亟宜加大打擊，贊助日本、臺灣、朝鮮的各項革命運動，使其鼓動敵國人民，群起革命，如罷工等等，以騷擾敵之後方，減其侵略勢力。即希兄等負責約同日、韓、臺在渝之革命首領，會商籌劃推動為要。[5]

---

4 朱家驊檔，中央研究院近代史研究所藏。
5 朱家驊檔，中央研究院近代史研究所藏。

當時朱家驊擔任國民黨中央黨部組織部長，陳立夫是國民政府教育部長，王芃生是軍委會國際問題研究所所長，朱家驊接到蔣中正指示後，立刻邀約陳立夫、王芃生、徐恩曾等人開會研議，除了陳、王、徐等三人，朱還邀了三民主義青年團的康澤與會，為的是要商討成立國民黨臺灣黨部以及如何開展對臺工作，而要開展臺灣工作，就得有臺籍人士參加其間，但是當時朱家驊對臺灣人還不熟悉，經查有劉啓光者曾在政治部工作，爲此他請教政治部長賀衷寒，問該部是否有臺籍人士，賀介紹劉啓光給朱，而劉啓光正是「臺灣革命團體聯合會」的主要負責人。

劉啓光在一九四〇年六月廿日致函朱家驊，除了敘述重慶臺人開會接受國民黨中央領導，是達成臺灣革命之唯一途徑外，並請求朱接見，以便詳陳臺灣革命同志之願望，內謂：

> 前奉面諭設法使臺灣革命團體事實上與中國國民黨發生統屬關係，以利革命事業之開展，……職當即正式召集留渝同志開會，傳達我公諭示，結果各同志咸以直接接受中央領導，為達成臺灣革命目的之唯一正確途徑，而熱烈擁護我公主張。然以中央對臺灣革命運動之方針，向鮮宣示，茲為進一步了解中央意旨，作為具體決定臺灣革命策略之基礎起見，決即推派職及謝南光、宋斐如等為代表，晉謁我公及中樞負責指導臺灣革命運動之各長官，請示機宜。……伏惟臺灣革命運動之能否及時展開，對我抗建前途，不無相當影響。[6]

就以上原始文件所披露的，在有關成立臺灣團體一事上面，可以看見國民黨當局確實是扮演催生與

6 朱家驊檔，中央研究院近代史研究所藏。

主導的角色，但文件中透露的是組織國民黨臺灣黨部，然而當臺灣黨部還在籌備時，另一個不是國民黨當局規劃下的臺灣革命同盟會卻也跟著成立了。

在朱家驊指示劉啓光「設法使臺灣革命團體事實上與中國國民黨發生統屬關係，以利革命事業之開展」的情形下，重慶臺籍人士一則積極聯絡籌組成立國民黨臺灣黨部；二則積極合併原有各自獨立的革命團體。

首先是臺灣革命同盟會成立，其時間是一九四一年二月十日，成立地點是重慶，成立典禮上，國民黨中央各部長官多人蒞臨。臺灣革命同盟會會章第二條說明其宗旨是：「在中國國民黨領導之下，以集中一切臺灣革命力量，打倒日本帝國主義，光復臺灣，與中國協力建設三民主義新中國」，[7]據此可知，此一團體受國民黨支配，會總部設在國民黨及國民政府所在地的重慶，深受國民黨影響，也就可以斷定。

表面上，臺灣革命同盟會是臺籍菁英組成，似乎是臺籍人士主導成立的，實則在此會建立的過程中，臺籍菁英的意願不是沒有，柯台山便說當時臺人在重慶出入漸多，該如何組織，爲國家盡一份心力，便成爲大家一致的目標，乃決定成立臺灣革命同盟會。[8]但實際上，如上所述，國民黨扮演著更重要的催生和主導角色。

---

7 臺灣革命同盟會會章第二條，載《臺籍志士在祖國的復臺努力》（臺北：中國國民黨黨史委員會，一九八〇年六月），頁二〇六。

8 許雪姬訪問，曾金蘭紀錄，《柯台山先生訪問記錄》（臺北：中央研究院近代史研究所，一九九七年六月），頁四〇。

二、臺灣革命同盟會的組織與活動

（一）組織

臺灣革命同盟會成立之初，分爲南方執行部、北方執行部及重慶本部，本部設主席團，設三位主席。[9]根據一九四三年三月廿三日，中國國民黨中央執行委員會調查統計局派員調查，該會自一九四二年三月改組後，改設常務委員三人，由謝南光、李友邦、宋斐如等擔任。本部下設總務、組織、宣傳、行動等四部，各部設主任一人。

總部下設四部：總務部、組織部、宣傳部、行動部，各部負責人如下：

總務部：郭天乙。

組織部：謝掙強。

宣傳部：林嘯鯤。

行動部：李萬居。

執行委員十三人：宋斐如、林嘯鯤、李建華、謝南光、林忠、蘇華、李友邦、牛光祖、李祝三、柯台山、洪石柱、黃光華、張邦傑。

候補執委五人：莊澤民、王正西、王少華、張大江、呂柏鏞。

監察委員五人：翁俊明、廖建第、馬志德、李明法、李建蘭。

候補監委二人：林士賢、鄭榮明。

北方執行部設在浙江金華、南方執行部設在福建漳州，以進行後方及淪陷區之革命活動爲主，前者

9 中國國民黨黨史館藏檔，特一七，二，一。

由李友邦負責，後者由張邦傑負責。[10]

初期該會設有分會二：直屬分會三；第一分會，設於福建漳州，由李祝三、陳澤生任正副主任。第二分會，設於重慶，由林海濤、謝掙強任正副主任。第一直屬區分會，設於廣東曲江，柯台山為主任，第二直屬區分會，設於廣東惠陽，丘念台為主任。之後分會數目逐漸增加，到一九四三年年底，計有西南、泰和、福建、曲江、廣州灣、汕頭、廈門、上海八個分會。一九四三年三月間，臺灣革命同盟會召開第二屆代表大會時，南方執行部決議取消，北方執行部未明文取消，但因位於前線，實際上幾無活動。分會中的西南分會在一九四二年六月十一日成立。[11]

此外，該會曾計劃在臺灣島內的高雄、臺南、臺中、臺北、澎湖等處設立直屬區分會。[12]以臺南為例，負責人莊孟侯是臺南人，生於一九〇一年，畢業自臺灣總督府醫學校，是開業醫生，一九二一年十月十七日臺灣文化協會創立時，即率先加入。[13]

10 呂芳上，〈臺灣革命同盟會與臺灣光復運動：一九四〇—一九四五〉，《中國現代史專題研究報告（第三輯）》，臺北：國史館印行，一九七三年九月，頁二七七。

11 重慶，《中央日報》，一九四二年六月十二日，第五版。

12 中國國民黨黨史館藏檔，特一七，一，一，一〇。

13 林德政採訪記錄，《黃英甫教授訪問記錄》，台南黃宅，二〇一四年二月十日；莊璧君女士二〇一四年三月七日來函，她是莊孟侯之女。

莊孟侯，臺灣革命同盟會南臺灣負責人，醫生出身。（黃英甫提供）

（二）宣傳

臺灣革命同盟會成立後，其宣傳主題主要與反日、抗日有關，如舉行臺灣淪陷紀念日、六一七紀念大會、召開會員大會、發表反日宣言，以及創辦刊物等。

1. 招待陪都文化界及報界

一九四二年三月，臺灣革命同盟會在重慶召開臨時代表大會，為加深中國文化界瞭解臺灣革命情勢，促進收復臺灣起見，曾在重慶招待文化界及各報記者，由李友邦、宋斐如、林嘯鯤報告臺灣情勢，來賓代表丁超五委員，黃少谷廳長，及宋淵源等，各報亦刊行消息，介紹臺灣，使中國同胞加深認識臺灣，瞭解中國必須收復臺灣，臺灣為中國戰後之國防生命線。

2. 光復宣傳週與宣傳大會

一九四二年四月五日，臺灣革命同盟會在重慶抗建堂舉行「光復臺灣宣傳大會」，由覃理昭副院長擔任大會主席，章淵若代表吳鐵城秘書長，司徒德代表孫科院長，黃少谷廳長代表政治部，發表演說，到會民眾一千餘人，當晚又在中央廣播電臺舉行無線電廣播宣傳大會，由梁副部長、吳茂蓀及林嘯鯤分別以中、英、臺語廣播。

陪都各報社為響應臺灣革命同盟會之光復宣傳起見，皆闢專欄，登載中國各部門負責人士有關光復臺灣之言論。

3. 六一七紀念大會

一九四二年為臺灣淪陷四十七週年紀念，臺灣革命同盟會在六月十七日當天於重慶舉行紀念大會；

福建同志在永安、漳州，同時舉行大會，發行特刊。選在六月十七日那天，原因是一八九五年的六月十七日日本正式佔有臺灣，臺灣總督府把這一天訂爲「始政紀念日」，但是臺灣人則把它訂爲「恥政紀念日」。

4. 反對國際共管，臺灣應回歸祖國

一九四二年四月五日，臺灣革命同盟會在重慶舉行「臺灣日」紀念活動，召開第二屆大會及復臺宣傳大會，宣稱關於臺灣的革命，過去曾有獨立論與復歸論的論爭，已無需要，從此之後，臺灣革命運動也就是臺灣復歸祖國的復省運動。七月七日，臺灣革命同盟會發表「告國人書」，言抗戰已五個年頭，世界情勢已完全明朗，只有釜底抽薪，徹底圍剿敵國日本。[14]

一九四三年，《生活》、《時代》、《財訊》等美國三大雜誌，發布「臺灣歸國際共管」之言論，傳至中國，臺灣同胞紛函至美國反對國際共管。四月十七日爲馬關條約簽訂四十八週年紀念日，臺灣革命同盟會舉行紀念會，發表宣言及「告祖國同胞書」。宣言說「本會領導臺灣革命之方針，素以歸宗祖國爲中心」，「無論任何異族統治臺灣，均爲吾人所反對」，後者則言有人主張戰後臺灣由國際共管，該會認爲這是駭人聽聞的事情，言如果這個主張實現，則臺灣同胞將永無翻身之日，中國國防永無建設之時，該會呼籲大家共同攜手建設三民主義的新臺灣。[15]

一九四三年十一月廿一日至廿八日，臺灣革命同盟會第三屆代表大會在重慶舉行，發表宣言，表示臺灣回歸祖國的決心。此次大會正值「開羅會議」舉行，中、美、英三國領袖蔣中正、羅斯福、邱吉爾在埃及首都開羅開會，商討對日作戰共同戰略，十一月廿三日三國領袖交換作戰意見，十二月三日正式

---

14 重慶：《中央日報》，一九四二年七月七日，第十版。

15 重慶：《中央日報》，一九四三年四月十七日，第三版。

發表公報，宣稱「三國之宗旨在剝奪日本自從一九一四年第一次世界大戰開始在太平洋上所奪得或佔領之一切島嶼，在使日本所竊取於中國之領土，例如東北四省、臺灣、澎湖群島等歸還中華民國」。

一九四五年二月十三日，該會在重慶舉行第四屆代表大會，發表宣言，呈國民政府蔣主席電，言將加強工作，效命疆場，盡忠報國。又致美國麥克阿瑟將軍電，言光復菲島，捷電遙傳，聞風起舞，本會全體同志以作前驅，共伸正義。[16]

5. 對敵宣傳及對臺廣播

臺灣革命同盟會成立後，不斷地發動對日本廣播宣傳，在重慶方面，每星期五、六及星期日，在中央廣播電臺由柯台山及謝掙強擔任臺語廣播。在閩、浙方面，由李友邦指導「對敵廣播班」進行日語廣播。在福建永安方面，由謝南光指導同志做廣播宣傳，定期分析敵國日本之政治、軍事、經濟情勢，說明日寇必敗之原委，加強必勝信心，宣傳戰後建設「三民主義新臺灣」，消滅剝削壓迫之一切帝國主義之罪惡，建立堅強康樂之新臺灣。

6. 發行「新臺灣」及編印叢書

臺灣革命同盟會發行多種刊物，謝南光負責籌備發行《新臺灣》期刊，該刊由謝南光擔任社長，林嘯鯤擔任主編，共出兩期。部份會員一九四四年五月創辦《東南海雜誌》，一九四五年四月創辦《臺灣民聲報》。[17]

16 重慶：《中央日報》，一九四五年二月十五日，第三版。

17 有關東南海雜誌，參見林德政，〈戰時旅居重慶的臺籍人士：以東南海雜誌的言論與影響爲中心〉，臺中：《臺灣文獻》，第五十三卷第四期，二〇〇二年十二月。有關臺灣民聲報，參見鄭梓，《戰後臺灣的接收與重建：臺灣現代史研究論集》（臺中：新化圖書公司，一九九四年）。

該會並編印《臺灣叢書》，旨在宣傳三民主義及臺灣相關事情，並教育同仁。

(三) 行動

曾在臺南南門發動襲擊警察所，並散發宣傳品。發動襲擊區內日軍司令部，及儲油庫，由謝南光、李友邦會同漳州新九師，分三路潛入，是役結果，炸斃敵兵三十餘名，敵司令部一部被炸，並將敵在浮嶼角之油庫完全炸毀。「臺灣革命行動隊」於一九四二年六月十七日起至七月一日止，發動襲擊廈門三次，常委謝南光赴漳州，與預九師副師長兼政治部主任蔡賢俊共商武力襲廈門事，得其同意，武器交通船及指揮由蔡副師長負責，武力由臺灣同志擔任，計分三組，由軍統局之臺灣同志及臺灣革命同盟會行動處行動隊，分別擔任工作，由陳澤生、陳次山、呂伯雄及許逸民等率領行動隊同志，破壞日軍司令部、興亞院、廈門聯絡部、油庫、及襲擊市民大會，該役隊員紀志能因運軍火中途被捕，在水警總隊四樓墜樓殉職。

(四) 會務狀況

臺灣革命同盟會採常務委員制，由三名常務委員輪流執事，每隔兩週或一個月會面一次，交換意見。會務紀錄很簡單，到會者每人簽名，等於是會個面。若有研究資料，即提供給黨部參考。當時屬國民黨系統的臺籍人士，因爲安全顧慮，都未公開列名，其他各參加團體也如是。成員當中，不是常住在重慶的，都是開會或是洽公申請經費時，才會到重慶，例如李友邦便是，他的堂哥李祝三，畢業黃埔軍校第六期，他每年至少去重慶一次，報告「臺灣義勇隊」狀況，主要是整理帳目，後來他改派謝掙強前往。[18]

18 許雪姬訪問，曾金蘭紀錄，《柯台山先生訪問記錄》，頁三九。

（五）國民黨對臺灣革命同盟會的批評

對於臺灣革命同盟會，國民黨方面認為「殊少其他成績表現」。一九四三年的國民黨資料如此評斷：「除去年四月間曾發動光復臺灣宣傳大會，及六月間為文告臺灣同胞及發動紀念「六一七」（臺灣淪陷日）外，殊少其他成績表現」。[19]

雖然國民黨對臺灣革命同盟會不是很滿意，但是如果沒有國民黨的協助與指導，臺灣革命同盟會的誕生乃至運作，處在戰時中國的艱難狀況下，必定增加更多的困難。

分析臺灣革命同盟會的工作成果，絕大部份都是靜態的，主題都是反日或抗日，這對於提醒中國人勿忘收回臺灣一事大有助益。[20]

19 中國國民黨黨史館藏檔，特一七，一，一，一〇。
20 中國國民黨黨史館藏檔，特一七，二，三，三四。

02 臺灣革命同盟會內部的紛爭與分裂

臺灣革命同盟會內部的紛爭，主要是環繞在兩大問題上，一是「經費問題」，二是「權力問題」。社會上任一團體裡面，成員中誰能爭取到較多的經費，誰就可以爭到較多的支配權，權力也會隨之而來。而爭到了權力，也就能有更多的經費使用權，並發揮更大的影響力，經費與權力，兩者之間相輔相成。臺革會要角之一的張邦傑在戰後回顧那段期間的紛爭問題，以為他當時與李友邦、謝南光之間爭的就是臺灣革命同盟會的領導權。[21]

（一）經費問題

一九四一年五月八日，距臺灣革命同盟會成立才三個月，李友邦、張邦傑、陳式鵬、林士賢、柯台山等人向國民黨中央提出「擁護翁同志及不信任劉同志案」，這其實就是在分化翁俊明與劉啓光。

他們的理由是：

1. 劉啓光在外走漏黨內到香港組黨消息。

翁俊明：國民黨臺灣黨部首任主任委員。

21 林德政訪問記錄，《張榮平先生訪問紀錄》，二〇一三年八月四日，臺北張宅。張榮平是張邦傑之長子。

2. 劉啓光假冒組織部名義，威脅同志，對張邦傑說朱家驊部長不滿意張將入黨書直接送組織部，擬將其扣留，藉以挑撥離間黨員對中央黨部之信仰。

又說劉啓光濫用工作費，五月一日翁由港匯來國幣六千元，以作張邦傑、陳式鵬、林士賢、柯台山、劉啓光五同志之旅費，翁指定給張二千元，實際張只領到一千元，陳、林各得一千二百元，其餘二千六百元都被劉所吞沒，而給柯台山的旅費旋在五月四日被收回。又說劉散佈謠言，對李祝三說將解散同盟會，又在政治部及福建同鄉會之間散佈臺灣同志分裂消息。他們宣稱「爲保持黨內秘密並維持團結起見，不能再信任劉啓光參與黨務工作。[22]

根據一九四二年六月八日，國民黨中央組織部公函中央秘書處，說臺灣革命同盟會請求備案一案，本會過去以該會未臻健全，當先移交臺灣黨部籌備處切實指導，現准臺灣黨部籌備處轉送該會會章及職員名冊，核准備案，函覆臺灣黨部籌備處轉知。[23]

這顯示臺灣革命同盟會成立後一直沒有得到國民黨當局同意備案，國民黨當局認爲該會「未臻健全」，這也反映出重慶國民黨當局對它的態度。

（二）權力問題

一九四二年三月，臺灣革命同盟會在重慶召開第三屆臨時代表大會，主席李友邦討論提議多件，其中導致紛爭的是調整組織機構，特別是廢除南、北方執行部及選舉執監委等案，由於事關張邦傑，尤其是南方執行部被撤廢，張邦傑不滿，立即致電國民黨中央，否認臺革臨代會決議案，言會章規定主席團主席及執監委之任期均爲二年，連選得連任，所以他南方執行部的主席及各執監委的任期，需至

22 朱家驊檔，中央研究院近代史研究所藏。

23 中國國民黨黨史館藏檔，特一七，二，一，八。

一九四三年二月乃爲屈滿，張攻擊李友邦在重慶召集少數私人揑開臺革代表大會，違反會章，變更組織，任意改選，事前均未徵求同意，以個人意見妄行改選，所有提案，蓋難承認，懇下令糾正。[24]

張邦傑擔心寫了上述那封信不夠，在一九四二年四月廿日，再度寫信給國民黨總裁蔣中正，意思相同，但是加強對李友邦個人的指摘，他說：在重慶成立的臺灣革命同盟會，訂定會章，選舉執監委員，以及主席團，都分別呈報有案，當時他被選爲主席，負責南方執行部，而李友邦則負責北方執行部，方冀分工合作，殊途同歸，不料李友邦懷有異心，欲將整個同盟會置於個人控制之下，在重慶召集少數私人，擅開臨時代表大會，變更組織，改選執監，他攻擊李友邦之野心，想要控制整個同盟會，利用此名義以向中央要求組織臺灣光復軍，以及爭取參政員名額，以達其個人植黨營私之謀，任意妄行，破壞臺革力量之團結。[25]

國民政府軍委會收到後，五月一日即發文交給國民黨中央秘書處查照辦理，中央秘書處再交給組織部辦理。

除了致函給國民黨中央、給蔣中正，張邦傑一九四二年三月廿五日，寫有另一封信，這封信函他特別以臺灣革命同盟會南方執行部主席的名義，在福建漳州，致電國民黨中央組織部長朱家驊，指責李友邦在重慶召集少數人擅開代表大會，違反會章，任意改選，事前均未徵求同意，所有提案概難承認，請下令糾正。[26]

凡此顯示張邦傑與李友邦不合，也表示臺籍人士之間難合作。

---

24 中國國民黨黨史館藏檔，特一七，一，二，三三。
25 中國國民黨黨史館藏檔，特一七，二，一，六。
26 中國國民黨黨史館藏檔，特一七，二，一，三。

對於張邦傑所指陳的問題，謝南先回覆指出事前找張商量過，張也同意的，卻在事後推翻。謝南光一九四二年在五月十日致函張邦傑，加以反駁。關於同盟會內部團結問題，謝南光指出在漳州時就曾與張邦傑等人詳加討論，擬定辦法，並將其要旨託洪同志帶浙江金華與李友邦洽商，但是沒料到謝南光甫離漳州，尚未抵省，洪亦在路中，張邦傑等人已將原議推翻，發出通電兩則，此事在漳州，謝已極力反對，亦爲張所熟悉者，今日竟於謝離漳州之第二天，通過議決發出通電，且將謝的名義列入，實乃愚弄謝，謝南光說同志之意見既不能互相尊重，當無團結可言，幹部會議事，謝今後絕不與聞，張自爲之可也。[27]

（三）同志分裂

由於張邦傑假冒謝的名義，通電反對臺革會第二屆代表大會，請正視聽，以繫臺灣統一局面。謝南光非常不滿張邦傑，乃通電和他絕交，電文說張邦傑假冒他的名字，通電否認同盟會第二屆代表大會事，已去函申斥，聲明與他斷絕關係。[28]

聲明和張邦傑絕交後，謝南光聯合臺灣革命同盟會常務委員李友邦、宋斐如於一九四二年六月廿三日致函國民黨中央黨部，駁斥張邦傑假藉謝南光之名義。謝南光文中說：執行委員張邦傑假冒常務委員謝南光名義，聯電反對臺革會二屆大會提議增加常委，及執監委數目，張邦傑分電黨政軍當局，內容多感情用事。本屆大會事前曾分電各地同志，徵求意見，福建同志紛紛來電提案多件，其中謝南光、洪石杜，更提案廢止南方執行部，消除地方割據，得大會滿場擁護，張邦傑來電之假冒早在意料之中，近得福建各同志來函詳告，張邦傑在閩，行爲招搖乖謬，不但隨便假冒，且多背信違約，又如張邦傑、陳友

27 中國國民黨黨史館藏檔，特一七，二，一，八。

28 中國國民黨黨史館藏檔，特一七，二，一，八。

欽誣告第二屆臨時大會，實無視既往事例，故意爲難，因臺革會同志分散各地，行止無定，一向全體組織之集會，均以適當集會及大部同意爲依據，依習慣法解釋，原無不可，況福建同志大部來電提案，胡可誣爲非法？張邦傑電稱大部被排斥遺棄，實與事實不符，提議增加翁俊明、柯台山、陳友欽、及范某爲常委，再增加執監委三十八名，更是多此一舉，翁俊明被選爲主任監委，柯台山及張邦傑被選爲執行委員，陳友欽則因當時港變，行止不定，未被選出，至張電所說范某，同志皆不知其爲何許人，本屆執監委人選，仍以沿海佔大多數，至於減少數目，乃在矯正過去空泛散漫之弊，致使民主集權工作靈活，張邦傑及其他同志應熱心臺灣革命工作，努力加強漳州單位，勿計較一屆常委之落選。

謝南光等人根據閩南同志的報告，指出張邦傑對於團體的決議，經常不遵守，例如謝南光、洪石柱、陳友欽、陳澤生等曾與張邦傑協議，說好在沿海適當地點，召開執監委會議，解決一切，而張竟中途背約，通電胡爲，紊亂工作之推進，爲仇者所快，親者所痛，謝南光最後暗指張邦傑等爲「不肖份子」，他說如果有不肖份子誹謗本會者，務懇嚴加駁斥，以維繫吾臺統一局面，不獨臺胞幸甚，抗戰建國亦幸甚也。[29]

（四）解決之道

由於臺灣革命同盟會內部紛岐太過於厲害，同盟會重要幹部之一的宋斐如寫信給國民黨中央黨部秘書長吳鐵城，信中對臺灣革命同盟會萌發消極態度，他首先說「臺灣革命同盟會因各派意見紛歧，工作較難著實開展」，擬定兩種新辦法，「一：組織新團體，二：刷去現有不純會員，集中權限」。

宋這裡所主張的，意謂把臺灣革命同盟會置之不顧，另起爐灶，重頭開始之意嗎？如果不是臺灣革

29 中國國民黨黨史館藏檔，特一七，二，一，八。

命同盟會已經到了難以彌縫的地步，怎會出此下策？

宋這封信在一九四二年十二月二日發出，也就是說距該會之成立不過是一年十個月而已。

宋在信文中略謂：臺灣情勢隨戰爭之發展，日益有利，苟有適當辦法及經費，必可開展組織，宣傳及調查工作，促使我黨主義得以普遍宣揚於臺灣，而完成失地大業，早日設立臺灣行政機構，並成立臺灣省黨部，便利工作之進行，臺灣革命同盟會各派意見紛歧，工作難開展，擬定新辦法，一：聯合實幹而確能深入敵後者，組織新團體，二：刷去現有不純會員，集中權限，俾便專權專職推進工作，此事尤為臺灣黨部所要求，擬以命令執行，惟若採取一項辦法，重新組織，則需中央將前此宋斐如所請補助費每月五千元撥交新團體，並增加金額，以便擴大工作，原同盟會所屬團體，如敵後之臺灣民族先鋒隊，皆可聽新團體調動。[30]

當時臺灣革命同盟會成立不滿兩年，問題已經出現，從宋斐如所說「刷去現有不良會員」一語，可見當時會中人員確實已有相當歧見。

30　中國國民黨黨史館藏檔，特一七，二，一，一二。

03 中國國民黨臺灣黨部的籌備與建立

一、臺灣黨部的籌備

國民黨臺灣黨部的成立，如前所述，是因為一九四〇年三月卅日總裁蔣中正主動指示，國民黨中央才緊鑼密鼓地籌備起來，朱家驊於一九四〇年四月廿六日向蔣中正報告籌劃情況，說明約集陳立夫、王芃生二人首次會談，並以徐恩曾、賀衷寒、康澤、李超英四人與此案有關，亦約其參加會談。明白指出將成立國民黨臺灣黨部：內謂：

> 臺灣本我轄地，茲擬迅速成立本黨黨部，為工作便利計，暫用化名，查有前在政治部供職之劉啓光君，係臺灣籍，當先約其談話，俟議有具體辦法，再呈請核定經費及負責人員。[31]

當時臺籍人士劉啓光曾在軍事委員會政治部工作，彼此都認為臺人組織名目多，不是一件好事。國民黨組織部長朱家驊也有同感，就與王啓江，劉啓光會商統一臺灣革命組織。劉建議成立「中國國民黨中央組織部直屬臺灣黨部籌備處」，而非建議「臺灣革命同盟會」，可見當時的重點在於成立黨部。

一九四〇年八月間，朱家驊數次約晤翁俊明，洽談籌備成立國民黨臺灣黨部事宜。軍統局副局長戴

31 朱家驊藏檔，中央研究院近代史研究所藏。

笠懷疑翁俊明對國家的忠誠度，於一九四一年二月致函朱家驊，提醒其注意翁在香港的若干行動，如：翁乃是由日本領署援助而在港註冊行醫、加入福建同鄉會十分活躍，又以醫院掩護無行醫執照之臺人石霜湖設美容院，石霜湖乃臺灣總督府間諜，該美容院實爲間諜機關，而俊明醫院爲臺奸出入繁雜之地，行跡可疑。但朱家驊回函言：翁俊明係黨的老同志，早年加入同盟會，致力臺灣革命數十年，此間臺灣同志均知其人，並欽佩之。[32]

最後經過國民黨中央常會討論，再呈總裁蔣中正核可，一九四〇年九月「中國國民黨臺灣黨部籌備處」正式成立於重慶，籌備處主任一職，國民黨中央組織部任命翁俊明出任，秘書劉啓光擔任，駐重慶辦事處主任林忠擔任。其它幹部如下：

組訓科長：陳哲生。

宣傳科長：李自修。

總務科長：葉永年。

臺灣島內工作：北部由周望天、南部由莊孟侯負責。

廣西桂林站由謝東閔負責。[33]

翁俊明，臺灣臺南人，一八九二年一月出生，臺灣總督府臺北醫學校畢業，早在醫學校就讀時，因爲中國來臺的同學王兆培的介紹而加入中國革命同盟會，奉孫中山委派爲臺灣通訊員，積極吸收同學入會，蔣渭水、蘇樵山等醫學校同學就受他影響而加入了同盟會。一九一三年因痛恨袁世凱專權，決

32 參見秦孝儀主編，《臺籍志士在祖國的復臺努力》，頁三一六—三一七。

33 司馬思眞，〈中國國民黨與臺灣：追記光復前的臺灣黨務〉，《中央日報》讀書週刊，臺北：中央日報，一九四九年。中央研究院近代史研究所朱家驊檔剪報。

定帶自己所培養的霍亂細菌與杜聰明、蔣渭水，搭乘「信濃丸」經日本神戶轉赴北京毒殺袁世凱，孫中山正巧與其同船，翁欲與孫會見，爲日警所阻，及抵日本神戶，翁經由華僑商會會長引見，乃得向孫中山報告此行目的。至於孫中山對於此事之反應，一說翁獲孫中山嘉其壯志，但亦有一說，因翁言將以霍亂細菌投入自來水廠毒殺袁世凱，孫中山雖嘉許其志氣，但恐波及無辜的市民，認爲方法不對而勸阻其行。[34]後翁俊明到北京後，因爲袁世凱周圍警衛嚴密，殺袁事並未成功。翁一九一四年醫學校畢業，回中國，先後在廈門、上海開設俊明醫院，一九二九年再回廈門行醫，以醫生身份從事反日運動。[35]一九三八年五月廈門被日軍攻陷，翁出走香港，再前往重慶參與國民黨臺灣黨部籌備工作。

一九四一年二月間，翁俊明奉命從重慶出發前往香港籌備成立臺灣黨部，劉啓光隨行，此一階段爲秘密革命活動時期，黨部籌備期間，「臺灣革命同盟會」成立於重慶。臺革會是由臺灣革命同志李友邦、李萬居、劉啓光、張邦傑、陳友欽等聯合各團體組織而成，已如前述。

臺灣黨部籌備處在香港展開工作，首先是組織「臺灣思宗會」，藉以掩護，思宗會以翁俊明個人名義號召，活動時從三月十日開始，至六月九日止，此後即進入組織臺灣黨部實際工作。[36]臺灣黨部自籌備處到正式立部，可以分爲下列幾個階段：

（一）香港籌備階段

一九四一年五月三日，中國國民黨中央直屬臺灣黨部籌備處，開始在香港分科室辦公，但是日本侵略愈來愈厲害，成立未滿八個月，即當年十二月八日，太平洋戰爭爆發，香港不久亦淪陷於日軍之

---

34 參見邵銘煌，《探索林祖密：新印象、新風貌》（臺北：海峽學術出版社），頁一一〇。

35 司馬思眞，〈中國國民黨與臺灣：追記光復前的臺灣黨務〉。

36 朱家驊檔，中央研究院近代史研究所藏。

手，翁俊明於一九四二年一月逃出香港，步行到廣東惠陽，再歷經艱辛經韶關抵達廣西桂林，[37]二月到重慶，經請示中央後，將臺灣黨部籌備處遷至廣東韶關。五月，在韶關籌辦「臺灣黨務工作人員訓練班」，九月再遷江西泰和，進入臺灣黨部籌備處的第二個階段。

（二）江西泰和訓練階段

爲培養黨部骨幹，一九四二年九月五日國民黨中央組織部在江西泰和舉辦「臺灣黨務人員幹部訓練班」，第一期班主任翁俊明，副主任李協中，教育長宋斐如。訓練期間三個月，學員共六十人，其中二十三人由「臺灣義勇隊」選拔保送，二十二人由張邦傑選拔軍中臺籍幹部保送，其於十五人由臺灣革命同盟會各負責人推薦。訓練班工作人員，除班主任、教育長外，均由副主任李協中從江西黨部借調。[38]

受訓學員六十人，其成分，中有三十人是廣東梅縣人，二十四人爲閩南人，五、六個爲臺灣人，臺人有藍敏、翁武烈等，翁是翁俊明之子，就讀廈門大學，特別休學一年來泰和參加受訓。[39]泰和是江西省戰時省會，國民黨中央組織部長朱家驊曾於一九四三年六月下旬，帶國民黨重慶市黨部主任委員楊公達到廣西、廣東、湖南、江西、貴州等省視察，行跡所至，特別到戰時廣東省會曲江及戰時江西省會泰和等地。[40]

---

37 劉本炎，〈翁俊明獻身黨國智仁勇風範長存〉，臺北：《中央日報》，一九八一年二月二日，第十版。

38 謝文玖，《耿耿此心在：翁俊明傳》（臺北：近代中國出版社，一九七七年），頁二三〇。

39 許雪姬訪問，曾金蘭紀錄，《藍敏先生訪問記錄》（臺北：中央研究院近代史研究所，一九九五年），頁六六。

40 胡頌平，《朱家驊先生年譜》（臺北：傳記文學出版社，一九六九年），頁五三。

（三）福建漳州立部階段

在國民黨大力支援以及翁俊明等人奔走聯絡下，至一九四三年三月十五日，國民黨臺灣黨部終於正式成立，地點是在福建漳州陸安西路四號，該址樓下是翁俊明診所，樓上則是黨部辦公室。臺灣黨部籌備處正式升格爲直屬臺灣黨部，是由國民黨總裁蔣中正簽發，翁俊明從籌備處主任升爲首位主任委員，書記長則由林忠出任。令人不解的是原先參與策畫戳力其間的劉啓光，沒有在幹部名單之列。臺灣黨部成立不滿八個月，當年十一月十八日，主任委員翁俊明即猝逝。

黨部成立之初設委員七人，他們是：陳邦基、郭天乙、丘念台、謝東閔、陳棟、楊萬定、廖啓祥。[41]

臺灣黨部成立後，內部管理方面出現了問題，一九四三年六月廿二日，國民黨臺灣黨部主任委員翁俊明下條子給管理人事的李樹賢，內中說到：「今後對於不請假而又擅離職守者，應嚴密考察，隨時報告秘書或書記長」這反映出當時臺灣黨部內部的散漫，上班時擅離工作崗位，不當一回事，可說敬業精神不夠，反應臺人互不團結。[42]翁俊明爲肅立綱紀才有此舉措。

抗戰期間國民黨臺灣黨部之活動地點，主要是在江西、福建、廣東一帶，而非在重慶，國民黨中央計劃讓臺灣黨部打入臺灣本島，進行日本殖民統治下的破壞工作，其設有臺灣南北各一個聯絡人可知，但從日後事實看，並沒有具體成效。

（四）福建永安階段

翁俊明逝後兩個月，一九四四年一月國民黨臺灣黨部遷往福建永安，永安當時是福建省的臨時省

---

41 司馬思眞，〈中國國民黨與臺灣：追記光復前的臺灣黨務〉。

42 謝文玖，《耿耿此心在：翁俊明傳》，書中所附檔案。

會，臺灣黨部駐在這裡，直到抗戰結束，臺灣光復，才遷回臺灣臺北。

二、臺灣黨部與臺灣革命同盟會的關係

臺灣革命同盟會早先是國民黨「臺灣黨部籌備處」指導，等於說臺灣黨部是臺灣革命同盟會的上級指導，

國民黨臺灣黨部於一九四〇年九月以「中國國民黨臺灣黨部籌備處」雛形開始在重慶籌備，一九四一年二月正式成立籌備處，臺灣革命同盟會雖在一九四一年二月成立，但遲至一九四二年六月八日始獲國民黨中央同意成立籌備處，且是在臺灣黨部的指導之下，以此來看，國民黨臺灣黨部是臺灣革命同盟會的上級機關。

爲什麼國民黨遲遲不給同盟會核准成立籌備處呢？根據一九四二年六月八日，國民黨中央組織部（部長朱家驊）公函中央秘書處，說臺灣革命同盟會請求備案一案，本會過去以該會未臻健全，當先移交臺灣黨部籌備處切實指導，現准臺灣黨部籌備處轉送該會會章及職員名冊，核准備案，函覆臺灣黨部籌備處轉知。[43]

臺灣革命同盟會的活動，國民黨一直是在掌控之中。在臺灣黨部籌備的過程中，臺籍人士出現了雜音，在國民黨中統局工作的柯台山準備另謀活動，被國民黨察覺，一九四一年二月廿八日，朱家驊爲此特函中央調查統計局，加以阻止，朱言臺灣黨務已由總裁核准，派翁俊明負責，柯台山不可另謀活動。[44]

43 中國國民黨黨史館藏檔，特一七，二，一，八。

44 朱家驊檔，中央研究院近代史研究所藏。

04 中國國民黨臺灣黨部內部的紛爭——指控翁俊明把持黨部

一九四〇年三月，國民黨當局為了推動臺灣的抗日運動，指示國民黨中央組織部負責人朱家驊、陳立夫，儘快建立臺灣黨部，經一番籌畫，一九四一年二月，「中國國民黨中央組織部直屬臺灣黨部籌備處」在香港正式成立，國民黨中央任命翁俊明為籌備處主任，由曾經任職於國民政府軍委會政治部的臺灣革命團體聯合會秘書長劉啓光擔任秘書，下設組訓、宣傳、總務三個科和二個聯絡站，已如前述。

一九四三年十一月十八日，翁俊明在福建漳州猝逝，疑是被毒殺而死，但案情一直沒有偵破，成為國民黨黨史上的懸案之一。有關翁俊明的死因，據上所述，疑為黨內同志所為。

另有一說則是日本人所為，因翁俊明派同志滲入日偽竊取情報及勸說臺籍同胞反正等反日行動，而遭日本間諜利用女工下毒身亡，事後有人將食物殘渣給豬吃，豬也中毒[45]。翁俊明身亡後，主任委員先由書記長林忠暫代，之後委派王泉笙繼任，但王因事無法蒞任，由書記長蕭宜增暫代。

一九四四年一月，臺灣黨部由漳州遷往永安。一九四四年三月，為做好收復臺灣的準備，蔣中正批准成立國防最高委員會中央設計局「臺灣調查委員會」，負責準備接收臺灣的全盤工作，選派對臺灣事

45 參見邵銘煌，《探索林祖密：新印象、新風貌》，頁一一五。

務有一定瞭解、曾任福建省主席的陳儀擔任臺灣調查委員會的主任委員。

一、針對翁俊明的指控與翁之回應

國民黨臺灣黨部自成立起，就紛爭不斷，紛爭的本質是爭奪權力，爲名爲利而奪權，爲經費而奪權。至於紛爭的焦點集中在黨部籌備處主任委員翁俊明一人身上。

（一）柯台山領銜控告翁俊明把持黨部，不給同盟會錢

一九四三年一月，臺灣黨部還在籌備階段，柯台山領銜夥同林嘯鯤、謝掙強控告翁俊明。林嘯鯤是臺灣革命同盟會宣傳部主任，柯台山是臺灣革命同盟會執行委員，謝掙強則是臺灣革命同盟會組織部主任。他們三人聯合上呈給國民黨中央黨部秘書吳鐵城，控告翁俊明：

臺灣黨部籌備處成立，因劉啓光別有企圖，一面慫恿翁俊明，一面蒙蔽朱部長，竟將委員制之黨部，一變而為主任制，並將黨部密設香港，將一般熱心黨務之臺灣革命同志，摒棄門外，閉門造車，僻處年餘，浪費國家財帛數十萬，其結果一無成就，香港失陷後，翁俊明、劉啓光聯袂來渝，翁劉發生極端衝突，翁俊明即將一切罪惡諉諸劉啓光，並允請求黨部改為委員制，故劉啓光負氣出走，孰知年來翁俊明一仍舊慣，把持黨部，對於同盟會毫無發生聯繫，且不與分文補助，尤可怪者，名謂臺灣黨部，而不收容臺人，以致同人等，迄今被摒於臺灣黨部門外，求盡黨員職責亦不可能，如此作風，焉能發展臺灣黨務，至於其他錯誤之事，不一而足，同人等誼關桑梓，不願自傷萁豆，諒組織部自能調查，為求速將臺灣黨部改為委員制，以

便集思廣益。[46]

在這裡柯台山指責翁「浪費國家財帛數十萬，其結果一無成就」，又說他將黨部「密設於香港」，其實黨部設香港是奉國民黨中央的命令，並非是翁個人的意思，柯台山不明究裡，胡亂指控。

除了翁俊明被攻擊，宋斐如也被攻擊，一九四三年七月五日，宋斐如自廣西桂林寫信給國民黨中央黨部秘書長吳鐵城，信中透露「去年為訓練黨務工作人員事離渝，彼輩竟以斐入臺灣黨部，故爾排斥」：至於臺灣革命同盟會，斐擬不過問，「因李友邦、謝南光、林嘯鯤等輩，門戶之見太深」，斐去年爲訓練黨務工作人員事離渝，彼輩竟以斐入臺灣黨部，故爾排斥，竊以臺灣同盟會經斐半年刻苦整理，發動「臺灣日」，鼓動輿論，而總會基礎始略定，親自奔走，終得吾公批由中央按月補助五千元，斐於銘感厚德及責任重大之餘，乃決計南下巡察各地情形，終得與港滬歸國同志密切接觸，並於敵後開闢路線，西南各地亦已組織分會，乃特於兩月前，提議總會設立西南分會，並報告新成立區分會，不料彼輩竟不顧以前之決議，否認新成立之區分會，並對新提案一概否決，斐認爲「沿海工作重於重慶，桂林可聯絡廣州灣、廣州、東江、贛北、鄂北等路線，尤需設置分會統轄，而彼輩竟以門户偏見，予以排拒」，斐因不願抗戰內部發生糾紛，故退回舊時全國性抗戰崗位。[47]

從宋斐如的陳述看，柯台山、林嘯鯤、謝掙強三人對翁俊明的指控，主觀與成見確實太多，翁固然有錯失之處，但柯、林、謝三人又豈全無私心，且所指陳的率多情緒之詞。

---

46 中國國民黨黨史館藏檔，特一七，二，三，三七。

47 中國國民黨黨史館藏檔，特一七，一，二，三二。

（二）柯台山單獨控告翁俊明迫害

中國國民黨「中央直屬臺灣黨部」經歷多年籌備後，終於在一九四三年三月十五日，正式成立，然而還沒有正式成立，內部紛爭就已經開始了。

臺灣黨部正式成立前兩個月，即一九四三年一月廿四日，柯台山向國民黨中央秘書處秘書長吳鐵城，控告翁俊明「摧殘臺灣革命同志，離間中臺感情」，「排除異己」，說翁俊明種種不法，請徹底查辦。[48]

柯台山的控告，說臺灣黨部成立後，翁俊明、劉啓光等，用盡種種方法，取得主任與秘書地位，即便實行排除異己，擯諸革命同志於黨部門外，以致黨部與臺灣絕緣，虛設於香港，說他自己乃專為臺灣革命同盟會而努力，來往沿海，敵區，與同志等於自立更生之下，從事向臺灣開展黨務，積極幫助中國抗戰，因此益招翁俊明之妒忌，蓋恐台山等有所成，就於己不利，故迭思加害摧殘，苦無機會，去年十月初旬，台山偕初由臺灣潛返中國青年共十名，由廣州至曲江，「乃聞組織部在泰和開辦臺灣黨部訓練班，為欲加強臺胞對於三民主義之信心，故特與翁商量，將同志六名交其訓練，孰知翁俊明佯為允諾，實則圖謀加害，及台山等抵衡陽，即被翁俊明以臺灣黨部名義函請衡陽警備司令派武裝二十餘，捆押於衡陽縣黨部，」翁數日後又派秘書艾光暐偕同泰和調統室人員前來衡陽，將柯台山等人押解泰和，一面電中央組織部誣告圖謀不軌，希望將台山等置之死地，復謀將強逼解散台山等另一部份同志，幸中央明察，電令釋放，然台山等已被拘押數月，受盡痛苦，幾遭不測，似此濫用職權，假借中央之命，利用當地機關，陷害同志，任意破壞吾偉大黨紀黨德，若無其他企圖，絕不出此卑劣手段，無非因其虛設黨

48 中國國民黨黨史館藏檔，特一七，二，三，三五。

部，騙取經費，揑造工作，嫉妒賢能，等等劣跡，恐爲同志等所偵知而洩漏，是以先發制人，司馬昭之心路人可見，似此陰險狠惡之人，使其辦理臺灣黨務，實無異使虎衛羊，遣貓護鼠，凡吾臺胞，孰不聞聲卻步，台山因歸中國多年，早蒙中國甄淘，深知中國愛護臺胞，無微不至，故雖受其無端加害，尚不灰心，唯初從敵區歸來同志，一經翁俊明如此摧殘，對於敵人之種種惡宣傳，反而信以爲眞，大都搖首嘆息，甚而放聲痛哭，此種離間中臺感情之事，實有逾敵人十萬傳單，明爲辦黨，暗以助敵，無論有心無心，其罪當無可挽，總裁曾昭示吾人曰，於敵有利者，於我必有害，翁俊明之摧殘臺灣革命同志，與離間中臺感情，當屬有利於敵，有害於我抗戰。[49]

對於柯台山的指控，國民黨秘書長吳鐵城批交部下研辦。三天後，即一九四三年一月廿七日，國民黨中央秘書處秘書及主任張壽賢、潘公弼兩人就柯台山呈文，擬就辦法，略謂：「查臺灣工作亟待設法開展，不幸黨部尚在籌備，而意見則已分歧，感導勸化，固宜稍假時日，而相機運用，自應特爲審愼」，兩人將柯台山等先後所呈各件，簽註意見如下：

1. 請確定臺灣革命同盟會惟臺灣革命領導機關一節，謹按，領導云者，要在本身能自立自強，初非全憑扶植，該同盟會如能努力奮鬥，內得全臺人民之擁護，外得中國上下之信賴，則領導權之獲得，自無問題。

2. 增加同盟會補助費一節，謹按現在由中央月給五千元，在物價高漲之今日，恐只能維持少數人之生活，以言推動工作，殊不可能，似應酌予增加，俾資運用，但應斥其將組織及活

49 中國國民黨黨史館藏檔，特一七，二，三，三五。

動情形，會員及幹部名籍等詳報備查。

3.改組臺灣黨部一節，謹按此事由組織部主管，擬將所控各點，抄送朱部長核辦，同時宜勸勉翁俊明同志，力持大體，廣徵臺籍同志，精誠團結，共圖光復，切不宜狹隘自私，自趨分裂。

4.請設立臺灣行政訓練班，及軍事幹部訓練班二節，謹按此項人才固應預為儲備，惟訓練幹部尤為當務之急，該同志等如能確實舉出優秀同志，有猷有為，可共大事者，可引見考核，保送各種訓練機關受訓，以資深造。

5.請總裁召見同盟會高級幹部一節，謹按，總裁日理萬機，如無必要，似不宜數數煩瀆，擬斥其開列姓名詳歷，由鈞座代為接見。

6.所呈臺灣黨務開展計畫，雖極詳密，但有無如許人才，環境是否可能，殊均難於臆測，除將關於軍事部分密送何總長外，其餘各點，似可飭其因時因地，相機推動，如確有成績，當不惜重金補助。以上各項是否可行請查奪，又第二款如蒙裁可，應請核定增加數目，以便遵行。

國民黨秘書長吳鐵城的批示是：交「調統局」辦理，並審查該會工作情形再酌增加經費與否，餘如擬。[50]吳的批示等於說沒有具體答應其請求。

同一天，一九四三年一月廿七日，柯台山寫「臺灣感事詩」四首，對翁俊明極盡攻擊、污蔑之能

50 中國國民黨黨史館藏檔，特一七，二，三五。

事，詩的內容是：

臺澎回首幾傷神，割地將逾五十春，今日俊明前李相，劇憐一再誤庸人。……黨員竟被摒於黨，培植誰教負總裁。……歷史千秋多一頁，討翁護黨繫安危。[51]

柯台山這首詩，流露出的是對翁俊明的恨意，如詩中所謂：「今日俊明前李相，劇憐一再誤庸人」、「歷史千秋多一頁，討翁護黨繫安危」，其對翁俊明的指控可謂嚴重，令人不忍卒讀，這些文字所談都是補風捉影，無的放矢。生於一九一四年的柯台山小翁俊明廿二歲，以一個到中國的臺灣後輩，不需用如此激烈的字眼攻擊前輩。

一九四三年二月十五日，國民黨中央執行委員會覆函給柯台山，言一月二十四日來呈及請示事項暨工作計畫等件均已閱悉，有關要求改組臺灣黨部一事，答覆是：改組臺灣黨部一節，已請組織部朱部長核示，至盼互信、互諒，精誠團結，共圖光復之偉業。[52]

（三）張邦傑攻擊翁俊明培植共黨勢力

一九四三年九月七日，張邦傑寫信給國民黨中央黨部中央秘書處，略謂：在翁俊明黨部歷史最久最親近者就是總務科長葉永年及機要室幹事兼會計許逸民，葉隨翁由香港來重慶，翁接臺黨部時，又隨翁至香港，一切計畫大約在葉之主張，而許在臺灣革命黨內歷史最久，廈門淪陷，帶弟眷及諸同志逃港，因翁在廈門業醫，在革命黨中認識甚少，翁任駐港辦事處主任，對一般同志都經許召集介紹任用，

---

51 中國國民黨黨史館藏檔，特一七，二，三五。

52 中國國民黨黨史館藏檔，特一七，二，三，三五。

此二人為翁最親信之左右手。張邦傑話鋒一轉，指「翁為大逆不法，以本黨金錢培植共黨勢力，每對國父三民主義批評不對，而信共黨主義」，張言此語是葉永年在泰和時告訴他，談到此點，痛哭流淚，長嘆規勸都不聽，因翁明易理，識皇極，神數點課，謂王氣在西方，應在他日執政者是共黨，故私人與毛澤東及來渝曾命周恩來其他不隱之言論甚多，葉許兩人與之相處較多，察其舉動頗詳，對此事弟實不願揭發，因翁與葉曾與張邦傑締金蘭之契，志在黨國報務，不意翁竟背盟，葉屢次推張邦傑告發，苦無機緣，為本黨收復臺灣前途計，不得不進一忠言，望密告秘書長，召葉永年、許逸民、及宣傳科長李自修三人垂詢，就知臺灣黨部之黑幕，及舞弊案甚多。[53]

一九四三年十月廿三日，張邦傑致函國民黨中央黨部秘書長吳鐵城，竟說「臺灣黨部成立已經三載，其工作表現甚微」，不到一個月的時間，一九四三年十一月十八日翁俊明猝逝，張邦傑又呈請吳鐵城發表他當臺灣黨部主委，說：「翁同志已逝，臺黨務急需人主持，不可久懸」，又說他自己曾擬「今後發展臺灣黨務工作計劃芻議」一份，經呈朱家驊部長辦理，請吳鐵城函薦組織部，「臺黨務需人主持之際，極盼我公鼎力玉成之，延予發表，俾得早日為黨國服務。」[54]張邦傑明白表示想要當臺灣黨部主任委員一職。

張邦傑指翁俊明培植共產黨勢力，完全沒有證據，等到翁猝逝，張邦傑馬上呈請國民黨當局，要求任命他當臺灣黨部的主任委員，顯示其爭權之企圖心。

（四）葉芳澤指責翁俊明舞弊貪污是黨國敗類

一九四三年十月廿五日，緊接在張邦傑攻擊翁俊明之後三天，臺灣黨部離職職員葉芳澤又控告翁

53 中國國民黨黨史館藏檔，特一七，一，二，四〇。

54 中國國民黨黨史館藏檔，特一七，一，一，四。

俊明，言翁俊明一向以四維八德，瞞上驕下，在外造謠，在內倒行逆施，猖狂類介，百無禁忌，挑斥舊同志，如迫總務科長葉永年辭職，無故免許逸民職，九月間，同志數人無故被翁免職，前會計洪學禹亦在其列，因洪會計對翁舞弊貪污知之甚詳，故惹翁忌，本黨部有會計室，而另立特別會計（或稱秘密會計），個中大有曖昧。

葉又說翁俊明私刻圖章，僞報臺灣島內工作人員姓名，而向會計主任支領所報人員應得之薪津，如上海站施石青，廈門站陳邦基等人，一九四二年度結餘尾帳五萬多元，由翁親手僞造收據，有洪學禹、許逸民可以指證，翁間屬向中央報告，派張三李四入島內工作，其實至今尚未有一人入島內工作，而所報之所謂島內路線與據點，如閩南一帶是布置走私網而已，並非革命工作，八月下旬，翁在青浦地帶以二載船食米及大量赤金企圖運廈資敵，被當地駐防軍破獲，人物一併解送漳州師部辦理等情以呈報中組部。

葉指翁爲「奸」，言其利慾薰心，接莊孟倫、鄧光弼等假革命，在沿海一帶布置走私網，乃有六月二日之五萬元央行支票，稱匯廈門站轉島內之經費，又六月九日支三十一萬二千元央行支票，稱島內一二月份經費，又六月三十日再支三十一萬二千元央行支票，稱島內三四月份經費，又八月二日支十萬元央行支票，稱此款會島內一至四月份生活補助費及米代金，又九月二十日支五萬元央行支票，翁俊明新負任務對島內工作不能開展，藉島內經費以公帑而營私弊，葉請國民黨總裁徹查，竟然說翁俊明是「黨國敗類」。[55]

國民黨收到此信後，批示查照核辦，但還沒結果之前，翁俊明來不及回應就猝逝於漳州，而此控告

---

55 中國國民黨黨史館藏檔，特一七，一，二，二五。

也就沒有下文。分析葉之指控，首先必須知道他是臺灣黨部離職員工，對翁因此心生不滿，加上他又是張邦傑的心腹，若把這兩項因素加起來，則其控告翁俊明的所謂不法，就不能毫無保留相信了，至其指控翁是「奸」、「猖狂類介，百無禁忌，排斥舊同志，舞弊貪污」、「黨國敗類」等，皆是失控的情緒用語；而總務葉永年及會計洪學禹兩人被翁免職，應有原因，是否葉本身有不法貪污情形，葉自己沒有說明，只是一直謾罵翁而已。唯所說臺灣黨部「至今尚未有一人入島內工作」，加上當時數十萬款項爲島內經費，對島內工作不能開展，藉島內經費以公帑而營私弊，應該是暴露當時臺灣黨務工作的困難實情。

（五）許逸民控告翁俊明霸佔漳州中正醫院

中正醫院設在福建漳州，由於翁俊明正式出任國民黨臺灣黨部主委後，有意把該院當做臺灣黨部辦公處，引起屬下聯合張邦傑對翁控告。一九四三年七月二日，黨部職員許逸民寫信給張邦傑，言翁俊明欲「霸佔」中正醫院爲臺灣黨部址。信文略謂：中正醫院爲社會公共事業，有應興應革者，應當力循衆議，以謀改進，翁俊明居心謀奪院址充當部址，及吞併院產，以爲個人生財營業，爲社會人士及留漳臺僑所共不齒，不論翁如何設詞狡辯，司馬懿之心路人皆知，弟身負臺僑及院董兩重資格，自是有權發言，檢討醫院問題，指摘翁某態度不當，及所用私人舞弊，翁某意彼係一主任委員，而弟不過屬下總務科一小幹事，竟敢無情予以批評，引爲羞怒，蓄恨在懷，先則謠言中傷，謂弟與外間勾結，洩漏黨部秘密，繼則謂弟與中正醫院勾結，必欲去弟而後快。

許又說翁俊明勾結某種特殊人物以把持黨務，使黨務機關無形中變成特工尾巴，盡量出賣黨部工作成果與他人，則屬鐵的事實，更無所謂勾結醫院，弟爲醫院董事，職位上，弟當可過問，是非所在，職位上有權檢討批評，何所謂「勾結」？而實亦何勾結之有？倘謂醫院問題，翁某欲據其宗派偏見，視為黨部與南執部爭執問題，而弟以食黨部祿而不能左袒其非理企圖，則弟有害於黨部，而利於南執部，實亦非然。

許指稱黨部自翁俊明出此謀奪企圖之後，社會人士不僅因醫院多事爲惜，更以黨部處事失體爲不値，是故弟之反對該項辦法，既可謂愛護醫院，亦兼愛於黨部及南執部也，時至今日，無人尚有何畛域之別乎？總之，翁存心不正，其所想像，及其言述，自是無一是處，事且有甚於此者，原來翁某散佈謠言，實則別具詭計，何之？實有製造空氣，以爲今日無故免弟黨部職位之計，吾兄頃聞此訊，未知作何感想？惟弟誠屬痛心，然所痛心者，並非爲區區職位之得失，而所痛心者，實爲黨部前途，爲臺灣革命付託失人，爲個人信仰及期望幻滅悲也，試思，弟隻身自臺灣拋棄一切，潛逃返國，自始參加黨部，刻勤刻苦以工作，所爲何來？

實際上，臺革事權寄託彼「日以四維八德為號調，實則不忠不孝不仁不義」爲其行之翁俊明，不使忠良退避，宵小當道，而影響於臺革事業之根本者，非僅弟未之信，多數臺胞及熟悉臺革問題之國內人士皆云不可信也。

許說翁俊明肆意把持弄權，對工作一概不予公開，一貫採取敷衍態度，而以撞騙塞責，應付中央，以達到其騙取國帑肥己爲目的，事故當時除中央匯款概不公開數目，所有經費索歸自己經理而外，「對事，則反對分層負責，對人責以挑撥離間為手段，其方式為對甲詆毀於乙，對乙則詆毀於甲」，以致全體部下互相猜忌，互相牽制，以遂其個人操縱玩弄之奸謀爲得計。

組織科長陳某首先發覺如此情形，而對各同事表其憤慨，及蒙其消極之態，故在港時工作不能開展，翁不能辭其疚，弟在當時，亦曾於會議上要求翁某將財政公開，帳目公布，並要求切實工作，授權各負責同志，以發展島內工作，勿再是紙上談兵，然翁默然置之，對上對下，僞言已派石煥長等自某地某時前赴島內，實則何事其有？[56]

分析許逸民控告翁俊明「霸佔」中正醫院事，首先得知道許也是臺灣黨部離職的職員，先天上對翁有不滿心態；其次，翁俊明主張收回中正醫院，並非收爲己有，而是充當國民黨臺灣黨部的部址，並非變成翁私人所有。許沒有交待他被翁免職的原因，應非只是他反對翁，翁就把他給免職這麼簡單。倒是謾罵翁是「日以四維八德為號調，實則不忠不孝不仁不義」之人，不滿情緒溢於言表，這真是言過其實了。

一個放棄醫業，奔回祖國，獻身臺灣光復運動之人，怎會是不忠不孝不仁不義之人？至其所提之財政公開、帳目公布，授權各負責同志，發展島內工作，勿再是「紙上談兵」，則是暴露當時臺灣黨務工作的局限性，因臺灣黨務工作事屬機密，當初朱家驊負臺灣黨部籌組工作，定位就是秘密性質，也曾面囑翁機密行事，既然機密性質的工作，則財務自是無法公開，而領導可能也得講求單一和直接。

中正醫院董事長一職，最後是由張邦傑出任。

(六) 李友邦攻擊臺灣黨部付託未得其人

一九四三年九月六日，臺灣義勇隊隊長李友邦寫信攻擊翁俊明，信的重點在「臺灣黨部託付未得其人」，信是給孫科，孫科再轉給國民黨中央秘書處。李友邦說：臺灣原爲中國領土，自乙未割臺後，即變爲日本南進根據地，威脅中國及南洋之生存，爲保障抗戰勝利及建國成功計，必須收復臺灣，現已成爲定論，當局爲對臺工作，每年耗費鉅款，煞費苦心，但是臺灣黨部付託未得其人，在國內則排除同志於黨外，對臺灣島內亦不免失其聯絡，此固非當局預料所及，但影響前途甚鉅，查其結果，可能激成左

56 中國國民黨黨史館藏檔，特一七，一，三七。

列各種趨勢，致使國民黨工作終歸失敗。[57]

李友邦呼籲國民黨臺灣黨部應該改組：

1. 在國防最高委員會設臺灣問題委員會，或在中央黨部設臺灣革命工作指導委員會，處理下列各種事項：

(1)決定臺灣黨務政治軍事之全盤計畫，並審核其工作進度。(2)一工作計畫分配經費及工作，以收分工合作之成效，而節省浪費。(3)實施臺灣工作人才總登記，依其才能分配工作。

2. 調整臺灣黨部人事。
3. 在臺灣黨部設聯絡會議，調成各部門之工作及其聯繫。
4. 各團體間實行分工合作制度
5. 設立「臺灣政治幹部訓練班」及「軍事幹部訓練班」，以準備將來設立「臺灣省政府」及「臺灣軍管區」。

以上數件控告翁俊明的，除了柯台山、李友邦以外，幾乎主要的控告者其幕後都有張邦傑參與。然則翁俊明眞是一個奸惡之徒嗎？

翁俊明出身醫學校的醫生，因爲國家民族意識之故，最後放棄醫業，獻身臺灣光復運動，他主持下的臺灣黨部，創辦《新臺灣》雜誌，編撰《臺灣問題叢書》，系統地介紹臺灣的歷史與現狀，探索發動民衆、反抗日本殖民統治的策略。還親自撰寫《改造臺灣國民性的意見》，認爲臺胞的優點在於勤勉耐勞，富於冒險精神，他們有不畏艱難、披荊斬棘、開拓新天地的勇敢精神，所以個人孤立的奮鬥能力極

---

57 中國國民黨黨史館藏檔，特一七，六，一六。

強。其缺點是缺乏組織能力、缺乏服從精神、缺少禮節、輕生前重死後、易迷信多疑惑。他主張從中華禮教、傳統道德觀念、團體訓練等方面加以教育和引導。臺灣黨部在培訓幹部、發動民衆、輿論宣傳，推動臺灣人民抗日運動都產生一定的功用。

但翁俊明個人的行事作風，在領導臺灣黨部期間，也造成許多問題，這方面主要是他的宗派主義和迷信思想。有一個說法說他的祖籍是廣東潮汕，他對省籍存在偏見。他認爲，臺灣之主要人民爲漢族中的閩粵二族，粵人之特性與現在廣東人民相同，生性勇敢，較能團結，可用；而閩人之特性與現在之閩南人民相同，生性驕吝，善於打算，不可重用。他甚至把江湖術士看相的一套用於臺灣黨部人員的配置上，將工作人員的面相作福相還是勞碌相之分，藉此安排不同崗位。[58]

上述說法有待商榷，翁俊明的祖籍是福建漳州，而非廣東漳汕，至於指翁把看相的一套用在黨部人員的配置上，則必須再求證。

（七）翁俊明的回應

翁俊明方面，並未見針對柯台山的指控做出回應，一九四三年一月廿七日，翁俊明寫信給國民黨中央黨部秘書長吳鐵城，信中對於柯台山的指控，一點也沒有做出回應，不知道是否尚不知情，或是說「大人大度」，不予理睬。他說：

> 俊明此次來渝，荷蒙多方指示，臺灣黨部賴以成立，感且不朽矣，尚望不時指教，以慰

58 黃羨章，〈翁俊明：曾經策劃謀殺袁世凱的國民黨臺灣黨部首任主任委員〉，收在黃著《潮汕民國人物評傳》一書，廣東人民出版社，二〇〇八年。

臺胞，俊明於二十八日由桂轉閩工作……。[59]

另一方面，一九四三年二月十五日，國民黨中央覆函給翁俊明，說：

> 臺灣黨部成立未久，各項工作亟待開展，運用方法端在發動臺籍同胞自身力量，扶植其原有革命組織，以期確立工作基礎，收事半功倍之效，諸同志領導臺灣黨務，使命重大，宜以寬大之胸懷，遠大之策劃，開誠布公，力持大體，對於臺籍同志猶應廣為徵用，俾能精誠團結，共圖光復偉業。」[60]

整體而言，翁俊明對於反對他的各種指控，史料所見，不是看不到反應，就是沒有回應，有之也只是輕描淡寫。不幸的是一九四三年的年底，即十一月十八日，翁俊明在福建漳州猝逝，享年僅五十二歲，針對翁的指控和紛爭不了了之。

二、積極求官：柯台山和張邦傑

如上所述，柯台山、李友邦和張邦傑等人對於翁俊明控告頻頻，乃是重慶臺人紛爭中的主要角色，對於他們的言行，實有必要多做了解。

---

59 中國國民黨黨史館藏檔，特一七，二，三，四一。

60 中國國民黨黨史館藏檔，特一七，二，三，三五。

（一）柯台山

柯台山，本名柯賜生，到中國後才改名台山，根據保存在國民黨黨史館的〈柯台山自傳〉，他一九一四年生於臺灣嘉義的義竹，他自稱先祖為前清翰林出身，祖父為武進士，自言五歲時，對諸種書籍已能暢閱，且能作書。一九一八年五歲時即被送入臺南日人所辦小學，於一九二四年結業小學。一九二六年結業高小，一九三〇年結業中學，一九三一年入日人在臺所設「帝大」，次年轉學日本同校肄業，於日本帝大法科畢業，於一九三五年返臺。[61]

柯台山的自述與實際不符，首先日治時代五歲學童不可能入小學。其次，日治時代沒有讀過高等學校者不可能入學帝國大學，究其實際，他根本沒有唸過「在臺所設帝大」，臺北帝國大學（今臺大）也沒有這名學生，他更未嘗到過日本留學讀書，也沒有畢業於「日本帝大」法科，其所說完全是謊言。還有他說其祖先是翰林，祖父是武進士，也是誇大不實的。

為什麼柯台山要那麼誇大不實呢？分析原因，乃是為了自抬身價，讓人家重視他，想在中國人面前爭取更多的認同和資源，但是準此以觀，柯台山在其他場合所說的話語，其可信度也就令人質疑了，例如他對翁俊明的人身攻擊，又如他屢次給國民黨高層的信函中，常誇稱他帶多少臺灣青年到中國參加抗戰，又在島內做出多少反日成果等等。[62]

61 中國國民黨黨史館藏檔，特一七。二，二，二〇。

62 許雪姬一九九五年為柯台山進行口述訪談，內中柯台山不再說他讀過臺北帝國大學或是所謂「日本帝大」，訪談中對控告國民黨臺灣黨部主任委員翁俊明事完全沒有觸及，總之晚年所做的訪談錄，柯台山未再提及那些自誇及攻擊他人之事。許雪姬訪問，曾金蘭記錄，《柯台山先生訪問紀錄》，臺北：中央研究院近代史研究所，一九九七年六月初版。

（二）張邦傑

張邦傑，原名張錫齡，一八九九出生，臺灣高雄仁武人。早歲與兄張錫祺回返中國，張錫祺是眼科醫生，曾經創辦光華眼科醫院及光華醫學院。邦傑自稱畢業自光華醫學院，但國民黨保存的檔案顯示他沒有固定專業，常和臺灣商人走私，由謝南光介紹參加臺灣革命同盟會，由於張的言行特殊，國民黨對其注意調查。國民黨檔案顯示他到處揚言熟悉軍委會要人，炫耀臺胞，曾私造軍用郵袋，走私毒品，一度被福建省當局扣押。

臺灣革命同盟會要角之一的張邦傑。（張榮平提供）

一九四一年春到重慶活動，計畫組織臺灣國民革命軍未果，旋因取得臺灣革命同盟會南方執行部主席之職，政治部臺灣義勇隊顧問，利用地位唆使其爪牙在閩南一帶，走私漏稅，並假借政治部名義，招搖撞騙，其所屬會員多係當地流氓地痞，忠貞愛國之士不屑與之爲伍，一九四二年國民黨高層曾飭令第三戰區司令長官部制止其活動，時值臺灣黨部改組，由臺灣黨部派其赴福建沿海各地工作，但他私下到重慶活動，爲此臺灣黨部得悉後即停止其活動，張邦傑不滿，乃與其心腹葉永年、呂伯雄、莊文燦等陰謀改組臺灣黨部，企圖推倒該部主任委員翁俊明，一方面又到處招搖，設法勾結外人，擔任美大使海軍武官室情報員，曾親向美武官包朗（Brown），領到活動費美金五百元，另方面曾逕行具呈何總長，請求准許組織臺灣國民軍，復向政治部請求委以青幹團職務，均未遂願，乃在渝閒居數月。[63]

國民黨中央早注意到張邦傑的言行，一九四三年六月四日，國民黨中央組織部函告中央秘書處，言函囑查明張邦傑過去工作情形，結果秘書處做出了回覆，謂張邦傑曾擔任臺灣黨部籌備處設計委員，未參加實際工作，現負責主持臺灣革命同盟會南方執行部，曾領導臺民暴動，襲擊廈門敵僞。[64]

國民黨中央黨部秘書處處長張壽賢一九四三年十二月有此備忘：「謝南光昨天談，謂張邦傑曾見美使館方面人員，美方表示，對於臺灣革命願意幫助，將介紹往見史迪威將軍，謝南光同志之意見可否由同盟會選派二、三人，中央也選派二、三人，共同參與，以刺探美方眞意，職當告以中央派員恐不可能，只同盟會可否與美方接洽。吳鐵城批示調查張邦傑活動，謂不宜直接與外方發生關係，對外一切應由外部軍令辦理。」[65]據此可知，張邦傑活動力旺盛，且企圖心強烈。

1. 爭取擔任臺灣黨部主任委員

一九四三年十一月十八日臺灣黨部主任委員翁俊明猝逝，張邦傑呈請國民黨秘書長吳鐵城發表他當國民黨臺灣黨部主任委員，說：「翁同志已逝，臺黨務急需人主持，不可久懸」，又說他自己曾擬「今後發展臺灣黨務工作計劃芻議」一份，經呈組織部長朱家驊部長辦理，請吳鐵城函薦組織部，「臺黨務需人主持之際，極盼我公鼎力玉成之，延予發表，俾得早日為黨國服務。」[66]張邦傑明白表示想要當臺

63 中國國民黨黨史館藏檔，特一七，一，一，六。另外根據顏世鴻醫師稱張邦傑一生以革命爲職業，顏是張邦傑的親外甥。見林德政訪問記錄，《顏世鴻醫師訪談錄》，二〇一三年四月八日、四月二十四日，台南市顏宅。

64 中國國民黨黨史館藏檔，特一七，二，三，四四。

65 中國國民黨黨史館藏檔，特一七，一，一，一一。

66 中國國民黨黨史館藏檔，特一七，一，一，四。

灣黨部主任委員一職，但國民黨高層沒有讓他當主任委員，最後繼翁俊明職務的是蕭宜增。

2. 爭取進入臺灣調查委員會

一九四四年四月十七日，國民政府成立「臺灣調查委員會」，主任委員陳儀，隸屬於中央設計局，初期委員只有五人：沈仲九、王芃生、錢宗起、周一鶚、夏濤聲。

成立後，蔣中正指示「多多羅致臺灣有關人士」，臺籍人士陸續被聘爲臺灣調查委員會之委員或專、兼任專員，五月六日，林忠首先被派爲臺灣調查委員會專任專員。五月十六日，李友邦、李萬居、謝南光被聘爲兼任專門委員。七月三日，謝掙強被聘爲兼任專員。七月廿一日，黃朝琴、謝南光、謝掙強、柯台山、許顯耀、游彌堅、李祝三、連震東、林忠等臺籍人士參加臺灣調查委員會舉辦的座談會，座談會由陳儀主持。七月廿七日，黃朝琴被聘爲兼任專門委員。八月五日，連震東被派爲專任專員，之後連一個月後因爲不克到職，被臺灣調查委員會銷委。八月廿六日，劉啓光被聘爲兼任專門委員。九月十六日，宋斐如被聘爲兼任專門委員，至隔年一九四五年一月六日宋被改聘爲專門委員。九月廿五日，臺灣調查委員會委員經蔣中正批准增爲十一人，准派臺籍黃朝琴、游彌堅、丘念台、謝南光、李友邦五人爲委員。[67]

一九四四年六月廿九日，柯台山寫「油印信」給吳鐵城，積極求官，這裡特別標明是「油印信」，用意是說明該信函不只寄給吳鐵城，還會寄很多人。信函中，他先自誇「志在收復臺灣，解放臺胞」，接著他請吳鐵城賜給他「專員」名義，介紹他進入剛成立的「臺灣調查委員會」任職：

---

67 〈中央設計局臺灣調查委員會一年來工作大事記〉，載《光復臺灣之籌畫與受降接收》，臺北：中國國民黨黨史委員會，一九九〇年六月，頁四四－五二。

一，晚等獻身為黨國奔波多年，志在收復臺灣，解放臺胞，於我公領導下，更願誓死以赴，其數年來之堅苦奮鬥，公已洞見矣，現臺灣收復在即，一切任務更加重要，請賜一專員名義，以便任務之進行。

二，查中央設計局已附設臺灣調查委員會，以為專司臺灣問題之機關，擬請我公賜函介紹，俾得以參加為一份子，隨時貢獻意見。

三，晚等方由前方返渝，關於臺灣情形略有所得，擬請准予在黨部報告，未捻有否需要。[68]

3. 爭取擔任國民參政員

一九四四年十二月廿二日，柯台山寫了一封信給吳鐵城（秘書長）及一封由吳鐵城轉呈蔣中正（總裁）的呈文，目的是希望「懇請直接指派爲臺籍駐中樞參政員席位，以便工作更加開展」，吳鐵城批示將其列介紹名冊。

柯台山給吳鐵城的信上說道：「刻因中樞積極籌劃收復臺灣工作，職曾研究有關臺灣問題多種，不揣冒昧，敬請轉呈參考，隨函檢奉自傳、及履歷表各一份，擬請考核後，俾予「臺籍參政員」席位，並懇鼎力進言，賜予提攜，實不勝感戴待命之至」。[69]

4. 結交國民黨高層

抗戰時期，張邦傑屢屢求見重慶國民黨高層，例如爲了求見國民黨秘書長吳鐵城，他先認識重慶

68 中國國民黨黨史館藏檔，特一七，一，二，一八。

69 中國國民黨黨史館藏檔，特一七，三，一。

市市長賀耀祖，然後再請賀耀祖為他函介見吳鐵城，藉以接近吳。一九四三年四月十六日，賀接受張邦傑的要求，寫信給國民黨秘書長吳鐵城，請吳接見張邦傑，內容說張邦傑是臺灣有志之士，從事革命工作有年，歷經艱險，而對國民黨三民主義信仰尤深，中央宜加以優禮，庶於民族運動前途獲得裨益。[70]於此可知，張邦傑想獲吳接見，得到「中央優禮」，可是吳事忙並不太想見他，於是等了八天後，即一九四三年四月廿四日，張邦傑自己寫信給吳鐵城，內容說他到重慶，做第三次之請，「自維淺漏，何敢翹企」，他拿重慶市長賀耀祖之函求見吳。[71]

5. 爭取擔任海外僑務指導委員、黨務研究員

前事之後五個月，即一九四三年九月廿七日，張邦傑寫信給吳鐵城，信中略謂承蒙鐵公秘書長訓誨，現想外出工作，但是怕被有關人員誤會，希望賜給他一個名義：「海外僑務指導委員」或「黨務研究員」，以便努力無阻。吳鐵城接到信後，批「不復」，吳鐵城竟然不理會張邦傑的請求。[72]

---

70 中國國民黨黨史館藏檔，特一七，二，四八。

71 中國國民黨黨史館藏檔，特一七，二，四七。

72 中國國民黨黨史館藏檔，特，一七，一，二，三四。

05 紛爭平議與認同困境

一、紛爭平議

臺灣革命同盟會內部紛爭不斷，且又不停攻擊臺灣黨部的原因，最主要就是該會本來就是多個小團體合併而成，而國民黨又把大部資源給了臺灣黨部。

一九四三年臺灣革命同盟會的工作報告書裡，爲自己的問題做了剖析：臺灣統一運動在第一階段即由「臺灣革命團體聯合會」轉至「臺灣革命同盟會」，為委曲求全計，各團體以平等資格參加，總會設主席團，以免人事糾紛，阻礙統一，設立南北方兩執行部，尊重原有組織，逐漸促進統一。

那爲什麼該會不上軌道呢？報告書認爲是：「因臺灣黨部籌備成立之時，黨部即用分化與仇視策略對付同盟會，至所期目的不能達到」，把責任推給國民黨。第二階段乃爲補救上階段之失敗，召開臨代大會，取消主席團及南北執行部，「以新幹部政策代替封建割據」，以由下層工作之合作促成上層之統一，此策仍試辦中，各派力避摩擦，努力於工作比賽，其成敗尚難預斷。[73]

報告書又說因中國不明定臺灣爲淪陷區，不建立政制，將臺灣編入行政區，在對敵思想戰爭中，不能取得有力之根據，致工作不能開展，尤以宣傳及組織爲然。其實這有一點像是和國民黨臺灣黨部搶工作，因爲國民黨中央成立臺灣黨部的主要目的就是發動島內工作，擾亂日敵後方。

---

73 《臺灣革命同盟會工作報告書》，一九四三年，中國國民黨黨史館藏檔。

報告書以說臺灣革命工作缺少武力基礎，現在只得依賴宣傳及中國之武力收復，或外交勝利，已決定其命運。這從國民政府對「臺灣義勇隊」的態度不是很支持即可得知。[74]

紛爭的第二個原因，是經費確實太少。國民黨當局每月給臺灣革命同盟會只有五千元，尚不足以維持交通費，更遑論臺灣及淪陷區工作之擴大，各地同志自己維持生活以外，還需籌措交通費，故每一同志之負擔甚重。但是對於臺灣黨部給予的經費，動輒數十萬元。所以難怪臺灣革命同盟會一直嫉妒臺灣黨部，也一直向國民黨當局要錢，一直請增撥該會在臺灣及淪陷區各分會之交通費，及工作費等。國民黨中央曾擬議每月增加臺灣革命同盟會補助費五千元，連前共為一萬元。

紛爭的第三個原因，是國民黨對臺灣革命同盟會和臺灣黨部的態度不同，提到國民黨的態度，不禁讓人想知道國民黨當局對於臺灣革命同盟會與臺灣黨部到底持何種態度，根據國民黨一九四三年七月十五日的內部記錄：在部屬給秘書長的簽呈中，顯示國民黨知道同盟會對臺灣黨部籌備處有所不滿，也知道該同盟會自認內部有意見，同盟會每月僅有經費五千元；而臺灣黨部、臺灣革命同盟會、及南方執行部、臺灣義勇隊等又派別分歧，無所統率，其結果蓋可想見，國民黨計劃增加臺灣革命同盟會補助費五千元，連前共為一萬元，勸導臺灣革命同盟會及南方執行部及臺灣義勇隊，與臺灣黨部合作，如能化除成見，共圖光復，則予增加經費，否則聽其自然，不加扶植。加強臺灣黨部之機能，責成福建省政府主席或省黨部主任委員負指導之責，同時付以規復臺灣之全權，以福建省之人力、財力，經營臺灣。國民黨秘書長吳鐵城在七月廿二日，批示：請分別與組織部及臺灣負責同志先洽談一次再核。[75]

---

74 參見林德政，〈抗戰期間臺灣義勇隊與國民黨及共產黨的關係〉，臺北：《中華軍史學會會刊》，第九期，二〇〇四年。

75 中國國民黨黨史館藏檔，特一七，二，三〇。

據此可知，國民黨當局不是不明白臺灣革命同盟會和臺灣黨部的紛爭，也想要著手解決，但是國民黨還是重視黨部甚於同盟會。並且國民黨企圖解決紛爭的方法是用錢來控制同盟會，使它就範。

倒是臺灣人自相攻擊的字眼，到處充斥，一直沒有斷過，同盟會諸人對國民黨臺灣黨部的不滿，溢於言表，自己團體的工作成果報告，爲什麼還要提到國民黨臺灣黨部呢？根本原因就是始終無法「化除成見」，我們研究臺灣革命同盟會的歷史，每每看到那些互相謾罵的詞句時，不勝感嘆，連合作都辦不到，還談什麼「共圖光復臺灣」呢？

一九四三年七月五日宋斐如自廣西省桂林寫信給國民黨中央黨部秘書長吳鐵城，文謂：至於臺灣革命同盟會，斐擬不過問，因李友邦、謝南光、林嘯鯤等輩，門戶之見太深，斐去年爲訓練黨務工作人員事離渝，彼輩竟以斐入臺灣黨部，故爾排斥。[76]宋斐如是臺灣革命同盟會的創辦人之一，其對臺灣革命同盟會失望若此，其他可以想見。

國民黨對於有關臺灣工作是關心的，一九四三年六月廿九日，秘書長吳鐵城就清楚表示對韓國、越南、臺灣革命團體需加強，請部下擬具體辦法，[77]部屬在研擬之後，做出了施行方案，有關臺灣部份，略謂臺灣黨部籌備處受組織部之指導，每月經費連同差額，計二十二萬三千元，臺籍革命志士自動組織有臺灣革命同盟會，中央每月補助法幣五千元，最近曾呈請增加經費，又該同盟會分裂有南方執行部者，由張邦傑領導，最近亦具呈請求補助，此外尚有臺灣義勇隊，受政治部及青年團之扶助。臺灣應視同本國之一單位，既有黨部之組織，似應培植其能統帥並領導一切革命團體，因此對於臺灣革命同盟會及南方執行部，應勸導其化除成見，精誠團結，共圖光復之實現，同時應派大員指導臺灣黨部開展工

76 中國國民黨黨史館藏檔，特一七，一，二，三二。
77 中國國民黨黨史館藏檔，特一七，二，三，三二一。

作，不許其豎立壁壘，排除異己。[78]

二、認同的困境與紛爭的糾葛

一般把戰時與重慶國民政府或說與國民黨關係密切的臺灣人稱爲「半山」，所謂「半山」又稱「半山仔」，指的是原籍臺灣，但在臺灣日治時期前往中國居住，於中國抗日戰爭勝利後，再度返臺的人士。當時本省人稱外省人爲「唐山仔」、「阿山仔」，故「半山仔」意爲「半唐山」的本省人，特別指曾居住中國，在重慶國民政府組織下的本省人爲「半山仔」，但是「半山」彼此之間的差異還是很大的。

「半山」這些人因爲利益的衝突，或是競爭的關係，經常爭得頭破血流，無論是臺灣革命同盟會或是國民黨臺灣黨部，其紛爭的根本原因是爭奪經費與權力，但是仔細研究，發現其實沒有所謂的紛爭，幾乎只有單方面對翁俊明的指控而已，那些指控不是無中生有，惡意栽贓，就是不明白實際狀況，胡亂攻訐。

張邦傑指翁俊明「培植共黨勢力」一事就是最明顯的一個例子，張除了指責翁「培植共黨勢力」外，還指責翁俊明把國民黨臺灣黨部「密設香港」，又是一例；總之，幾乎所有的指控完全不是「理念之爭」，根本談不上所謂「理念」。觀察柯台山、張邦傑、葉永年、許逸民等人對翁俊明的指控，那些謾罵的惡毒話語，簡直就是欲置人於死地，令人看了，眞是不忍卒讀，感嘆不已。

同是臺灣人，在戰時的中國，表面上說是「爲了祖國抗戰」，「爲了光復臺灣」，實際上爲了自己

78 中國國民黨黨史館藏檔，特一七，二，三，二三一。

的名利，經常是說大話不汗顏，打倒同志不手軟的。臺灣人之間的攻訐，把力量都抵消掉了。

臺灣革命同盟會的紛爭是內部的，自己人鬥自己人，但是臺灣黨部的紛爭，則是內外都有，既有離職員工攻訐主任委員，也有來自外面的臺灣革命同盟會的攻訐。分析造成這種狀況的原因，有兩個：

第一，是臺灣人團體本身的因素，因爲資源有限，人人在祖國面前爭取認同，爭取表現，而爲了勝出，乃不擇手段排擠同志，以此造成紛爭。

第二，在上面領導的重慶國民黨當局要負責任，從本文以上論述，可以知道國民黨當局並沒有處理好兩者之間的矛盾，甚至說國民黨有操控臺灣革命同盟會與臺灣黨部的傾向，國民黨以「經費」做爲操控的法寶，聽話就給你錢，不聽話就不給，國民黨領導無方，有時候他行使兩面手法。

論者每有疑問，謂戰時臺灣人何以先後奔赴中國呢？尤其是奔赴重慶的那一群，答案不就是他們認同中國爲「祖國」，認同國民黨嗎？反過來說，他們不認同殖民臺灣的日本。

依據「離散政治」（Diaspora politics）的理論認爲：離散者在故鄉、祖國與所在國間流移，在離散的過程中極易產生種族的矛盾與衝突。[79]臺灣人與日本人有種族與文化的隔閡，然而在認同於祖國的過程中又屢屢被質疑爲日本的奸細。

學理上，「認同」（identification）[80]，不是只有緣於與生俱來的特質，一個人的認同是表現在個

---

79 「離散政治」（Diaspora politics）：是指研究跨國種族離散（流移）中的政治行爲，離散者與故鄉和所在國的關係、以及他們在種族衝突中的顯著角色。

80 Lynn Jamieson, Theorising Identity, Nationality and Citizenship: Implications for European Citizenship Identity: "National identity is not inborn trait; various studies have shown that a person's national identity is a direct result of the presence of elements from the "common points" in people's daily lives: national symbols, language, national colours, the nation's history,

人日常生活等種種文化面貌，如：國家的象徵、語言、民族色彩、民族的歷史、民族意識、血緣、文化、音樂、美食、甚至於電視廣播等傳播。國家認同（national identity）則是指個人對於自己的身份和屬於一個國家或一個民族的歸屬感。

「認同」一詞之含義，計可粗分為下列數種：

1. 血緣上的認同（consanguinity identity）
2. 文化上的認同（Cultural identity）[81]
3. 國籍上的認同（國族認同）（national identity）[82]
4. 族群上的認同（ethnic identity）
5. 理念上的認同（On the concept of identity）

上述五種認同，幾乎親重慶國民政府的臺灣人都包括了；臺灣人若是屬於漢系的話，其血緣上當然是漢人，文化當然也是漢文化，廣義上就是中國人、中國文化，籠統的說，當時多數的臺灣人在血緣上和文化上是認同「中國」的，而會前往中國的，就是認同中國是「祖國」，更認同國民黨及其三民主義

---

national consciousness, blood ties, culture, music, cuisine, radio, television, etc." Sociológia 2002 Vol 34 (No. 6: 507-532)

81 「文化認同（Cultural identity）」是指對一個群體或文化的身份認同感,或指個人受其所屬的群體或文化影響，而對該群體或文化產生的認同感。文化認同是身份構成的過程，構成身份的元素如：歷史、區域、種族、國籍、族群、宗教信仰等。

82 Lynn Jamieson, Theorising Identity, Nationality and Citizenship: Implications for EuropeanCitizenship Identity, National identity is the person's identity and sense of belonging to one state or to one nation, a feeling one shares with a group of people, regardless of one's citizenship status. Sociológia 2002 Vol 34 (No. 6: 507-532)

的信仰，也就是理念一致，但是成爲問題所在的，乃是當時的臺灣人在國籍上是屬於「日本」，而日本正侵略中國，發動侵華戰爭之中，中日兩國互爲敵國，這就給在中國上的臺灣人造成莫大的困擾。

戰時臺灣人在中國的處境是艱難的，臺灣人認中國爲「祖國」，但是特殊的時空背景，卻使得「臺灣籍」的身份變成極爲敏感，少有人敢公開承認自己是臺灣人，絕大多數的臺灣人戰時在中國人面前都說自己是福建人或是廣東人，連籍貫的塡寫也都塡寫成「福建」「廣東」，即使如此，人家還是查出他是臺灣人，並把他當成「日本間諜」看待。這種例子不勝枚舉，例如謝南光在香港任職時，一次因事赴廣州，被國民黨當局逮捕，指其爲「日本間諜」，幸由李萬居爲其辯護，並以全家性命具保劃押相救，方才救了他，[83]事後王芃生將謝調回重慶，先擔任國際問題研究所第一組組長，再升任主任秘書，在國際研究所之地位甚高。[84]

謝東閔是臺灣彰化二水人，曾就讀臺中一中，十九歲時經日本坐船到上海，先就讀東吳大學法學院，一九二八年南下廣州，轉入中山大學政治系就讀，在學期間加入中國國民黨，畢業後留在中山大學擔任講師，中日戰爭爆發後，被疑爲日本間諜，遭受監視，乃逃到香港避禍。[85]

翁俊明奉命到香港籌組臺灣黨部，乘坐飛機到香港後，一直受到國民黨軍統人員的監視，軍統特工屢屢調查其言行回報重慶，連國際問題研究所的人員也調查翁的言行，這都是中國人對臺灣人不表信任的意思。

當然我們不禁要問何以如此，中國不是口口聲聲說臺灣人是中國人嗎？尤其是戰時他們千里迢迢地

83 楊錦麟，《李萬居評傳》，（臺北：人間出版社，一九九三年），頁七〇。
84 陳爾靖，〈王芃生與臺灣志士〉，（臺北：《中外雜誌》，三十四卷四期，一九八三年十月。）
85 謝東閔，《歸返：我家和我的故事》，（臺北：聯經出版公司，一九八八年八月），頁一〇九。

回到中國參加抗戰，怎麼還懷疑他們不成？藉由工作表現，好不容易得到祖國人的信任，而「認同」一事稍為解決，得有機會參與籌劃有關臺灣光復工作，但是臺灣人彼此之間卻又紛爭不斷，糾葛不清。

「認同」與「紛爭」，一直重複出現在四百多年的臺灣史上，戰時親重慶國民政府的臺灣人，其所表現，不過是漫漫歷史中的一頁縮影。

第二篇

揭開臺灣人參加中國革命的序幕——辛亥革命

一九一一年四月廿七日（農曆三月廿九日）廣州三二九之役發動，雖功敗垂成，但已鼓動風潮，不到六個月的時間，即同年的十月十日，武昌起義爆發，各省先後響應，不旋踵之間，推翻了清朝，終止了中國兩千多年的君主專制獨裁政體，建立中華民國。當時臺灣已因中日甲午戰爭，清朝戰敗，簽訂馬關條約，割讓給日本十六年。辛亥革命前後，有不少臺灣籍志士在福建、廣東境內，直接或間接地從事革命活動，他們鼓吹、發表革命排滿言論，或慷慨捐獻革命經費，或直接參與革命行動，在在都對辛亥革命有所貢獻，臺灣人如何看待辛亥革命？臺灣志士蔡惠如強調辛亥革命的成功，實由於革命黨員發揮最高合作精神，同心協力，才將滿清推翻，他意指臺灣人，本中華民族的大精神，爲將來的幸福努力，不受敵人利用。[1]

1 《啓門人：蔡惠如傳》（臺北：近代中國出版社，一九七七年），頁二四六。按：《臺灣民報》一九二七年獲准在臺灣本島發行，此時仍爲週刊，每個星期天出刊，在中國的臺灣學生經常寄回稿件，對中國的報導增加。蔡惠如一九二七年在臺灣民報寫了好幾篇有關中國國民黨的文章。

01 丘逢甲的革命之路——從擁護立憲到贊助革命的生命轉折

一、丘逢甲回返中國前的活動

（一）回返中國的丘逢甲

一八六四年十二月出生於臺灣苗栗銅鑼的丘逢甲，字仙根，其曾祖父丘仕俊從廣東鎮平始遷到臺灣彰化東勢，後遷居彰化翁仔社，與原住民部落比鄰，當地多粵籍客家人。逢甲十四歲中秀才，廿五歲從臺灣到福州考中舉人。

臺灣民主國副總統丘逢甲。（丘秀芷提供）

一八八九年他廿六歲到北京考中進士，授工部虞衡司主事。寓京期間，結識黃遵憲、溫仲和等粵籍名士，在京不久即以親老告歸臺灣。一八九〇年回臺灣，在崇文、羅山、等書院講學，一八九四年甲午戰爭爆發，清廷戰敗，次年四月十七日簽馬關條約，割讓臺灣給日本，在乙未割臺之際，丘逢甲選擇了民族大義，積極參與抗日運動，投身「臺灣民主國」的建國運動，後逃至中國，參與中國的立憲運動與辛亥革命。

（二）臺灣人反對割臺

一八九五年五月二日，康有爲、梁啓超師生發動「公車聯合上書」[2]，向「都察院」陳情，反對割臺，書中請求清廷收回成命，勿將臺灣割給日本，內謂：

> 聞朝廷割棄臺地以與倭人，數百萬生靈皆北向痛哭……但求朝廷勿棄以予敵，則臺地軍民必能捨忘死，為國家效命[3]。

在臺灣的士紳，也上書清廷：

> 和議割臺，全臺震駭，自聞警以來，臺民慨輸餉械，不顧身家，無負朝廷列聖深仁厚澤……臣等桑梓之地，義與存亡，願與撫臣誓死守禦，若戰而不勝，待臣等死後，再言割地[4]。

---

2 赴京應試之舉人稱爲公車，一八九五年正在北京參加會試的康有爲、梁啓超等人，反對馬關條約的內容，聯合各省參加會試的一千三百多名考生，上書光緒皇帝，其主張重點爲拒絕議和、實行變法等，這次考生聯合請願運動事件即爲「公車上書」。

3 汪毅夫，《臺灣近代詩人在福建》（臺北：幼獅文化公司，一九九八年四月），頁二二〇。

4 廣東丘逢甲研究會編，《丘逢甲集》（長沙岳麓書社，二〇〇一年十二月），頁七四九。

無論是公車上書，或是臺灣士紳的上書，都無法挽回清廷割讓臺灣的決定，丘逢甲乃再聯合臺灣士紳，先後四次上書清廷，血書五次表明萬民誓不服倭，不成，丘逢甲乃與陳季同等，商議成立「臺灣民主國」，推臺灣巡撫唐景崧爲民主國總統，致電清廷，表示：「臺灣士民，義不臣倭，願為島國，永戴聖清」。這表明了臺灣民主國的立國，並非爲了脫離中國，而是爲了不願讓日本統治，所做的權宜之計。

（三）臺灣民主國創立及其意義

割臺議定，臺人在反對無效後，遂謀求獨立自主，關於當時主要推動臺灣獨立者，有言陳季同、或言陳季同與臺灣士紳共同策劃，或言清朝官僚提案，衆說紛紜。但可以確定的是臺灣民主國建立過程中，臺灣士紳階層是主要的原動力，如丘逢甲就扮演了一個極重要的角色。丘逢甲與其他士紳到臺北巡撫署，推舉原臺灣巡撫唐景崧爲民主國大總統，以藍底黃虎爲國旗[5]，建年號永清，五月十五日發出獨立通電。

一八九五年五月廿五日，「臺灣民主國」在臺北正式成立。[6]下設軍務、內務、外務三部，分由李秉瑞、俞明震、陳季同擔任部長。又設立議院，以林維源爲議長，另以劉永福爲臺灣民主國大將軍。[7]民主國誕生四天，即五月廿九日，日軍從澳底登陸，清軍抵抗失利，臺北部份清軍叛亂，剛成立的民主

5 丘秀芷，《剖雲行日：丘逢甲傳》，（臺北：近代中國出版社，一九七八年），頁一五七。

6 臺灣民主國成立日期有五月二十三日、五月二十四日、五月二十五日三種說法，黃昭堂研究指出應是五月二十五日，參見黃昭堂，《臺灣民主國の研究》，（東京大學出版會，一九七〇年七月），頁一七六—一七七。本書採取五月二十五日說法。

7 黃昭堂，《臺灣民主國の研究》，頁一六二—一六三。

國無力維持，六月六日，唐景崧在淡水坐德國輪船潛回中國廈門，六月七日，日軍進入臺北城。

丘逢甲在臺灣民主國擔任的職務，有「副總統」及「全臺義軍大統領」的說法，[8]無疑丘逢甲在臺灣民主國內部統領義軍，其兄長丘先甲統率義軍信字兩營，帶營打仗，弟弟丘樹甲則負責義軍營務處，屬後勤業務，[9]丘家三兄弟都投身當時的臺灣義軍中，一起抵抗日軍。

臺灣民主國自創立至敗亡，前後僅存在五個月。究竟這個政權的歷史意義何在呢？專研臺灣民主國的臺灣史學者黃昭堂認爲民主國的出現，是「臺灣人意識的起點」。[10]

臺灣民主國的創建，參與最深的是丘逢甲，次則爲許南英，前者是客家系臺灣人，後者是講閩南話的臺灣人，客家人刻苦耐勞，晴耕雨讀，擁有硬頸精神；閩南人冒險犯難，堅苦奮鬥，兩者都有很深的宗邦觀念。在乙未割臺之役的抗日過程中，面對異族日本的入侵，無論是閩南人或是客家人，臺灣人從北到南，均以日本爲共同敵人而攜手合作對抗，「臺灣人意識」由於乙未的抗日而萌發出來，這樣子的結果，應該是倡建臺灣民主國的多位先輩沒有預料到的。

臺灣民主國何以失敗？其中孤立無援應是主要原因，其失敗乃是必然的，它的本意是藉此政權使臺灣免受日本殖民統治，不是尋求眞正的脫離中國獨立，但是弔詭的是，臺灣獨立運動者提倡的臺灣人意識，源頭卻在此，而丘逢甲在臺灣民主國建國過程中，又扮演一個重要的角色。

日軍進入臺北城後，六月十七日在臺北舉行「始政式」，象徵日本在臺灣統治權的開始，典禮由首任臺灣總督樺山資紀主持，參加者有各國駐臺鎮事及高級館員廿四人，臺北地方紳商代表八十三人及文

---

8 有關丘逢甲擔任臺灣民主國副總統或是義軍統領之問題，參見黃昭堂，《臺灣民主國の研究》，頁一五八—一五九。

9 丘逢甲，〈上中丞書〉，光緒二一年三月三日，《丘逢甲集》，頁七二五。

10 黃昭堂，《臺灣民主國の研究》，頁二四六。

官、陸海軍官等。日軍在始政式結束後，立即派軍隊南下，對付臺灣各地的抗日勢力。

十月十日，日軍第四師團在布袋嘴（今嘉義縣布袋鎮）登陸，另第二師團由乃木希典率領，於十月十一日在枋寮登陸，幾路日軍合攻南臺灣，民主國大將軍劉永福在日軍未到臺南之前，沒有抵抗即逃亡，十月十三日，日軍佔打狗（高雄）。十月十九日劉在安平乘英國輪船逃回中國，三天後，十月廿二日日軍在英國籍牧師巴克禮引導下攻進臺南，全臺底定，至此「臺灣民主國」名實均亡。

（四）回返中國

一八九五年七月廿六日，丘逢甲奉父丘龍章、繼母楊氏及兄丘先甲、表弟謝道隆（舉人）並義軍丘春弟等三十餘人，在臺灣中部的梧棲坐漁船離開臺灣，到福建泉州登岸，登岸後又經由廈門、汕頭、潮州，返抵祖籍地的廣東鎮平（蕉嶺）。丘逢甲之妻兒（廖氏、呂氏，子念台等）、弟丘樹甲一家、丘瑞甲一行人，則在稍後搭船到中國會合。

丘逢甲膾炙人口的〈離臺詩〉六首，就是寫在坐船離開臺灣之際，第一首云：「宰相有權能割地，孤臣無力可回天，扁舟去作鴟夷子，回首河山意黯然。」第六首云：「亂世團圓骨肉難，兄弟離別正心酸」。[11]

回到祖地住定後，一八九六年夏丘逢甲在蕉嶺縣淡定村的新居築成，舉家遷入居住，他取書房名爲「嶺雲海日樓」，上廳爲「心太平草廬」，另一廳爲「念臺精舍」，廳名叫「念臺」，懷念故土臺灣之情可以想見。同年四月十七日，中日馬關條約簽訂滿一周年，他寫的一首詩〈春愁〉，句句充滿著對臺灣的綿綿思念：

11 廣東丘逢甲研究會編，《丘逢甲集》，頁一四五。

春愁難遣強看山，往事驚心淚欲潸，
四百萬人同一哭，去年今日割臺灣。[12]

詩中「往事驚心淚欲潸」之句，表明他對割臺及抵抗無效一事始終耿耿於懷，而「四百萬人同一哭，去年今日割臺灣」二句，其念念不忘臺灣之情，讀來最是令人動容。

丘回到中國後，致力教育工作，他結識廣東巡撫許振禕以及菊波書院山長梁居實，以此關係任教菊波書院，又因潮洲知府李士彬之聘，任教潮州韓山書院，該院有學生鄒魯。丘逢甲漸獲廣東官民信任，一九〇〇年獲派南洋聯絡僑情，在新加坡會見丘菽園、容閎，次年丘創辦「嶺東同文學堂」於汕頭，繼於一九〇四年創辦「鎮平師範講習所」，一九〇六年被選爲廣東總教育會會長。因爲丘逢甲本身擁有科舉時代最高功名的「進士」，他很快融入廣東當地士紳階層。

二、從擁護立憲到贊助革命

（一）康有為策動丘逢甲

丘逢甲回到中國後，致力於教育工作，逐漸接近維新派人士，其間最重要的，便是他與康有爲的來往。

康有爲是廣東南海人，字廣廈，號長素，大丘逢甲六歲，但慢丘六年中進士。一八九九年冬天，康有爲寫信給丘逢甲，邀請他到香港面晤。丘逢甲依約赴香港，會見維新人士，與潘飛聲唱和多首，又遊

12 《丘逢甲集》，頁一九九。

澳門，作雜詩十五首。[13]

康有爲致丘逢甲的信函，幸運地被保留下來了，他在信中盛讚丘逢甲抗日保臺之舉，對丘多所肯定，康說丘逢甲抗日是：「震動宇宙，事雖不成，義暴天下」，康極力拉攏丘，言「吾嶺海磅礴，有吾兩人，如孟德言，使君與操也」，康希望丘出面幫助他勤王，希望丘逢甲起身號召臺灣、澎湖、潮州、惠州的親友及部屬：「臺澎舊侶，潮惠新知，以公號召，必當共濟」，康期待丘能夠到香港和他見面討論：「僕頃還港，相去咫尺，甚望執事命駕來遊……獲聆高論」[14]。

這一封信，寫在戊戌變法失敗後一年，時康有爲維新失敗之後，急欲聯絡各界的心情可以理解，至於丘逢甲對康有爲的邀約如何回應，沒有留下史料，無從得知丘逢甲是否加入康有爲的保皇黨核心。查考史料，一八九九年丘逢甲確實到過香港，丘之詩作中，當年有關維新變法以及香港人事者之詩句猶存，例如〈聞李提摩太有請親政之議愧而書此〉一詩提到：「詔書未敢言維新，空有臣民二萬萬，尊皇翻屬異邦人」[15]。

有理由推論丘逢甲和康有爲兩人在香港見面，只是沒有直接證據而已。丘逢甲〈次韻答蘭史香江見贈〉一詩，則詩題本身已明言人是在香港（香江）。[16]人既然在香港，可能不與康有爲見面嗎？

清末爲實行君主立憲，下詔各省成立諮議局，一九〇九年十月，廣東諮議局成立，丘逢甲被選爲諮

13 〈丘逢甲年譜簡編〉，《丘逢甲集》，頁九八一。
14 〈康有爲致丘逢甲書〉，《丘逢甲集》，頁九五六。
15 《丘逢甲集》，頁四三〇。
16 《丘逢甲集》，頁四三一。

議局副議長。[17]當時丘逢甲已經歷任兩廣學務公所（提學司）議紳兼惠（州）、潮（州）、嘉（應州）的視學員，以及廣州府中學堂的監督，該年年底，丘逢甲與議員陳炯明等三人，到上海參加十六省諮議局代表會議。[18]

丘逢甲身為諮議局議員，當時確實是屬於立憲派，但是早在一九〇六年時，他就已經看出清朝必亡，曾對廣東嘉應州一位中學校長說滿清必覆亡，保皇運動也不會成功。那位校長問他如何駁倒滿清？是否孫中山帶兵直攻北京？丘逢甲回答：不是。他以為情勢發展到某一階段，各省可能宣告獨立，清廷不倒而倒。[19]據此可以認定丘逢甲是一個理智、務實的立憲派人士。

（二）同情革命，保護革命黨人

丘逢甲雖未加入革命黨，但卻是同情革命，且他連年鼓勵進步青年東渡日本求學，一九〇三年秋天，丘逢甲因為在「嶺東同文學堂」鼓吹新思想，學生響應「上海愛國學社」種族革命之號召，革命文字見諸國文課卷，丘氏以「天賦人權」、「思想自由」為之申辯，地方守舊勢力借端生事，丘逢甲不得已辭去嶺東同文學堂監督之職，轉往廣州，圖謀發展新式教育。[20]

一九〇七年五月廿二日，同盟會發動「潮州黃岡之役」。此役之發起是孫中山於一月廿日偕胡漢民等人經香港、新加坡到安南，設同盟會於河內，籌劃革命，派許雪秋為中華國民軍東軍都督，圖在廣東潮州、惠州等處發難。春間，許雪秋約同三合會首領黃岡之余丑、余通等人共同舉義。原擬在饒平浮

17 〈丘逢甲年譜簡編〉，《丘逢甲集》，頁九八六。
18 張朋園，《立憲派與辛亥革命》（臺北：中央研究院近代史研所，一九七〇年），頁三一—四五。
19 丘念台，《嶺海微飆》（臺北：海峽學術出版社，二〇〇二年十月重印），頁六七—六八。
20 丘逢甲日記，丙午日記片斷，見《丘逢甲集》，頁八九三。

山墟發難，風聲外洩，清吏防之甚嚴，遂不果。孫中山電囑潮、惠、欽、廉同時發動，以便牽制清軍。至四月，潮州鎮總兵黃金福派兵至黃岡鎮壓，增兵示威。時許雪秋已去香港策畫接濟，十一日晚匆匆起事，舉余丑為司令，率革命軍七百餘人圍攻黃岡各衙署，清兵不敵，擒柘林司巡檢王繩武、城守把總許登科，誅之。革命軍占領黃岡，布告安民，十五日清援軍復大集，衆寡懸殊，革命軍彈藥告罄，不復能戰，退入黃岡解散，許雪秋由港馳回，甫抵汕頭，義師已破。

革命黨事敗，丘逢甲勸戒當局「防止誅連」。[21]他擔任廣東省諮議局副議長，也安插革命黨人古應芬、鄒魯在局內任職，古應芬擔任諮議局書記長，鄒魯擔任諮議局書記一職[22]。丘逢甲後來兼任兩廣方言學堂監督，又聘請鄒魯前往擔任教師，鄒魯在該校講授國際公法、經濟、財政等課程，以此增加收入，除了寄匯家用外，還可以作為奔走革命以及接濟同志。鄒魯又介紹另一革命黨人朱執信給丘逢甲，丘也同樣聘朱到方言學堂任教，鄒與朱二人一直教到三二九之役爆發前，因恐連累丘逢甲，才相繼辭職。[23]

一九〇八年（光緒卅四）春天，汕頭「中華新報」創辦，丘逢甲有詩文刊該報。同一年，梅州、松口發生學潮，兩廣總督張人駿欲奏請停辦全梅（州）學校，丘逢甲以華僑利害說之，最後張人駿乃取消此議。

丘逢甲從立憲派變成革命派，轉變的主要關鍵是一九〇九年五月，時丘的好友劉銘伯（士驥）自美洲回到中國，卻被保皇黨人刺殺於廣州，丘逢甲為此思想激變，他撰聯哀悼劉原銘伯，怒斥康黨，聯

21 〈丘逢甲年譜簡編〉，《丘逢甲集》，頁九八五。
22 戴書訓，《愈經霜雪愈精神：鄒魯傳》（臺北：近代中國出版社，一九八三年十月），頁二一四。
23 鄒魯，《回顧錄》（臺北：三民書局，一九七〇年八月），頁二三。

云：「貪夫徇財，烈士徇名，公得名矣，聖人不死，大盜不止，孰能止之」。[24]

（三）辛亥革命爆發後調停各方

一九〇九年，丘逢甲受聘「兩廣方言學堂」監督，聘請同盟會員朱執信、鄒魯、丘復到學堂任教。

一九一〇年二月十二日，革命黨人趙聲、倪映典發動廣州新軍起義，事前趙聲見丘逢甲，謂黨人商議言事成將舉丘逢甲為臨時民政長官；若事敗，則出面保陳炯明、鄒魯出險。一九一一年陰曆正月初八日，丘逢甲的父親病逝，享年七十九歲，丘逢甲請假守喪。四月廿七日，革命黨人在廣州發動起義，失敗，丘逢甲剛好返抵廣州，當時兩廣總督張鳴岐打算關閉城門，搜捕革命黨人，丘逢甲大力反對，多數革命黨人因為丘逢甲盡力營救，得以脫逃，保全性命。

時鄒魯利用其所創辦的「可報」報館連絡革命黨人，又利用諮議局暗藏軍火炸彈，並聯絡主要革命黨人，三二九起義失敗後，鄒魯仍然住在諮議局裡，丘逢甲由鄉間趕到省城，次晨找到鄒魯，告訴他：「你和陳炯明兩人參加起義的證據，已被清吏搜獲，陳炯明已走，你也應該立即避開」。[25]丘逢甲言「鄒魯，余之學生也，果有罪，可先辦我」，其愛護學生、愛護革命黨人之心可見。[26]

春天，丘逢甲聯合一批進步議員，在廣東諮議局內通過「禁賭案」、「振興女子小學案」。也就是這一年，丘逢甲與革命黨人葉楚傖、高劍父、高奇峰，廣東新軍將領黃士龍、饒景華等相過從。

一九一一年十月十日，武昌起義，各省響應。丘逢甲聞革命爆發，言「內渡十七年，無若今日快心

24 《丘逢甲集》，頁六九七。

25 陳哲三，〈鄒魯與丘逢甲的師生情誼〉，臺北：《傳記文學》，第二十六卷第二期，一九七五年一月。

26 鄭喜夫，《民國丘倉海先生逢甲年譜》（臺北：商務印書館，一九八一年十一月），頁二一一。

者」[27]乃提筆爲辛亥革命作〈謁明孝陵〉詩，詩云：「郁郁鐘山紫氣騰，中華民族此重興；江山一統都新定，大纛鳴笳謁孝陵；如若早解共和義，五百年來國尚存⋯直搗幽燕搗遼瀋，昌平再告十三陵」，氣勢磅礡，用以舒懷他歡欣鼓舞的心情。

先是武昌起義後，廣東革命黨人策動廣東獨立，兩廣總督張鳴岐見武昌首義後，各省紛紛響應，廣東局勢不穩，態度不明。十月廿五日，廣州各團體集議，主張獨立，張鳴岐答應，七天後即十一月一日卻又宣告取消，在張鳴岐舉棋不定的過程中，當時身爲廣東諮議局副議長的丘逢甲前往勸說，促其接受條件，促成廣東獨立。此外，丘逢甲又策動廣東水師提督李準投降。[28]

十一月八日，丘逢甲與廣東各團體在諮議局召開會議，推舉兩廣總督張鳴岐爲革命政府廣東都督，龍濟光爲副都督，蔣尊簋爲軍事部長，定於次日公布，不料張鳴岐對革命前途沒有信心，於當天晚上逃走，龍濟光也不敢就職。在情勢發生變化的狀況下，隔天即十一月九日，各團體再召開大會，改舉革命黨人、孫中山的左右手胡漢民爲都督，時胡漢民人還沒有到廣州，在未回省城之前，決定由蔣尊簋暫時代理職務。

廣東軍政府成立後，情況複雜，內部意見分岐，一九一一年十一月十七日，代表大會舉陳炯明爲副都督，黃士龍爲參督，丘逢甲被舉爲教育部長，陳炯明與黃士龍互爭軍權，相互齟齬，竟在會議席上拔槍，幾於當眾決鬥，而民兵又漫無定制，坐餉索彈。[29]身爲都督的胡漢民爲此頭痛，由於丘逢甲和黃士

27 丘復，〈丘逢甲墓志銘〉，《丘逢甲集》，頁九五五。
28 鄭喜夫，《民國丘倉海先生逢甲年譜》，頁二一三—二一四。
29 胡漢民認爲黃士龍素無革命歷史資格，是一個野心家。一九一一年十二月五日，廣東舉行第三次代表大會，黃士龍提議統一軍權，欲使大會使其握兵，商界代表受其運動，頗爲之動，亦有獻議三督分權治事者，胡漢民斥其妄，代表乃不敢

龍和陳炯明都相熟，丘算是陳的老師，又是黃的朋友，兩方都說得上話，身爲都督的胡漢民乃拜託丘逢甲出面調停，使當時的廣東得以暫時維持一個安定的局面。[30]根據胡漢民記載：

余與陳（炯明）、黃（士龍）共議事，黃言：北伐似非其時，粵人不能於嚴冬在大江南北作戰，遑論黃河流域，且粵局未大定，多出精銳，一旦根本有變，何以鎮壓？不如先固粵。余謂革命在進取，不在保守，至言氣候差別，自當注意防寒，陳力和余議，已而陳、黃爭論軍事，黃為無禮之言，陳怒，幾決鬥，余使丘仙根兩解之。[31]

據此可知，在辛亥革命後廣東險惡的形勢中，若非丘逢甲調停得宜，局勢可能更加複雜。一九一一年十二月廿一日，孫中山從歐洲返抵香港，胡漢民往迎，旋即與孫中山同赴上海，行前胡漢民寫信給陳炯明、朱執信、胡毅生等人，促陳炯明代理廣東都督一職，並以命令飭各軍服從陳炯明，信交由廖仲愷帶回廣州[32]。一九一二年一月一日孫中山在南京就任臨時大總統，胡漢民擔任總統府秘書長，至四月一日孫中山解職，胡漢民隨之去職，四月廿七日胡漢民重新擔任廣東都督。一九一二年，丘逢甲之弟丘瑞

妄於附和，黃又運動民軍，又被民軍首領所斥，始絕望而去。黃在清末繼趙聲爲新軍團長及陸軍學堂監督，廣州新軍之役，黃跪哭勸新軍士兵勿動，不聽，則僞爲自戕，商民頗稱之，然黃始終反對革命，辛亥迫於高州新軍，不得已宣告反正，驟以素無革命歷史之資格，得選參督，遂野心勃發。參見《胡漢民自傳》，載《革命文獻》第三輯（臺北：中國國民黨黨史委員會，一九六五年十月）。

30 丘念台，《嶺海微飆》，頁六六。

31 《胡漢民自傳》，載《革命文獻》第三輯（臺北：中國國民黨黨史委員會，一九六五年十月）。

32 蔣永敬，《民國胡展堂先生漢民年譜》（臺北：商務印書館，一九八一年一月），頁一二八—一二九。

甲出任廣東都督府軍法處長。[33]

（四）到南京參加臨時政府會議未果

一九一一年十二月，獨立各省推派代表到南京組織中央政府，浙江都督湯壽潛打電報給廣東都督胡漢民，轉請丘逢甲出任浙江省的代表，因爲湯與丘逢甲都是清光緒十五年己丑年同科進士，兩人早就認識，湯欲請丘爲浙江代表之舉，使胡漢民過意不去，也派丘逢甲擔任廣東省的代表。

然而丘逢甲到南京後，卻發現代表名單上沒有他的名字，報到處核閱他攜帶有廣東都署的證件，又不得不給予登記候查，等於廣東省的出席代表鬧雙胞。當時上海各大報曾刊登各省代表的名單，上面有丘逢甲的名字，但是等到會議正式召開，丘逢甲仍然沒有收到出席會議的通知，顯然廣東當局排擠丘逢甲，丘逢甲以爲有人爭奪席位，乃讓賢引退，從南京回廣東，到汕頭時，從報端得知被選爲臨時參議院議員，還有廣東部份士紳打算擁戴他出任廣東都督等消息。[34]

最終丘逢甲並未成爲南京會議的廣東代表，有謂其爲代表者，是錯誤的。[35]丘逢甲在上海時曾經會見孫中山，丘逢甲並且號召滬上的廣東商人捐款支持孫中山的革命事業。[36]

丘逢甲在南京時，謁明太祖陵，遊莫愁湖，登掃葉樓，寫詩謳歌革命，成爲一生絕筆。其中〈登掃葉樓〉一詩，把丘逢甲期待革命成功的心情，顯露無遺，詩云：「我護百粵軍，飲水古建業，雪恥告百王，掃胡如掃葉，落葉蕭蕭滿石頭，江山佳麗此登樓，坐領東南控西北，金陵仍作帝王州。今日

---

33 丘念台，《嶺海微飆》，頁七二。

34 丘念台，《嶺海微飆》，頁六六—六七。

35 廣東省丘逢甲研究會編，《丘逢甲集》，頁九八七。

36 《丘逢甲集》，頁九八七。

征誅一灑掃，群胡如葉風前墮，依然龍虎帝王都，我來偶借蒲團坐，樓外長江江外山，今日江山方我還……。」[37]

（五）憂心民國政局

辛亥年丘逢甲北行，時值冬天，天寒地凍，加上出席南京會議代表資格被取代，種種原因使得丘逢甲染病，先前已因爲積年勞瘁，罹患嚴重的肺炎，數度咯血，此時更是病情加重，不得不抱病南返。[38]南返途中，在廈門爲福建局勢策劃，一九一二年二月上旬，回到廣東蕉嶺淡定村自宅，病中聽到南北和議告成，面露欣喜之色，但聽到孫中山讓位給袁世凱，[39]則引以爲憂，言孫中山上了袁世凱的當，從此國家多事矣，袁氏是一個老奸巨滑的人，將來必然不忠於民國，孫怎能和他合作呢？[40]從後來袁世凱一步步走向帝制的史實看，丘逢甲眞是不幸而言中。

二月廿五日，陰曆正月初八日，丘逢甲病逝廣東省蕉嶺縣，享年僅四十九歲，距離他父親去年之喪，相隔才一年而已。丘念台記載他父親臨終交待死後必須南向而葬，說「我不能忘記臺灣啊」[41]。其時，清帝剛剛退位十三天，民國政局還未穩定。

丘逢甲死後，旅居廣州的臺灣人輓以聯曰：

---

37 《丘逢甲集》，頁六八〇。

38 丘念台，《我的奮鬥史》（臺北：中華日報出版社，一九八一年五月），頁一〇四。

39 孫中山讓位袁世凱是在二月十三日，他向臨時參議院辭職，推荐袁世凱繼任臨時大總統之職。

40 丘念台，《我的奮鬥史》，頁一〇四。

41 丘念台，《嶺海微飆》，頁六八。

> 憶當年禍水滔天，空拼九死餘生，隻手難支新建國；
> 痛今日大星墜地，祇剩二三遺老，北面同哭故將軍。[42]

聯中說「當年禍水滔天，空拼九死餘生，隻手難支新建國」，可以算是對丘逢甲的安慰，也可以算是對丘的肯定。

曾被丘逢甲營救過的鄒魯，把丘逢甲和鄭成功相提並論，以為丘逢甲倡建「臺灣民主國」，事雖不濟，「儼然開中華民國之始基」，鄒魯對丘逢甲備極肯定：

> 與臺灣相終始者，吾得兩人焉，其一鄭成功，其一吾師丘倉海先生，兩人者所處之時與地不同，而其為英雄則一也。光緒中中日之戰，臺灣見割，先生合臺灣紳民力爭不可免，奮然謀自立，立臺灣為民主國，以唐景崧為大總統、劉永福幫辦，自署義軍大將軍，謀保有臺灣，當是時義聲震天下，事雖不濟，儼開今日中華民國之始基矣。[43]

42 丘念台，《我的奮鬥史》，頁一〇五。
43 鄒魯，〈嶺雲海日樓詩鈔序〉，見《丘逢甲集》，頁九六八。

02 參與革命團體

一、參與成立興中會臺灣分會

一八九七年十月，孫中山派革命黨人陳少白到臺灣聯絡革命志士，組建興中會臺灣分會。[44]

陳少白，廣東新會縣人，一八六九年生，一八八八年他入讀廣州格致書院（即嶺南大學前身），一八八九年與孫中山相識，入讀香港西醫書院，和孫中山結拜爲兄弟，與孫中山、尤列和楊鶴齡經常聚談反滿革命，被稱爲「四大寇」。一八九二年輟學，此後協助孫中山在澳門、廣州設醫局，參加革命活動。

一八九五年，陳少白參與組織香港興中會，並籌劃廣州起義。十月起義事敗，他和孫中山、鄭士良逃到日本，成立興中會橫濱分會。一八九七年赴臺灣設立興中會台北分會。一九〇〇年，他奉孫中山之命回香港辦《中國日報》，宣傳革命。在香港辦報期間，他還在畢永年的協助下加入哥老會，被推舉爲「龍頭之龍頭」。其間，他合併三合會、哥老會、興中會三派勢力，成立了忠和堂興漢會，推孫中山任總會長，一九〇〇年，陳少白在香港策應惠州起義。一九〇五年同盟會成立，陳少白任同盟會香港分會會長。辛亥革命廣東光復後，任廣東軍政府外交司司長。

興中會臺灣分會是陳少白主動促成並主持的，赴臺成立該會之前，他對孫中山說，日本的事情可

44 陳錫祺主編，《孫中山年譜長篇》（北京：中華書局，一九九一年八月），上冊，頁一四五。

由孫管理，他想到臺灣觀察，言甲午戰敗，臺灣割給日本之後，不知弄得怎樣一個地步，希望能夠在臺灣活動，把那裡的中國人聯絡起來，發展革命勢力，較勝呆住在日本。陳少白一到臺灣，透過革命黨人楊鶴齡的堂弟楊心如，結識臺北「良德洋行」的老闆吳文秀，就住到良德洋行裡。楊心如原本也是興中會員，一八六八年生，廣東中山縣人，參加過廣州起義，失敗後逃到臺灣，在良德洋行任事。吳文秀經營茶葉生意，祖籍福建廈門，胸懷革命大志，因為不滿清政府出賣臺灣，極力支持革命黨人在臺灣開展革命活動。在陳少白、楊心如、吳文秀等人的努力下，當年十一月、十二月之交，「興中會臺灣分會」成立於臺北，此會通稱「臺灣興中會」，會所就設在楊心如臺北住家，這是中國革命黨人在臺灣首次建立的據點，也是臺灣人直接參與中國革命運動的開始，後來孫中山到臺灣開展活動時，吳文秀大力協助。[45]

二、興中會臺灣分會的會員

陳少白得以成立興中會臺灣分會，主要是靠吳文秀。吳生於一八七三年，號眉南，當時年紀未滿三十，具有大志，擅於經商，曾參加世界博覽會。他贊同興中會的革命宗旨，欣然加入為會員，他對陳少白在臺灣的活動及以後孫中山來臺時，都熱心照料。吳於一九二九年十月廿日去世，《臺灣民報》曾報導其生平：

> 吳文秀君，平素身體頗康健，而忽染盲腸炎，於十月二十日午後四時在本宅永眠。君為

45 曾迺碩，〈興中會臺灣分會史實〉，《中國現代史專題研究報告：第五輯》（臺北：中華民國史料研究中心，一九七六年一月），頁二三〇—二三二。

臺灣人留歐求學的先覺者，……西曆一九〇〇年，在巴黎開萬國博覽會之時，君為唯一之臺灣人代表，參加於出品者表彰式。歸來經營茶館，為茶商公會長，稻江信組常務理事。當孫文蒙塵於臺灣之時，君為他周旋，無微不至。……不幸一病不能再起。[46]

陳少白在臺北，經由吳文秀、楊心如的介紹，結識了廣東大商趙滿朝、容祺年等人；趙、容等人其後都成爲興中會的同志。陳也拜見了臺灣總督府的新任民政長官後藤新平。一八九七年底，陳少白爲調解横濱大同學校內部維新派與革命派的糾紛，前往日本，但他還是與臺灣的同志保持聯繫。一八九八年五月，陳少白再度到臺灣，這次停留了將近半年的時間。興中會臺灣分會，總共招到楊心如、吳文秀、容祺年、趙滿朝等人加入。根據陳少白自述，他在臺灣募到革命經費達到二、三千元，不過他未明言向誰募捐。[47]

除了以上四人加入興中會外，另外還有一位較少爲人知道的翁瑟士。他是楊心如的同行，原籍福建同安縣，楊、翁兩人常一起討論時政、瞭解中國反滿革命運動情形，暢談如何抗日，在楊心如的影響下，翁瑟士逐漸萌發反抗日本殖民統治的思想，因爲楊心如的關係，翁瑟士也加入興中會臺灣分會爲會員。他的反日思想，影響了其子翁澤生。翁澤生自幼經常跟在父親身邊，聽到各種可歌可泣的抗日故事，幼小的心靈中萌生反日的民族意識，稍長回到中國求學，進而參與五卅反帝國主義運動，加入中國共產黨，並參與創建臺灣共產黨。[48]

---

46 朱傳譽，《中國國民黨與臺灣》，頁二一。
47 許師慎，〈陳少白成立興中會支會於臺北〉，《中國現代史專題研究報告》，第五輯，頁二二四。
48 林德政採訪記錄，〈林江先生訪問記錄〉，福州林宅，二〇〇一年七月十五日。

以下將興中會臺灣分會會員的姓名和經歷，表列於下：

姓名	職業、經歷	生卒年
楊心如	臺北良德洋行司帳	一八六八年生，一九四六逝。一九〇〇年孫中山到臺灣策動惠州起義，從旁協助
吳文秀	臺北良德洋行老闆、茶商公會會長、稻江信用組合常務理事	一八七三年生，一九二九年逝，年五十六歲
容祺年	商人	
趙滿朝	商人	
莊某	不詳	
翁瑟士	洋行司帳	一八六一年出生

三、參與成立同盟會臺灣分會

（一）同盟會臺灣分會成立

一九一〇年初，中國同盟會福建支會會員王兆培因爲革命黨員的身份暴露，逃到臺灣，進入臺灣總督府臺北醫學校就讀，王兆培原本在廈門救世醫院學醫，到臺北後，一邊讀書，一邊則秘密地在同學之間傳播革命思想，發展革命組織，一九一〇年五月一日，經王兆培介紹，醫學校同學翁俊明宣誓加入同盟會，成爲中國同盟會在臺灣第一位會員，到一九一二年，加入臺灣同盟會的已有三十餘人。以臺灣同盟會爲中心向外又發展了一個「復元會」，此會以光復臺灣爲目的。[49]

翁俊明，臺灣臺南人，一八九一年九月出生，臺灣總督府醫學校畢業回到中國，致力於臺灣光復運

49 陳在正，〈臺灣與辛亥革命〉，《廈門大學學報（哲學社會科學版）》，一九八一年第四期。

動。他加入同盟會後，位於福建漳州的同盟會機關部，任命他為機關部交通委員，化名翁樵，接手王兆培，負責發展同盟會在臺灣的會務，同時宣告同盟會「臺灣分會」成立，以翁俊明為臺灣分會的負責人。

負責同盟會臺灣分會會務後，翁俊明審慎吸收臺灣青年加入同盟會，迅速發展分會的組織，臺北醫學校同學蔣渭水被他吸收加入同盟會，到一九一四年十一月九日，該會在臺北艋舺舉行會員大會時，臺灣的同盟會會員已發展到七十六人。[50]

臺灣青年之所以加入同盟會，本質上是民族意識的關係，不全然是被動的。會員之一的杜聰明說明當時的臺灣青年漢民族意識很旺盛，每天閱讀報紙看中國革命的進展，歡喜革命成功，有志者經常秘密集會，討論時局的變化，並且租了一間房子當做連絡處，表面上則是販賣文具圖書，稱「東瀛商會」，且聘請一位教北京話的老師，積極學習北京話。[51]

有關同盟會臺灣分會的成員，幾個較著名的人物，衆所皆知，如：翁俊明、蔣渭水、杜聰明、廖進平等人，另外就是熱心會務的李根盛、蘇樵山、曾慶福等人，此外，已經很難完整地說出還有誰有加入，以及誰是會員。

同盟會臺灣分會的會員難以確認，原因有二：一則該會有名冊，但已經遺失了。二則該會沒有留下名冊，因為臺灣當時處於日本統治之下，與中國有關係的秘密組織或說秘密結社，不敢也不想留下名冊，以免招惹麻煩，這是可以理解的。

以杜聰明來說，他留有詳實的回憶錄，書中記載關心中國革命，以及如何受王兆培影響，經常集會

50 李雲漢，《國民革命與臺灣光復的歷史淵源》（臺北：幼獅書店，一九七一年），頁二五。

51 杜聰明，《回憶錄》（臺北：杜聰明博士獎學基金會，一九七三年八月），頁四二。

討論時局等情，但是就是沒記載他到底有沒有加入同盟會，是否爲會員，雖然我們從他的記載中幾乎可以斷定他就是同盟會會員，但他就是沒有明說。不過杜聰明稍後前往北京欲刺殺袁世凱，若非會員，豈會如此冒生命危險，因此，杜聰明是同盟會的會員無庸置疑。

理論上，之前加入興中會臺灣分會的臺籍人士，在同盟會臺灣分會成立後應該也加入，因此興中會臺灣分會會員的楊心如、吳文秀應當計入。茲將加入同盟會成爲臺灣籍會員的人員，表列於下頁。其中有在臺灣加入的，也有的人是在中國加入的，如林祖密、林熊徵與邱雁庭等人，就是在中國加入同盟會：[52]

52 邱雁庭加入同盟會，參見邱統凡著，《六堆甲午抗日精神領袖歲進士儒學正堂邱國楨》（作者出版，二〇一二年一月），頁一三。邱統凡是邱雁庭的孫子，邱雁庭認識羅福星，在廣東蕉嶺加入同盟會。

姓名	生年	籍貫	學歷	經歷
楊心如	一八六八	臺灣臺北（祖籍廣東）		良德洋行司帳
吳文秀	一八七四	臺灣臺北（祖籍廈門）		良德洋行老闆、茶商公會會長
林祖密	一八七八	臺灣臺中		霧峰林家族長、閩南軍司令
連雅堂	一八七八	臺灣臺南	舊學	福建日日新報主筆
林熊徵	一八八八	臺灣臺北	福州高等師範	板橋林家家長
邱雁庭	一八八二	臺灣屏東	臺灣總督府醫學校肄業	屏東內埔庄保正、防疫委員
蔣渭水	一八九〇	臺灣宜蘭	臺灣總督府醫學校	醫生、臺灣文化　會發起人、臺灣民衆黨發起人
翁俊明	一八九一	臺灣臺南	臺灣總督府醫學校	醫生、國民黨臺灣黨部首任主任委員
杜聰明	一八九三	臺灣臺北	臺灣總督府醫學校	醫生、臺北帝大教授、臺大醫學院院長
賴和	一八九四	臺灣彰化	臺灣總督府醫學校	醫生，臺灣新文學之父
廖進平	一八九五	臺灣臺中	農事試驗學校	臺灣民衆黨黨員
劉兼善	一八九六	臺灣屏東	臺北國語學校、早稻田大學政治經濟科	廣州中山大學教授、臺灣大學教授、臺灣省政府委員、國大代表
李根盛	不詳			
蘇樵山	不詳			
曾慶福	不詳			

（二）前往北京毒殺袁世凱

同盟會臺灣分會成員最具爆炸性的舉動，是在一九一三年夏天前往北京計劃毒殺中國大總統袁世凱。事雖功敗而垂成，但這卻是同盟會臺灣分會在中國最重要的一次行動，在臺灣分會的歷史上留下寶貴的記錄。

該次行動時間是在一九一三年的七月，倡議人是蔣渭水，蔣渭水是臺灣宜蘭人，也是臺灣總督府臺北醫學校學生，一八九〇年出生，是「臺灣文化協會」重要的發起人之一，在臺灣史上具有重要地位。毒殺袁世凱的人選經過推舉後，決定由翁俊明和杜聰明兩人擔任，兩人都是醫學校的同學，計劃以在北京自來水蓄水池內施放霍亂菌的方式暗殺大總統袁世凱，他們之所以想要用細菌去毒殺袁世凱，原因是認為用此方法最容易，前往北京所需的旅費則向成員募集。他們經由日本、中國東北轉往關內的北京，但到達北京後，看到北京的自來水蓄水池戒備森嚴，根本無法靠近，最後無功返回臺灣。[53]

一九一四年的年底，由於羅福星起義事件破獲不久，日本統治當局高壓統治的形勢益發嚴峻，同盟會臺灣分會宣告解散，[54]翁俊明在臺灣分會瓦解後，一九一五年前往中國福建廈門開設「俊明醫院」行醫。一邊行醫，一邊繼續走向參與中國革命之路。

53 杜聰明，《回憶錄》，（臺北：杜聰明博士獎學基會會，一九七三年八月），頁四二—四三。
54 陳三井，《國民革命與臺灣》（臺北：近代中國出版社，一九八〇年十月），頁一一。

03 捐獻革命經費

一、資助廣州三二九之役經費

一九一一年四月十七日，革命黨人發動廣州三二九之役，臺灣人出錢資助的是林熊徵。

林熊徵，生於一八八八年（光緒十四）十一月，號薇閣，別號肇權，臺灣臺北板橋人，為板橋林本源家長房林維讓（二房維源，三房維德）的長孫，林爾康之長子，林爾康在一八九四年去世。[55]林熊徵於抗戰結束後次年，即一九四六年十一月在臺灣去世，享年五十九歲。

一八九五年臺灣割日，林熊徵時年八歲，隨林家長輩回到中國，在福建長大，他是福州著名士紳陳寶琛太傅之外甥，娶盛宣懷之女盛關頤為妻，為盛宣懷之女婿。陳寶琛之子陳懋復及其女婿王孝總，留學日本東京時，曾加入中國革命同盟會第十四支部，成為革命黨員，所以林熊徵受其影響，思想傾向中國革命，也就可以理解。林爾康之子林熊徵聘請表叔福州人蔡法平為總管家，蔡法平的父親蔡徵藩娶林維讓的姊妹為妻，即林維讓是蔡法平的舅舅，蔡法平與林爾康為表兄弟。陳懋復、王孝總兩人均富有驅逐韃虜、恢復中華之思想，乃是志同道合之志士。

一九〇三年，福建人何枚士、鄭薩端在上海發起組織革命團體，成立「旅滬福建學生會」，此會以江海關為通訊處所，林森被推為會長，為閩人與海內外革命同志聯絡之樞紐，一九〇六年該會成立福

---

55 王國璠，《板橋林本源家傳：林公爾康傳略》（臺北：祭祀公業林本源，一九八七年）。

建支部，林熊徵與蔡法平都加入「福建學生會」，成為會員，因為家世的關係，林熊徵居於會內重要地位[56]。

「旅滬福建學生會」會長林森是福建侯官人，一八六八年出生，他與臺灣早就有淵源，早在一八八四年時，他就曾經到過臺灣，在臺北電報局工作，工作近四年，一八八八年回福州省親後仍到臺北，一八九〇年回福州娶親，僅留二日，又赴臺北，一八九二年以妻病回福州探視，次年妻病逝，誓言不再娶，並繼續在臺北電報局工作，直到一八九五年臺灣割日後，林森才回到中國。由於他在臺灣前後工作長達十多年之久[57]，與臺灣和臺灣人可以說淵源頗深。林森後來擔任國民政府主席，一九四三年八月中國對日抗戰期間逝世於重慶。

中國革命同盟會在一九〇五年八月成立於東京，林森率同「福建學生會」全體會員加入，所有福建學生會的會員都因此而取得同盟會會員的身份，林熊徵、蔡法平兩人自然也就順理成章地成為中國革命同盟會的會員。

一九一一年四月廿七日，廣州三二九起義之前，同盟會第十四支部支部長福建人林文（林時爽）應黃興電邀，決定率領十九位同志經由日本前往廣州參加，然志士由日本赴廣州之旅費，沒有著落，事聞於林森，林森派陳與燊赴臺灣，經由王孝總介紹，商請林熊徵和蔡法平兩人設法，用興學的名義向林熊徵募款，林捐了三千日元。[58]另一說法，言林熊徵聽說革命黨人將於廣州舉事，喜不自勝，立即慷慨

56 章君穀，〈臺灣志士林薇閣〉，臺北：《中央月刊》，二卷十期，一九七〇年八月。

57 陳哲三，《中國革命史論及史料》（臺北：商務印書館，一九八二年六月），頁一九三。

58 鄭烈，〈黃花崗之役與臺灣〉，臺北：《中央日報》，一九五三年三月二十九日。

捐獻日幣五千元，以做爲革命志士旅費和購買器械之用。[59]有了這筆款項，福建諸位志士才得以前往廣州參加三二九之役，用鮮血寫下壯烈的歷史。該次戰役中，福建人共計四十九人參加，不幸死難者廿三人，國人習知的烈士計有林文、林覺民、方聲洞、林尹民、陳與燊等人。

有關林熊徵爲了廣州三二九之役到底捐了多少經費？此一問題除了上述三千元與五千元的說法外，尚有一說，言林熊徵出了一萬元，曾經擔任臺灣省文獻委員會主任委員的林衡道說黃花岡之役時，林森自東京到臺灣，找蔡法平，要求支援革命經費，蔡法平找林熊徵捐助，林捐出一萬元。[60]林衡道是板橋林家的子弟，是林熊徵的親侄子，他稱林熊徵伯父，其說法自有根據。

蔣永敬教授研究革命起義經費之問題，指出一九一一年的三二九之役，支付之款，共計一八七、六三六元，收入之款有帳可考者，荷屬南洋華僑捐助三二、五五〇元，英屬南洋四七、六六三元，美洲七八、〇〇〇元（其中加拿大六四、〇〇〇元，美國一四、〇〇〇元），其餘約三萬元來自暹邏及安南華僑的捐助。[61]如果說林熊徵捐的款項以五千元爲準，以此對照，則佔總收入一八八、二一三元的三十八分之一，並且必須注意，林熊徵實際上是以個人身份捐出，比起南洋或美洲各地，都是團體總和者，顯然是多得多了。

---

59 陳漢光，〈黃花崗之役與臺籍人士〉，臺北：《臺灣風物》，第八卷第三期。

60 林衡道及蔡啓恒訪問記錄，許雪姬，〈臺灣總督府的協力者林熊徵，日據時期板橋林家研究之二〉，臺北：《近史所集刊》，第二十三期，下，一九九四年六月。

61 《開國文獻》，一—一二，頁六四二。蔣永敬，〈辛亥革命前十次起義經費之研究〉，見蔣永敬著，《孫中山與中國革命》（臺北：國史館，二〇〇〇年十二月），頁三六三。

二、資助福州光復之役

資助福州之役的臺灣人是霧峰林家的林祖密。

武昌起義後，中國各省紛紛響應，福建省城福州，在革命黨人策劃下，於一九一一年十一月五日，由同盟會福建支會的主要負責人鄭祖蔭、林斯琛召集黃乃裳及福建軍警同盟會長彭壽松、新軍第十鎮統制孫道仁、協統許崇智等人，舉行會議，決定十一月九日發動起義。十一月八日晚，革命軍以福州于山觀音閣大士殿爲指揮部，定于山一線爲總攻陣地，新軍協統許崇智擔任前敵總指揮，發動進攻，佔領于山此一制高點，十一月九日，革命軍在于山以大砲擊中福州將軍署，逮捕福州將軍樸壽，至於閩浙總督松壽見大勢已去，吞金自殺，福州清軍漢軍八旗投降，福州遂告光復。十一月十三日，福建都督府正式成立，由新軍統制孫道仁出任都督，彭壽松出任參事員會會長，許崇智爲福建海陸軍總司令。[62]

福州光復後，需款孔急，擔任福建都督府交通部長的同盟會員黃乃裳，以個人名義，致電南洋華僑各地，請求捐助，共得各界華僑捐款七十多萬元。[63]臺灣霧峰林家的林祖密在福州光復前後，慨捐款項，贊助革命經費，實際捐款額度則未詳，[64]但在上述黃乃棠所募得的七十多萬元款項裡，有林祖密的捐款，應該是沒有疑問的，林祖密對福建革命，有所貢獻，也是可以肯定的。

林祖密，字季商，號資鏗，一八七八年（光緒四）出生，祖父林文察，父親林朝棟，都是清代名將，林文察參加平定太平天國之役，官至福建陸路提督，封太子少保。林朝棟，十二歲時隨父征番，參加抗法之役有功，一八九五年臺灣割讓給日本，朝棟抗日無效，遵清廷旨意率家內渡，繼命祖密回臺治

62 福建省孫中山研究會編，《孫中山與福建》（福州：福建人民出版社，二〇〇二年十二月），頁一九〇－一九一。

63 蕭忠生，〈開拓新福州的華僑先驅黃乃裳傳略〉，《福州文史資料》第八輯，一九八九年八月。

64 林正亨，〈林烈士祖密生平事略〉。

產。當時林家擁有二千多甲水田，二萬多甲山地，並有樟腦專賣權。祖密回臺，見日人淩辱同胞，憤恨不已，以為大漢之民，何能為財富而受辱倭奴，於是棄臺回閩。

三、蔣渭水募款捐助福建革命軍

除了霧峰林家與板橋林家，蔣渭水也親自發動募款，總計募到款項三萬元，經由翁俊明解送到福建給許崇智，當做革命軍的軍餉。其弟蔣渭川言三萬元是給「閩督」許崇智。[65]但是辛亥革命後福建都督（閩督）是孫道仁，非許崇智，顯然蔣渭川不清楚當時中國政情，不過蔣渭水捐錢且指名要給許崇智當做「革命軍軍餉」，多少有助於革命後的福建，則是事實。且蔣渭水集眾人之力的這筆捐款數目達三萬元，比起板橋林家林熊徵捐出的三千元或一萬元還要多，林熊徵是巨室，蔣渭水則只是醫生。

必須注意，林熊徵、林祖密、蔣渭水等人捐的款項是日元，之後如何換成銀元，值得細究。思考此一問題，確是很有意義的，依常理判斷，彼等的捐款應該換成銀元，才好使用，否則革命黨方面還得去兌換。

65 蔣渭川，〈先兄渭水先生逝世二十週年誌感〉，《新生報》，一九五〇年八月五日。

04 以臺灣爲革命後援基地的惠州之役

一九〇〇年十月六日，以興中會爲主的革命黨人在廣東的惠州發動了「惠州之役」，這次起義是孫中山親自策動，爲了這次的起義，他在九月廿八日到臺灣策劃起義事宜，在臺灣總共住了四十二天，一直到十一月十日方才離去。這次到臺灣是孫中山生平第一次到臺灣，當時，興中會在臺灣成立分會，已經三年。

惠州之役雖然是在廣東惠州一帶進行，但是它的策動地卻是在臺灣，臺灣的興中會成員楊心如也給予孫中山提供協助，整個臺灣則是當做革命的中繼站以及擬定中的武器供應站。

> 有志之士，多起救國之思，而革命風潮，自此萌芽矣。"

惠州之役，是孫中山親自策劃發動的第二次革命行動，起義的決定係在香港海面的「佐渡丸」中，行動的規劃則在臺灣，就是爲了策劃惠州起義，孫中山來到臺灣，其策動的背景是：當八國聯軍攻陷北京，清帝逃亡，北方陷於糜爛之際，南方湖廣總督張之洞，兩江總督劉坤一，兩廣總督李鴻章都有意劃地自保，不肯北上勤王。

" 孫中山，《孫文學說》，第八章，〈有志竟成〉。

起義大計既定，孫中山乘原船航向日本，並計劃前往臺灣策劃惠州起義。孫中山爲什麼選擇臺灣爲策劃惠州起義的基地？論者以爲孫中山一九〇〇年所以選定臺灣當做革命事業的前進指揮地，就庚子年當時的情勢言，自然是對日人總督兒玉源太郎、民政長官後藤新平抱有獲得援助的希望。且臺灣地近中國，與廈門一水之隔，接濟和內渡均很方便。除此之外，興中會的革命組織，遠在一八九七秋中山先生倫敦被難後經由美、加重抵日本之後、就已由陳少白來臺打下了一個基礎，在臺成立了興中會第一個組織。[67]

孫中山係於一九〇〇年九月廿五日，自神戶搭「臺南丸」經馬關前往臺灣，廿八日抵達基隆港，旋即進駐臺北。經由山田良政之聯絡，孫中山與臺灣總督府民政長官後藤新平會晤，孫中山自己記載說，總督兒玉源太郎飭後藤與他接洽，允諾於革命軍起義予以軍人及武器彈藥援助。[68]孫中山與後藤新平確實是見了面，但兩人談了些什麼具體內容，則未有文字留傳下來[69]，至於孫中山有否與兒玉源太郎見面，許多史料記載兩人不但見了面，而且是數次接洽，[70]李雲漢教授主張孫中山與兒玉源太郎、後藤新平都見了面，[71]但是也有學者認爲可疑。[72]

---

67 黃季陸，〈有關臺灣與中國革命的史料〉，《研究中山先生的史料與史學：國父一百一十年誕辰紀念專輯》，臺北：中華民國史料研究中心編輯，一九七五年。

68 孫中山，《孫文學說》，見《國父年譜》，上冊，頁一七二。

69 彭澤周，《近代中國之革命與日本》（臺北：臺灣商務印書館，一九八九年），頁二八—二九。

70 《中華民國開國文獻》，興中會，上冊，頁五八二。

71 李雲漢，《國民革命與臺灣光復的歷史淵源》（臺北：幼獅文化事業公司，一九七一年六月），頁二〇。

72 李吉奎，《孫中山與日本》（廣州：廣東人民出版社，一九九六年十月），頁一四六。

孫中山在臺北住了一個多月，其起義指揮所是設在新起町，今臺北市長沙街一帶，他在臺北必定與興中會臺灣分會的同志楊心如、吳文秀等人見面，也必定獲彼等協助。他為支援惠州的革命軍而張羅，他要求兒玉源太郎和後藤新平實踐他們的諾言，迅予接濟，但卻落空，孫中山認為原因是正在此時日本內閣改組，伊藤博文繼山縣有朋為首相，一改前任內閣的政策，不許兒玉予中國革命軍以接濟。孫中山又要宮崎寅藏將前次援助菲律賓獨立軍已訂購尚未啓運的軍械運來，結果竟發現這些軍械乃是一些報廢的舊械，已不堪使用。軍械接濟既無法獲得，惠州革命的計劃也就無法完成，孫中山在不得已的情況下，函告鄭士良「政情忽變，外援不可恃」，並要鄭士良「自決行止」[73]。鄭士良知道接濟無望，遂將所部革命軍解散，徐圖後舉。總計惠州之役自發動至結束共十七天。

一九〇〇年十一月十日，孫中山離開臺灣乘「橫濱輪」前往日本。孫中山這次在臺灣停留了四十二天，主要的工作是策劃惠州的起義。臺籍興中會員楊心如等均協助孫中山各方奔走，事雖不成，但卻已盡了革命黨員的本分。孫中山當時的指揮部，係設於今臺北市長沙街一帶。至其住所，據說在今日臺北市西寧南路與南京西路之間的土地廟前，臺北聞人李春生所有的一座小洋樓。只是孫中山這次在臺，其行動是保密的，因此未曾與臺灣社會廣泛接觸。

孫中山此次在臺灣，實際上未獲日本方面提供實質援助，惠州起義失敗原因諸多，但是可以說他對日本之援助期望太高是為主因，當一九〇〇年十月廿一日惠州起義已瀕臨潰敗時，他還致函犬養毅，希望日本充分援助，實則日本政府當時政策已變，只是他不知道。[74]

73 孫中山，《孫文學說》。

74 李吉奎，《孫中山與日本》（廣州：廣東人民出版社，一九九六年十月），頁一四九。

05 臺灣人參加辛亥革命起義

一、廣州三二九之役

一九一一年四月廿七日（陰曆三月廿九日），革命黨人籌劃多時後，在同盟會協理黃興率領之下，在廣州發動起義，此役在廣州市區進行，主要目標是進攻兩廣總督督署，率多知識青年參與，總共一百三十多人，包括福建青年林覺民、方聲洞、林文、陳更新等以及四川青年俞培倫等菁英在內，攻擊開始後，兩廣總督張鳴岐出逃，革命黨人終因寡不敵眾，大都壯烈成仁，犧牲慘重無比，總指揮黃興僅以身免。事後鄒魯撰寫〈黃花崗烈士事略〉，孫中山爲寫序文，稱此役爲：

> 滿清末造，革命黨人，歷經艱難險巇，以堅毅不撓之精神，與民賊相搏，躓踣者屢，死事之慘，以辛亥三月二十九日，圍攻兩廣督署之役為最，吾黨菁華，付之一炬，其損失可謂大矣，然是役也，碧血橫飛，浩氣四塞，草木為之含悲，風雲因而變色，全國久蟄之人心，乃大興奮，怨憤所積，如怒濤排壑，不可遏抑，不半載而武昌之大革命以成，則斯役之價值，直為驚天地，泣鬼神，與武昌革命之役並壽。[75]

[75] 鄒魯，《中國國民黨黨史稿》（臺灣商務印書館，一九六一年五月），頁一六。

孫中山對此役之肯定可以得知，而實際上也是如此。因此日陽曆四月廿七日，陰曆爲三月廿九日，史稱「三二九之役」。此役失敗後，革命黨人潘達微出面收死難烈士之殘骸，得七十二具，合葬於廣州白雲山麓之黃花崗，稱「黃花崗烈士墓」。

在三二九之役中，臺籍青年許贊元和羅福星兩人都參加進攻兩廣總督督署之役。

1. 許贊元

許贊元，字叔壬，一八九一年出生於臺灣臺南，是進士許南英的次子，乙未年臺灣割給日本，隨父返中國。一九〇七年入黃埔陸軍小學學習軍事，一九一〇年到日本東京留學，三二九之役爆發，即返中國，投入革命，時年廿一歲。許贊元學習過軍事，所以他是知兵的，他在戰役中被逮捕，差一點被處死，但因爲父親許南英長期在廣東任官，與清廷廣東官場各界熟悉，清軍副將黃培松爲福建南安人，是清末的武狀元，他和許南英有舊，知道許贊元是許南英的兒子，乃偷偷把他釋放，許贊元生還後回到廈門，繼續參加革命。[76]

2. 羅福星

羅福星又名羅東亞、羅國權，臺灣苗栗人，祖籍廣東鎮平縣（蕉嶺縣）。一八八六年出生於印尼巴達維亞，週歲時隨祖父回中國原鄉，一九〇三年再隨祖父到臺灣，居住苗栗。來臺後羅福星入了臺灣籍，就學于苗栗公學校，在臺灣目睹日人在臺橫徵暴斂，產生強烈的抗日意識。

一九〇七年羅福星隨祖父返回廣東嘉應州（梅縣），途經廈門，加入中國革命同盟會。之後在嘉應州就任小學教員，其間羅福星被丘逢甲派到南洋視察華僑教育狀況。[77]一九〇九年到南洋，在新加坡、

76 陳漢光，〈許贊元事略〉，《中華民國開國五十年文獻》，第一篇第十四冊，〈革命之倡導與發展〉，頁五六八。

77 〈丘逢甲年譜簡編〉，廣東丘逢甲研究會編，《丘逢甲集》，頁九八五。

巴城等地擔任華人小學校教員。又至緬甸任「中國同盟會緬甸分會」所經營的書報社書記，在南洋先後認識胡漢民、趙聲等革命先進。

一九一一年羅福星回廣州參加三二九之役，他在四月廿五日（陰曆三月廿七日）抵達廣州，加入進攻兩廣總督署之役，起義失敗回南洋僑居地。十月十日武昌起義爆發後，羅福星奉命募集僑民，組成民軍返國，十一月十五日抵達廣州，十一月廿四日奉粵督胡漢民之命率民軍前往上海，再到蘇州，擬參加北伐之役，但因不久南北達成和議，所率民軍於一九一二年一月廿四日解散，不久，羅福星南返。[78] 總計羅福星在上海待了五個月。

辛亥革命結束，中國國民黨發動二次革命之前，羅福星主要是策劃在臺灣進行抗日運動。一九一二年十二月十七日，羅福星再自中國渡海到臺灣，繼續進行反日運動，他在臺灣發展革命組織，籌備抗日，以臺北市大稻埕做爲聯絡總站，進行地下抗日活動，往來於臺北及苗栗之間，以「華民會」、「三點會」及「革命會」等名義募集同志，號召臺灣各地志士共同驅逐日人統治，解救臺灣同胞，初期即招到會員五百多人，一九一三年臺南關帝廟、臺中東勢角、新竹大湖及南投等地，相繼發生準備起義的事件，臺灣總督府展開大追捕，一九一三年十二月十八日，羅福星在淡水被捕，同時有一千多人遭到株連，史稱「苗栗事件」，羅福星等二十人被判處死刑，一九一四年三月三日，羅福星被處以絞刑，死前寫絕筆書，言：「不死於家，永為子孫紀念，而死於臺灣，永為臺民紀念耳」。得年僅廿九歲。[79]

---

78 中國國民黨黨史委員會編輯，《革命先烈先賢爲黨犧牲奮鬥事蹟》（臺北：中國國民黨黨史委員會，一九七三年十一月），頁三八六—三八七。

79 《羅福星抗日革命案全檔》（臺中：臺灣省文獻委員會，一九七七年四月）。中國國民黨黨史委員會編輯，《革命先烈先賢爲黨犧牲奮鬥事蹟》，頁三八九。

羅福星自稱他在武昌起義後自印尼帶回民軍二千餘人回中國，抵廣州後坐兵船北上上海，進入蘇州。[80]有些著作，據以下筆，但是如果細心思考，無法不發生疑問，因為兩千多個民軍，是一個龐大的數目，在當時革命形勢仍不明朗的情況下，光是食宿的安排就是一大困難，而且有關史料或是專題研究，均看不到相關線索，因此羅福星的說法，很可能是誇大的片面之辭，必須存疑。

二、福建廈門、漳州光復之役

（一）廈門

武昌起義後，廈門地方首長興泉永道慶藩及廈防廳王志廉，分別私逃，地方成為眞空狀態，由代表地方仕紳的「廈門自治會」主持局面，並組「保安會」，維持廈門社會秩序。保安會的主事者為臺灣籍人士黃鴻翔，他是臺灣嘉義人，一八八一年生於嘉義朴子，乙未之役後隨父親內渡，定居廈門。辛亥革命起，革命黨人尚未進入廈門，他和地方士紳洪曉春等人感到一方面要響應革命，一方面若地方處於眞空狀態，社會秩序必不穩定，乃成立「保安會」，組武裝人員維持廈門秩序，並率先剪了髮辮。[81]

一九一一年十一月九日，福州起事後，廈門革命黨人王振邦、邱汝明前往「保安會」交涉，提出武裝光復廈門之議，雙方觀點不一。革命黨人乃決定獨自武力舉事，以光復廈門。十一月十四日，亦即福州已經光復的第四天，革命黨人在廈門起義，黨軍進攻水師提督、道臺衙門、警署、砲臺等，一天之

80 《羅福星抗日革命案全檔》，頁四四。

81 黃啓巽，〈愛國前輩黃鴻翔〉，《臺灣兒女祖國情：記廈門的臺灣省籍人士》（北京：臺海出版社，二〇〇〇年十月），頁一〇五—一〇八。

內，即光復廈門，[82]十五日，成立「廈門軍政分府」，推舉張海珊爲統制，蔣德卿爲副統制，革命黨人派人說服廈門湖里山砲臺官兵，順利接收此一要塞，然不久，廈門革命黨人內訌，以王振邦爲首的「廈門派」和與張海珊爲首的「福州派」爭奪統制之職，雙方大打出手，張海珊被迫辭去統制，最後由福建都督孫道仁派原鴻逵爲廈門道尹。[83]

1. 許贊書、許贊元

在廈門光復的過程中，原籍臺灣臺南的臺灣志士許贊書、許贊元兄弟兩人，均參與其間，兩人都加入廈門革命軍。許贊元上文已提及，先前在廣州參加三二九之役，一度被捕，因清軍副將黃培松與其父許南英有舊，偷偷把他釋放，得以回到廈門，繼續參加廈門光復之役。

許贊書，字叔酉，一八八四年生於臺灣臺南，是許南英的長子，許贊元的哥哥，乙未年臺灣割給日本，隨父許南英返中國。在廈門光復之役時，他參與革命軍，光復後許贊書一度擔任廈門臨時政府負責人，民國成立後，許贊書於民國元年出任「廈門同盟會會長」。[84]

2. 徐屏山、徐蘊山、徐萌山

除了許贊書、許贊元之外，臺灣人徐屏山、徐蘊山、徐萌山三兄弟也參加了廈門光復之役，三人都加入同盟會。徐屏山三兄弟是甲午戰爭後從臺灣遷回中國，屏山是廈門同文書院的漢文教席，在編寫講義和上課時，經常灌輸學生革命思想，引導學生走向革命，辛亥革命爆發，他率領學生參加光復廈門的

---

82 丘廑兢，〈辛亥革命在廈門〉，《廈門文史資料》，第一輯，一九六三年。

83 陳延庭，〈王振邦參加廈門辛亥革命〉，《廈門文史資料》，第十八輯，一九九一年。

84 《龍海縣志》（北京，東方出版社，一九九三年），頁九七〇。《許南英自訂年譜》，宣統三年條、民國元年條。

進士許南英，參與臺灣民主國抗日之役。回返中國後，抑鬱不得志（許沛提供）

壯舉。[85]

（二）漳州

漳州的光復是在一九一一年十一月十一日，即省城福州光復後兩天。漳州的民主革命思潮主要是從海外革命志士和留日歸國學生傳播，同盟會的革命組織也是由他們推進，主要人物有陳兆龍、王兆培等人。福州光復時，漳州鎮總兵馬金敘正在北京，汀漳龍道尹何成浩被文案宋善慶擠走，龍溪縣知縣曹本章也出逃，整個漳州處於眞空狀態，同盟會員陳兆龍、朱潤卿、王兆培等與哥老會密商起義，十一月十一日，率衆到道尹公署，威迫清軍繳械，隨即宣告漳州光復，在漳州府學宮明倫堂升起同盟會旗幟，十二日，以臨時辦事處名義，分電上海、福州等地軍政府，同時以「中華民國漳州府」的名義出布告安民。後福建都督府派陳培錕爲漳州道尹，另派劉蔚爲司令，到漳州接替軍務。[86]

85 楊錦和、洪卜仁編著，《閩南革命史》（北京：中國計劃出版社，一九九〇年四月），頁五六。

86 福建省孫中山研究會編，《孫中山與福建》，頁二〇六。

在漳州光復的過程中，多位臺灣志士奔走其間，爲革命貢獻心力，計有張昌赤、賴忠等人。

張昌赤又名張國民，原是臺灣抗日武裝將領，曾在臺中大坪頂柯鐵虎率領之下抗日七年。之後回到中國漳州，組織民軍，辛亥漳州光復之役，他從南靖縣徑口大田坑率領民軍到漳州維持社會治安。另一臺灣志士賴忠，亦名賴乾，則率領所部支持光復漳州的革命活動，更率部支援同安縣以及長泰縣的光復之役。[87]同安縣是十一月九日光復，長泰縣是十二月廿三日光復。

漳州光復之後，臺灣進士許南英出任漳州臨時政府民事局局長，爲穩定漳州局勢而折衝其間。[88]至漳州局勢穩定之後，一九一三年，許南英再出任龍溪縣的縣知事，亦即縣長。[89]

許南英的另一兒子許地山（許贊堃），自小在廣州上學，學會廣州話以及粵曲，辛亥革命後回到閩南，在漳州的小學、中學、師範學校教書。一九一七年到北京考入燕京大學，畢業後留校任教，一九二一年和沈雁冰（茅盾）、葉聖陶、鄭振鐸等人在北京發起「文學研究會」，主張爲人生而藝術，創辦「小說月報」，是五四時期新文學的代表人物之一。一九二二年他前往美國哥倫比亞大學研究宗教史和宗教比較學，再到英國牛津大學，研究宗教學、印度哲學、梵文等。一九二七年回國，在燕京大學任教，也在北京大學和清華大學兼課，一九三〇年到廣州中山大學任教，一九三五年出任香港大學中文系主任。一九四一年八月四日病逝香港，享年四十九歲，有一子一女，子周苓仲，女許燕吉，燕吉著有《我是落花生的女兒》。

---

87 《龍海縣志》(北京：東方出版社，一九九三年六月)，頁九七〇。楊錦和、洪卜仁編著，《閩南革命史》（北京：中國計劃出版社，一九九〇年四月），頁五七—五八。

88 許南英出任漳州民事局長一事是《龍海縣志》（頁一〇七七）之記載，但是《臺灣日日新報》一九一二年一月十二日第五版之報導是許「辭不就」。

89 《龍海縣志》，頁一〇七七。

許地山在中山大學任教，先後講授「中西文化史」、「民俗學」、「中國禮俗史」、「社會人類學」等課程。在中山大學的人事資料上，他籍貫填寫的是福建龍溪而非臺灣。[90]一生論著多以閩、臺、粵和東南亞、印度爲背景，主要著作有《空山靈雨》、《綴網勞蛛》、《危巢墜簡》、《道學史》、《達衷集》、《印度文學》。

三、廣東蕉嶺光復之役

一九一一年十一月九日廣州光復，同一天，潮州、汕頭也光復，連帶地，廣東其它地區也逐漸地受到影響。

十二月十一日，洪門首領曾吉夫帶領近百名洪門弟子及各地官紳、群衆星夜趕赴粵東梅州城（梅縣），會同各縣革命力量，與梅州城商團武裝配合攻城，同時蕉嶺縣（鎮平縣）的革命黨人則準備光復蕉嶺，在梅州革命黨人鍾動、曾勇甫說服梅州巡防營管帶，爭取巡防營官兵反正。十二月十二日，蕉嶺隨著梅州的和平光復而光復，蕉嶺光復後，成立臨時縣議會，臺灣人丘兆甲當選爲第一任民政長（即縣長），他是丘逢甲的弟弟。[91]

丘兆甲，一八八二年在臺灣彰化縣東勢角出生，乙未臺灣割讓給日本，隨兄丘逢甲返回中國，先後就讀於韓山書院、嶺東同文學堂，畢業後任鎮平縣勸業員，武昌起義後，廣州跟著光復，革命風潮影

90 黃福慶，《近代中國高等教育研究：國立中山大學（一九二四－一九三七）》（臺北：中央研究院近代史研究所，一九八八年六月），附錄「國立中山大學教師名錄」。

91 廣東省蕉嶺縣委黨史研究室編，《蕉嶺人民革命史》（蕉嶺縣委黨史研究室，一九九七年），頁一一二。

響到梅州地區，丘兆甲領導民軍進入蕉嶺縣城，與王竹修等一起趕走知縣，在一九一二年的元旦就任縣長。[92]

92 林德政採訪、記錄，《丘晨波先生訪問記錄》，二〇〇四年十二月二十三日，廣東廣州丘晨波先生宅。

第三篇

從護法到北伐

北伐是中國現代史上的重大事件，它打擊了軍閥與帝國主義，基本上結束了軍閥割據統治的局面，繼北洋軍閥之後，中國國民黨開始統治中國。

在北伐之前，國民黨先有護法運動，從護法到北伐，都有臺灣人參與其間，臺灣人對於護法運動出錢、出力，在北伐的過程中，更有臺灣青年爲其捐軀。在敘述臺灣人參與北伐的經緯之前，先敘述臺灣人對北伐此一歷史大事的觀察。一九二六年十月三日，《臺灣民報》刊登出臺灣人的北伐觀：

> 廣東軍這回的戰勝，分明是表示中國新勢力的勃興和舊勢力的凋落，換句話（說），新中國的黎明期到來了，廣東國民黨提倡的三民主義，好久已浸入中國青年的腦筋，況且海外的華僑，國內的農工商階級，大都是尊奉這個意思的，如是我們洞察戰勝的由來，斷不是一朝一夕生出來的，我們看見學生軍的奮鬥，民眾的聲援，豈不是好久的訓練與宣傳的結果嗎。[1]

上面這段引自《臺灣民報》的社論，明白說出「中國的黎明期到來了」。衆所皆知，北伐前中國是處於軍閥割據混戰的局面，軍閥與帝國主義勾結，民不聊生，待有主義有理想的國民黨發動北伐，完成統一，中國的新局面才得以出現，民報指出「中國的黎明期到來了」，眞是一點都不錯，可說是慧眼獨具。

國民革命軍北伐面對三大軍閥：吳佩孚、孫傳芳、張作霖。當時臺灣人擔心國民黨輸給軍閥，認爲若如此，則「中國人民的困苦，一定沒有超生的一日」，反之如果國民黨成功，則「中國社會的改造，

---

1 〈中國北伐軍的意義〉，《臺灣民報》，第一二五號，一九二六年十月三日。

想必可以計日而待」。[2]

臺灣人對於中國北伐的看法，實在說是非常有見地的。到了一九二八年五月，國民革命軍的部隊已經快攻入北京城，也就是說北伐快要成功，全國快要統一之際，此時臺灣人又發表對中國北伐成功後政局的看法，認為打倒舊軍閥可算成功，但要用心防備新軍閥：

蔣介石氏為北伐軍總司令，實行第二次北伐以來，迄今不過一月之餘，已長驅直欲攻入北京了……天津亦確於十四日陷落而今一氣直衝燕京，北京之陷落亦已危在旦夕，不過是在早晚的時間問題而已了，中外之人莫不看此回的北伐定能獲得成功，入北京之後，對於中原本部之政治行政的工作，與外交上的關係，須要費力的問題很多，如對國內的行政整理，及各省部署與人員的配置非再費一番的用心不可……中國的前途，雖對打倒舊來的軍閥一點可謂成功，但是對外國的關係還是不能樂觀，尤其是對新軍閥的產生，更要用心防備……當此重要時機，須要中國民眾的覺醒和奮鬥努力促進名符其實的中國統一。[3]

北伐於一九二六年七月從廣東出師，到一九二八年十二月完成，其過程無比艱辛，其成功絕非偶然，它完成了孫中山的未竟之志，至於北伐的基礎則奠定於在此之前之護法運動。

2 〈中國北伐軍的意義〉，《臺灣民報》，第一二五號，一九二六年十月三日。

3 〈北伐成功的中國：此後的工作是在內政與外交問題〉，《臺灣民報》，第二〇九號，一九二八年五月二十日。

01

林祖密組織閩南軍，護法行動功敗垂成

自耗家資十五萬餘元，運動全省警備隊及廈門兩炮臺，居時響應，召集閩南軍起義，今遇陳炯明，真是一言難盡。

林祖密

一九一七年八月，張勳擁溥儀復辟失敗後，段祺瑞復任國務院總理，雖重新召開國會，卻拒不恢復臨時約法，在與北洋軍閥溝通無效之後，孫中山率海軍及部份國會議員南下廣州，九月一日組織「中華民國軍政府」，通稱護法政府，孫中山出任大元帥，以陸榮廷、唐繼堯為元帥，軍政府設在廣州，以反對北洋軍閥段祺瑞毀壞約法為號召，所謂「約法」指的是民國元年孫中山在辭去臨時大總統之前，即民國元年三月十一日所制定的「臨時約法」。雖然軍政府設立了，但是處境卻非常艱困，軍政府本身沒有軍隊，缺乏實力，陸榮廷與唐繼堯分屬桂系、滇系軍閥，兩人又拒不就任元帥職，財源也相當缺乏，種種原因導致孫中山的護法大業最終失敗。論及孫中山的護法之所以失敗，學者李劍農以為孫中山的軍政府有政府而無軍，軍閥有軍而無政府，[4]此一論點可以說清楚點明了孫中山護法運動失敗的癥結。

孫中山的護法大業是他個人革命生涯中的一環，也是中國國民黨黨史中重要的一段，雖然最後失敗，但是大力支持孫中山的大有人在，其中特別的是一個臺灣人，他自始至終對於孫中山的護法大業支

[4] 李劍農，《中國近百年政治史》（臺北：商務印書館，一九八八年四月），頁五二〇。

持到底，此人就是前文業已提及的霧峰林家林祖密，他繼辛亥革命之後，又大力支持中國的護法大業。

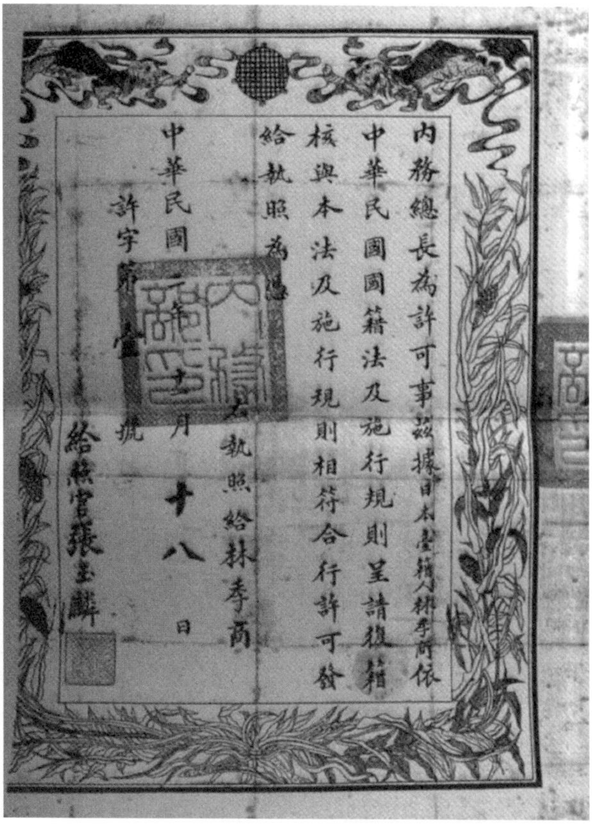
內務總長爲許可事茲據日本臺籍人林季商依
中華民國國籍法及施行規則呈請復籍
核與本法及施行規則相符合行許可發
給執照爲憑
右執照給林季商
中華民國　年十二月十八日
許字第　號
給照官張□麟

林祖密恢復中國國籍證書。（林光輝提供）

一、參與組織中華革命黨福建支部

辛亥革命時，林祖密對中國貢獻心力不遺餘力，在福州光復之際，他慷慨解囊，已如前述。一九一五年，孫中山的代表徐瑞霖訪問林祖密，向他宣示革命救國的大義，敦促林祖密參加革命，支持由孫中山領導的反袁世凱運動。林祖密因此宣誓加入中華革命黨。這是林祖密與孫中山結交的開始，這也是資料所見唯一加入中華革命黨的臺灣人。[5]

中華革命黨是一九一四年七月八日成立於東京，成立之背景，是反袁世凱稱帝而發動的二次革命失敗之際，孫中山、黃興等革命領導人被袁通緝逃亡日本，爲了重新締造革命事業，乃重整旗鼓，將國民黨改名爲「中華革命黨」，原國民黨員欲加入者，都必須立誓約、按指模，宣誓附從總理孫中山的領導，試圖重振革命，推翻袁世凱。

5 楊越凱，〈林祖密傳〉，《臺灣先賢先烈專輯》（第三輯）（臺中：臺灣省文獻委員會，一九七八年六月），頁一一九。

資助孫中山革命之閩南軍司令林祖密。（林祖密之孫林光輝提供）

中華革命黨成立後，派黨員回國內，於各地建立秘密組織，發動討袁軍事行動。一九一六年一月廿一日，中華革命黨福建支部在廈門鼓浪嶼鄭子愛洋樓底層舉行秘密軍事會議，標幟此一支部的成立，參加者有支部長葉青眼、總部黨代表朱震、軍事指揮趙剛以及張貞、許卓然、蘇眇公和林祖密等三十多人，議決當年二月二日發動廈門起義，因事機不密，鎮守在福建的北洋軍閥廈門鎮守使李厚基電請袁世凱，令在上海的海軍總長劉冠雄率艦抵廈，廈門首義因此流產。[6]廈門之舉失敗後，林祖密接著贊助張貞在廣東汕頭組織軍隊，因事機不密，林祖密被段系的廈門鎮守使李厚基逮捕，但他堅貞不屈，經各國領事斡旋，得以保釋。之後他繼續在廣東汕頭設立機關部，策劃相關軍事部署，以行動積極支持孫中山的護法事業，卒至以身相殉。

二、組建「閩南軍」出任司令

一九一八年，孫中山派陳炯明率領粵軍進攻閩南，計劃當做革命根據地。林祖密密囑同志趙光在

6 林凡，〈閩南軍事件與林祖密遇害〉，福建省政協、泉州市政協、漳州市政協文史資料委員會編，《福建民軍史料選編：閩南民軍》（福建人民出版社，二〇〇一年二月），頁四。

德化、永春兩縣起義，以爲響應，林祖密分兵進佔仙遊、安溪、大田、永安、寧洋等縣，閩南民軍聲威大振，使北軍李厚基腹背受敵，軍心恐慌。孫中山於一九一八年一月六日任命林祖密爲「閩南軍司令」。[7]四月，在廣州首先響應護法的滇軍第四師師長方聲濤，出任「征閩靖國軍」代總指揮，陳炯明任「援閩粵軍」總司令，分別率部入閩。此期間，孫中山先後令宋淵源回閩組「護法軍」，張貞返閩組「靖國軍」，林祖密入閩組建「閩南軍」，配合攻閩的陳炯明與方聲濤兩部驅逐李厚基，旋宋淵源在永春收編民軍成立「福建護法軍」，出任司令，張貞和許卓然在泉州的鳳巢山建立民軍，號稱「福建靖國軍」。最後，粵軍直驅汀州、漳州，建立新的閩南革命根據地。

林祖密接受孫中山的命令後，設秘密機關於廈門鼓浪嶼，派遣楊持瓶、許卓然分赴閩南各縣市布置，一九一八年三月於廈門鼓浪嶼成立「閩南軍司令部」，司令部設在林祖密住宅「宮保第」內，此地成爲林祖密領導閩南軍的軍機重地，各方軍政要員往來其間，最著名的是蔣介石，一九一九年六月三日，任職粵軍的蔣介石帶妻子陳潔如住進林祖密的住宅「宮保第」，一直住到九月底，時間達三個多月。一九二〇年四月十六日又去住一星期，[8]當時粵軍入閩駐在漳州，蔣介石原本在援閩粵軍部隊中任職，但與陳炯明不和，住進林祖密在廈門鼓浪嶼的家，以此可見，林祖密與蔣介石關係非比尋常。[9]

林祖密並在漳州城內「文昌宮」開辦「閩南軍隨營學校」，聘請陳鑒修、黃仲琴等擔任教官，訓練

7 陳錫祺，《孫中山年譜長編》（北京：中華書局，一九九一年八月），上冊，頁一〇九一。林凡，〈閩南軍事件與林祖密遇害〉，《福建民軍史料選編：閩南民軍》。

8 毛思誠，《民國十五年以前之蔣介石先生》，上冊，頁九六。

9 有關林祖密與蔣介石的交情，可參見邵銘煌，《探索林祖密：新印象，新風貌》（臺北：海峽學術出版社，二〇〇九年十月出版）。

和培養地方軍事人才。

由於林祖密的閩南軍高舉護法旗幟，反對毀壞約法的段祺瑞，所以響應的人很多，半年內就有四百多人入伍。其軍力，包括士兵、軍官、文職人員及隨營學校學員，共計有八百多人，連國內聞名的保定軍官學校第三期畢業的王祖清、黃趨（號一飛）、陳祖虞（字慕陶）、李祖馨（李黎洲）、吳石（號虞勛）等人也在司令部協助工作，常與進軍汕頭、詔安的方聲濤聯絡。[10]

林祖密的閩南軍，其主要的貢獻在於為陳炯明的粵軍入閩鋪路。

三、陳炯明收繳閩南軍槍械

一九一八年八月卅一日，陳炯明以援閩粵軍總司令的身份率軍攻佔漳州，陳炯明是奉孫中山之命以漳州為基地，準備日後打回廣州。當時以漳州為首府，建立包括閩西南十七個縣的「閩南護法區」，林祖密的閩南軍活動地盤也在陳炯明的轄區內，原本孫中山在粵軍入閩之前，諭示陳炯明要「就近撥給槍械發展閩軍」，但是陳炯明圖霸全閩半壁，不容友軍崛起，多方排擠、掣肘、瓦解和蠶食閩南友軍，甚至把組建未久的閩南軍、護法軍、靖國軍全部強行繳械或用武力撲滅。

陳炯明對待林祖密閩南軍的方式是極為殘酷的，一九一九年春，派粵軍第二支隊「蔣介石部」的梁鴻楷、丘耀西兩團，以擴大防區為名，用武力挾制閩南軍的山區活動地帶，並下令撤銷閩南軍設在漳州的隨營學校。林祖密為此到漳州找陳炯明進行交涉，但是陳炯明以粵軍轄區軍事貴在統一為由，拒絕了林祖密的申辯和交涉。一九一九年六月陳炯明派駐在長泰的梁鴻楷的一個團，將林祖密移設華安縣的閩

10 林凡，〈閩南軍事件與林祖密遇害〉，《福建民軍史料選編：閩南民軍》，頁一。

南軍指揮部包圍，以武力強行將林部軍械全部收繳，並分別裁撤其各級軍官，改編部份士兵。史稱「閩南軍事件」。[11]

陳炯明對林祖密部隊的摧殘無所不用其極，竟然殺害閩南軍的高級軍官林元、林玉書等人，關於此事，林祖密說明陳炯明的罪行如下：

無故慘殺閩南軍第一路司令林元，第七統領一營營長林玉書，力保無效，並繳槍枝二百餘桿。[12]

陳炯明對林祖密閩南軍的殺害、收繳、撤裁與改編，幾乎等於是摧毀他的部隊，不願閩南軍存在。事件發生後，林祖密訴求無門，只能向孫中山報告，一九一九年六月廿五日他急函上海，向孫中山報告粵軍總司令陳炯明對閩南軍強行繳械的眞相，請求孫中山轉飭陳炯明發還槍械，並回復有功將領，函中有「奪我職權」、「去住不得，進退兩難」之語：

確遵鈞命，服從競公，自歸節制以還，對於閩軍之擘劃，固不敢居補助之功，對於粵隊之經營，何敢稍犯違抗之咎，未識有何開罪，奪我職權，軍械既迫繳收，軍官亦裁換殆盡，去住不得，進退兩難。[13]

11 林凡，〈閩南軍事件與林祖密遇害〉，《福建民軍史料選編：閩南民軍》，頁二。
12 林祖密，《出山境遇篇》，《臺灣先賢先烈專輯》（第三輯）（臺灣省文獻委員會，一九七八年六月），頁一一九。
13 林祖密致孫中山函，一九一九年六月二十五日。林光輝先生提供。

信中表達的無奈，令人同情，孫中山接信後，並沒有做出什麼具體有效的解決辦法，實際上，當時孫中山人在上海，也確實拿不出什麼辦法，因爲他倚賴陳炯明的部隊打回廣州，無法開罪陳炯明。

孫中山是在一九一九年七月十二日函復林祖密，表示會轉告陳炯明，請陳「妥爲處置」：

> 對於閩中情形，諸多隔膜，接讀來書，殊深惱悶，前年足下擔任閩事，來就商略，時適競存統兵援閩，文以兵謀貴於統一，乃囑足下與競存接洽，今據來書所述，當即轉告競存，囑其妥為處置。[14]

孫中山這封安撫性質的信，反應出孫當時沒有能力解決問題。而對林祖密的閩南軍來說，簡直是無關痛癢。給林祖密信的同時，孫中山也給陳炯明一函，希望陳「持以寬大之度」，信中云：

> 近為兄將其軍械收繳，並將其各級軍官分別減撤，此事務量為處置，總期於事實上不生窒礙，並持以寬大之度為要。[15]

但是，陳炯明並沒有聽從孫中山的溫言相勸，林祖密的閩南軍依然恢復無望，林祖密和宋淵源、許卓然等人，在向孫中山申訴無效之後，都以大局爲重，採取忍耐的態度，沒有與陳炯明發生芥蒂，而陳炯明最終也不遵行孫中山的指示「量爲處置」、「持以寬大之度爲要」，而是拒絕歸還收繳的全部槍

---

14 《國父全集》（臺北：中國國民黨黨史委員會，一九七三年六月），第三冊，頁六二六。

15 《國父全集》（臺北：中國國民黨黨史委員會，一九七三年六月），第三冊，頁六二七。

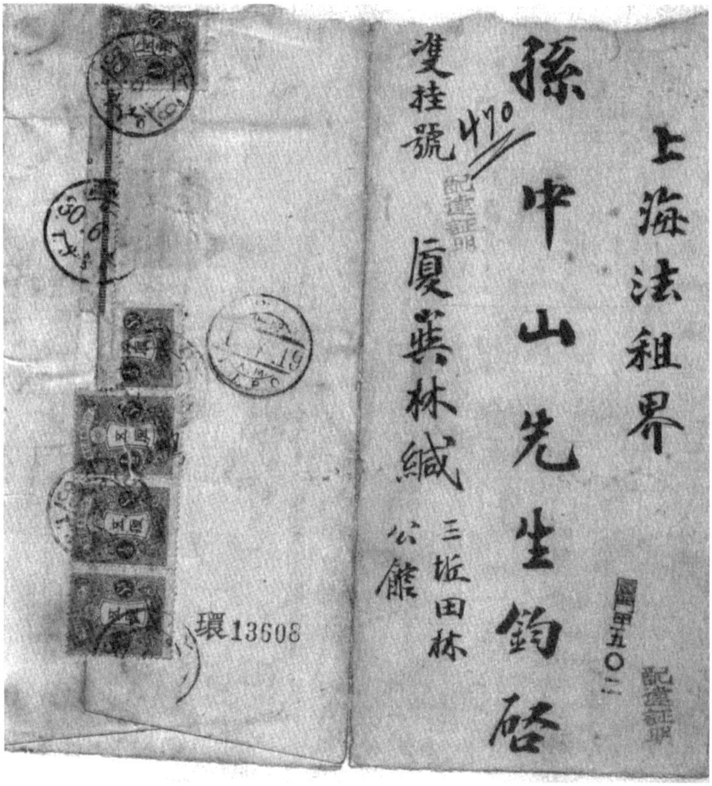

林祖密致函孫中山之信封。（林光輝提供）

械，自此「閩南軍」的番號不存，林祖密憤而奔走於漳州和廈門鼓浪嶼，除了從事實業以謀振興家鄉外，還竭力進行「全閩自治」活動，反對北洋軍閥在福建施行暴政。[16]

一九二〇年十月廿九日，陳炯明率領粵軍回粵，攻佔廣州，孫中山次月底回到廣州，重啓軍政府，並策劃北伐，林祖密被任命爲「廣三鐵路監督」。一九二一年十月，孫中山率軍入廣西，林祖密被孫中山任命爲大本營參議，隨軍入桂，參贊戎機。

一九二二年六月陳炯明背叛孫中山後，孫中山離開廣州到上海。旋粵軍再度入閩，驅逐李厚基，林森被推爲福建省長，林祖密應林森之邀，出任福建省政府水利局長，一九二三年，北軍孫傳芳部周蔭人入閩，林祖密卸職，總計林祖密擔任省水利局局長的時間不到半年。林祖密卸任水利局長後，仍然與福建各縣的民間勢力保持聯絡，伺機再起。

16 林凡，〈閩南軍事件與林祖密遇害〉，《福建民軍史料選編：閩南民軍》（福建人民出版社，二〇〇一年二月），頁四。

四、閩南軍的給養問題

林祖密組建的「閩南軍」，雖然蒙國民黨總理孫中山委以「閩南軍司令」的頭銜與番號，林祖密也有「少將」的軍銜，在在都是得到肯定的，但是，一直沒有人注意到的是：孫中山或國民黨方面，有沒有給與閩南軍軍餉？包括槍械或是糧餉，如果沒有的話，閩南軍的開支從那裡來呢？我們從林祖密個人的資料中可以得到答案，原來閩南軍組建初期，完全是林祖密以自己的個人財產，在養那一支部隊，林祖密自言：

> 自耗家資十五萬餘元，運動全省警備隊及廈門兩炮臺，屆時響應，召集閩南軍起義，今遇陳炯明，真是一言難盡。[17]

林祖密的「閩南軍」初期完全是靠他自己的財力在養，上面所引說他耗費十五萬元，其實眞正花費的遠超過這個數目，部隊消耗是很驚人的，吃飯、穿衣要錢，子彈消耗要錢。總之，維持一支部隊，對個人或是家族，無論怎麼有錢，都是一筆龐大的開銷，林祖密支持中國的革命事業，從辛亥革命到孫中山的護法，不遺餘力，其偉大就在於此。

閩南軍後來雖然有來自國民黨方面的一些給養，但是又幾乎被陳炯明壓扣光了，對於這個問題，林祖密提供了證據，他所說明的狀況，顯示陳炯明對閩南軍的壓迫是如何的殘酷，而閩南軍的待遇又是如何的微薄與可憐：

---

17 林祖密，《出山境遇篇》。見《臺灣先賢先烈專輯》第三輯（臺中：臺灣省文獻委員會，一九七八年六月），頁一一九。

壓扣給養，軍需處刁難領款，本部官長士兵給養費較別支官長士兵為少。[18]

林祖密，一個臺灣霧峰林家出身的世家子，他幾乎是以家族和個人的力量，支持孫中山的護法事業，但是不僅是他個人備受陳炯明的迫害，連孫中山本人最後也受到陳炯明的背叛，一九二二年六月十六日陳炯明背叛孫中山，砲轟廣州總統府，孫中山差一點喪失掉性命。[19]

林祖密支持孫中山的護法大業，不惜捐輸家產，以家產充當閩南軍的部隊經費，直可說是「毀家」的行爲。孫中山沒有辦法全力支持他，因爲孫也受制於陳炯明，最後是陳炯明把林祖密的閩南軍拆毀了。林祖密的心中是相當委屈的，爲了中國的革命，他的委屈實在難以言述，他的犧牲太巨大。

五、林祖密慘遭軍閥殺害

一九二五年林祖密被軍閥張毅殺害，死於非命，得年四十八歲。

爲什麼張毅要殺林祖密呢？直接原因是林祖密一貫反對北洋軍閥，周蔭人和張毅把他看成是眼中釘，必欲去之而後快，間接原因則是林祖密始終支持孫中山的護法，而孫更是北洋軍閥的眼中釘。

有關林祖密遇害的經過，根據其子林正亨敘述：一九二五年七月二日，林祖密被駐紮漳州的孫傳芳

18 林祖密，《出山境遇篇》，頁一一九。

19 孫中山是在一九二一年五月五日於廣州就任非常大總統，稱非常大總統的原因是此時在廣州召開的國會，人數不足法定開會的數目，稱爲「非常國會」，因孫是非常國會選出的大總統，所以就稱爲「非常大總統」。總計孫中山這次在廣州擔任大總統的時間爲一年一個月。

部下張毅圍捕，八月廿三日，慷慨就義。[20]這個說法認為林祖密在七月間，就已經被張毅派軍隊包圍逮捕。另一說法是，一九二五年八月間，張毅趁林祖密在操持「華封疏河公司」和農牧實驗場實業之際，買通已經變節的原革命黨人龍溪分縣華封主事蒲樞，[21]以欺騙伎倆訪晤林祖密於「華封疏河公司」內，張毅按預謀命部下張溪泉率士兵二百多人逮捕林祖密，隨即囚禁於和尚山，張溪泉向林祖密勒索錢財，林堅決拒絕，八月廿三日，張乃將林祖密殺害於和尚山店仔圩，殺害後林的公司財物被洗劫一空。[22]

以上兩種說法，相同的地方是殺林祖密的兇手都指向張毅，所不同的只是被逮捕的時間。張毅在逮捕林祖密之後，向林祖密勒索錢財不果，當時臺灣霧峰林家為了營救祖密，曾經張羅運動費，所花之錢將近一萬元。[23]然可惜的是，竟然派不上用場，林祖密還是被殺死。

林祖密享年僅四十八歲而已，可謂是英年早逝。他堅決擁護孫中山護法，連帶地對抗北洋軍閥張毅，最後被張毅殺害，未滿五十歲就英年早逝，可以說他的死，是為了擁護孫中山的護法大業而獻身。他的祖父林文察為了助清朝政府討太平天國而喪生，他的父親林朝棟是臺灣史上的抗法名將，而他本人則是為了擁護孫中山的護法而死。

林祖密之長子林正熊（即林志民），於父親死後半個月即一九二五年九月九日回到臺灣，對新聞

---

20 林正亨，〈林烈士祖密生平事略〉，原件。

21 蒲樞，福建詔安人，原為國民黨人，與林祖密熟識。

22 林凡，〈閩南軍事件與林祖密遇害〉，《福建省民軍史料選編：閩南民軍》（福建人民出版社，二〇〇一年二月），頁六。《臺灣日日新報》，一九二五年九月二十四日，第四版，〈林季商死後之餘波〉。

23 林獻堂著，許雪姬主編，《灌園先生日記》（四）一九三一年（臺北：中央研究院近代史研究所、臺灣史研究所籌備處，二〇〇一年十二月），頁九，一九三一年一月八日條。

記者稱，父親因爲事業的關係，一九一五年脫離了日本籍，所以發生此次的事情，以致不能受日本的保護，這是最遺憾的事。《臺灣民報》分析說，林祖密如果此時還保留著日本籍，或者可以僥倖免於一死，因爲他難免被日本駐福建領事押回來，以參加外國政治結社爲由，依據總督府令判他六個月的罪，如果他悔其前過，不敢再到中國，繼續他的大志，那或者可以防止於事前，而免演出這齣慘劇。[24]

論述林祖密的悲慘命運，自他資助辛亥革命起，至毀家幫助孫中山中華革命黨的護法大業，組建閩南軍，爲陳炯明的粵軍入閩鋪路，最後的結局卻是被陳炯明欺壓、繳械，孫中山也沒有辦法幫他的忙，乃至被軍閥殺害而死，其命運的悲慘令人同情。

林祖密死後，其子林正熊要求蔣介石協助他復仇，他表示願意自編一隊帶入福建專以對付張毅，傳蔣介石允其所請，特地委爲國民革命軍援閩總指揮第一獨立梯團團長，並委以第一路司令官之職，行署設汕頭，各路民軍請其收編者二千餘人，部隊進至永定、平和縣境。[25]

中國的革命之路，林祖密走得很辛苦，爲了擁護並支持中國的革命，他耗費巨大家產，最後更付出了寶貴的生命。丘念台一九四四年爲林祖密寫傳，稱他是「真義士」，言「革命不難，捨富貴而革命為難，捨富貴而革命不難，能審國族、辨忠節而捨富貴以革命尤難；臺灣林祖密者，蓋能此尤難也」。[26]

24 《臺灣民報》，第七十二號，一九二五年九月二十七日。
25 《臺灣日日新報》，一九二六年十一月二十五日，第四頁，〈林季商被殺之其後〉。
26 丘念台，〈林祖密傳〉，原件，林光輝先生提供。

0
2

臺灣熱血青年在革命聖地廣州的革命行動

為建立臺灣的抗日革命，為協助中國的北伐革命，我們幾乎天天開會討論方案。

張深切

北伐以前在廣州的臺灣青年，包括中等學校的學生、文武大學院校的學生以及社會青年。這些年輕又充滿抗日民族意識的臺灣青年，他們之所以遠渡臺灣海峽，歸返中國，原因是本身早就具有反日思想，不滿日人統治臺灣，極思復臺之方，現又投身充滿革命朝氣的廣州，自然受到影響，想要有一番作爲，並且自一九二二年成立「北京臺灣青年會」成立以來，在中國一些臺灣人較多的城市裡，已發展出熱烈的臺灣人反日運動，組成幾個反日團體了。處在革命發祥地和策源地的廣州，怎可能沒有一個臺灣人反日團體呢？

於是，就在這種情況下，廣州的臺灣青年，終於在一九二五年組成「廣東臺灣學生聯合會」，並進一步在一九二七年成立「廣東臺灣革命青年團」。其中黃埔軍校的臺灣學生是骨幹。成員之一的張秀哲回顧說：

> 第一次我們組織的是一個「廣東臺灣學生聯合會」、第二次也就進一步擴充組織為「廣東臺灣革命青年團」。這就是北伐的期中，在國內馳騁和日政府做抗爭的團體，當時主要的角色是筆者（張秀哲）與林文騰、李友邦、郭德金（即郭德欽，以下不再注）、張深切。其他如

陳思齊、林仲節、盧鈵欽、溫幸義、林萬振、林如金、吳拱照、陳辰同、洪紹潭等。有的是黃埔軍官學校的革命志士，有的是中山大學法學院的學生。[27]

一、「廣東臺灣學生聯合會」及「廣東臺灣革命青年團」

（一）組織「廣東臺灣學生聯合會」

「廣東臺灣學生聯合會」於一九二六年十二月十九日召開籌備會，但其醞釀則更早，是在國民革命軍出師北伐之前。據參與此一革命團體的主要領導人之一的張深切，描述當時廣州青年學生是充滿革命熱誠的，他說：

> 凡呼吸著廣州空氣的人，沒有一個不革命，沒有一個不為國家民族效勞，這種民氣絕不是幾個革命家或什麼政黨造成的，這是時局的要求，時勢的潮流，人同此心，心同此理，在自由環境下，自然產生的情態。在這種空氣之下，臺灣青年當然不能熟視無睹，大家都蹶然奮起了，為建立臺灣的抗日革命，為協助中國的北伐革命，我們幾乎天天會討論方策。[28]

一九二六年六月，距離國民革命軍從廣州出師北伐，還有三個星期，正是北伐軍事緊鑼密鼓的時候，廣州及上海的《民國日報》上，刊登了一篇題為〈臺灣痛史：一個臺灣人告訴中國同胞書〉，文字

27 張秀哲，《「勿忘臺灣」落花夢》，（臺北：衛城出版社，二〇一三年二月），頁六六。

28 張深切，《里程碑》，第二冊，頁二一七。

激昂沈痛，歷述臺灣淪爲日本暴虐統治之苦況，請求中國，盡最大力量，拯救孤獨無援的臺灣同胞。

文章主旨是剖析臺灣在日本統治下的痛苦，言一八九五年臺灣四百萬同胞，被滿清政府賣給日本帝國主義者做奴隸……我們的歷史盡是由臺灣民族革命運動的血寫成的，堪稱爲遠東弱小民族解放的慘史。臺灣的愛國青年，爲反抗日本而起的革命運動，前後達十四次，日本的殘虐，造成了世界革命裁判史上未曾有的大慘案。回想過去革命同志的犧牲流血的慘史，傷痕永遠難忘。到了一九二六年，依然受盡日本帝國主義的蹂躪、壓迫、摧殘……他們的毒計日甚一日，現在正採取政治、經濟、文化，三種侵略手段，將要呑滅臺灣。中國同胞，請試看他們侵略的一斑……。最近臺灣民衆的解放運動——在日本帝國主義鐵蹄下的臺灣民衆，自歐戰後已覺醒起來，《臺灣民報》刊載著青年男女的革命思想，爲自由奮鬥，痛罵日本政府，逐漸擴大民族革命運動的戰線。他們的中心問題，是在於爭取政權，其手段是在於策動設置臺灣議會轉而鼓舞革命領袖，臺灣四百萬同胞正受著日本的壓迫，臺灣四百萬同胞所受的壓迫，等於中國人全體的受壓迫。我們必須努力反抗日本帝國主義者，覺悟以紅紅的熱血洗雪……這亦即是中國民族解放的革命運動。文章最後呼籲中國同胞，要盡最大的力量，拯救處在帝國主義萬重壓迫之下孤獨無援的臺灣同胞。這篇文章，在《民國日報》上連載三天，文章的末尾，呼籲：「實現三民主義」、「打倒日本帝國主義」、「促進臺灣議會成立」、「中國國民革命努力成功萬歲」、「促進世界弱小民族解放成功萬歲」。[29]

文章的作者是就讀於嶺南大學的臺灣學生張秀哲，他寫這篇文章的動機，是這樣的：

---

29 張深切，《里程碑》，第二冊，頁二二二—二二四。

我在中國數年來，感覺當時一般的祖國民眾，對臺灣問題，對臺灣的同胞，都似乎忘記了的樣子，對我們臺灣人，像對異種民族一樣，對臺灣一切都覺得很隔閡的模樣，所以我想借這個機會，來對祖國的同胞發出若干的呼聲，同時也希望祖國的有志者，積極出來替我們臺灣的民眾出力，援助我們臺灣的解放運動。30

張秀哲的呼籲，獲得了回應，郭沫若寫了序文，這是一種回應，也是一種鼓勵，郭沫若當時是中山大學文科學長（即文學院院長），至於國民黨當局，則因此時國民革命軍正當要出師北伐之際，自然是沒有多餘的力量，給予精神的聲援，或是給予有形的物質援助。

時在廣州的臺灣青年，黃埔軍校二期的李友邦、三期的林文騰，與其他廣州臺灣青年張深切、張秀哲、郭德欽（郭德金）、洪紹潭，經多次集會討論後，決定正式成立組織，定其名為「廣東臺灣學生聯合會」，於一九二六年十二月十九日，舉行首次籌備會議。臺灣的報紙《臺灣民報》對此事做了詳細報導，報導標題是「廣州臺灣學生的活動」，內容指出：

近來我臺有志學生，跑到中國求學者實有數百以上，尤其是自北伐軍得勝以來，因受革命空氣的影響，臺灣學生到廣東就學日多一日。現在有的在國立大學、有的在從事、政治及社會運動，男女皆有，實是很大進步。最近聞留廣學生因欲連絡同鄉感情並促進臺灣文化啓發起見，於昨十二月十九日在廣州市開了「廣州臺灣學生聯合會」籌備大會。那時選舉張、林、李

30 張秀哲，《「勿忘臺灣」落花夢》，頁七三。

君三名為籌備委員，想不日可以開成立大會。又聞該會在最短期間，欲與國民政府管下各地學界交涉，關於學術、軍事、政治、婦女運動、各界學校機關得受特別優待。來廣的我臺男女學生，以養成將來社會運動的人才，並歡迎由臺灣無論男女陸續到廣留學。廣州嶺南大學內，有設臺灣學生聯合會辦事處，以應各界的質問通信等事云。[31]

報導中所說的籌備委員張、林、李三人，即張深切、林文騰、李友邦，如前所述，林與李都是黃埔軍校的學生，《臺灣民報》不登出他們的姓名，應該是考慮到他們是日本籍民的身份，擔心其名曝光，會引起日本當局的注意，惹來麻煩。

當年十二月底，「廣東臺灣學生聯合會」正式成立，借廣州中山大學醫學院禮堂，舉行成立大會，宣告這個組織的誕生，成立大會上，到會的廣州臺灣青年共有二十多人，列席的中國人員，有國立中山大學校長戴季陶，中山大學教授劉秉善，黃埔軍官學校的政治部主任孫炳文，國民黨廣東省黨部主任委員，廣州市黨部主任委員等，會議通過聯合會之章程，推選洪紹潭、張深切、郭德欽、張月澄、林文騰五人爲委員，奇怪的是出力甚大的李友邦竟然沒有獲選爲委員。學生聯合會下設立監察部、交際部、文牘部、財政部、總務部，分掌事務，規定每個月召開一次研究會、演說會及討論會，地點定在中山大學。[32]

「廣東臺灣學生聯合會」成立大會上，有中山大學校長戴季陶出席，使成立大會增光不少，因戴當時不僅是中山大學校長，也是國民黨內的革命理論專家、歷任第一屆中央執行委員、宣傳部長、中央常

---

31 〈廣州臺灣學生的活動〉，《臺灣民報》，第一四〇號，一九二七年一月十六日。

32 吳三連，蔡培火，葉榮鐘，《臺灣民族運動史》（臺北：自立晚報出版社，一九七三年），頁一〇四。

委、第二屆中央執行委員，戴季陶並且也是國民黨總理孫中山的機要秘書，對孫中山的言行思想有相當的認識，他生於一八九一年，四川廣漢人，在一九二六年八月奉命接掌國立中山大學，當校長時每天對學生演講，用以啓發學生。[33]

戴季陶接掌中山大學後，主張在校內設立一個「東方民族（學）院」，專集合東方各族之青年，施以特殊的革命政治教育，以爲聯合各被壓迫民族而從事於革命之中心，對於國內各民族，尤應特別注重，如蒙古、西藏、青海、川邊、滇邊。[34]戴所言不及於臺灣，可能是因爲臺灣當時被日本統治，是日本的領土，他有所顧忌，但以孫中山之關心臺灣，戴季陶是不可能不了解的，這從他出席「廣東臺灣學生聯合會」的成立大會，以及稍後應「廣東臺灣青年革命團」之邀請，前往演講，就可以證明。

張秀哲（張月澄），廣東臺灣革命青年團創始人之一。（張超英提供）

（二）組織「廣東臺灣革命青年團」

廣東臺灣學生聯合會成立後，發生內鬨，一部分原因是學生彼此之間發生歧見，成立未幾，會員時常發生齟齬，鬧個不停，說沒學籍者，不該稱學生，更不該擔任學生會的要職，左右學生會的動向，當時是李友邦反對張深切，李

33 蔣永敬，〈戴季陶先生的事略與思想〉，氏著《近代人物史事》（臺北：商務印書館，一九七九年九月）。

34 戴季陶、陳天錫，《戴季陶先生文存》（臺北：中國國民黨中央委員會，一九五六年），頁六一五。

主張沒有學籍的學生不能入學生會，但二十歲以下者不在此限，張深切認爲這是促使學生聯合會分裂的原因，他認爲使學生會分裂是難以寬恕的破壞行爲，究其內在原因，是「有人想利用派系鬥爭做混水摸魚的勾當」[35]。

爲什麼「廣東臺灣學生聯合會」會涉入派系鬥爭？分析原因，乃是當時的廣州，正處於國民黨採取「聯俄容共」政策的「第一次國共合作時期」，就以臺灣學生最喜就讀的黃埔軍官學校來說，便是國民黨、共產黨兩黨學生鬥爭激烈的地方，一九二五年在黃埔軍校校內的成立的兩大學生政治團體：「青年軍人聯合會」及「孫文主義學會」產生對立。「青年軍人聯合會」於一九二五年二月一日成立，其核心成員以黃埔軍校教職員和學生中的共產黨員爲主；一九二五年四月成立的「孫文主義學會」，其成員以黃埔軍校中的國民黨學員爲主，其宗旨爲反對共產黨、反對國共合作。因此黃埔軍官學校內有傾向中共的學生與傾向國民黨的學生產生衝突對抗，兩會經常爲主義之爭論，而鬥爭異常激烈，從此黃埔軍校內國共的矛盾衝突挑釁不斷加劇，「青年軍人聯合會」與「孫文主義學會」在黃埔軍校形成了兩個對立的組織，在師生中兩種思想和勢力的內部鬥爭越演越烈，臺灣學生也難免受到影響。

有關臺灣學生當時在廣州所受到國共兩黨鬥爭的影響情況，張深切以當事人的身份，爲我們留下寶貴的記錄：

> 當時在廣州的臺灣學生，沒有加入黨派的很少，而加入國民黨的居多，這黨派的暗流，由於爭取領導權，而影響了我們的學生會。[36]

35 張深切，《里程碑》，頁二二一。

36 張深切，《里程碑》，頁二二一。

這裡沒有指出多少臺灣青年學生加入了中共，他以「沒有加入黨派的很少，而加入國民黨的居多」這樣的字句，烘托出部份臺灣學生加入了中共的這個事實，在廣州的臺灣學生加入中共這件事情，由於事隔八十多年，當事人也少有留下記錄者，所以已很難明白說出那些加入中共者的姓名，但毫無疑問地，確實有臺灣青年學生加入中共，如：陳辰同、楊春錦等。

內鬨發生後，黃埔三期的林文騰，與軍人張美統，和張深切以及一些非學生人士，一九二七年三月廿七日組織新團體「廣東臺灣革命青年團」，但在此之前，此一新組織已經非正式地存在。先是三月十三日，學生聯合會在中山大學舉行例會，學生聯合會主要幹部的張深切，提議組織新團體，得到全體會員贊同，推舉林文騰、郭德欽、張深切三人爲會則及綱領之起草委員，決定以兩星期的時間籌備，新團體命名爲「廣東臺灣革命青年團」。到三月廿七日，原「廣東臺灣學生聯合會」幹部林文騰、郭德欽、張深切、洪紹潭、張月澄、陳辰同、楊春錦、陳思齊等二十餘人，再集會於中山大學，通過綱領與章程，正式成立「廣東臺灣革命青年團」。當中林文騰、陳辰同、楊春錦、陳思齊，都是黃埔軍校學生或軍官。[37]

雖然成立了廣東臺灣革命青年團，但實際上，原先的廣東臺灣學生聯合會，並未消滅，名義仍然存在，兩個團體可以說是一體兩面的，在學生聯合會時代與革命青年團時代，都是重要幹部的張深切，便就兩團體的關係加以解釋：

臺灣革命青年團的前身，是廣州臺灣學生聯合會。該會的組織，雖然以學生爲主體，其實當時因爲要適應社會客觀的情勢，所以包含相當廣闊的範圍。未幾會內發生分裂，學生與非學生之間，意見不合，纔復組織上述的革命青年團。事實這兩個團體，可以說是完全一體，凡學生聯合會的會員，沒有一

37 臺灣總督府警務局編，《臺灣總督府警察沿革志》（日文版）（東京綠蔭書房，昭和一四年七月，一九八六年九月重刻），頁一二一。

個不參加青年團，而青年團的人，也沒有一個不支援學生聯合會，可以說是以這兩團體作兩輪。推動了臺灣的革命工作的。日本政府也不分彼此，凡屬於這兩團體的人，都認爲同一起的案件，統稱爲「廣東事件」。[38]

茲將「廣東臺灣革命青年團」組織結構與核心成員，表列於下：

「廣東臺灣革命青年團」組織及成員表

成員／組織	部長	部員
總務部	謝文達[39]	
宣傳部	張深切（中山大學政治系）	李友邦（黃埔軍校第二期）陳鳳珠，林文騰（黃埔軍校第三期），黃懷生，軍官（臺南），蔣明生（彰化），吳文身（臺南）、簡金木（臺南）
外交部	張秀哲（中山大學）	郭英才（南投） 郭德金、林萬振（黃埔軍校第六期）
財政部	洪紹潭[40]（中山大學，南投）	鄭漢臣（新竹），張逸霞（臺中）
庶務部	陳辰同（黃埔軍校第六期，臺北）	陳思齊（黃埔軍校第六期）張文進、李清文、林仙漢
調查部	廖啓甫	郭金印、林仲節（彰化北斗）

資料來源：《臺灣總督府警察沿革誌》Ⅲ，頁一二〇～一二一。

38 張深切，《廣東臺灣獨立革命史略》，頁八，臺中，中央書局，一九四八年。

39 據張深切的說法，此乃《臺灣總督府警察沿革志》捏造，其實當時謝文達人不在廣州。

40 據張深切的說法，此乃《臺灣總督府警察沿革志》捏造，洪紹潭並非「廣東臺灣革命青年團」的團員。

上表所列之成員共計二十四人，其中，張深切、張秀哲、洪紹潭、郭德金（即郭德欽）為中山大學學生，林文騰（即林劍亭）、林萬振、陳旺欉、吳文身等人為出身黃埔軍校或正就讀該軍校的學生。根據張深切的說法：謝文達當時人不在廣州，洪紹潭則根本不是「廣東臺灣革命青年團」的團員。[41]

以上二十四人幾乎已網羅大部份「廣東革命青年團」的團員，理由是當時參加廣東臺灣革命青年團成立大會的人數即是二十餘人，因此，我們可以這麼判斷，廣東臺灣革命青年團團員總數在三十人至四十人之間。主要幹部為林文騰、郭德欽、張月澄、張深切等四人。[42]其中林文騰即是黃埔軍校第三期生，成員中李友邦、陳辰同、陳思齊、林萬振等，也都是黃埔軍校的學生，其他如張深切、張月澄則為中山大學的學生，若說廣東革命青年團是黃埔軍校與中山大學的臺籍生領導，一點都不為過。

「廣東臺灣革命青年團」的團址，設在廣州市一德路「明星影片公司」三樓，設立日期是一九二七年五月。[43]

「廣東臺灣革命青年團」其目的既然是在謀求打倒日本帝國主義，因此，成立後即積極尋找支持力量，有關這方面，可分成兩部分，一為向臺灣本島招攬學生到廣東留學，也與「臺灣文化協會」連繫；二為與當時中國各地的臺灣留學生連絡，互通聲氣，並與廣東當地的政治勢力連繫，尋找中國方面的支援。[44]可以說，此團體所從事的活動，一則與臺灣本島的反日活動結合，二則與中國本土的政治運動結合；至其主要目的，則在使臺灣脫離日本之統治。

41 張深切，〈在廣東發動的臺灣革命運動史略〉，《張深切全集》卷四，頁九八。
42 張深切，《里程碑》，第二冊，頁二三五。
43 《臺灣總督府警察沿革志》（日文版），Ⅲ，頁一一二。
44 《臺灣總督府警察沿革志》（日文版），Ⅲ，頁一一二。

二、結合中國本土政治運動

早在「廣東臺灣革命青年團」正式誕生之前，該團成員即已策劃於一九二七年三月十二日，發起「孫中山先生逝世二周年紀念活動」，藉以表達對孫中山的崇敬，並謀求中國民眾支持臺灣的革命，不要忘記臺灣同胞。這次活動是一九二七年三月九日，黃埔生林文騰與中山大學的張深切、張月澄、中國學生楊偉秀，在廣州市大東路東泫巷召開會議所決定發起的活動，並定於三月十三日在廣州市東較場發動示威遊行，事先印好「孫中山先生逝世二周年敬告中國同胞書」三千份，於遊行時散發，該份文件對共產主義、三民主義有所評述，極力肯定孫中山的三民主義，內容稱：

西方有一怪物，稱之曰：共產主義，東方有一奇物，稱之曰：三民主義。現在領導西方的無產階級是共產主義，而正在喚醒東方弱小民族的是三民主義。三民主義的偉力，已足使全世界的帝國主義者心寒膽戰，中國民族為此而奮鬥的革命，愈發展，愈加強了世界弱小民族的偉力，同時我孫中山先生的精神與三民主義也愈顯出它的偉大。偉哉！孫中山先生！

文章也對臺灣的處境深入分析，認爲臺灣人應認清時局，應該加入中國的革命：

臺灣也是東方弱小民族之一，雖然與中國同祖同宗，但被日本帝國主義者的壓迫與蹂躪，其所受的慘痛，確實超乎中國數倍，中國現在已進入革命發展的階段，我臺胞應認清時局的趨勢，急起直追，熱烈參加祖國的革命。

對孫中山則表示無限的懷念，以爲要完成革命，實現三民主義，中國同胞不要忘記臺灣：

我們每想及臺灣的現狀，便聯想到我們的總理孫中山先生，他雖然已經逝世兩週年了，但是他的偉大精神，依然在繼續領導東方弱小民族的革命運動。我們知道，孫先生逝世的日子，就是我們失去了偉大領導者的日子，同時也是叫我們著即負起一切革命責任的日子。換言之，他逝世的日子，便是指示我們應倍加努力的日子。我們知道須先完成革命，然後纔能實現三民主義。最親愛的四萬萬同胞們，……三月十二日是我中國民眾不能忘懷的日子，同時我們也希望中國同胞決不要忘記一八九五年甲午役失去的臺灣。[45]

遊行時呼喊的口號中，又明白揭出「臺灣革命」四字，主張：

「臺灣的民族是中國的民族！」、
「臺灣的土地是中國的土地！」、
「中國革命成功萬歲！」、
「臺灣革命成功萬歲！」、
「世界革命成功萬歲！」。

這些字眼在日本統治當局派駐廣州的領事館密探眼裡，是親中的，也是含有共產主義思想色彩的，爲此埋下日後成員被逮捕的伏因。緊接著，一九二七年五月九日，爲中國「五九國恥」紀念日[46]，「廣

45 張深切，《里程碑》，第二冊，頁二三七—二三八。原件日文載《臺灣總督府警察沿志》，第三冊，頁一二一—一二二。

46 「五九國恥」指一九一五年五月九日，中華民國第一任大總統袁世凱，被迫接受日本《二十一條》中的十二條內容之事

東臺灣革命青年團」也發表「臺灣革命青年團國恥紀念日宣言」，並於五月九日當天，參加在廣州市東校場的反日示威運動，將事先印製好的宣言書數千份，在會場散發。[47]

三、聲援臺灣本島之反日運動

一九二七年五月，臺灣中部著名的中學「臺中一中」發生學潮，起因是住校學生在飯菜中發現老鼠屎，與炊事長中村理論，中村之妻與住校學生起衝突，學生申訴學校，舍監頭鹿股不理會，連校長下村也不加處理，於是學生於五月八日故意在學校燃放鞭炮，以示抗議，結果校長下村於五月十一日，強令惹事之五年級學生退出宿舍，經學生家長斡旋，表示願意謝罪，但學校當局堅持必須退舍，為此，該校三、四年級學生乃決定與五年級學生一起行動，於五月十三日，一百七十多名學生集體退舍，五月十四日，二年級學生也退出宿舍，二、三、四、五年級學生聯合發表宣言，聲明罷學，事件引起臺灣社會各界的重視，形成風潮，是為「臺中一中事件」[48]。

事件發生時，「廣東臺灣革命青年團」剛好派張深切回臺灣募集經費，張深切回臺遊說各士紳，獲得各方面的贊助，湊了一筆款項，由華南銀行匯寄廣州，對臺灣革命青年團出版機關報《臺灣先鋒》大有幫助。捐款人中，臺中「中央書局」創辦人張濬哲（？—一九三〇）和臺中霧峰林家的林幼春（一八八〇—一九三八）捐最多，張深切沒有透露他們兩人捐了多少，但特別提及他們兩人「慷慨豪

件。日本要求中國承認日本取代德國的特權，進一步擴大日本在滿蒙的權益，並聘用日本人為行政顧問等職位。

47 張深切，《里程碑》，第二冊，頁一二三。

48 張深切，《里程碑》，第二冊，頁二七一—二七三。

爽」「捐出一筆可觀的數目」「解囊相助」；另又提及林獻堂以「緩兵之計」待他，並未捐款[49]。

在學生請求下，張深切指導學生成立「罷學作戰委員會」，由張深切擔任總指揮，決定八項戰略：

1. 即日罷學，但只限三年級以上學生參加。
2. 固守學生宿舍，絕對不退出，以求團結抗戰到底。
3. 發動全島臺灣學生同情罷學，到達成目的爲止。
4. 與社會各界團體密切連繫，呼籲全島民眾後援。
5. 使罷學鬥爭發展爲民族鬥爭。
6. 呼籲全島一中出身同學組織救援會與校方折衝。
7. 誓不犧牲一個同學爭取完全勝利。
8. 要求撤廢日臺學生的差別待遇。[50]

另一方面，在廣州的臺灣革命青年團，於臺中一中事件發生後，即隔海聲援，一九二七年六月十三日，該團以「廣東學生聯合會」名義，在廣州《民國日報》發表一封公開信，列舉日本人殘暴治臺事實，希望中國同胞與臺灣同胞共同打倒日本帝國主義，並勸學生到中國參加革命：

> 臺中第一中學校的學生五百多名，為了反抗日本的壓迫、侮辱及蹂躪，宣布同盟罷課，立刻向日本帝國主義政府展開猛烈的進攻，以顯示我們民族的威力，意欲打倒日本的愚民政策，為爭取我們民族的絕對自由而奮鬥。……這次臺灣學生罷課騷動的原因，乃是為反抗日本

49 張深切，《里程碑》，第二冊，二六五—二六六。

50 張深切，《里程碑》，第二冊，頁二七二。

當局無理的壓迫和不平等待遇。……日人校長竟勾結軍警，威脅我們學生，逮捕我們同胞，把二百六十多名的學生，或施以停學處分，或處以開除學籍，並大言不慚的說：「你們臺灣人如企圖騷擾，我有處刑的槍劍，隨時隨地都可準備對付」。如此，欺負學生如牛馬……敝會同人在悲憤之餘，召集在華留學的臺灣同志，極力揭發日本陰謀，誓死反抗日本帝國主義到底。並願為被壓迫學生的後盾，一面勸誘臺灣被壓迫學生前來中國參加革命，團結在青天白日的國民政府之下，鑽研學問，研究革命，以準備打倒日本帝國主義。[51]

一九二七年六月十七日，是日本統治臺灣的所謂「始政紀念日」，廣東臺灣革命青年團又發動文宣攻勢，向廣東《民國日報》投書，題名是「廣東臺灣革命青年團致中國民眾書」，文中說臺灣原是中國領土，在一八九五年遭日本帝國主義侵佔：

日本帝國主義者，其政策是帝國主義的，其手法是資本主義的……擬定對外侵略政策，於是，根據資本主義方略，擴張海外市場，採取一切帝國主義手段，如今顯然已到極點，於是又運用資本主義的魔力及帝國主義的軍權，來對臺灣、對朝鮮、對中國進行壓迫、蹂躪、侵略，以滿足他們禽獸般的慾望。……當中日戰爭慘敗之際，……喪心病狂締結馬關條約，割讓臺灣與日本帝國主義者，令其永遠變成奴隸。中國同胞們，各位知不知道現在的臺灣民眾，無一日不受日本帝國主義者的殘忍剝削和屠殺，在重重的壓迫下，過著牛馬不如的慘憺生活呢？[52]

51 臺灣總督府警務局編，王乃信譯，《臺灣總督府警察沿革誌第二篇——領臺以後的治安狀況.中卷：臺灣社會運動史》，第一冊，文化運動，臺北：海峽學術出版社，二〇〇六年，頁一六五—一六七。後簡稱《臺灣社會運動史》。

52 臺灣總督府警務局編，王乃信譯，《臺灣社會運動史一九一三—一九三六》，第一冊，文化運動，頁一六七—一六八。

四、創辦《臺灣先鋒》宣導反日

上述諸活動之外，「廣東臺灣革命青年團」還出版了一本機關刊物，名爲《臺灣先鋒》，由張秀哲出資，主編是出身黃埔軍校三期的林文騰，封面題字者李濟琛曾任黃埔軍校的副校長、北伐國民革命軍的總參謀長，當時是廣東國民革命軍的第四軍長，[53]張秀哲前去拜託他題寫的，他很同情臺灣的同胞。此刊物於一九二七年四月一日出刊，創刊號的篇目和執筆者姓名如下：[54]

篇目	作者
發刊詞	林文騰
慶祝臺灣先鋒出版	雲彬（林文騰）
孫中山與臺灣	戴天仇
臺灣革命與中國革命	方鼎英
臺灣同志的責任	安體誠
臺灣同志應如何參加革命	陳日新
臺灣爲什麼要革命	紅草（張深切）
臺灣青年的使命	任卓宣
臺灣革命與婦女	李勵莊
打倒日本帝國主義的目標與策略	剛軍（郭德欽）
勗臺灣	韓麟符
臺灣是臺灣人的臺灣	赤劍（林文騰）
臺灣民衆起來革命吧	施存統
臺灣農工商學聯合起來	反逆兒（張秀哲）
一個韓國青年敬致臺灣革命同志書	李英駿
一個中國同胞敬致臺灣同胞書	李潤祥
對臺灣先鋒的希望	懋其

53 張秀哲，《「勿忘臺灣」落花夢》，頁七四。

54 張深切，《里程碑》，第二冊，頁二三八－二三九。

執筆者中，大部份使用本名，臺灣人只有林文騰與張秀哲具名，林文騰寫了兩篇，一是〈發刊詞〉，二是〈臺灣人是臺灣人的臺灣〉，另一篇也是他寫的，只是用筆名發表。張秀哲寫一篇〈臺灣農工商聯合起來〉。其它用筆名紅草寫〈臺灣爲什麼要革命〉的是張深切，以筆名懋其寫〈對臺灣先鋒的希望〉的，則無法斷定是誰，推定是臺灣人。

方鼎英是黃埔軍校教官，曾任軍校教育長，一九二七年四月代理軍校校長。施存統是黃埔軍校政治教官，國立中山大學教授，他所寫的《臺灣民衆起來革命吧》，是他口授，張秀哲筆記，施存統早在一九二〇年六月就與陳獨秀在上海發起組織共產主義小組，曾任中國社會主青年團第一屆中央執行委員會書記，廣州的社會主義青年團是在一九二〇年十一月舉行成立大會，一九二二年三月重建社會主義青年團，五月，中國社會主義青年團在廣州召開第一次全國代表大會。[55]

安體誠，河北人，中共黨員，歷任黃埔軍校政治教官，政治部宣傳科長及中共黨團幹事。[56]並兼國民黨黃埔軍校特別黨部宣傳委員會委員，主編《黃埔日刊》，同時兼任第六屆廣東農民運動講習所及廣州勞動學院教員，曾撰寫了許多宣傳革命的文章。一九二七年四月十五日國民黨在廣州清黨，所請「廣州四一五反革命」[57]政變後，被迫率部分中共黨、團員自黃埔軍校轉移至上海，旋被逮捕，五月在上海龍華處死。

韓麟符，中共黨員，一九一九年在天津參加五四運動，後入北京大學，受李大釗影響，加入中共，

---

55 《黨的光輝照廣東》（廣州：嶺南美術出版社，二〇〇一年十二月），頁七。

56 曾慶榴，《共產黨人與黃埔軍校》（廣州出版社，二〇〇四年六月），頁一七九。

57 一九二七年四月十五日，國民黨在廣州實行反革命大屠殺，軍隊搜查共產黨革命團體，繳去黃埔軍校學生五百多人的槍械，逮捕共產黨員和革命群衆二千多人，在「四一五反革命政變」中，被殺害者約有二千一百多人。

南下廣州，參加國民黨第一次全國代表大會，當選中央候補執行委員，國民黨二全大會再當選爲中央候補執行委員，此外也擔任黃埔軍校政治教官。

除此之外就是戴季陶，執筆者中臺灣人不算，只有他算是右派。戴季陶的文章〈孫中山與臺灣〉，原本是一九二七年二月五日應廣東臺灣革命青年團之邀請，在廣州黃埔軍官學校政治部所發表的演講，經記錄後而成，此文不僅可看出孫中山對臺灣問題的觀點，也可以看出戴季陶本人對臺灣問題的態度，其中提到孫中山說的一段話「讓臺灣實行最低限度的自治……不阻止蘇聯和臺灣的接觸」：

> 總理說：「我們對於日本，有三個最低限度的主張。一是廢棄日本和中國所締結的一切不平等條約；二是讓臺灣及高麗兩民族實行最低限度的自治；三是日本不應反對蘇聯的政治政策，也不阻止蘇聯和臺灣及朝鮮的接觸；這是我們最低限度的要求。」[58]

爲什麼「廣東臺灣革命青年團」要邀請中共人物或說是左派人士寫稿呢？要回答這個問題，首先要了解當時是國民黨採取聯俄容共政策的國共合作時期，中共黨員也是國民黨員，林文騰既是黃埔軍校生，又任職黃埔軍校，上述諸人又都是黃埔軍校的教官，彼此早就熟悉，甚至有的人曾經是他的教官（老師），彼此有師生關係。張深切對此有進一步的說明，他說他們當初進行反日活動，一開始在廣州訪問各要人，舉凡肯支援他們的，他們都無不歡迎，而初時最熱心指導他的，右派是戴季陶，左派是施

58 《臺灣省通志稿》卷九，革命志，抗日篇（臺北：臺灣省文獻委員會，一九五二年六月）。

存統，[59]張深切又說：我們不分左右，只要有人願意幫助我們的革命，我們一律歡迎。[60]亦即任何人只要願意伸出援手幫助臺灣人，臺灣人無不歡迎。

這便是《臺灣先鋒》創刊號上面的執筆者有中共人物、左派人士的原因。其實，這是很容易理解的，當時，臺灣青年在廣州稱得上是勢單力孤，巴不得有更多的人幫助他們，即使是一篇加油、鼓勵的文章，都算得上是對他們莫大的助力，因此，當有人願意爲他們寫文章時，他們怎麼會顧得到誰是國民黨，誰是共產黨呢？但這個有共產黨人士寫文章，鼓勵他們臺灣人起來革命的事實，也就成爲稍後臺灣日本當局逮捕「廣東臺灣革命青年團」成員的罪狀之一了。

《臺灣先鋒》創刊號有國民黨要員李濟琛的題字，卷首有孫中山肖像及其遺囑，共印二千份，分發對象，包括中國各地的中國人、朝鮮人、臺灣人，也寄發臺灣。在創刊號中，還登載許多反對日本的激烈口號，這些激烈的口號如下：

「臺灣是臺灣人的臺灣！」、
「臺灣的民眾團結起來！」、
「臺灣的農、工、商、學聯合起來！」、
「打倒日本帝國主義！」、
「打倒日本陰謀的亞細亞大同盟！」、
「反對日本禁止言論、出版、結社的自由！」，

59 張深切，《里程碑》，第二冊，頁二一六。
60 張深切，《里程碑》，第二冊，頁二四〇。

「援助中國國民黨革命！」，
「東方弱小民族解放萬歲！」，
「援助東方弱小民族的革命！」，
「援助臺灣革命！」，
「援助世界被壓迫階級的革命！」[61]。

由於當時在廣州處於國共合作的氛圍中，臺灣青年發出的口號，有明顯的共產主義思想，構成日後成員被日本臺灣統治當局逮捕的罪狀之一。

五、廣州事件——日本的逮捕迫害

如上所述，「廣東臺灣革命青年團」，其活動實際上不出於文字宣傳，亦即還處在醞釀階段，宣傳的重點在於攻擊日本以暴虐的手段統治臺灣，臺灣必須獨立，希望中國同胞援助臺胞，與臺灣同胞共同攜手合作，使臺灣脫離日本統治。以上之焦點，則在「臺灣獨立」一事，關於此點，就已經犯了日本之大忌了。亦即以言論煽動臺灣獨立，於是有所謂「廣州事件」，乃大肆逮捕革命青年團相關成員。

「廣東臺灣革命青年團」公開發行的機關的刊物《臺灣先鋒》，則寄發各地，日本在廣州的領事館人員，很容易獲得該項刊物，從而知道他們的思想言行，在累積了相當的證據後，日本在臺當局，於一九二七年七月開始揭發所謂「廣州事件」，大肆逮捕廣東臺灣革命青年團的成員。

61 張深切，《里程碑》，第二冊，頁二三九。

首先被逮捕的是張秀哲，他於一九二七年七月廿四日，被日本駐上海領事館人員所緝獲，隨即移送臺灣；次則與張秀哲平素保持連絡的簡錦銘，也在臺灣南投的草屯被捕。到八月六日，實行全面大逮捕，總共被逮捕者有六十四人，但行蹤不明者有四十一人，只逮捕到二十三人歸案。[62]其判決過程相當繁瑣，並且期間綿亙甚長，從一九二七年八月開始，一直到同年十二月廿二日，才調查終了。臺灣當局以違反「治安維持法」之嫌疑加以預審，十二月廿五日在臺北地方法院預審結束，結果被提起公訴者為張秀哲、郭德欽、張深切、林仲節等四人，餘如簡錦銘、盧鈵欽、溫幸義、林萬振、吳文身、林如金、顏金福等七人，最初則被判不起訴，旋又被檢察官提起抗告。[63]

整個案件的審理，一直拖到一九二八年十二月，才大致上終結，其中有關黃埔軍校生的判決情形如下：

李友邦，一九二九年十月十日於上海被捕，押解日本駐上海領事館關押。

林文騰，提起公訴。

溫幸義，提請預審，一九二八年二月廿一日，宣告免訴，檢察官不服，抗告，決定有罪。

林萬振，提請預審，一九二八年二月廿一日，宣告免訴，檢察官不服，抗告，決定有罪。[64]

最後被判決有罪的，經被告上訴，一九二九年五月，判刑確定，其中有關「廣州事件」的相關成員，只有林文騰、張秀哲、張深切、郭德欽等四人。

林文騰，被判四年有期徒刑，最重。

62 張深切，《里程碑》，第二冊，頁二七三。

63 《臺灣民報》，第一九四號，一九二八年三月四日。

64 王詩琅譯，《臺灣社會運動史》，第一冊，文化運動，頁一八三—一八五，臺北：稻香出版社，一九八八年六月。

張深切與郭德欽均各判三年有期徒刑，張秀哲判兩年有期徒刑，其餘諸人雖被判有罪，但均獲緩刑處分，其情況如下表：

廣州事件判決結果表

姓名	第一審宣判 一九二八年十二月四日[65]	備註
林文騰（黃埔三期）	有期徒刑四年	
張秀哲（張月澄） （中山大學）	有期徒刑二年 （緩刑五年）	
郭德欽（中山大學）	有期徒刑三年	
張深切（中山大學）	有期徒刑三年	
林仲節	有期徒刑一年六個月 （緩刑四年）	
林萬振（黃埔六期）	有期一年六個月 （緩刑四年）	
林如金	有期徒刑一年 （緩刑四年）	
吳文身	有期徒刑一年 （緩刑四年）	因病免訴[66]
溫幸義（黃埔六期）	有期徒刑一年 （緩刑四年）	
簡錦銘	有期徒刑一年六個月 （緩刑四年）	
盧鈵欽	有期徒刑一年 （緩刑四年）	
吳拱照	有期徒刑一年	

資料來源：《臺灣社會運動史》第一冊，文化運動，頁一八五～一八六。

65 按依據張秀哲《「勿忘臺灣」落花夢》，頁一四一之記載，判決日爲一九二八年十二月十三日，二者相去數日。

66 按依據張秀哲《「勿忘臺灣」落花夢》，頁一四一之記載，吳文身「因病免訴」。

初審判決後，張深切提出上訴，結果張深切與郭德金改判兩年，林文騰維持原判，全案定讞。[67]廣東臺灣革命青年團，由於受到臺灣日本統治當局的取締，成員被逮捕、判刑，再加上受到中國政局的變化的影響，也難以再在立足，最後只能瓦解，針對一九二七年四月中旬開始的國民黨清除共黨的「清黨」運動，張深切解釋詳情，言臺灣革命青年團是臺灣革命家的綜合集團，絕無任何黨派的色彩。廣東當局也明瞭這一點，所以一九二七年四月十五日開始清黨時，並沒受到任何的影響。當時清黨的對象，不消說是中國共產黨，朝鮮、安南、印度各弱小民族的革命團體也頗受影響，因此朝鮮和其他弱小民族的革命家多有躲到臺灣革命青年團來避難。但是到六月初旬，不知何故，青年團也被當局注意起來，於是六月中旬青年團就結束一切事務，留在廣州的同志也分散到各處去亡命。[68]

到此，多位黃埔軍校學生參與並領導的「廣東臺灣革命青年團」正式破滅，走入歷史。由於眾多的臺籍黃埔生，多數沒有針對該一事件留下回憶錄，使我們無法以更週全的角度來看待這段歷史，所幸該團體主腦人物之一的張深切，晚年在回憶這件臺灣獨立案件時，說道：

如果按照過去的記錄說，標榜臺灣獨立，樹立鮮明旗幟而成為法律問題的，我們的案子，可以說是天字第一號……日本當局認定我們的案情，是臺灣有史以來，「最特殊、最有刺激的重大事件」，因為「過去的抗日，多是土匪式的武力鬥爭，打游擊，到民國四年西來奄事件止，很少帶有現代政治思想性的知識份子參加革命暴動，無怪乎日本政府把這些抗日份子都

67　張深切，《里程碑》，第二冊，頁三三二—三三三。

68　張深切，《廣東臺灣獨立革命史略》，頁一二一。

稱為土匪。」[69]

這個由臺灣青年在中國廣東所積極進行的反日抗日運動，雖只局限在思想及文宣上面，來不及付諸實際行動，但其所參加者，都是知識青年，所以日本臺灣統治當局特別懼怕。

69 張深切，《里程碑》，第二冊，頁二九四—二九五。

03 革命的搖籃——臺灣學生與黃埔軍校

創立於一九二四年的黃埔軍校，到二〇一四年屆滿九十週年，這所軍校與國共兩黨關係緊密相連，在中國現代史上有著重要的地位。

現代中國的崛起，與國民黨的改組及其聯俄容共之舉，關係甚大。國民黨改組吸收俄共革命的經驗與模式，由俄共提供經費、武器與顧問，而國民黨則容納共產黨員於黨內，雖冒黨權旁落的危險，但在當時帝國主義虎視眈眈的情況下，國民黨除聯俄容共外，實別無選擇。國民黨因爲這次的改組，得以脫胎換骨，起死回生。

改組後的國民黨，藉由成立黃埔軍官學校，孕育黨軍與國民革命軍，以此憑藉，很快地完成東征，統一兩廣，繼而出師北伐，掃蕩軍閥，統一中國的大業。黃埔軍校建校源起於孫中山革命事業的挫折與困頓。一九二四年一月廿日，中國國民黨在廣州舉行第一次全國代表大會，決定實行聯俄容共政策，成立陸軍軍官學校，目的在培養革命軍幹部，以打倒帝國主義、掃蕩割據的軍閥，統一中國。一月廿四日，國民黨總理孫中山下令創辦陸軍軍官學校，以蔣介石爲籌備委員會委員長。陸軍軍官學校通稱爲黃埔軍校，六月十六日正式開學。下令創辦黃埔軍校後十天即二月四日，孫中山又下令創辦廣東大學，任命鄒魯爲籌備主任，用意在培養革命黨幹部。

廣東大學在一九二四年九月十五日正式上課，十一月十一日舉行成立典禮，黃埔軍校與廣東大學開辦時間相差只有三個月而已。廣東大學開辦近一年後，即一九二五年七月十七日，國民政府爲了紀念故世的孫中山，下令將廣東大學改名為國立中山大學，八月，戴季陶出任校長。黃埔軍校與中山大學，一文一武，在中國現代史上都曾經產生過深遠的影響。

黃埔軍校的誕生，開啓了中國現代史新的一頁，它不僅影響了現代中國前進的方向，使國民黨從此有了真正的革命武力，成為國民革命軍的搖籃，透過孫中山的三民主義，軍校學生經歷了革命的洗禮，信仰與武力結合為一，由黃埔學生軍而校軍、而黨軍、而國民革命軍，國民黨因此得以掃平散佈全國各地的軍閥，統一中國。然中共也因為國共合作的關係，其黨員入校，擔任學校行政與學生訓練及政治教育工作，或是入學為學生，中共得以在黃埔軍校內擴充影響力，最顯著的就是吸收學生入黨，在北伐途中，壯大了聲勢，為日後建立政權奠定了基礎，無論從那個角度看，在中國現代史上，黃埔軍校都有其無比的重要性。

黃埔軍校與美國西點軍校（The United States Military Academy at West Point）、俄羅斯的伏龍芝軍事學院齊名。其所培養出來的學生，在中國現代史上留下了聲名。這所留名青史的軍校，學生來源遍布中國各省區，特別的是也有來自臺灣的青年，他們為了抗日救國的理想，跨過臺灣海峽，進入這所革命的大熔爐。

臺灣人就讀黃埔軍校有著非凡的歷史意義，特別應注意的是當時臺灣並不是中國的領土，而是處於異族日本帝國主義的殖民統治之下，並且與中國還隔著一條臺灣海峽，臺灣青年要渡海回返中國求學，是需要勇氣與毅力，而選擇就讀黃埔軍校，也顯示出那些臺灣男兒的志氣所在，因為學武可學到軍事技能，將來反抗日本之殖民統治臺灣，更能發揮所長。

黃埔軍校。（曾慶榴教授提供）

一、黃埔軍校如何招考臺籍學生

怒潮澎湃，黨旗飛舞，這是革命的黃埔，主義須貫徹，
紀律莫放鬆，預備做奮鬥的先鋒！
打條血路，引導被壓迫民眾，攜著手，向前行；
路不遠，莫要驚，親愛精誠，繼續永守，
發揚吾校精神，發揚吾校精神。[70]

上面是黃埔軍校的校歌，從歌詞中的「怒潮澎湃」，「打條血路，引導被壓迫民眾」看，令人感到氣象宏偉，曲調更是雄壯。創辦這所軍校的孫中山是把它當做培養革命軍幹部的基地的。

黃埔軍校的學生來源廣泛，國外連越南與韓國，都有學生前往就讀，國內則遍及中國各省區，幾乎各省區都有學生就讀，中國本土外，最特別的就是來自臺灣的學生。

說臺灣特別，因爲當時的臺灣並不屬於中國，一八九五年臺灣因爲中日馬關條約的緣故，割讓給日本，是處於日本的殖民統治之下，在這樣子的情形下，依然有學生跨海到中國的廣東，申請進入黃埔軍校就讀，這就顯示出其非

70 原載於一九二七年一月十九日《黃埔日刊》，作詞：陳祖康、作曲：林慶梧。參見廣東革命博物館編，《黃埔軍校史料》（廣州：廣東人民出版社，一九八五年五月），頁六六。

凡的歷史意義。

校歌歌詞中「怒潮澎湃，黨旗飛舞」、「革命的黃埔」、「主義須貫徹，紀律莫放鬆」、「預備做奮鬥的先鋒！打條血路，引導被壓迫民眾」，在在激勵著熱血青年。進入黃埔軍校就讀的有志青年，就是在校歌那種「怒潮澎湃，黨旗飛舞」的豪邁歌聲中，融入大革命洪流的。臺灣學生如同其他同學一樣，自不例外。

究竟有多少臺籍學生就讀黃埔軍校？這是我們首先要了解的。根據黃埔軍校校史及黃埔歷屆同學名錄等相關資料，我們無法得知在黃埔軍校就讀臺灣籍學生的確實數字，然史料顯示，確實有臺灣學生到黃埔軍校就讀，依據黃埔軍校創辦當時人在廣州的臺灣青年張深切，在一九五〇年代的陳述，清楚指出就讀黃埔軍校的臺灣人：

> 在黃埔軍官學校第三期的有：林文騰、黃濟英、陳紹馥，第四期的有：張士德、廖武郎，現在校的有：陳辰同、陳春錦、陳旺欉、林萬振、溫而勵等人。[71]

張深切所列舉諸人，不但是他同時代且都是他所認識的人，這項寶貴的資料，為我們提供了臺人就讀黃埔軍校的證據。

關於臺灣人就讀黃埔軍校的學生人數究竟有多少？雖然無法得到一個確切的數目，但據張秀哲當時在廣州的觀察，人數約有五、六十人。他記載：

71 張深切，《里程碑》（臺中：聖工出版社），第二冊，頁二一六。

革命軍的前驅黃埔軍官學校裡面，當時也已經有了五、六十名的臺灣革命志士在那裡求學的，有的是入伍生，有的已做了連長，他們多數是抱著與我同樣的思想「救祖國！救臺灣！」[72]

黃埔軍校當時招生，並非公開，因時值軍閥時代，招生只能秘密進行，主要是由中國國民黨駐在各省的省黨部保送，其時臺灣不是中國領土，當然沒有國民黨臺灣省黨部，也就沒有所謂保送一事。

臺灣學生欲報考黃埔軍校，尋求祖籍省份的福建或廣東之國民黨黨部保送，是方法之一。另外則是靠自己的關係，例如第二期的李友邦，在前往中國之前，是臺北師範學校的學生，他是在從臺灣到中國的船上結識了一位張姓友人，上岸後承他介紹認識了國民黨人方覺慧、任劍若，經過兩人的介紹，南下廣東投考黃埔軍校。[73]。方是湖北人，留學日本，回國後組織革命團體，追隨孫中山，曾任職廣州北伐軍大本營，又任國民革命軍第十一軍黨代表。

張秀哲在其回憶錄中曾提到，當時擔任黃埔教官的臺灣人林文騰，邀請居住於廣州的臺胞三十人去參觀黃埔軍校，教官們除了慇懃招待外，更慫恿他們就讀黃埔：教官對他們說：

> 諸位臺灣革命的同志，若有同胞親友再希望回來參加祖國的革命運動的，即請都來黃埔軍校，我們是竭力歡迎援助的，學費是可優免的，衣食住亦十足由軍校供給的，請他們快來罷！[74]

---

72 張秀哲，《「勿忘臺灣」落花夢》，頁五六。

73 李友邦，〈與正報記者談話〉，《瓦解敵僞軍工作概論》，附錄，頁二一，新力周刊社，一九三八年十一月。

74 張秀哲，《「勿忘臺灣」落花夢》，頁五九—六〇。

後來就讀中山大學的張秀哲又提到：

> 我們中山大學是竭力開放歡迎臺胞的，事實上當時中山大學果然對臺胞與朝鮮的同志是免除一切學費，真是特別優待我們的，黃埔軍校也一樣。[75]

張的敘述說明讀黃埔軍校衣食住由校方供給，學費可優免，張以爲是對臺灣人特別優待，這樣的說法恐怕有誤，黃埔軍校對學生免除學費，不是獨厚臺灣人，是所有就讀學生都是如此，其招生簡章就清楚記載著，這也是早期軍事學校的通例，就讀黃埔的學生如朝鮮學生、越南學生也都能享有此種優待。

二、各期臺灣學生

以下我們論述臺灣人與黃埔軍校的淵源，先從各期就讀諸人論述起，茲按期別介紹於下：

（一）第二期：李友邦

第一位就讀黃埔軍校的臺灣人是李友邦，他讀的是第二期，黃埔軍校第二期於一九二四年八、九月之交入學，至一九二五年九月六日畢業，修業一年。

李友邦，原名李肇基，一九〇六年四月出生，臺灣臺北蘆洲人。

有謂李友邦黃埔軍校第三期的畢業生，其實他應該是第二期。雖然仔細查對黃埔軍校校方的畢業生名冊中，各期都沒有李友邦的名字，也查不到李肇基之名，[76]當中顯然存在問題，他到底有沒有從黃埔

[75] 張秀哲，《「勿忘臺灣」落花夢》，頁六四。
[76] 廣東革命博物館編，《黃埔軍校史料》，頁五二二—五八七。

軍校畢業，他確實是報考了嗎？他是否入了學？在沒有解答這個問題之前，倒是有一個類似的例子可以供我們參考，這個例子是衆人耳熟能詳的戴笠（一八九七—一九四六），即國民黨在中國執政時期的軍統特務頭子，他是浙江江山縣人，此人一般也說他是黃埔軍校第六期畢業，但是實際上，他並沒有從黃埔六期畢業，眞實情況是他的確曾經就讀黃埔軍校第六期，只是提前離校，嚴格說戴笠只能算是肄業。這種例子，在混亂又複雜的革命年代裡，是經常發生的，在黃埔軍校校史上，也是不乏其例。

與李友邦在廣州時熟識的臺灣青年張深切，提供了一段可供參考的資料，他記載李宣稱要入黃埔軍校，後來因爲腳有毛病，中途而廢。張深切提到：

> 李友邦……初時他說要入黃埔軍官學校，後來因為腳有毛病中途而廢，在我們的團體，算是歸我指揮的團員，可是我未曾付與過重要的任務。[77]

但是張的記載有誤，事實上李友邦不但入了黃埔，且也非年少時就腳有毛病，他是一九三二年被國民黨特務抓到杭州陸軍監獄，受到酷刑導致右小腿骨折殘廢，才不良於行的。[78]李友邦確確實進入黃埔軍校就讀的；他是先進入廣東「陸軍講武堂」，再進入黃埔軍校的，陸軍講武堂全名是「陸軍講武學校」。先是一九二三年九月國民黨大元帥府成立「中央陸軍教導團」，招收學生三百多人，一九二四年春，大元帥府又創辦「陸軍講武學校」，招收學生二百六十多人，講武學校成立後屬軍政部管轄，將原中央教導團的學生併入，校長是程潛，黨代表是廖仲愷。李友邦於一九二四年夏初到廣州時，黃埔軍校

77 張深切，《里程碑》，第二冊，頁二二一。

78 陳正平，《李友邦與台胞抗日》，臺北：世界綜合出版社，二〇〇〇年八月，頁六六。

第一期已經招生完畢，並且開學，由於他是國民黨人介紹。[79]加上是由臺灣來的革命青年，因此被安排進入陸軍講武學校。一九二四年十一月孫中山要北上時，批准將講武學校的學生併入黃埔軍校第二期，於是李友邦就這樣變成了黃埔軍校的學生。一九二四年十一月併入黃埔軍校第二期的陸軍講武學校學生一百五十八人，其入學日期比第二期早，所以校方就讓併入的原講武學校學生，在一九二五年二月提前畢業。[80]

與李友邦類似的例子還有陳賡與宋希濂，他們兩人先報考陸軍講武學校，隨即改報考黃埔，成爲第一期生。由於李友邦是第一位就讀黃埔軍校的臺灣人，因此孫中山對他愛顧有加，要他每週日到廖仲愷家學習國語，探討革命。[81]李友邦自黃埔畢業後，在所有臺灣人黃埔生中聲名最爲卓著，官階最高，最後升到陸軍中將，而最特別的是他在抗戰期間，在中國的土地上成立「臺灣義勇隊」，爲抗戰做出貢獻；然戰後回到臺灣，卻在一九五〇年代的白色恐怖中被槍斃。

（二）第三期：林文騰、黃濟英、陳紹馥

黃埔軍校第三期的臺籍學生有林文騰、黃濟英、陳紹馥三人。依據一九二五年黃埔軍校第三期招生之「各省招收名額統計表」來看，一九二五年一月入學的黃埔軍校第三期招生全部名額爲二千五百人，再將全國各省招生人數加以統計：此期招收的學生名單裡，臺灣籍的學生總共有十五人，[82]但在黃埔軍校畢業生名錄卻只能查到「黃濟英」一人的名字，且籍貫寫福建南安，其他十四人完全看不到名字。

79 李友邦，〈與正報記者談話〉，《瓦解敵偽軍工作概論》，附錄第二一頁。
80 郭一予，〈我對黃埔軍校的片段回憶〉，《廣東文史資料》，第三七輯，一九八二年十二月。
81 陳在正，《李友邦傳記與臺灣近代史》（臺北縣政府文化局，二〇〇一年九月），頁一五。
82 《蘇俄在華軍事顧問回憶錄》，第一部，頁八六，臺北：國防部軍事情報局，一九七二年。

十五人是一個不小的數目字，與同一期的其他省份學生數比較，就可以明瞭，例如東北三省合計爲十人，綏遠省爲十九人，福建省爲五五人，安徽省爲四八人，新疆省則只有四人。[83]

1. 林文騰

就讀黃埔軍校第三期的臺籍青年林文騰，一八九三年出生，一九七八年逝。[84]雖然多項資料如張深切、張秀哲之著述均言他就讀黃埔，事蹟明顯，且林文騰自述也清楚說明他自己是黃埔畢業，然則遍尋黃埔軍校該期畢業生名錄，卻找不到他的名字，學生的名錄上找不到，倒是在隊職官名單中發現了他的名字，原來他名列在黃埔軍校第四期的校內政治部隊職官名單中，他名字下的籍貫填的是臺灣，並未用中國籍貫，他能夠擔任黃埔軍校的隊職官，這算是臺灣人黃埔生當中的異數。[85]

林文騰是臺灣彰化北斗人，號劍亭，入學黃埔軍校之前，曾就讀日本早稻田大學政治系，後輟學回臺灣，任教於北斗公學校，曾參與「臺灣文化協會」以及「臺灣議會請願運動」，反對「臺灣總督府」專制，遂被日本殖民政府監視，一九二四年秋逃到上海，繼到廣東，一九二五年春考入廣東黃埔軍校第三期，並參與組織「廣東臺灣學生聯合會」與「廣東臺灣革命青年團」，爲該二團體主幹人物。

除了黃埔四期隊職官名單見到他的名字。依據林文騰於一九五六年十月卅日所書之「恭祝校長蔣公七十大慶」祝壽文，他提到「黃埔一別各西東，三十餘年入夢中……」，我們可以確知他是黃埔三期畢業生。該祝壽文說到：

---

83 《蘇俄在華軍事顧問回憶錄》，第一部，頁八六。

84 關於林文騰的生卒年，參見張素玢〈世變下的北斗林家〉，《臺灣學研究》，第十三期，二〇一二年六月，頁二八。

85 湖南省檔案館編，《黃埔軍校同學錄》，頁七三，湖南人民出版社，一九八九年七月。

師道天下以為公，領導中原志大同，
孰料妖魔招赤禍，神州無處不飛紅，
家仇國恨何時雪？嘗膽臥薪待反攻。
……………，………………
一日師恩天地厚，卅年孺慕始如終，
自殘放浪形骸慣，未得追隨汗馬功。
黃埔一別各西東，三十餘年入夢中，
朝野尊卑魚雁阻，師生何處訴離衷？
當年少壯今猶在，轉瞬都成白髮翁，
一瓣心香遙祝嘏，嵩呼萬歲福無疆。[86]

文末之署名爲：「黃埔軍校第三期臺籍學生林劍騰撰祝」，劍騰是林文騰的字，由上可判定林文騰確實是黃埔軍校第三期學生。

另外在張深切的回憶錄《里程碑》一書裡，也很清楚地說明林文騰是黃埔軍校生，說他畢業後擔任「黃埔軍校的中尉軍官」：

86 林文騰「恭祝校長蔣公七十大慶」一文，參見張素玢〈世變下的北斗林家〉，《臺灣學研究》，第十三期，二〇一二年六月，頁五五。

在黃埔軍官學校第三期的有：林文騰、黃濟英、陳紹馥，……林文騰是黃埔軍官學校的現職中尉軍官，他在校裡連絡各部教官，常來指導我們。[87]

張深切對林文騰的印象極佳，他描述林文騰詩文都不錯，言青年們莫不喜歡他：

林文騰……為人耿介而忠厚，當時他雖是軍校第三期畢業的中尉軍官，詩文都不錯，青年們莫不喜歡他。他面孔稍長，額高眉疏，眼窩深陷，一目視力較差，平時帶著黑框眼鏡，高高鼻陵之下，蓄有一撮小鬍髭，講話溫柔詳細，具有老大哥的風度。同志間如果有什麼糾紛，他一出來排解，就風平浪靜，言歸於好。[88]

黃埔軍校畢業生名錄沒有林文騰姓名的原因有幾個：第一、他可能用的是其他的名字；第二、可能是他被除名，因為在一九二七年的廣州事件中他被判刑。

2. 黃濟英

前面提到黃埔軍校第三期學生有十五名臺灣人，但是黃埔校方史料記載該期畢業的臺灣籍學生數是零，[89]經著者細心核對，查出黃濟英的籍貫是改用福建省南安縣，而非用臺灣，不過他的通訊地址寫：「臺灣臺北入船町三丁目」。籍貫寫福建南安，通訊地址卻寫臺灣，明顯看出其隱衷。黃濟英在黃埔軍

87 張深切，《里程碑》，第二冊，頁二一六。
88 張深切，《里程碑》，第二冊，頁二二五。
89 〈黃埔軍校一至五期畢業學生統計表〉，《黃埔軍校史料》，上冊，頁九三。

校讀的是步兵科。

黃濟英的自述也清楚說明自己是黃埔軍校第三期畢業，他述及參加北伐與抗戰。戰後他回臺，擔任臺灣省「農林處專員」，他說自己的經歷：

> 濟英生長臺灣，被日寇壓迫榨取諸同胞之受蹂躪，在臺抗日到處講演，被監禁數次，家仇國恨填塞胸膛，為救同胞於水火，達獻身報國之志，用千方百計始逃脫虎口，毅然投入祖國，在革命發源地接受革命洗禮，黃埔軍校第三期畢業後，參加國民革命軍，在偉大領袖 蔣公領導下，隨軍北伐為黨國而努力，抗戰軍◯◯，幸報仇之機已臨，抱必死之決心，與日寇週旋於南北戰場數年。[90]

3. 陳紹馥

第三位就讀黃埔軍校三期的臺灣青年是陳紹馥。

陳紹馥是臺北汐止人，約生於一九〇一年，卒年不詳。有關他個人的生平經歷，從其家人事蹟可側面瞭解一、二。其父陳定國日治時期是水返腳街（今臺北市郊汐止）第一任街長，曾擔任臺北州參議會議長、第一銀行監察人及臺北詩會會長等職。而其弟陳紹馨（一九〇六－一九六六），則爲著名的社會學家，曾任臺灣大學社會系教授，著有《臺灣的人口變遷與社會變遷》。陳紹馥妻子王美理

90 臺灣省參議會（民國三十七年六月二十四日～民國三十七年六月二十五日（1948-06-24/1948-06-25））。「黃濟英爲日人私產誤列爲公產被省黨部副主委莊鶴礽強佔請願」。《數位典藏與數位學習聯合目錄》。http://catalog.digitalarchives.tw/item/00/58/a2/05.html）。

的父親，也就是他的岳父王潭，是一名傳道師，乃是臺灣著名的加拿大籍傳教士馬偕（George Leslie Mackay，一八四四—一九〇一）所創的「牛津學堂」一九〇三年畢業生。陳紹馥之子陳學源（一九三〇—一九九二），是臺灣基督教長老教會之長老，陳學源的略傳中記載：

> 陳長老（陳學源）生於一九三〇年十二月廿日，臺北縣汐止鎮人，……父親陳紹馥早年負笈中國，畢業於黃埔軍校第三期。[91]

在黃埔軍校畢業生名錄上找不到陳紹馥的名字，原因應也是使用別的名字，或是使用別省籍貫也有可能是被除名。陳紹馥曾在一九二四年參與籌備將「上海臺灣青年會」改組爲「旅滬臺灣同鄉會」。

（三）第四期：張克敏（張士德）、廖武郎

黃埔軍校第四期，一九二五年七月開始分批入校接受入伍訓練，一九二六年三月入伍結束，三月八日舉行開學典禮，至一九二六年十月畢業，學生共計二千六百五十四人。此期中著名的黃埔生有名列十大元帥的林彪，此期的臺灣人學生，有張克敏（張士德）、廖武郎、蔡祝火等人，但遍查各種黃埔軍校第四期畢業同學名冊，登錄籍貫爲臺灣者，則僅得張克敏與廖武郎兩人。[92]沒有蔡祝火等人，其餘的人也很可能是中途離校了，或是其他不明原因，未在黃埔軍校登錄其名字。

1. 張克敏（張士德）

張克敏字炳煌，後來改名爲張士德，一九〇九年出生，爲臺灣臺中大甲外埔庄人，但與張熟識的李

---

91 參見賴永祥〈陳學源長老略傳〉，《本土信徒總檔》，http://www.laijohn.com/archives/pc/Tan/Tan,Hgoan/biog.htm。

92 《黃埔軍校史料》，上冊，頁五五五、五五六。

曉芳卻指稱他是臺灣彰化人，說他參加過「臺灣農民組合」，他說：

> 張士德是臺灣彰化人，民國十八年我從大陸回到臺灣時參加了文化協會，嘉義由我負責，張氏則在彰化參加農民組合，後來他又去了大陸，先到廈門，然後再去唸軍官學校，回到臺灣時已是上校階級了。[93]

李曉芳這裡所指稱的「民國十八年我從大陸回到臺灣……張氏則在彰化參加農民組合，後來他又去了大陸……再去唸軍官學校」有誤，因爲張是黃埔第四期，在學時間是一九二六年一月十七日至一九二六年十月，不可能在民國十八年（一九二九）之後去中國唸軍校。

張士德讀的是步兵科，他是步兵第二團第三連，[94]共產黨軍人林彪也是步兵第二團。他從黃埔畢業後，在福建漳州從事閩南反日運動，期間因案被關押。[95]抗日戰爭期間，擔任「臺灣義勇隊」副總隊長，在義勇隊裡面他使用的名字是「馬士德」，姓由張改成馬。[96]

一九四五年九月三日，臺灣義勇隊總隊長李友邦派張克敏攜國旗一面，隨美太平洋艦隊寇克上將

---

93 許雪姬訪問、蔡說麗記錄〈李曉芳先生訪問記錄〉，中央研究院近代史研究所編，《口述歷史》第三集，一九九二年二月一日。

94 《黃埔軍校同學錄》，頁一〇七。

95 參見《臺灣義勇隊檔案》（福州，海峽文藝出版社，二〇〇七年一月）。

96 《臺灣義勇隊檔案》（福州，海峽文藝出版社，二〇〇七年一月），頁二七六。

之飛機抵臺，並積極發展「三民主義青年團中央直屬臺灣區團部」[97]組織，後由於大部分幹部被捲入「二二八事件」，因此被解散。李曉芳詳述張活動發展「三青團」一事：

> 他是光復後滯留大陸的臺灣人中最早回到臺灣者之一，那時他和美軍俘虜釋放委員會一起來臺，贊助一些因為政治關係而被抓去的臺灣人，讓他們儘早被釋放。回來之後他告訴我們說：「如果現在要在臺灣自己另外弄一個組織，老總統一定不肯，他只願意一個政黨、一個人民團體，也就是所謂的『黨外無黨、團外無團』，黨一定是國民黨，團則是青年團。」我們迫於臺灣剛光復，如果沒有一個組織，一定無法做事，所以日本時代的工會、農民組合、文化協會的大部分人員就暫時加入了「三民主義青年團」。……很多過去反日工作人員就集中在青年團內，如簡吉、張信義、莊孟侯、蘇新等人和我都加入了。[98]

張士德回臺後積極發展「三民主義青年團組織」，當時臺灣各地的許多反日菁英極需一個團體以施展活動，所以紛紛加入「三青團」，並擔任重要幹部，如：臺北的陳逸松、嘉義的陳復志、臺南的吳新榮等人。但後來由於「三青團」的幹部很多是地方的領導階級，在二二八事件發生後，多數被捲入，造

---

97 「三民主義青年團」簡稱三青團，一九三八年七月九日在武昌成立，由蔣中正擔任團長，陳誠擔任書記長，蔣經國則為第一處組織處處長。一九四二年三青團在李友邦領導的臺灣義勇隊內，成立了「三民主義青年團中央直屬臺灣區團部」，一九四五年九月張士德奉派來臺發展三民主義青年團組織，後由於大部分幹部被捲入二二八事件，因此解散。

98 許雪姬訪問，蔡說麗記錄，〈李曉芳先生訪問紀錄〉，臺北，中央研究院近代史研究所，《口述歷史》第三期，一九九二年二月。

成很大的犧牲，如陳復志就慘死，而「三青團」也被解散。

2. 廖武郎

廖武郎，一九〇五生，字玉龍，生於臺灣苗栗，入學黃埔軍校時廿一歲，通訊地址寫臺灣新竹州苗栗街（今苗栗市）。[99]祖籍廣東省大埔縣平原北坑村。

廖武郎小學畢業後，從臺灣回到中國，先肄業於廣東汕頭華英中學，繼入黃埔軍校第四期步兵科，屬步兵第一團第三連。畢業後，在贛、皖、江、浙、寧、漢等從事諜報工作，以功升上校參謀。後調五十師任聯絡參謀。

一九二九年七月，國民黨剿共，奉命與丘文赴潮州、梅縣一帶協助蔣光鼐、蔡廷鍇等部進行「剿共」，部隊駐紮石下壩（梅縣、大埔之間）。七月九日晚，被中共遊擊隊擊斃於青溪坪沙公學。[100]

（四）第五期：林夢飛

黃埔第五期是一九二六年入學，此期臺灣人學生，根據黃埔校方史料記載，僅有一人，即林夢飛。[101]

林夢飛，一九〇九出生，生於臺灣臺北，別名子暉。他就讀第五期政治科，通訊處寫廈門城內武廟四十四號，祖籍則註明是福建晉江蚶江。七歲時隨其父由臺灣至廈門定居。軍校畢業被派到第十一軍二十四師葉挺部七十二團，任連指導員，一九三六年起在福建省軍政界先後任永春縣社訓總隊少校教官、武平縣縣長、永泰縣縣長，抗戰時參與閩南抗日，擔任南安縣「抗戰自衛團」上校團長、廈門警備

99 湖南省檔案館編，《黃埔軍校同學錄》，頁九〇。

100 參見大埔網http://www.514200.com/article-42749-1.html，二〇一三年十二月六日。

101 廣東省革命博物館編，《黃埔軍校史料》，上冊，頁九三。

司令部參謀長，莆田縣縣長、福建省保安二團上校團長、泉州興泉地區指揮部上校副指揮官、福建保安司令部處長等。[102]

一九四九年之後，林夢飛歷任廈門經濟特區顧問，廈門建設發展公司副董事長，民革中央委員、福建省委主任委員，福建省政協副主席。一九九四年去世。

（五）第六期：李祝三、陳辰同、楊春錦、林萬振、陳思齊

黃埔第六期是一九二六年八月、九月之交開始招入伍生，至一九二七年七月十五日升爲正式生。第六期生入伍時，第四期生尚未畢業，正在做畢業野外演習。

此期臺灣人學生計有李祝三、陳辰同、楊春錦、林萬振、陳思齊等人，但是只有李祝三在黃埔同學錄上找得到名字，其他人均付之闕如。[103]曾慶榴教授研究共產黨人與黃埔軍校，也發現許多共產黨籍的黃埔學生在第六期同學錄上找不到名字，他分析原因是從一九二六年春到一九二七年春夏，是黃埔第四期、第五期、第六期學生入伍生相互交叉的時期，又因中山艦事件、整理黨務案等，加上國共兩黨關係及黃埔左右兩派關係日益複雜，部份教官、學生隨北伐軍北上等原因，反映到第五期、第六期的同學錄上，就出現了十分混亂的情況，共產黨員教職員工、學生的名字在同學錄中幾乎全部消失了。[104]

如曾慶榴教授所述的情形，筆者研究得知這期臺灣人黃埔生中的楊春錦、陳辰同確定是中共黨員，

---

102 一九三七年十月二日福建省泉州市永春縣的《崇道報》刊有林夢飛的結婚啓事：「我倆定本（十）月十日下午兩點，假永春縣永春縣民衆教育館舉行婚禮，當此國難期間一切從簡，謹以此告愛我倆底親友們！林夢飛、黃達治謹啓。」

103 黃埔建校六十年年表，《黃埔建校六十週年論文集》（臺北：國防部史政編譯局，一九四八年六月），下冊，頁一六七。

104 曾慶榴，《共產黨人與黃埔軍校》（廣州：廣州出版社，二〇〇四年六月），頁二七九。

因此他們兩人的名字不在黃埔同學錄中，也就可以理解。

1. 李祝三

李祝三，一九〇五年八月出生，臺灣臺北蘆洲人，又名新慶，字友嘉、友福，他是李友邦的堂弟，是以福建同安縣籍貫報考，通訊地址寫的是「臺灣臺北鷺州中路七號」。他屬六期步兵第一總隊第二中隊，一九二八年四月廿三日在南京入學，一九二九年五月十五畢業，[105]畢業之後李祝三歷任連長、營長、中央軍校教官、副大隊長、三民主義青年團臺灣義勇隊分團書記等職，他同時也參加黃埔軍校政訓研究班。[106]

臺灣義勇隊在一九三九年二月成立於浙江金華時，李友邦任隊長，李祝三任副隊長。一九四二年三月臺灣革命同盟會成立福建分會，李祝三任籌備主任。戰後李祝三回到臺灣，先在臺灣警備司令部工作，後擔任保安司令部上校副處長，再轉任警務處專員。一九五〇年十二月，在臺北騎摩托車出車禍辭世。[107]

2. 陳辰同

陳辰同，臺灣臺北市人，出生年不詳，入學黃埔前的事蹟待進一步查考。

就讀黃埔軍校時，他參加廣東臺灣革命青年團，擔任庶務部部長，爲中共黨員。一九二七年十二月中共發動廣州暴動，他曾參與其間。一九二八年到福建漳州，其間一度到永春參加革命，擔任中國共產黨永春縣委員會書記，在漳州散發廣州暴動紀念日傳單，被國民黨軍張貞逮捕遭槍斃。在黃埔的同學錄

---

105 《黃埔軍校同學錄》，頁二三四。

106 《臺灣義勇隊檔案》（福州：海峽文藝出版社，二〇〇七年一月），頁二七六。

107 關於李祝三的出生年月日，及其與李友邦之間的關係，以及車禍辭世之訊息，係請教李友邦之子李力群而得知。

找不到他的名字，原因如同前面所述，可能是因為參加共產黨被除名的緣故。

陳辰同的死是因為參加共產黨，他參加中共發動的廣州爆動，認同中共，所以後來被國民黨殺死。他算是最早為中共而死的臺灣人。

3. 楊春錦

楊春錦，約一九〇七年生，臺灣桃園龍潭人。其祖父楊金台據說是進士，是廣東省潮州府大埔縣客家人，精通中醫，於一八八六年移居臺灣。其父楊麟祥繼承父業，在桃園、新竹、中壢一帶行醫，開設萬春中藥店。

楊春錦一九二四年自「臺北工業學校」畢業，繼前往日本求學，在東京時與因在臺參加學潮被開除轉赴日本留學的一批臺北師範學校學生組織「文運革新會」。[108]之後到廣東，與同父異母兄楊春榮、楊春松加入「廣東臺灣青年團」。楊春錦並考入黃埔軍校第六期，稍後於一九二六年底在武漢加入中國共產黨，改名楊剛，國共分裂後，編入教導團，隨軍南下，一九二八年十二月參加東江起義，春錦率連隊在海豐蔡潭同李福林軍作戰時，中彈身亡。[109]年僅二十一歲，未婚。

4. 林萬振

林萬振，臺灣南投縣草屯鎮人，生卒年待查考。

他和李友邦、林木順同是被臺北師範學校開除的學生，因此推測生年應與李友邦生年的一九〇六年接近。後來到廣東考入黃埔軍校第六期，一九二七年加入「廣東臺灣革命青年團」，負責外交部事務，為其部員。回臺後與謝雪紅、郭德金等人成立「臺灣戰線社」，有救國之心，但因為廣東臺灣革命青年

---

108 參見楊國光，《一個臺灣人的軌跡》（臺北：人間出版社，二〇〇一年），頁一二三—一二六。

109 楊春松對楊春錦的回憶，參見楊國光，《一個臺灣人的軌跡》，頁一二七。

團事件，被日本當局判刑長達七年，牢獄之災，使他身心俱疲。

戰後，在一九四六年一月參與由過去農民組合及新文化協會成員所成立的「臺灣革命先烈遺族救援委員會」，擔任委員，該會成立的宗旨在照顧和救助爲抗日而犧牲之革命遺族與受刑殘廢及年老失恃者，之後林萬振轉向商界發展。林萬振的姻親張金爵如此描繪他：

> 林萬振和李友邦是最早去唸黃埔軍校的臺灣人，情同手足；李友邦讀書常打瞌睡，林萬振就捏他。因為林萬振被日本警察抓回來關了七年，和楊逵關在一起。戰後李友邦要他一起出來做官，他不肯；我邀他參加蔡孝乾的組織，他也不要。他說坐牢太苦了：日本人雖然不槍斃思想犯，但是刑的很慘，他就被用火燙過。他叫我不要涉入政治，順利就罷！不順利的話真苦。林萬振夫婦後來生意做得很大，有五個小孩，也不曾再出事。[110]

5. 陳思齊

陳思齊又名陳旺欉，臺灣宜蘭縣人，生卒年待查。

陳思齊就讀黃埔六期時，與黃埔臺生常到張秀哲家玩，張形容他：「陳思齊是黃埔軍校的志士」，而陳思齊也自豪邁地說：「我入了黃埔軍校，當然就是一介革命的份子」，張秀哲如此觀察他：

> 在黃埔軍校的臺胞卻也時常到我們的住屋來玩，差不多每逢星期六都來這裡聚會、吃

110 參見張金爵，〈省工委風雲之女〉，《白色封印：白色恐怖一九五〇》（臺北：國家人權紀念館籌備處，二〇〇三年），頁一〇九—一一〇。

飯、談天下的人不少！我也時常給他們若干的香煙錢。記得當時有一位陳君思齊，是黃埔軍校裡的志士，他也常到我家裡來玩的，我也常送給他一點錢用，有一天談起來，他問我說：「我是不是你的同志呢？」我卻故意笑著說：「不！你不是我們的同志！」這位先生很性急的，馬上向我發脾氣了，拿了他由學校帶來的一枝槍，就作勢質問要動武的樣子。他說：「黃埔是革命的學府，我入了黃埔軍校，當然就是一介革命的份子，我們要為臺灣做點革命的工作，為什麼？我算不是你們革命的同志呢？」[111]

從當時這件事情來看，陳思齊個性應屬十分耿直和火爆的，對臺灣也抱著革命的熱情，他同時也加入廣東臺灣學生聯合會及廣東臺灣革命青年團。[112]

（六）第七期：李中輝

黃埔軍校第七期，兩個總隊分別在南京及廣州上課。第一總隊一九二八年十二月廿八日在南京入學，一九二九年十二月廿九日畢業。第二總隊一九二七年秋在黃埔入學，一九三〇年九月畢業。至此黃埔本校結束。自第八期起軍校學生受業期限延長爲三年。

第七期臺灣學生有李中輝一人。

李中輝，別號子琛，生卒年待查。入學時廿四歲，籍貫登載福建，通訊處寫「泉州城內府學埔李文節公祠內，李育圖」。李中輝就讀第一總隊步兵大隊第二大隊，他是在南京上課受訓的，他後來也曾進入軍校特別訓練班第四期。

---

111 張秀哲，《「勿忘臺灣」落花夢》，頁五七。

112 張秀哲，《「勿忘臺灣」落花夢》，頁六六。

（七）第八期：劉伯文、陳復志、李清波、林葛天、詹國政

第八期於一九三〇年五月三日入學，一九三三年五月畢業。至於其後的第九期，則是一九三一年五月一日入學，一九三四年五月八日畢業。[113]

軍校從第八期起就完全在南京上課和訓練，同時自第八期開始，稱「中央軍校」（全稱是中央陸軍軍官學校），不過廣義的稱謂，還是把中央軍校納入黃埔軍校裡面。本書論述黃埔軍校的臺灣學生，也把第八期計入，特此說明。

第八期的臺灣籍學生中，只劉伯文、陳復志、李清波三人事蹟較詳。林葛天、詹國政事蹟待考。

1. 劉伯文

劉伯文，又名宗漢，臺灣宜蘭羅東人一九一一年生，一九三〇年到中國，入軍校就讀第八期騎科，黃埔軍校同學錄籍貫填寫福建龍溪。

一九三一年「九一八」事變爆發，他曾上書蔣介石，要求赴前線抗日未果。一九三三年，自軍校畢業後留校任教。抗日戰爭爆發，要求到部隊帶兵，遭親日派學生暗算受傷。抗日勝利後，任甘肅省天水騎兵學校新生隊長、陸軍總司令部騎兵科長、天水騎兵學校兵器部主任、副隊長等職。國共內戰爆發後，隨陶峙岳在甘肅酒泉通電起義反對國民黨，加入中共人民解放軍第一野戰軍，後調中央總參軍訓部任騎兵參謀，一九八七年逝。[114]

---

113 劉伯文，〈黃埔風塵軼事錄〉，《不能遺忘的名單：臺灣抗日英雄榜》（臺北：海峽學術出版社，二〇〇一年十二月），頁二五五。

114 參見http://hk.huaxia.com/mlyq/yqsh/2012/11/3103532.html。

2. 陳復志

陳復志，臺灣嘉義人，原名陳士賢，一九一一生於臺灣。

十八歲赴日本讀陸軍士官學校，後赴南京，改名陳復志，進中央軍校第八期工兵科，畢業後擔任工兵營副連長，一九三六年娶南京人蔣佩芝爲妻。一九三七年中日戰爭爆發，調河北石家莊升爲連長，後轉戰四川、湖北等地，在四川擔任器材隊長，升少校。一九四五年八月日本投降，時在老湖口第五戰區任指導員。戰後返臺，任「三民主義青年團」嘉義分團主任。一九四七年二二八事件爆發，三月十一日出面擔任談判代表，與陳澄波、潘木枝到水上機場參與和平談判，三月十八日在嘉義火車站前廣場被槍斃慘死。[115]

3. 李清波

李清波，臺灣基隆市人，少時曾因擊殺日本兵，逃至中國，入中央軍校就讀第八期步兵科。

一九四五年夏抗戰末期，六月底李清波奉命在閩南參與追擊日軍德本薫信（亦稱德本光信）聯隊二千多人，在福建詔安與廣東饒平接壤處，攻擊該部日軍，給日軍殲滅性打擊。一九四五年秋末，與福建雲霄籍妻子方欽英及二個兒子返回臺灣。[116]

茲將曾就讀於黃埔軍校的臺灣籍學生名單，表列於後。

---

115 蔣佩芝口述，張炎憲、王逸石等採訪記錄，《嘉義驛前二二八》（臺北：吳三連臺灣史料基金會，一九九五年二月），頁一八—二〇。

116 參見「福建省情資料庫：地方志之窗」，福建省地方志　纂委員　編。http://www.fjsq.gov.cn/。又見李福井，《無法解放的島嶼：古寧頭戰役的背影》（臺北：五南文化出版公司，二〇〇九年九月），頁五四。

二至八期曾經就讀黃埔軍校的臺灣學生概況

期別	姓名	籍貫	備註	黃埔同學錄
第二期	李友邦	臺灣臺北	臺灣義勇隊隊長	未登載
第三期	林文騰（號劍騰、劍亭）	臺灣彰化	留在黃埔軍校擔任中尉軍官，返臺	登記在政治部隊職官名單
	黃濟英	臺灣臺北（以福建南安縣籍報考）	參加北伐、抗戰，回臺任農林處專員	登記
	陳紹馥	臺灣臺北	返臺	未登記
第四期	張克敏（張士德）	臺灣臺中縣	臺灣義勇隊副總隊長，返臺	登記
	廖武郎	臺灣苗栗	一九二七年剿共被中共遊擊隊擊斃	登記
	蔡祝火	臺灣臺中		未登記
第五期	林夢飛	臺灣臺北	一九四九年之後，任福建省政協副主席	登記
第六期	陳辰同	臺灣臺北	加入中國共產黨，被國民黨殺害	未登記
	林樹勳[117]	臺灣新竹		未登記
	楊春錦	臺灣桃園	加入中國共產黨，戰死	未登記
	羅崇光	臺灣新竹		未登記
	陳思齊（陳旺欉）	臺灣宜蘭	後經商	未登記

117 根據臺灣總督府警務局編，王乃信譯，《臺灣社會運動史，一九一三—一九三六》第三冊共產主義運動，一九一三—一九三六），頁三六一。書中記載林樹勳是中華中學的學生，文中指出一九三〇年六月一日，在廈門中華中學第四教室由該校學生林樹勳主持召開第一次組織（閩南學生聯合會）準備會。目前無法確定是否是同一人。

期別	姓名	籍貫	備註	黃埔同學錄
	林萬振	臺灣南投	因廣東革命青年團事件被判刑七年	未登記
	溫而勵（溫幸義）	臺灣基隆		未登記
	李祝三	臺灣臺北鷺州（今蘆州）	李友邦的堂弟，任職臺灣義勇隊	登記籍貫：福建
第七期	李中輝	福建		登記
第八期	劉伯文	臺灣宜蘭	（籍貫登記福建龍溪）	登記
	陳復志	臺灣嘉義	戰後返臺，二二八事件被殺	登記
	李清波	福建		登記
	林葛天	（漳州）[118]		登記
	詹國政	不詳		未登記
總數	二十二人			

資料來源：

1. 廣東革命歷史博物館編纂的《黃埔軍校史料》正續編。
2. 陸軍軍官學校編《中央陸軍軍官學校校史稿》。
3. 湖南省檔案館編《黃埔軍校同學錄》。
4. 張深切回憶錄《里程碑》。[119]

118 福建省檔案館藏《黃埔軍校閩籍同學錄》中登載林葛天，年齡二十五歲，別名如零，籍貫漳州，通訊地址是永春縣永西公學。

119 廣東革命歷史博物館編《黃埔軍校史料》，頁五二二—五八七，〈同學名錄〉。
張深切《里程碑》（臺中：聖工出版社，一九六一年十二月），第二冊，頁二二〇—二四六。
陸軍軍官學校編，《中央陸軍軍官學校史稿》。
湖南省檔案館編，《黃埔軍校同學錄》，湖南人民出版社，一九八九年七月。

三、就讀動機

臺灣青年回到中國就讀黃埔軍校的主要原因，是反對日本帝國主義對臺灣的暴虐統治，而想學習軍事，以從事臺灣革命運動。一九二六年充滿革命風潮的中國南方大城市廣州，聚集在那裡的臺灣青年，以投考黃埔軍校，學習軍事，做爲第一要務。

黃埔軍校第二期的李友邦，他於一九二四年創立「臺灣獨立革命黨」，抗戰期間並建立「臺灣義勇隊」擔任隊長，[120]一九四三年義勇隊內新設三民主義青年團直屬臺灣分團部，臺灣光復後李擔任「三民主義青年團臺灣支團部」主任委員，二二八事變後的白色恐怖中，被國民黨殘殺。一九三八年，他回顧當年投入臺灣革命的原因是被日本老師打巴掌：

> 我在孩提的時候，曾以失言被掌……某日，因與一個日本兒童互謔，被侮，遂憤然而說，如在中國，君我當異於是。恰被一個日籍教師所聽見，立刻跑來，不分皂白，大巴掌直接向我的臉額打來，並令我住嘴，這是我所以終身從事臺灣革命事業的一個細因。[121]

爲此他逃出臺灣回到中國：

> 為企圖臺灣民族獨立自由的鬥爭迅速掀開，於民國十三年約同同感者三人，不顧一切艱

120 臺灣義勇隊是臺灣人參加對日抗戰之團體，仿效朝鮮義勇隊而成立，於一九三九年在浙江金華成立，由李友邦擔任隊長，李祝三爲副隊長，隊員主要是旅居於上海、浙江、福建各地之臺灣人。

121 李友邦，《臺灣革命運動》（福建龍岩：臺灣義勇隊，一九四三年），頁三。

難和阻撓，決然秘密跑到中國來。[122]

李友邦自公學校畢業後，因成績優異，考上臺北師範學校，在學期間，參加蔣渭水領導的「臺灣文化協會」，一九二四年，與同學林木順、林添進等人因爲臺北學範學校學潮事件襲擊臺北新起街派出所，遭受到退學處份，乃與林木順一起渡海到中國。[123]

第三期的黃濟英也是因爲遭受日本殖民當局的迫害與監禁，因此逃離臺灣回到中國投入革命。他自述：

> 濟英生長臺灣，被日寇壓迫榨取諸同胞之受蹂躪，在臺抗日到處講演，被監禁數次，家仇國恨填塞胸膛，為救同胞于水火，達獻身報國之志，用千方百計始逃脱虎口，毅然投入祖國，在革命發源地接受革命洗禮。[124]

一心想讀黃埔軍校後來卻改讀中山大學的張深切，他是一九〇四年出生，臺灣南投人。自述剛到廣州時，心中的第一目標就是要報考黃埔軍校，因爲他立志要從事臺灣革命。因爲要革命，不了解軍事怎麼行？但可惜的是他與臺灣同鄉青年郭德欽（又名郭德金）、洪紹潭商討的結果，他們反對他進入黃埔

---

122 李友邦，〈與正報記者談話〉，《瓦解敵偽軍工作概論》，附錄，第二十一頁。

123 李仲，〈臺灣義勇隊長李友邦〉，北京，《臺聲》，一九八六年第四期。

124 黃濟英一九四八年六月二十四日向臺灣省參議會請願函，數位典藏與數位學習聯合目錄，檔號〇一〇三三〇二三七〇〇一。

軍校，理由是他們認爲臺灣人研究軍事的人才已經夠多了，而還沒有人研究政治，所以勸他研究政治，三人再加上張秀哲，約定一起轉入國立中山大學法學院就讀。[125]

以張深切和李友邦兩位臺灣青年，熱衷於報考黃埔軍校的例子來看，臺灣青年反抗日本，欲從事臺灣革命的熱情，以及黃埔軍校對臺灣青年的吸引力，都是再明顯不過的。曾經就讀黃埔軍校的臺灣人，他們接受軍事磨鍊和革命洗禮，欲爲臺灣脫離日本統治，回歸中國懷抱而努力，是他們報考並就讀黃埔軍校的主要原因。

四、臺籍學生為何更改籍貫

據上所述，黃埔軍校一至八期臺籍生總數是二十二人，一看便知其中有問題存在，因爲有的臺灣學生入學黃埔軍校後，並未讀完全程，便中途離校，也有的臺灣學生更改籍貫，以中國省籍如廣東省或福建省的籍貫呈報校方。因此，除非是後來在現代史上留下較多的聲名與事蹟，否則很難從資料上判定他是否爲臺灣人？因此我們所掌握到的黃埔軍校的臺灣人學生數，就可能遠低於實際的數目字。再加上因爲參加共產黨被刻意除名，使得我們在研究臺灣學生就讀黃埔軍校的課題時，遭遇困難。

黃埔軍校的臺灣學生爲什麼要改省籍？在黃埔軍校早期的學生名錄上，除了少數之外，幾乎看不出臺灣學生的名字，造成這種現象，有其歷史背景，主要原因是臺灣自從中日馬關條約割讓給日本之後，居住在臺灣的居民，多數變成日本國籍的身份，雖然部份人士由於種種原因，在臺海兩岸分離後，回到中國，但少數臺人表現不佳，再加上當時日本對中國加緊侵略，於是中國人士對於擁有日本國籍的臺灣

125 張深切，《里程碑》，第二冊，頁二一六。

人，印象大壞，甚至仇視，[126]在這種情況之下，甚至更改籍貫，在中國的臺灣人，就有不公開表示自己是臺人的情況，以避免不必要的麻煩。所以臺灣人士赴中國後更改省籍，是當時普遍存在的現象。

舉例來說：

第三期的黃濟英，在黃埔軍校校方的史料上，他登載的籍貫是「福建省南安縣」，而不是臺灣。[127]

第六期的李祝三，他是以「福建省同安縣」籍貫報考。

第八期的林葛天，登載年齡廿五歲，別名如零，籍貫「福建漳州」，通訊地址是福建省永春縣永西公學。同屬第八期的陳復志，連對妻子也始終謊稱自己是「福建人」，直到戰後要回臺灣，才說出實情。其妻蔣佩芝就說如果早知道他是臺灣人，「誰也不敢嫁」：

> 結婚前後他（陳復志）都不敢告訴我他是臺灣人，總說自己是福建人，他若講說是臺灣人，誰也不敢嫁。他說起故鄉的事都講福建，不講臺灣兩個字，我一直到日本投降後要回故鄉時，才知道他是臺灣人。[128]

當時臺灣已割讓給日本，因此臺灣人在中國的處境十分尷尬，有些人就認爲臺灣人是日本的奸細，不斷予以打擊，在中國參與抗日的活動，又會被日本人逮捕。張秀哲見證許多臺灣人因爲被中國人罵「臺灣人！你就是冒充中國人的臺灣人！臺灣人就是日本人！打倒！打倒！」，爲了避禍，不得已只好

---

126 臺灣人住於福建廈門者，由於成份複雜，部份被當時的中國人稱爲「歹狗」。

127 廣東革命歷史博物館編，《黃埔軍校史料》，頁五四五。

128 參見張炎憲等採訪記錄《嘉義驛前二二八》，（臺北：吳三連基金會出版，一九九五年二月），頁二〇。

「冒充福建人」，他說：

> 這是臺灣人回到祖國常要吃的苦頭，想在中國政界活動，這是困難無比的，因為當時祖國人們對我們臺灣人看作日本籍者為多。假使我們如果一時不客氣地顯頭露面去參加中國的政治，那末駐華日本領事館的軍警，就要想法捉你去。……假使我們回到祖國工作得高妙些點，各自秘密行動潛在祖國假名換姓，臥薪嚐膽！冒充掛「福建人」的招牌……試想參加國內工作真心真要想替祖國出點力為中國革命奔走貢獻，然而久經在祖國生活的當中，如果在祖國的內地，些得罪了附近若干的小人，那末他就接露你的真相，公開發表地宣傳說：「臺灣人！你就是冒充中國人的臺灣人！臺灣人就是日本人！打倒！打倒！要打倒你」。[129]

據上所引述，我們可以了解到當時臺灣人在中國的處境是很艱難的，除了要面對日本的逮捕，另一方面在中國也受到同胞的懷疑，這也就是爲何黃埔軍校的臺籍生要隱藏自己籍貫的原因。

五、參加北伐、抗日及其戰後處境

大部分就讀黃埔軍校的臺灣人都參加了北伐與抗日，爲中國革命與民族運動效力。

北伐從廣東開始，當時先後就讀於國民黨創辦的黃埔軍校的臺灣青年，隨著國民革命軍北伐的號角，參加了北伐，目前知道姓名的計有林文騰、廖武郎、陳辰同、楊春錦等人。

129 張秀哲，《「勿忘臺灣」落花夢》，頁四五—四六。

張秀哲以爲受到日本帝國主義壓迫的臺灣人，爲了脫離日本統治，赴中國從事「臺灣復歸祖國」的運動，「希望祖國的有志者積極出來替臺灣的民衆出力，援助臺灣的解放運動」，因此回中國爲祖國的建設效力，俾祖國早日強盛起來，臺灣的解救才有希望，因此不遠千里跑到革命聖地廣州，甘心獻身爲祖國去參加種種的愛國工作，並在海外努力從事臺灣民族的解放運動，因此許多志士參加北伐，抗戰時又從事艱苦的地下工作。[130]張秀哲說到：

> 臺灣同胞雖在日本帝國主義者的重重壓迫下，亦以更堅強的姿態，在海外進行著更壯烈的民族鬥爭，成為祖國民族運動的一環。有的竟投身到祖國的懷抱裡，參加黃埔軍校，加入北伐軍到武漢去，直接參加祖國的革命工作，使臺灣在祖國的革命史上，也寫下光輝的一頁史實。[131]

黃埔二期的李友邦，畢業後被派到國民黨主持的「兩廣省工作委員會」所領導的「臺灣地區工作委員會」工作，主要任務是派人回臺灣宣傳孫中山領導下中國革命的大好形勢，激勵臺灣人反抗日本殖民統治的鬥志，並動員臺灣青年返回廣州學習。

李友邦大約在一九二六年、一九二七年之交回臺灣，與蔣渭水、王敏川、連溫卿、趙港等人接觸。其時王敏川是新臺灣文化協會的實際負責人，趙港爲「臺灣農民組合」的主要領導人。李友邦獲得上述諸人的幫助，也爲「臺灣地區工作委員會」募集資金，並動員王萬得等青年回中國，王萬得到中國後加

130 張秀哲，《「勿忘臺灣」落花夢》，頁二三二。
131 張秀哲，《「勿忘臺灣」落花夢》，頁二三二—四〇。

入中共，又轉爲臺共黨員。[132]

至於李友邦對抗戰的貢獻則是成立「臺灣義勇隊」，在對日抗戰的漫長時間裡，臺灣義勇隊是整個抗日戰鬥序列中，唯一由臺灣人組織、領導，並且是以「臺灣」爲號召的武裝力量，也是經由國民政府軍事委員會核可認定的武裝隊伍，在臺灣人參與中國對日抗戰的歷史上，這是光榮的一頁，它代表臺灣人參與並支持中國的抗日事業，也宣示臺灣人不僅在臺灣本島反對日本統治，即使到中國也反對日本。有關李友邦與臺灣義勇隊本書另有專章論述。

黃埔三期的林文騰，留在黃埔軍校擔任隊職官。他與六期的陳辰同，以及非黃埔的楊春松、謝文達等臺籍青年也都參加了「臺灣地區工作委員會」。[133]

林文騰爲廣東革命青年團的領導幹部，主編《臺灣先鋒》。北伐時爲中尉軍官，北伐途中，立有功勳，一兩年之間軍階升到中校，但隨即急流勇退，離開軍隊，不久在福建被捕，送回臺灣治罪，林文騰被捕原因是參加「廣東革命青年團」，被捕後，在福州的蔡惠如展開營救，最後福州的日本領事館將他送回臺灣判刑。[134]

（一）死在國共鬥爭下

黃埔軍校創校之初，正處於「聯俄容共」或曰「第一次國共合作」時期，因此在創辦這所軍事學校時，不僅主要幾門功課，是由蘇聯軍事顧問講授，也有中國共產黨員擔任教官，甚至中國共產黨派去的

132 李仲，〈臺灣義勇隊隊長李友邦〉，北京：《臺聲》，一九八六年第四期。
133 湖南省檔案館編，《黃埔軍校同學錄》，頁九〇，湖南人民出版社，一九八九年七月。
134 張深切，《里程碑》，第二冊，頁二二五。

共產黨員和共青團員幾乎佔了百分之三十，[135]所以在黃埔軍校的師生中，不乏有共產黨的人士，如：

周恩來，一九二一年加入中國共產黨，一九二四年十一月擔任黃埔軍校政治部主任，並領導中共黃埔軍校支部工作，一九二五年任黃埔軍校軍法處處長。

李富春，一九二三年加入中國共產黨，一九二七年任中央軍事政治學校武漢分校政治教官。

葉劍英，一九二四年參與籌建黃埔軍校，任教授部副主任，一九二七年加入中國共產黨。

聶榮臻，一九二三年加入中國共產黨，一九二五年九月任黃埔軍校政治部秘書兼政治教官。

施存統，即施復亮，一九二四年到上海大學任教，後在中山大學、黃埔軍校、廣州農民運動講習所講授政治經濟學。一九二七年任武昌中央軍事政治學校教官、政治部主任。[136]

其他擔任埔軍校政治教官的中共黨員，還有：熊雄，一九二二年加入中國共產黨，一九二五年任黃埔軍校政治教官，東征時任東征軍總指揮部秘書長，一九二六年一月任黃埔軍校政治部主任，三月兼潮州分校政治部主任。魯易，一九二二年加入中國共產黨，一九二五年任黃埔軍校政治部副主任。孫炳文，一九二二年加入中國共產黨，一九二五年在國民革命軍總政治部工作，並任黃埔軍校總教官。另有惲代英、蕭楚女、張秋人等。[137]

135 「黃埔軍校的主要幾門功課，都是我們蘇聯顧問來擔任講授的。……學生中間的社會成份，是相當複雜，其中中國共產黨派去的共產黨員和共青團員要佔了百分之三十。」參見《蘇俄在華軍事顧問回憶錄》，第四部，頁一五六—一五七，臺北：國防部軍事情報局，一九七二年。

136 有關中共黨人與黃埔軍校的關係，曾慶榴教授著有《共產黨人與黃埔軍校》一書，廣州出版社，二〇〇四年六月出版，本文註一〇四已經引用。

137 參見王樹人，〈黃埔軍校任職和畢業的著名共產黨人〉，《黨史博覽》，二〇〇六年八月二十五日http://cpc.people.com.cn/GB/68742/69118/69662/4740410.html。

根據蘇俄在華軍事顧問的回憶：中共黨人注意軍校大多數學生的政治情緒，在黃埔軍校的政治部工作起了積極的作用，中共黨人注意有系列的政訓工作，對學生生活及學業方面會產生效果。[138]所以加入黃埔軍校的臺籍生在思想上當然也受到了極大的衝擊。張深切提到：

> 我們的革命同志，比較屬於過激派的，大體多是黃埔軍官學校的學生，他們都是從極右而跑到極左，有的從極左而跑到極右，和我們時常發生齟齬，也因此李友邦才有活動的餘地。[139]

受到受到社會主義的吸引，部份臺籍學生加入中共，但等到國共關係由「聯俄容共」演變成「清黨」之後，在國共內鬥下導致許許多多的臺灣人士犧牲了。這些人或者是被捕或者是戰死沙場，甚或死於國共鬥爭下。

臺灣人黃埔生在北伐前後，戰死沙場以及死在國共鬥爭之下的，目前所知有三位，一是第四期的廖武郎，另外兩人是第六期的陳辰同和楊春錦，後兩人都是中共黨員。

1. 被中共擊斃

一九二九年七月，國民黨剿共，黃埔四期的廖武郎奉命與丘文赴潮、梅協助蔣光鼐、蔡廷鍇「剿共」，駐在石下壩（梅縣、大埔一帶）。七月九日與丘文及衛兵等八人，到廣東大埔縣西北部青溪坪

138《蘇俄在華軍事顧問回憶錄》，第一部，頁九四，臺北：國防部軍事情報局，一九七二年。

139 張深切，《里程碑》（臺中：聖工出版社），第二冊，頁二三六。

沙，被中共遊擊隊擊斃於青溪坪沙公學。[140]

當時主政廣東的陳銘樞、陳濟棠接蔣介石指令，計劃進攻閩西紅四軍，一九二九年七月派出閩、粵、贛三省剿共聯絡官上校參謀丘文、廖武郎等到大埔等地活動。丘文到家鄉大埔青溪鎮坪沙上村後，揚言要到江西、福建圍剿朱毛紅軍。石上區長丘永千等，趨附其家，聚青溪坪沙公學，作臨時招待所，招待諸人。當地中共地下黨組織，調集縣委丘宗海和埔北區委張國棟的武裝短槍隊張曼英、李錫英、石檢等二十餘人，分兩路應敵，群敵十餘人中，僅一人帶傷逃走，廖武郎即死於此役。[141]

2. 參加廣州暴動臺灣人

北伐期間，第一位死在國共鬥爭下的臺灣人是陳辰同，他是臺北人，就讀黃埔軍校第六期時加入中國共產黨，爲中共黨員，一九二七年四月國民黨進行清黨時，他逃到武漢，寧、漢合作之後，赴閩、粵一帶活動，繼又參加一九二七年十二月十一日中共發動的廣州暴動，暴動結束之後再到海陸豐，一九二八年到福建漳州，擔任中共漳州縣委書記，繼調永春縣委書記，十月調回漳州。十二月十一日是廣州暴動一周年紀念日，他在漳州散發廣州暴動紀念日傳單，被駐漳州的國民黨軍獨立第四師師長張貞逮捕，加以槍斃，死前，高喊「中國共產黨萬歲」、「打倒欺瞞民衆之第三黨」。[142]

---

140 參見大埔網http://www.514200.com/article-42749-1.html。

141 （參見何志杰，〈朱毛紅軍大戰大埔虎市〉，《南方雜志》，2012.8.15，http://www.nfyk.com/gc/ShowArticle.asp?ArticleID=4236）。

142 楊錦和、洪卜仁編著，《閩南革命史》（北京，中國計劃出版社，一九九〇年四月），頁一五七—一五八。臺北：《臺灣民報》，第二四九號，一九二九年二月二十四日。

第二位死在國共鬥爭下的臺灣人是楊春錦，他是臺灣桃園龍潭人，就讀中學時開始信仰馬克思主義，一九二六年進黃埔軍校第六期，一九二七年加入中國共產黨，改名楊剛。國民黨清黨後，從廣州轉移到武漢的中央軍事政治學校，編入葉劍英的「武漢教導團」，擔任連長，隨軍南下。一九二七年十二月十一日參加張太雷及葉挺領導的廣州暴動，之後隨團退至東江，一九二八年參加東江起義，在廣東省海陸豐與李福林部作戰時，中彈身亡。[143]

楊春錦的哥哥楊春松，是臺灣共產黨員。一九〇〇年十二月生於臺灣桃園龍潭，回中國後參加廣東臺灣學生聯合會，之後在武漢國民黨海外部工作。[144]

另有一位不是黃埔軍校學生的臺灣青年，名洪平民，國民黨清黨時，在廈門被殺，死後屍體無著，生平事蹟不詳，有待查考。[145]

（二）壯志未酬三尺劍

黃埔軍校畢業的學生，一般狀況大多是走向軍事一途，或帶兵、或從事政治作戰工作，也有從事情報工作，然就讀黃埔軍校的臺灣青年，正如同李頻《春日思歸》所言：「壯志未酬三尺劍，故鄉空隔萬重山。」除了在北伐抗日期間有參與作戰外，在抗戰結束後，多是壯志未酬空嗟歎，如張深切所提「因時局的轉變，或改途、或隱居，多不知下落」、「陳辰同和楊春錦都戰死沙場」，「現在對這些埋沒的

143 《臺灣民報》，第二四九號，一九二九年二月二十四日。楊國光，《一個臺灣人的軌跡》（臺北：人間出版社，二——一年六月），頁三六。

144 楊秀瑛，〈懷念我的父親楊春松〉，《不能遺忘的名單：臺灣抗日英雄榜》，頁一七二—一七三。

145 《臺灣民報》，第二四九號，一九二九年二月二十四日。

人物，都沒有人過問了」。[146]

黃埔軍校之所以有臺灣學生，並不是當時的國民黨當局主動對臺灣青年招考，而是臺灣青年自動慕名前去投考，就讀黃埔軍校的臺灣青年，滿腔熱血跑到廣東去接受革命的洗禮，想要對臺灣對中國有所貢獻。

但是無論是黃埔校方或是國民黨高層都沒對臺灣青年有什麼特別的關照，在學時如此，畢業後也是如此，爲什麼會這樣呢，那是因爲當時的中國處於極度的混亂之中，國家不是平常狀況，剛改組完的國民黨，本身也是在新生之中，根本沒有辦法注意到太多事情，適逢中國政局的動盪，加上受到日本臺灣統治當局的取締，以致於黃埔的臺籍生，成員們不是在臺灣被逮捕、判刑，就是因爲國共之間的矛盾，難以在中國立足，甚至喪失生命。

這些熱血青年，除有部份人如：林夢飛、劉伯文留在中國發展，另外廖武郎、陳辰同、楊春錦在戰役中犧牲，而回到臺灣從政者，卻無故犧牲，如陳復志一九四七年在二二八事件中被槍斃、李友邦在一九五二年國民黨白色恐怖時期被槍決，林文騰因二二八事件受牽連，欲向政府「自新」不得，懷憂喪志。黃濟英回臺屈就於臺灣省政府農林處任專員，自家的私產還被當時省黨部副主委莊鶴礽強佔，陳紹馥回到汐止老家，李清波也攜妻孥回臺，林萬振對政治心灰意冷轉而經商，這些臺籍黃埔生非但未飛黃騰達，如同杜牧《遺懷》詩所言：「十年一覺揚州夢」、「落拓江湖載酒行」。張秀哲對此描述：

> 黃埔軍校出身的臺胞與韓國的同志，歷來在中國各地奮勇前進與祖國一般的同志協力奮

146 張深切，《里程碑》，第二冊，頁二三六。

鬥，相將在戰場上，從事參加北伐軍的革命工作而遭受種種的犧牲實在不少。現在既在九泉之下的同志亦不乏其人的。有的從事北伐戰爭中在福建方面不幸而戰死，有的是在中國內地參加種種的革命地下工作因恐當時日本政府對其在臺親屬壓迫陷害，所以未敢公然發表其真實的姓名者亦非常之多。有的充作其他省籍的軍人再到日本士官留學出身，而回國參加抗戰的犧牲者也是不少。[147]

由此可知，許多參加北伐、抗戰而犧牲性命的黃埔臺灣人，因為擔心牽連在臺親屬，故改名換姓，在歷史的洪流中煙沒無聞。

加上中國政局的演變，致使黃埔的臺灣學生，除了少數一、二人外，幾乎都淹沒在歷史的洪流裡，今天要是談起到底有那些臺灣人曾經就讀黃埔軍校，多數人是不知道的，他們真正是「疾沒世而名不稱焉」的一群，然則他們代表的是臺灣人堅忍不拔的精神，他們漂洋過海，到黃埔就讀，他們參與了黃埔建軍史的偉頁，他們的名字永遠鐫刻在黃埔校史上。

遺憾的是，部份臺籍黃埔生，因為史料的散佚，生平較詳細的事蹟，付諸闕如，但願將來被湮沒的史料能夠出土。

147 張秀哲，《「勿忘臺灣」落花夢》，頁六一。

04 北伐軍先鋒——林志民組建民軍遊擊隊

中國的革命必要一勞永逸，於民族、民權之外，須加民生—經濟—，防止革命之後，國權及利益全落在資本階級之手，民生主義能夠防止階級鬥爭。

《臺灣民報》，一九二七年六月五日

一、成為北伐軍先鋒攻入福建漳州

（一）中國的黎明期到來了

對於中國一九二六年七月開始的北伐，臺灣人是很關心的，當北伐還在進行時，即十月三日北伐軍就快要攻下武昌時，這一天臺灣島內的《臺灣民報》，在題爲「中國北伐軍的意義」的社論裡，認爲北伐是「中國的黎明期到來了」，希望中國的北伐最後由代表民主派的馮玉祥和蔣介石成功，社論如此評論：

> 我們要解剖中國的時局，須研究一下各派軍閥的思想為先，張作霖、吳佩孚、孫傳芳等所抱的思想，斷不是要為中國人民造福的，無非是以自己個人的利益為中心，他們一律是屬在封建派的軍閥罷了。蔣介石是奉三民主義的，他的軍隊又是有主義的兵，我們不管三民主義的理論如何，所謂民族、民權、民生的思想遠勝過那些封建派的專制主義多多了。就馮玉祥說，

南蔣與北馮（馮玉祥）同是屬在民主派的軍閥。如果將來封建派戰勝，則中國人民的困苦，一定沒有超生的一日，如果將來是民主派戰勝，則中國社會的改造，想必可以計日而待的了。這回北伐軍的成功，老實和在來的奉直戰（爭）不同，確信是中國革命以來的大事件。廣東軍這回的戰勝，分明是表示中國新勢力的勃興和舊勢力的凋落，換句（話）說，新中國的黎明期到來了。[148]

北伐初期由國民黨和共產黨共同合作，但是兩者中途乖離，一九二七年四月，南京另成立國民政府，與武漢國民政府造成寧漢分裂，南京國民黨立即展開清黨，南京方面以武力對付共產黨人，武漢方面開始是和平分共，至七月十五日也進行分共，此後，國共雙方成對峙之局，臺灣人對此情形也相當關心。

一九二七年六月五日，也就是南京方面正在激烈清黨之際，《臺灣民報》以「共產主義向左去，三民主義對右來」爲題，發表社論，略謂中國的革命必要一勞永逸，於民族、民權之外，須加民生—經濟，防止革命之後，國權及利益全落在資本階級之手，民生主義能夠防止階鬥爭，文中引用孫中山的話說民生主義是共產主義之實行，共產主義是民生之理想，民生主義是將來之共產，民生主義是包含一切社會主義，共產主義是民生主義的一部份，社會進化是由於社會上大多數的經利益相調和，不是社會上大多數的經濟利益相衝突，人類求生存才是社會進化的原因，階級戰鬥不是社會進化的原因。孫中山說中國沒有產可共，用不著階級鬥爭。社論又引俄國由共產回到新經濟政策，就是認定小限度的私有財產

148 《臺灣民報》，第一二五號，一九二六年十月三日。

制度，就是民生主義，社論的結論是「共產主義已向左去，三民主義是對右來了。[149]

顯然，當時臺灣的主流輿論，是支持國民黨及其三民主義，反對共產黨及其共產主義。

一九二八年一月，國民黨在清黨之後，隨即展開第二期北伐，五月，北伐軍進入山東，即將進入河北，北伐成功已經是指日可待的了，此時臺灣人以歡欣的心情提出建言，五月廿日的《臺灣民報》發表題為〈北伐成功的中國〉專論，略謂北伐成功以後，中國的工作是內政和外交問題，內政方面，如對國內的行政整理，各省部署與人員的分配要用心，打倒舊軍閥是成功，對新軍閥的發生，要用心防備。外交方面，首先要求各國對國民政府的承認，廢不平等條約，領土權回收，總之對外國的關係不能樂觀。末了，論者以為當此重要時機須要中國民衆覺醒奮鬥，努力名符其實的中國統一。[150]

霧峰林家林志民：光復漳州的北伐先鋒。（林秀容提供）

從上述言論看，當時臺灣人對中國的政治分析其實是很透徹的，例如「防止新軍閥」的產生一項，眞是不幸而言中，北伐完成是一九二八年十二月廿九日，隔年三

149 《臺灣民報》，第一六〇號，〈共產主義向左去、三民主義對右來〉，一九二七年六月五日。

150 《臺灣民報》，第二〇九號，〈北伐成功的中國〉，一九二八年五月二十日。

月隨即爆發內戰：即中央對新桂系李宗仁的蔣桂內戰，此後接二連三地，新軍閥與中央之間的內戰不斷，至一九三〇年五月中原大戰達於顛峰，北伐之後的中國擾攘不安，有如辛亥革命之後的狀況。

（二）收復福建漳州城

一九二六年十月上旬，國民革命軍第一軍在何應欽指揮下於閩粵邊界的永定、松口打了兩個勝仗，閩督周蔭人主力已被擊潰，十月廿日，何應欽在松口就任北伐軍東路軍總指揮，揮師入閩，一路勢如破竹，國民革命軍第一軍第三師、第十四師、獨立第四師，分兩路向漳州推進，至十一月初已先後佔領平和、南靖、漳浦等漳屬縣城，逼近漳州城。

隨著北伐軍東路軍的進展，福建的北洋軍閥張毅軍心浮動，知道大勢已去，一九二六年十一月七日率部放棄漳州逃走，結束在漳州三年多的統治。在漳州光復的過程中，臺灣人林志民、張建德先是領導民軍，率先攻擊張毅部隊，挫其銳氣，等到國民革命軍聲勢浩大攻佔平和、南靖、漳浦，即將迫近漳州之際，他又率領民軍首先攻入漳州城，做爲北伐軍的先鋒，林志民率領閩南民軍遊擊隊，是在十一月七日下午三點經舊橋進入漳州城，林志民是臺灣霧峰林家林祖密的長子，本名林正熊，他的遊擊隊有人槍八百。除了林志民，另一住在平和縣的臺灣人張建德也率所部民軍進入漳州城，張建德則是張呂赤之子。[151]

光復漳州的過程中，林志民是有功的。他一入城就貼出安民告示：「本軍以救國救民爲宗旨，師行所至，秋毫無犯，各商民須安居樂業，毋得驚擾」。震於北伐軍的聲威，以及林志民所率民軍的壓力，張毅在大軍到達之前率軍逃出漳州，北伐軍要入城前，臺灣人翁澤生夥同同伴，張貼標語，書寫歡迎北

151 楊錦和、洪卜仁，《閩南革命史》（北京：中國計劃出版社，一九九〇年四月），頁一三〇。

伐軍等文字，對安定漳州民心有所助益。

二、林志民率民軍趕走漳州軍閥張毅

北伐軍進入漳州城，首先要打倒要趕走的是盤據漳州一帶三年多的北洋軍閥張毅。張毅進入漳州荼毒人民的經過如下：

（一）張毅荼毒漳州

一九二三年三月，直系軍閥孫傳芳入閩擔任福建軍務督理，仍以李厚基舊部爲羽翼，任李之部屬張毅爲福建陸軍第一師師長原職，並兼廈門鎮守使。從一九二三年至一九二六年十二月，張毅統治漳州所屬一帶三年餘。期間，張毅勾結日本帝國主義和地方豪紳，縱容部下横征暴斂，迫種鴉片，擄掠奸淫，殺害民衆，鎮壓革命黨人，如一九二五年八月，他誘捕堅決護法的原閩南軍司令臺灣人林祖密並將其槍殺。

一九二六年九月廿二日，張軍進犯南靖，占領坎下大墩山，義民簡及鋒引進永定縣農軍張大成部五十餘人，協同當地起義軍包圍大墩山，與張部激戰。張軍撤退後經書洋鄉小山道過天嶺，途中擄去張卜三等四十四位義民，殺死十八人。南靖民衆久受張毅荼毒，乃編出歌謠，以突顯北洋軍閥張毅的禍民罪行：「張毅軍閥據漳州，苛捐雜稅重兵收；煙花酒賭大力抽，……奪我糧食腹中憂，剝我衣帛身上愁；毀我房屋千百樓，……惡貫滿盈安許留？……不殺張毅誓不休！」。[152]

---

152 簡言，〈林志民與南靖民軍起義〉，《福建民軍史料選編：閩南民軍》，頁一〇。

（二）林志民組民軍對抗張毅

由於張毅在閩南的暴虐統治導致漳屬地區百業凋零，民生困苦，百姓怨聲載道，無法忍受，乃醞釀抵抗。加上此時國民黨在廣東已經蓄勢待發，毗鄰漳州的廣東大埔縣的革命黨人又常潛入南靖縣山區活動，林志民和他們秘密串連，發動群衆，懷著報仇雪恨的迫切心情，與張建德等幾位臺灣義民到南靖，知鄉民痛恨張毅，遂抓住時機組織群衆，建立民軍，以抗捐抗稅來對付軍閥張毅。

一九二六年九月，林志民召集南靖縣三鄉民軍，在長教鄉坎下粗角地方開會，決定在九月廿一日（中秋節）武裝起義。當天三鄉民軍在長教會師，高舉義旗，持槍帶矛，準備襲擊駐防該地的張毅營部。張毅聞訊，先派一連到坎下田邊一帶搜捕義民，被民軍哨勇發現，鄉民擊鼓鳴鑼，奮呼殺敵，伏兵四起，開槍擊敵，張軍不支敗退。

九月廿八日，張毅增派二路大軍報復，一路從書洋入長教、塔下，一路從呑溪入奎洋，連續三天縱火焚燒民房土堡以及祠堂廟宇，數千間屋舍化爲灰燼，搶走財物不計其數。三鄉民衆家破人亡，流離失所。張毅以人質在手，遣劣紳王南方向三鄉民衆勒索錢款，但未能得逞。長教鄉被擄去的莊、簡二姓義民二十六人，被張毅關押在南靖獄中。被擄義民之家屬，憂慮獄中親人會遭殺害，乃私自前往漳州賄賂，請張毅允准以一萬四千元贖金釋放在監人。張毅巨款到手，才電令南靖縣政府將被擄倖存之簡、莊二姓二十六人釋放回鄉。[153]

一九二六年十一月，國民革命軍北伐軍東路軍何應欽部，追殲張毅軍已迫近漳州。爲了徹底打垮北洋軍閥張毅，林志民統率的民軍已先與北伐東路軍建立了隸屬關係，受編爲「東路軍第三游擊大隊」，

153 簡言，〈林志民與南靖民軍起義〉，《福建民軍史料選編：閩南民軍》，頁一二。

林志民被任命為「第三游擊大隊司令」，張建德為副司令，下編三營，第一營營長張文旦，第二營營長莊範卿，第三營營長簡昌時，總共八百餘人。第三游擊大隊於一九二六年十一月初奉命開拔，經山城進入平和縣之黃井、三坪、大小田坑一帶，狙擊潰敗的張毅部。三營士兵大多是家庭遭受張禍者，殺敵心切，無不奮勇爭先，踴躍報請參加敢死隊者數十人。[154]

由於林志民第三遊擊大隊的背後是國民革命軍，北伐以來，聲勢浩大，且已逼近漳州，張毅軍企圖做困獸之鬥，強迫山城附近民衆在交通要道布下密密麻麻的鐵釘，企圖阻止革命隊伍前進。而民軍皆農民子弟，自有當地老鄉引路，一路順利挺進。

（三）林志民率軍進入漳州城

一九二六年十一月七日，林志民率張建德、吳彪、黃公烈東路軍第三游擊大隊敢死隊，由「漳州社會主義青年團」地下同志帶路，從蜈蚣山奔赴舊橋，全隊八百餘人，長驅直入漳州城，入城時間是七日當天下午三時。[155]一槍不發，進駐馬坪街頭張毅司令部。先是張毅見大勢已去，準備從漳州北徹。林志民入城前一天即十一月六日，張派人求見民軍司令林志民，懇求緩攻。遭拒後，立即封車封船，向同安、泉州方向撤退。[156]林志民見張毅已經逃亡，未能親手砍下殺父仇人張毅的頭，極感痛切。游擊大隊

---

154 一營營長張文旦是船場人，二營營長莊範卿是奎洋人，三營營長簡昌時是長教人。參見簡言，〈林志民與南靖民軍起義〉，《福建民軍史料選編：閩南民軍》，頁一〇。

155 參見鍾志強，《國民革命北伐大戰紀》一書，頁二〇二。此書出版時間推斷約在一九二九年—一九三〇年北伐初完成之際，由廣東汕頭民國日報社印行，書前有國民黨元老葉楚傖所寫的序文，稱作者鍾志強是臺灣人，內渡後回到廣東梅州，繼到廣州，與葉楚傖共事於《中華報》，共事年餘，報館被封，兩人結伴到梅州。

156 簡言，〈林志民與南靖民軍起義〉，《福建民軍史料選編：閩南民軍》，頁一一。這份史料寫林志民入漳州城時間是

前鋒戰士搶先入城後，即升起國民革命軍軍旗，向市民報喜。民軍軍紀森嚴，秋毫無犯，受到市民的慰問歡迎。

林志民的遊擊大隊入城之後一小時，即下午四時，國民革命軍獨立第四師第三團第一營黃克繩部才入城，黃克繩原來也是詔安縣民軍，經改編歸獨立第四師，[157]至於正規軍的獨立第四師張貞部第三團楊逢年部，以及第十四師馮軼裴全師，要到十一月八日下午才進入漳州城。東路軍進入漳州城後，將「東路軍總指揮部」設在道衙署內，一面布告安民，一面派兵繼續追殲已逃的張毅部。

對於率先入漳州的林志民而言，軍閥張毅與他有殺父不共戴天之仇，國民革命軍師長張貞和他父親林祖密有舊，張貞入漳後，下令捕拿出賣林祖密的叛徒蒲樞，一九二六年十二月二日將之槍決。[158]東路軍第三游擊大隊所轄的三營士兵都是來自南靖山區的農民。當士兵進入漳州後，見張毅已敗，大仇已報，懷念父老妻小，渴望回鄉，重建家園，恢復生產。因此，不少人申請解甲歸田。北伐軍軍部體恤眾民心情，即予核准。

為了歡送遊擊隊歸鄉，一九二六年十一月廿日，北伐軍在漳州西校場召開大會，由東路軍總指揮何應欽親自訓話嘉勉，並向各營頒贈錦旗和橫匾「助我義師」各一面向橫匾右上款：「南靖農民讚助本軍驅逐張毅出境之紀念」；左下款：「國民革命軍東路軍總指揮兼第一軍軍長何應欽贈」，供各營帶回家

一一月八日，誤，應是一一月七日，連帶地，張毅求林志民的時間也應是十一月六日，張毅退離漳州時間為十一月七日上午起。

157 鍾志強，《國民革命大事紀》，頁二〇二。

158 林凡，〈閩南軍事件與林祖密遇害〉，福建省政協文史資料委員會編，《福建民軍史料選編：閩南民軍》（福建人民出版社，二〇〇一年二月），頁一一一。

鄉，懸掛於祠堂上，每個士兵受贈銀洋二元，毛巾一條，鐮刀一把，欣然返鄉。大會還攝影留念，並發給每營一幀，以作解甲歸農之紀念。[159]

林志民在張貞捕殺蒲樞後，仍隨張貞的獨立第四師部離開漳州，繼續追殲張毅，在同安、晉江、泉州、仙遊、莆田、閩侯一帶征戰，最後在閩侯，張貞部配合馮軼裴、譚曙卿、曹萬順、杜起雲等師和海軍陸戰隊，把潰退至閩侯瓜山的張毅部一萬餘人全部圍殲，張毅被海軍營長莊哲生用炮擊傷腿部，生擒後有人求賜張毅免死，林志民憤而力諫、抗辯、要求爲冤死的父親林祖密復仇，張毅最後被正法。[160]

三、翁澤生做北伐政治工作

國民革命軍在廣州成軍之後，即重視軍隊的政治工作，革命軍內部每一個單位都設有黨代表，例如「軍」有軍長，也有軍的黨代表；「師」有師長，也有師的黨代表，當時是國民黨的聯俄容共時期，也是國共第一次合作時期，從事政治工作的黨工人員，有的是眞正的國民黨員，有的則是跨黨的共產黨員。

北伐是軍事與政治並重，政治工作人員做的是群眾的工作，有時在軍事行動之前，有時在軍事行動之後，總之，國民革命軍重視政治工作一事，北伐軍進抵福建漳州，自然也不例外。只是在當時國民黨聯俄容共的情況下，政工人員多的是跨黨的共產黨員，表面上做國民黨的工作，實際上則是發展自己的勢力。

一九二六年十一月初，在北伐軍入閩的形勢下，中共中央組織上海大學的福建、臺灣學生，以回

---

159 簡言，〈林志民與南靖民軍起義〉，《福建民軍史料選編：閩南民軍》，頁一一。

160 林凡，〈閩南軍事件與林祖密遇害〉，《福建民軍史料選編：閩南民軍》，頁七。

鄉宣傳隊的名義，赴閩南從事革命活動，主要工作是隨北伐軍挺進各地，並開展黨團組織。臺灣學生計有翁澤生、謝志堅、李曉芳、莊泗川等人，其中謝志堅是翁澤生的妻子。翁澤生化名翁振華，一行人自上海南下，先到廈門，經由中共廈門幹事會負人羅揚才介紹到漳州，抵漳州後，前往同是來自臺灣的李山火振成巷辦事處，以此為住處，展開工作，隨即與漳州第二師範學校教師季永綏見面，季也是中共黨員，經由他，翁澤生很快起與進步學生王德、王占春建立關係。[161]

十一月七日，即林志民攻入漳州城的那一天，翁澤生一行人到漳州第二師範學校，與季永綏等在教室繕印《為歡迎國民革命軍北伐告漳州父老書》傳單，深夜到街頭上張貼。十一月七日下午，翁澤生在漳州組織學生隊伍，夥同漳州社會主義青年團成員到西南郊的蜈蚣山、舊橋等處引導北伐軍前鋒部隊，亦即林志民所率的第三遊擊大隊進入漳州市區，入張毅駐軍司令部。[162]

國民革命軍第一軍獨立第四師張貞部及第十四師馮軼裴部，在漳州各界人士的歡迎下進入漳州市區，第一軍軍長何應欽在十一月十日抵達漳州，在城內成立了「漳龍監察公署」，管轄漳州、龍岩兩地。[163]

北伐軍進入漳州城後，所屬宣傳隊在漳州市區進行演講，講的是「三民主義」，並且張貼大張宣傳

161 漳州市地方志編纂委員會編，《漳州市志》卷五〇，〈人物〉，頁三一三八，〈翁澤生傳〉。

162 張毅駐軍司令部即原清朝時「漳、汀、龍道」道衙，地址在今漳州市延安北路南端，著者曾前往察看。按：何池，《翁澤生傳》，頁一一一寫翁澤生等人迎接北伐軍前鋒部隊入漳州城，時間是十一月八日，誤，應是十一月七日，因為前鋒部隊入漳州城是七日，參見鍾志強，《國民革命北伐大事紀》，頁二〇二。

163 楊錦和、洪卜仁，《閩南革命史》（北京：中國計劃出版社，一九九〇年四月），頁一三〇。

單，內容是（一）不拉夫，（二）不派捐，（三）不強買。[164]

翁澤生持國民黨「上海執行部」的介紹信到監察公署報到，公署與第一軍司令部一起辦公，公署主席魯純仁，叫翁澤生在公署幫忙，翁是以「青年運動指導員」、「婦女運動指導員」的公開身份展開工作。翁即宣傳北伐革命，喚起民眾支持北伐，但翁澤生等人把工作重點放在創建中國共產黨黨團組織上面，[165]其成果很快出現，如一九二六年十二月，「中國共產主義青年團漳州支部」成立，李永綏擔任書記；再過一個月，即一九二七年一月十五日，「中共漳州支部」成立，翁澤生擔任書記，其妻謝志堅任宣傳委員；與中共漳州支部成立的同時，「中共閩南部委」也成立了，書記由羅明擔任，翁澤生則擔任宣傳部長，謝志堅擔任婦委。[166]

臺灣人林志民在軍事上打擊北洋軍閥張毅，率先進入漳州，乃是北伐軍光復漳州城的先鋒，而翁澤生與謝志堅則是在政治工作上著力，對民眾支持北伐一事有所助益，但他們兩人所做的事情更多的是爲中共勢力的發展在賣力。

164 鍾志強，《國民革命北伐大事紀》，頁二〇二。
165 何池，《翁澤生傳》（臺北：海峽出版社，二〇〇五年六月），頁一一一—一一二。
166 《羅明回憶錄》（福建人民出版社，一九九一年二月），頁五一。

05 哭望天涯弔偉人——臺灣人哀悼孫中山

孫中山的逝世，使全國人民為了悼念這位國父，掀起了未曾有過的全國大規模反帝愛國運動高潮，我回到祖國馬上投入這個運動中，這就促使我很快決意參加革命。

謝雪紅

一九二五年三月，孫中山在北京病重，在臺灣民族志士的心目中，孫中山是「民國的元勳，漢民族的領袖，東亞的大明星，世界的大偉人」，同時也是「世界的和平神，弱小民族的救主。」，更是「自由的化身」，「熱血的男兒」，「正義的權化」[167]。孫中山於三月十二日在北京協和醫院與世長辭。噩耗傳出，在革命根據地的廣東，在北洋軍閥控制下的北京、華中的杭州，以及淪亡於日本人殖民統治下屆滿三十週年的臺灣，都同時捲起了悲傷哀痛的浪潮。

一、北京

在北京，一群就讀北京大學的臺籍愛國學生，爲孫中山這位心目中的革命偉人之逝而哀悼。他們以

167 臺北：《臺灣民報》，第三卷第十號，〈哭望天涯望偉人：唉，孫先生死矣〉，一九二五年四月一日。

「北大臺灣同學會」名義，致送了一幅輓聯，詞意悲切激揚：

三百萬臺灣剛醒同胞，微先生何人領導？
四十年中國未竟專業，舍我輩其誰分擔？[168]

這一幅輓聯，如同臺籍青年志士們的矢志革命的誓詞，這不是一紙空洞的誓詞，後面跟著的是「秉承國民黨的黨綱而行動」的行動。孫中山北上時主張召開國民會議，廢除不平等條約，可是北京政府的臨時執政段祺瑞違反孫中山的主張，宣言尊重不平等條約，召開所謂「善後會議」。

臺灣的中華會館，也推出一個臺灣的華僑代表參加會議，可是這個代表是由臺灣臺中太平庄的林姓人士花錢冒充的。這位人士平素見霧峰林獻堂在臺灣很出名，自己也想大出風頭，於是捐出一筆款項給中華會館，由會館推他為代表，並為主持會議的兩位董事代出旅費做為隨員，陪他到北京遊覽。

國民黨原是反對段祺瑞的「善後會議」，臺灣青年洪炎秋等人發現在出席「善後會議」的華僑代表名單中，竟然出現了來自臺灣臺中太平庄的林某，於是趁機借題發揮，在北京大學召開「北京臺灣學生全體會議」，推洪炎秋為主席，決議勸阻林某不要出席善後會議，否則發表宣言，暴露其冒充代表的劣跡。

林某慌張之際，乃一方面攏絡貪圖小惠的臺灣學生，另一方面四處託人說情，請出林濱南調停。林濱南於是邀洪炎秋、蘇薌雨、游祥耀、宋文瑞（宋斐如）等人到他家與林某商談，然洪炎秋、蘇薌雨、

168 中國國民黨中執行委員會宣傳部，《總理哀思錄》，頁四五，一九二九年出刊。

游祥耀卻在林濱南住處巷口遇襲，洪、蘇兩人都因此受了傷，[169]但林某也終於未敢出席「善後會議」。洪、蘇兩位臺灣知識青年爲擁護孫中山的主張而受傷，在臺灣人看來，是光明的也是光榮的！[170]

二、杭州

孫中山去世後，浙江也舉辦追悼大會，在杭州設有公祭壇，每天都有人去送花環和弔聯，時在杭州求學的臺灣青年學生有林木順、陳其昌等人，加上初到杭州不久的謝雪紅，也參加了追悼孫中山的大會，他們以「臺灣青年一團」的名義致送弔聯，引起與會者的注意，在杭州求學的福建青年因此去找謝雪紅等臺灣青年，雙方合作成立「閩臺學生會」。謝雪紅平常很崇拜孫中山，她到中國本來就是因爲聽到孫中山去世的消息。她因此決心離開臺灣到中國，本來爲的是求學，但是經由上海到了杭州後，參加了追悼孫中山的紀念大會，見到全中國澎湃的反帝國主義運動，受了影響，自此決定參加革命。[171]

169 洪炎秋，《楊肇嘉回憶錄》序：「當時（林）濱南先生寄居於南柳巷的永春會館，我和游（祥耀）、蘇（薌雨）兩同學步行到巷口時，看到一個在平民大學讀書的艋舺人王某，忽從暗處走了出來，吃得罪醺醺，手拿一把尖刀，向我的臉上扎來，我躲閃得快，刀子扎穿了我的耳朵，只在我的脖子劃了一道兩寸長三分深的刀傷，雖然血流滿身，幸而傷非要害。蘇君因爲要奪他的刀以致虎口也受了輕傷。王某闖了禍後，拔腿就跑，結果被警察逮住。」

170 洪炎秋，《楊肇嘉回憶錄》，序：「一個日本警察部長來院查詢，大概是受了林某某的請託。極力用好話安慰我，勸我息事寧人，問我有沒有甚麼條件？我說只要林某某不去參加善後會議，一切可以作罷，不提訴訟。我住院一個星期，林某某終於不敢參加善後會議，在我住院期間悄悄回臺。而善後會議也虎頭蛇尾，草草了事，沒有甚麼結果。」

171 謝雪紅口述，楊克煌筆錄，《我的半生記》，頁一七一—一七二。

三、廣州

一九二七年三月九日，臺灣青年林文騰、張深切、張月澄、中國學生楊偉秀，在廣州市大東路東泫巷召開會議發起「孫中山先生逝世二周年紀念活動」，藉以表達對孫中山的崇敬，並謀求中國民衆支持臺灣的革命，不要忘記臺灣同胞，並定於三月十三日在廣州市東較場發動示威遊行，事先印好「孫中山先生逝世二周年敬告中國同胞書」三千份，遊行時散發，該份文件對共產主義、三民主義有所評述，極力肯定孫中山的三民主義。

文中認爲臺灣人應認清時局，熱烈參加中國的革命：

> 臺灣也是東方弱小民族之一，雖然與中國同祖同宗，但被日本帝國主義者的壓迫與蹂躪，其所受的慘痛，確實超乎中國數倍，中國現在已進入革命發展的階段，我臺胞應認清時局的趨勢，急起直追，熱烈參加祖國的革命。[172]

四、臺灣本島：臺灣人不該哭孫先生的死嗎？

一九二五年三月廿四日晚上七時，臺灣文化協會成員在「臺北文化講座」（今臺北市貴德街，靠近九號、十號水門一帶）舉行「孫中山追悼大會」，當夜大雨，路上泥濘，會場只能容納三千人，半小時前就滿座，儀式受到日本憲警的限制，原本臺灣人準備了一篇充滿對孫中山眞誠愛戴，對中國殷切期望

---

172 張深切，《里程碑》，見《張深切全集》，第一卷，頁二三四。

的弔詞，憲警禁止在會上宣讀，也不准講演，不准唱歌。[173]該篇文章是旅北京的臺灣人張我軍所寫，張我軍是臺北人，生於一九〇二年，為臺灣新文學運動的提倡者。該文可以看出臺灣人是如何地敬重孫中山：

大星一墜，東亞的天地忽然黯淡無光了，我們敬愛的大偉人呀，你在三月十二日上午九時三十分這時刻已和我們永別了麼，……。消息傳來，我島人五內俱崩，如失了魂魄一樣，西望中原禁不住淚落滔滔了。先生，……，你在四十年的中間，始終用了你的萬撓不屈的毅力，你的表示始終一貫的精神，來實行你千移不易的主義，那專制蠻橫的滿清朝廷的迫害，那無惡不為的軍閥的壓迫，那野心勃勃的外國帝國主義的嫉視，終不能奈何先生。……毅力意氣，已推翻滿清，建造了民國，嚇壞了無恥的軍閥，和殘酷的外國帝國主義，喚醒了四萬萬沈睡著的人們了……三民主義還未實現，中國的革命還未成功，大亞細亞聯盟還未實現，前途正乏導師之時，殘忍刻薄的死神，竟把這千古不獲的導師，奪到死的國度去了，……中國的同胞喲，你們要堅守這位已不在了的導師的遺訓：革命還未成功，同志尚須努力哪。[174]

追悼會會場，先發弔砲三響，繼向孫中山遺像行三鞠躬禮，施至善致開會辭，王敏川述孫中山經歷，張我軍講最近的孫中山。原本要唱孫中山弔歌，但被禁唱。此日到會者，尚有臺北無產青年會、臺

173 黃季陸，〈國父逝世前後〉，《傳記文學》，第六卷第三期，一九六五年三月。又見《國民革命與臺灣》（臺北：近代中國出版社，一九八〇年十月），頁九五。

174 張我軍寫的孫中山弔詞，見《張我軍評論集》（臺北縣立文化中心，一九九三年六月初版），頁七四。

灣文運革新會、臺北青年讀書會等。此外，又電唁北京孫中山治喪處，文曰：「謹弔孫先生的英靈，臺灣人有志」。

這篇充滿了對孫中山眞誠愛戴，對中國殷切期望的弔詞，對中國國民，對中國革命都有著期許，它說中國革命「正乏導師之時」，勉勵中國的同胞：「要堅守這位已不在了的導師的遺訓——革命還未成功。同志尚須努力哪！」，對孫中山逝後的狀況，認爲孫中山的肉體雖和大家長別了，然而他的精神，他的主義，一定永遠留著在人類的心目中，他的事業是必永遠留在世界上燦爛！日本憲警雖有權禁止它在追悼大會上讀出，卻無法阻止它傳進中國同胞的耳朵裡。

《臺灣民報》當時報導有關臺北孫中山追悼會情況：孫先生訃音傳來臺灣，島人無不暗暗洒淚。入會場者盡佩一黑布條，態度嚴肅悲戚，自七時起到十時止，無私行退場者，可見臺灣人對先生之熱誠。[175]《臺灣民報》是當時臺灣唯一的漢文報紙，也是三百五十萬臺灣人的唯一喉舌，以「臺灣人不該哭孫先生的死嗎？」爲題，對日本當局提出憤怒的抗議：

> 在臺北的諸有志，追慕孫先生的功德，於三月廿四日夜開追悼大會；悼大偉人的英垂，追悼偉人一事，何等尋常。而這回的追悼會開會前，又有一番的干涉，甚麼弔歌不可唱，弔辭要檢閱，咳！熱淚是悲傷之極由心內流出的，那禁得住淚洒滿襟呢？唉！一偉人的死，我們臺灣人不該放聲大哭？怎麼也不該吞聲滴數點的悲傷淚嗎？[176]

175 臺北縣立文化中心，《張我軍評論集》，一九九三年出版，頁七四。

176 《臺灣民報》，第三卷第九號，一九二五年三月二十六日。

孫中山逝世後的第二天即三月十三日，就讀上海大學的臺籍學生翁澤生親到莫利愛路孫先生住宅去弔慰。回寓後，立即撰寫了一篇題爲「哀悼中山先生」的通訊，署名澤生，寄到《臺灣民報》上去發表。這篇哀悼文字的結語是：「中山先生雖死，中山主義決不死！中山先生雖亡，民眾運動決不失敗。」

四月一日，有「臺灣孫中山」之稱的蔣渭水以〈哭望天涯弔偉人，唉，孫先生死矣〉爲題祭弔孫中山，文曰：「西望中原，我們也不禁淚泉怒湧了，爲了什麼？因爲他是自由的化身，孫先生四十年如一日，爲自由而苦鬥苦戰……因爲他是熱血的男兒，漢民族的血是冷的，二三百年的中間很柔順被少數的滿人支配著，一任滿人剝削，一任其欺凌，一任其賣國賣民，孫先生忍耐不住了，於是起而反抗了……因爲他是正義的權化，今日中國的政客、官僚、軍閥，那一個有些兒主義？那一班政客、軍閥，一舉一動都以私利爲前提，只有孫先生與其部下，掛著三民主義而奮鬥，而戰爭，他的眼中只有三民主義，只有正義，孫先生雖死，而三民主義是還活著」。[177]

此後數年，每逢孫中山逝世紀念日，臺灣各地均舉行紀念會，由革命黨人及民眾運動的領袖們講述孫中山偉大的思想，勳績與行誼。紀念筆、紀念墨等與孫中山有關的紀念品也出現在商店裡，但隨即爲日人所禁止。

一九二九年六月一日，孫中山的靈柩奉安於南京中山陵，臺灣民眾黨不顧日本人的干涉，秘密派謝春木（謝南光）、王鍾麟爲代表到南京參加奉安大典。各地的中華會館也推派了代表八人，以「臺灣全島華僑代表」名義參與奉安大典，並呈獻了一個木盤及一條布毯永作紀念。[178]蔣渭水說：「我們對於奉

177 《臺灣民報》，第三卷第十號，一九二五年四月一日。

178 李雲漢，《國民革命與臺灣光復的歷史淵源》，頁六一—六二。

安之禮，為世界人類的一員當表十分敬虔之意，同時則又不得不以滿腔熱誠，為孫文主義的成功祝，並為新興中國的前途之發展賀。」[179]

謝雪紅自述她對孫中山最崇拜，認為只有他才能救中國，她得知孫中山去世的消息，非常悲痛，以此加強離開臺灣到中國的決心。[180]

179 〈中山先生的奉安，中國曠古的大典〉，《臺灣民報》第二六三號，一九二九年六月二日。

180 謝雪紅口述，楊克煌筆錄，《我的半生記》，頁一五九。

第四篇

參與反帝國主義運動

國民黨在上海還沒有力量，三民主義的學說也未普遍深入，臺灣青年所希求的是糾合同志，打倒帝國主義和軍閥，凡有志同道合的任何組織，他們都不加選擇的踴躍參加，他們沒有條件，沒有色彩，唯一的動機是愛國家民族。

張深切

一九二〇年代，臺灣受日本殖民統治已經將近三十年，新一代知識青年逐漸崛起，溫和者訴求體制內改革，激進者從事農工運動，更進一步者轉為共產主義運動。中國方面則國民革命運動與共產主義運動方興未艾，國民革命欲求國家統一、民族獨立，必得反對帝國主義，共產主義的目標也是打倒帝國主義，在這個大時代的背景下，到中國的臺灣青年加入了壯烈的反帝國主義運動。

在日臺當局眼中，到中國的臺灣人，民族主義者蔡惠如、彭華英、許乃昌等，在上海受到中國國民黨「聯俄容共」及共產黨的影響，一方面和在北京地區的臺灣青年謝廉清、謝文達等連絡，另一方面和東京的「新民會」、「臺灣青年會」及在臺灣的「臺灣文化協會」幹部合作，連絡「中國國民黨」、「蘇聯領事館」策劃臺灣獨立運動。同時以「臺灣議會請願運動」當作追求「民族獨立」的手段。蔡惠如每年到東京，為「臺灣議會請願運動」奔走，同時受到共產主義的影響，期望在中國國民黨的援助下，使臺灣回歸中國統治，使「民族獨立運動」發展成打倒日本帝國主義。1

日臺當局打壓臺灣人的民族獨立運動，因此臺灣島內以反殖民運動和反日本帝國主義運動為主流的反日運動受盡逼迫，社會主義份子以及無產主義份子乃出走到中國，尋求政治出路，同時也摸索解救臺

---

1 臺灣總督府警務局編，《臺灣總督府警察延革志》，王乃信譯，《臺灣社會運動史，一九一三—一九三六》，第一冊，文化運動，頁八二。以下簡稱為王乃信譯，《臺灣社會運動史，一九一三—一九三六》。

灣的良藥，在此情況下，因緣聚會地碰上中國的國民革命運動和共產主義運動，參加了中國的大革命，北伐，有關臺灣人與中國的北伐，已在上一章論述。

01 在上海革命大熔爐中的臺灣青年

我們參加革命工作，有一天要帶一支軍隊，回去驅逐日本帝國主義。

李友邦

上海是革命的大熔爐，是通往「第三國際」大本營莫斯科的根據地，中國共產黨一九二一年七月在那裡誕生，韓國人的光復運動一九二〇年代在那裡運作。臺灣人的臺灣共產黨也在一九二八年四月在那裡創立。在上海，臺灣人和韓國人因爲同是日本的殖民地，有著反日的相同目標，因此結合在一起。一九二四年七月廿九日，臺灣青年與韓國青年聯合組織了「臺韓同志會」，此會就是以反日爲共同目標。[2]

一九二〇年代，赴上海求學的臺灣青年，人數最多時達三百多人，就讀的中學如：國語師範學校、上海大學附中等校；大學則有暨南大學、上海大學、上海醫學院、文治大學、民國大學等校。如李萬居先後就讀文治大學及民國大學。上海設有「臺灣青年會館」，地點在閘北寶山路胡同，地名「振盛里」，此地距商務書館不遠。[3]此會館乃是臺灣青年學生在上海的一個據點，臺灣青年學生在那裡住

2 王乃信譯，《臺灣社會運動史，一九一三—一九三六》，第一冊，文化運動，頁一〇四。

3 張深切，《里程碑》，見《張深切全集》，（臺北：文經出版社，一九九八年一月），卷一，頁二四二。

宿、交流。張深切初到上海，就先住在「臺灣青年會館」。

到上海的臺灣學生除入學一般學校，還有學中醫的，學中醫的臺灣學生，原本都是到「上海中國醫學院」就學，因為該校師資好，有祝味菊、陸淵雷、章次公、王潤民等名醫任教，中西醫方面均擅長，但因為發生學潮，教授相繼辭職，此時正好徐衡之辦「上海國醫學院」，臺灣學生乃相率轉入該校就讀。[4]

臺灣割日後，最早去上海的臺灣人著名的是林朝棟，但他是清朝官員。去上海的臺人對臺灣人革命造成大影響的是蔡惠如，稍後則有大批臺灣青年到達，他們在上海就學，學習中國的文化，更參與了中國共產主義運動及臺灣共產黨的創建。

一、蔡惠如、彭華英到上海鼓吹臺灣人民族自決

有「臺灣革命運動先覺者」之稱的蔡惠如，字鐵生，一八八一年出生於臺中牛罵頭街（今臺中市清水區），一八九六年起連續十四年擔任臺中米穀會社社長，一九〇八年創立協和製糖會社，後又成立牛罵頭及員林輕鐵會社，被日本政府派任為清水區長，是富甲一方的士紳。擔任區長時，因批評日本警察欺凌百姓，遭台中廳警務課處違警勞役。後來辭去清水區長，變賣大部分家產，舉家遷往福州，頻繁往來中國、日本、臺灣三地，為臺灣民族運動而奔走，一九一八年在臺中成立「文社」，又創刊「臺灣文藝叢誌」，用以保存漢文。[5]

4 《臺灣民報》，第二五〇號。

5 張深切極力稱讚蔡惠如，除言他是臺灣革命運動的先覺者外，又言他把各地情報傳達於東京和臺灣，做解放臺灣的參考。見張著《里程碑》（上），頁二五二。《張深切全集》，卷一。

一九一九年蔡惠如在東京先後成立「聲應會」及「啓發會」，鼓吹民族自決思想，但不到一年就形同瓦解。一九二〇年一月在其奔走下，重組「新民會」，推霧峰林家的林獻堂爲會長，同年九月利用日本國會開議期間，在東京與林獻堂展開第一次「臺灣議會設置請願運動」。並由陳炘、吳三連、彭華英、黃朝琴等人在日本成立的「東京臺灣青年會」負責推動。蔡惠如又捐資發行《臺灣青年》。此份刊物一九二二年四月改名《臺灣》，一九二三年四月十五日以漢文出版再改名《臺灣民報》，初爲半月刊十月十五日起改爲旬刊，是影響日治臺灣巨大的刊物。另參與成立「臺灣議會期成同盟會」，表達臺灣人要求「自治」的願望。

一九二〇年八月，蔡惠如到上海，在「中韓互助社」主辦歡迎廣東大理院院長徐謙的茶會上發表演說，揭露日本帝國主義在臺灣的暴政。蔡惠如並送韓國人《臺灣青年》，在會上他控訴日本人在臺暴政，一是愚民政策，二是殘忍殺戮，三是極端差別待遇，四是橫暴之榨取制度，蔡的演講目的在喚起中國人之排日運動。[6]

之後，再前往中國，至北京、天津、上海、廣東，與各地的臺灣同志及留學生見面，報告東京的運動經過，也鼓勵他們奮起響應，並分發《臺灣青年》雜誌給他們。張深切對蔡惠如的觀察是：

蔡惠如可以稱為臺灣革命運動的先覺者……為解放臺灣遍歷日本全國，及北京、天津、上海、福州、廈門、廣州等地，從事遊說，協助組織抗日團體，鼓吹民族精神。……他的相貌彷彿有點像溥心畬，不過體格比較高大，眼唇寬浮、面容白皙肥胖、嘴唇表現著堅決的氣息，

---

6 《臺灣省通志》，卷七，人物志，〈蔡惠如傳〉，臺灣省文獻委員會，一九七〇年六月。

說話嘹亮而直截爽快。[7]

一九二一年七月，彭華英、林呈祿相繼到上海，蔡惠如和彭、林奔走各方，並聯合中國國民黨及朝鮮人革命團體建立共同戰線，策畫臺灣獨立運動。他們與朝鮮的共產黨員崔昌植、呂運亨、金萬謙、姜漢記等人往來，也收過「第三國際」提交的運動資金，屢次出席「中韓互助社」的集會演講，揭露日本統治臺灣的黑暗面，致力於喚起「臺灣革命運動」的輿論。一九二一年七月，經常在上海與印度、朝鮮、菲律賓等地來的民族運動人士聚會，或列席「太平洋和會」、「太平洋會議研究會」等會議，商討獨立運動。對歐洲戰後的華盛頓會議，則計劃進行「遠東弱小民族獨立」的請願運動，塑造「民族自決運動」的輿論。[8]

蔡惠如在中國聯絡中國國民黨幹部、朝鮮民族主義者及東亞各殖民地民族代表等，參加「民族自決」、「民族獨立」運動的共同戰線，呼籲臺灣留學中國的青年學生挺身而出，因此以臺灣的留學生爲中心，訴求「臺灣獨立」的各種運動，迅速發展開來。

蔡惠如鼓吹的「民族自決」，開啓了臺灣人在上海的一連串運動，當中最重要的是反日運動，而中國的反帝國主義運動也影響到了臺灣學生，在上海的臺灣青年就捲入了「五卅運動」，如當時在上海就讀中學的謝東閔也曾經參與散發反日宣傳單，[9]同時臺灣青年更投入了中國的共產主義運動中。一九二〇年代初期，在上海的臺灣青年，組有兩個團體，一爲「上海臺灣青年會」，另一爲「上海臺灣學生聯

7 張深切，《里程碑》（上），《張深切全集》，卷一，頁二五二。

8 王乃信譯，《臺灣社會運動史，一九一三—一九三六》，第一冊，文化運動，頁八二—八三。

9 謝東閔，《歸返：我家和我的故事》，頁六三。

合會」，共同特色是反對日本對臺灣的統治。

（一）上海臺灣青年會

「上海臺灣青年會」由蔡惠如、彭華英推動成立，成立時間是一九二三年十月六日，地點在南方大學禮堂，會員將近五十人。[10] 彭華英是今臺灣南投縣埔里人，生於一八九三年，畢業於明治大學政治經濟科，加入過日本社會主義者聯盟。自幼聰敏過人，爲人朝氣蓬勃豪爽，客家話、日本話、福佬話、北京話都講得很漂亮。在學生中，可以說是群雞之鶴。自東京臺灣青年會起，至臺灣文化協會、臺灣民衆黨等活動，他無不擔任重要角色。如一九二七年七月十日臺灣民衆黨成立，他就擔任中央常委兼中央組織部及總務部主任。[11]

據《臺灣總督府警察沿革志》記載，一九二三年十月十二日，蔡惠如糾合旅居上海的臺籍青年十數名，會合於上海南方大學，組成「上海臺灣青年會」。該會表面是以促進學生敦親及進行中外文化研究爲目的，但實際是以「臺灣獨立」、「打倒日本帝國主義」爲目標。此會幹部有：謝廉清、施文杞、許乃昌、許水、游金水、李孝順、林鵬飛（堯坤）等人。辦事處則設在閘北寶山路振盛里。[12]

上海臺灣青年會成立的同時，一九二三年十二月，內田嘉吉就任臺灣總督，實施「治安警察法」，鎮壓並逮捕「臺灣文化協會」與「臺灣議會期成同盟會」的相關幹部，包括蔣渭水、蔡惠如、蔡培火、林呈祿、石煥長、陳逢源、林幼春、王敏川等人，總共四十九位幹部被逮捕，蔣渭水等十八人分別被判監禁四個月不等徒刑，史稱「治警事件」。

10 《臺灣民報》，第二卷第一號，一九二四年一月一日。白慈飄：《啓門人：惠如傳》，頁一五七。

11 張深切，《里程碑》，《張深切全集》，卷一，頁二五二。

12 王乃信譯，《臺灣社會運動史，一九一三—一九三六》，第一冊，文化運動，頁八四。

爲此「上海臺灣青年會」於次年一月十二日，在上海「務本英文專門學校」召開「上海臺灣人大會」，出席者有：謝廉清、許乃昌、連枝旺、陳滿盈、甘文芳、李孝順、林鵬飛、張我軍、林瓊樹、鄭進來、羅渭章、張桔梗等十數人。謝廉清致開會辭，公推林瓊樹爲主席，羅渭章、許乃昌、謝廉清、張我軍、連枝旺、張桔梗等人上臺演講，批評逮捕「臺灣議會期成同盟會」之是非，並嚴厲批評臺灣總督內田嘉吉的暴政，並作成決議文。[13]推舉謝廉清、陳滿盈、林瓊樹、張我軍等爲執行委員[14]。文中謂「吾人認為此次臺灣當局拘留議會請願者六十餘名之措施為不當。」決議文加附旨趣書寄給日本內閣總理大臣。[15]

一九二四年五月九日，「上海臺灣青年會」的幹部與一些朝鮮人，參加中國方面「對日外交大會」主辦的「國恥紀念日大會」，並散發傳單多份，呼籲中國幫助臺灣人：

> 我臺灣被如狼似虎的日本帝國主義者所強奪，三百六十萬的同胞正受著非人道的劫掠與壓迫。但現在臺灣人已經覺醒了。要與各位握手、團結、打倒共同的敵人日本帝國主義。諸位，為了自由和獨立請從速幫助我們臺灣人吧！[16]

「上海臺灣青年會」後因幹部林鵬飛牽連詐欺案件被捕，經費困難，陷入停頓。一九二四年五月廿

13 臺灣總督府警務局編，王乃信譯，《臺灣社會運動史一九一三—一九三六》，第一冊，文化運動，頁八七。
14 張光正編，《張我軍全集》（北京：臺海出版社，二〇〇〇年八月），頁五一三。
15 白慈飄，《啓門人：蔡惠如傳》，頁一八一。
16 王乃信譯，《臺灣社會運動史，一九一三—一九三六》，第一冊，文化運動，頁八七。

四日，由蔡孝乾等人將辦事處遷至法租界筐籟達路鉅興里六號，重新協商有關機關誌的發行，支持「臺灣議會設置請願運動」及加強與「臺灣文化協會」合作，並接受李山火等人的援助，重新選舉幹部。新幹部名單為：洪輯德、林維金、高金義、連枝旺、王金章、林鵬飛、蔡孝乾。

一九二四年六月十七日，「上海臺灣青年會」在務本英文專門學校，召開「反對臺灣始政紀念日」的集會，痛陳臺灣民衆被日本統治的痛苦，並散發題為《勿忘》的宣傳單。

臺灣發生「治警事件」後，辜顯榮號召林熊徵、李延禧、許廷光等商人，發起「臺灣公益會」，公然聲援臺灣總督府，並於一九二四年六月，由辜顯榮召集「有力者大會」，發表：「本島人一部份小數者別有用心，際此特別議會開會，做種種運動及宣傳，但此係多數本島人所不與聞者，緣此不日擬開全島有力者大會，鑒於時局之重大及為本島之將來，宣明所謂臺灣議會設置請願運動，絕非本島之輿論」。為反駁辜顯榮的「有力者大會」，林獻堂率領「臺灣文化協會」的幹部在臺灣北中南三地，同時召開全臺「無力者大會」。一九二四年七月三日，在臺中霧峰林獻堂家的林家專祠舉行之「無力者大會」，到會者約一千多人。

「上海臺灣青年會」針對「有力者大會」發表檄文，抨擊「有力者」是日本人的走狗：

自稱有力者諸君：諸君受到「臺灣總督府」特別保護，享受特別權力：鴉片、酒、鹽、香菸等，無一非政府飼養諸君的飼料。簡言之，諸君乃總督府之走狗，附從總督府剝削我們的自由與膏血。諸位如何能分別有力者與非有力者？諸君不顧臺灣大局，不考慮臺灣民意，只知一味糾合同類走狗，捏造輿論，提供總督府，以為壓迫民權運動的資料。[17]

「上海臺灣青年會」繼臺灣「無力者大會」後，也召開了一個「在華反全島有力者大會」。會後，臺灣各處的文化協會聯絡處，都收到「上海臺灣青年會」寄發的要求向群衆公布的檄文。

（二）平社

平社於一九二四年三月成立上海。參與者為彭華英、蔡炳耀（蔡惠如長子）和朝鮮人卓武初、呂運亨、尹滋英等。後臺灣青年會的幹部林堯坤、許乃昌、張沐眞、游金水、蔡孝乾等人也加入。也有中國人成員羅豁。發行機關誌《平平》旬刊，針對臺灣、朝鮮宣傳共產主義。「平社」帶有濃厚的共產主義色彩，認為「臺灣議會設置請願運動」過於消極而持反對意見，並將其要旨告訴林獻堂，會員相約第四次「臺灣議會設置請願運動」後，不再簽名參加。[18]

（三）臺灣自治協會

繼「上海臺灣人大會」後，一九二四年五月卅一日，「臺灣自治協會」在上海成立，此一團體由包括上海臺灣青年會的部份幹部及與平社有關係的臺灣人組合而成，可以說是「上海臺灣青年會」的衍生。張深切也是創始者之一，該會重要幹部有蔡孝乾、林維金、洪緝洽等人，該會發表宣言，呼籲臺灣人堅持根本的「民族自決」的立場，圖謀臺灣的獨立，企圖喚起中國的輿論，團結臺灣人。辦事處設在「臺灣青年會」內。張深切描述在上海時期的生活：「我逗留上海的時間，沒有讀過甚麼書，研究過甚

17 白慈飄，《啓門人：蔡惠如傳》，頁一八九。

18 王乃信譯，《臺灣社會運動史，一九一三—一九三六》，第一冊，文化運動，頁九六。

麼學問，胡鬧胡混，只跟青年們參加了一些運動，學會了社會運動的第一課」。[19]從這段描述可以側面瞭解當時上海臺灣人的活動狀況。

（四）臺韓同志會

臺韓同志會於一九二四年六月廿九日成立，地點是南方大學。主要成員有：彭華英、許乃昌、連枝旺等人及旅滬的朝鮮人，這是以「行動」爲主的鬥爭團體。到會者除了朝鮮人團體的幹部外，臺灣方面有「上海臺灣青年會」、「臺灣自治協會」等，人數約一百三十名。成立會上有三名臺灣人、五名朝鮮人及一名外國人，發言者激烈抨擊日本帝國主義，訴求臺灣、朝鮮民族共同鬥爭，宣稱擁護中國革命，會中選舉幹部以及制定鬥爭方針，並有組織暗殺隊的傳聞。此會成立一個月後，召開「臺鮮人大會」，參加者有朝鮮人一百二十名、臺灣人三十多名、中國人二十名及蘇聯人數名，上臺演說者有十餘人，譴責日本侵略中國的行爲。[20]

（五）旅滬臺灣同鄉會

一九二四年十一月十六日，「上海臺灣青年會」在閘北公興路，召開青年會秋季大會，參加者以蔡孝乾、陳炎田、李孝純爲首，會員五十餘名，以及旅滬臺灣人十數名。席上有人提議，青年會不應侷限於學生，因此解散「上海臺灣青年會」，重新組織「旅滬臺灣同鄉會」，並推舉陳北塘、陳紹馥、蔡孝乾、鄭進來、陳炎田、林劍英、何景寮爲創立會員。其中陳紹馥後來南下廣州就讀黃埔軍校。「旅滬臺灣同鄉會」之後因爲募集經費困難而停頓，至一九二五年一月許又銘、謝呂西、林振聲等人，謀再興會

19 張深切，《里程碑》，《張深切全集》，卷一，頁二六八。
20 王乃信譯，《臺灣社會運動史，一九一三—一九三六》，第一冊，文化運動，頁一〇三。

務，但未果。[21]

二、召開反日本殖民的「恥政紀念會」

一九二三年謝雪紅於第一次到上海，從臺灣到中國的船行途中，結識同行的林木順、李友邦、鄭泰聰三人，他們是因爲領導臺北師範學校學生罷課被開除的學生，準備前往中國苦學，曾發宏願：「我們參加革命工作，有一天要帶一支軍隊回去驅逐日本帝國主義」。[22]

這一年的六月十七日，臺灣青年在上海商務印書館的「國語講習所」召開「恥政紀念會」。所謂「恥政日」，是指一八九五年六月十七日日本人開始統治臺灣，對日本人來說是「始政」的日子，但對臺灣人而言，卻是成爲殖民地的開始。因此臺灣人把日本人所說的「始政」說成是「恥政」，他們認爲日本人統治臺灣是臺灣人的恥辱。抗日青年在「恥政紀念日」常舉辦「恥政紀念」，這次上海臺灣人在上海舉辦的「恥政紀念會」，是臺灣人首次在上海舉行這種政治性的反日集會。[23]爾後臺灣青年也常舉辦類似活動，如第二年的六月十七日，「上海臺灣青年會」召開「反對臺灣始政紀念」的集會。一九二七年六月十七日廣東革命青年團發表一篇「臺灣革命青年團致民衆書」，攻擊日本的統治，也定這一天爲「國恥紀念日」[24]。另外一九三〇年「閩南學生聯合會」也進行反六一七集會，一九三一年

21 王乃信譯，《臺灣社會運動史，一九一三—一九三六》，第一冊，文化運動，頁八九—九〇。

22 謝雪紅口述，楊克煌筆錄，《我的半生記》，頁一五六。

23 謝雪紅口述，楊克煌筆錄，《我的半生記》，頁一五五。

24 見張深切，《里程碑》，頁二五〇。

「上海臺灣反帝同盟」發表「紀念六一七臺灣亡國宣言特刊」等。[25]

參加一九二三年上海「恥政紀念會」成立大會的臺灣青年計有謝雪紅、林木順、李萬居、何集璧、范一錢，張深切、林維金、洪輯治等共一百多人，他們大多數是在上海求學的臺灣學生，如張深切是一九二三年到中國上海留學，就讀上海商務印書館附設的「國語師範學校」。少數才是已經畢業的社會青年，整個紀念大會只有謝雪紅一個女生。此次會議是何集璧、范一錢、李萬居召集。會中何集璧大罵日本帝國主義，范一錢講無政府主義，[26]張深切在會中攻擊日本對臺灣的殖民統治，謝雪紅也上臺主張婦女也應該參加革命，支援男人的運動，才容易成功，博得與會者的喝采。[27]張深切曾提到上海生活：

> 我留在上海，天天受著生活的威脅，……徒有一腔熱血，無法運用，只和臺籍學生周旋。……此時此地最活躍的志士，可以說是蔡惠如、彭華英兩人，其他還有蔡某、許乃昌、謝廉清、張芳洲、洪輯洽、洪紹潭、李孝順、林培英、林金生、洪調郁、林鵬飛等人。[28]

上海「恥政紀念會」主題是攻擊日本對臺灣的殖民統治，會後印發反對日本殖民統治臺灣的傳單，除了在上海散發，還寄到東京、北京、南京、廈門等地。會後兩個月，即八月謝雪紅回臺灣。[29]

---

25 王乃信譯，《臺灣社會運動史，一九一三—一九三六》，第三冊，共產主義運動，頁三六九、三七四。

26 謝雪紅口述，楊克煌筆錄，《我的半生記》，頁一四九。

27 有關一九二三年六月十七日臺人在上海辦的「恥政紀念會」情形參見謝雪紅口述楊克煌筆錄，《我的半生記》，頁一五五—一五六。及張深切，《里程碑》，《張深切全集》，（臺北：文經社，一九九八年一月），卷一，頁二四九。

28 張深切，《里程碑》，見《張深切全集》，（臺北：文經社，一九九八年一月），卷一，頁二五〇。

29 張深切，《里程碑》，《張深切全集》，卷一，頁二四八。

02 上海的臺灣學生聯合會與臺灣青年團

東方被壓迫民族團結起來，打倒萬惡日本帝國主義者。……援助中國、臺灣、印度、安南、爪哇之革命！

臺灣青年團

一、上海臺灣學生聯合會：號召臺灣青年團結，加強學習中國文化與共產主義學說

「上海臺灣學生聯合會」成立於一九二五年十二月廿日，事在「五卅運動」之後，發起人是許乃昌、彭華英、翁澤生、洪朝宗、蔡孝乾、何景寮、王慶勳等人，成立地點是法國租界內的南光中學，由蔡孝乾、何景寮擔任成立大會司儀。此會以暨南大學、大夏大學及南洋醫科大學等校之臺灣留學生組織之，參加成立大會的臺灣籍的留學生有一百多名，朝鮮人、中國人十多名。[30]

此會成立後，即與有民族意識傾向之思想團體如「臺灣文化協會」及與韓人之各團體互相連絡提攜。發起人之一的翁澤生在成立大會上號召臺灣青年團結起來，要加強對中國文化的學習，加強對共產主義學說理論的學習。[31]一九二六年四月十一日，上海臺灣學生聯合會舉行春期總會，到會有大夏大

30 王乃信譯，《臺灣社會運動史，一九一三—一九三六》，第一冊，文化運動，頁一〇九。

31 連溫卿，《臺灣政治運動史》（臺北：稻香出版社，一九八八年十月），頁三三一—三三二。

學、國民大學、上海大學、復旦大學、持志大學、南洋高級商業、南光高級中學、還有旅上海的臺灣青年。報告上學期工作，章程修改、改選委員等。

上海的臺灣學生聯合會和北京、廈門、福州的臺灣學生經常聯絡。[32] 一九二六年十月卅一日該會召開第三次總會，改選委員，募集資金，上海大學、持志大學、大夏大學、國民大學、南方大學、法科大學、中華藝術大學各有一名代表入選，內有女委員一名。另外有三名候補委員。[33]

上海臺灣學生聯合會的活動相當頻繁，一九二九年一月一日的《臺灣民報》報導，「上海臺灣學生聯合會」召開第二次大會，推測日期爲一九二八年的年底。由於上海臺灣學生日益參加學生運動，上海當局有時會加以取締，甚至加以逮捕。[34]

一九二九年二月「上海臺灣學生聯合會」發行學生聯合情報，四月七日在暨南大學舉行總會，決議組織「全中國臺灣學生聯盟」。五月，與友誼團體合作發起「撤廢渡華旅行劵同盟」，函請臺灣島內各團體參加，發表暴露旅行劵弊病之宣言及聲明書。向國民政府要求恢復優待臺灣學生事，因爲從前北京政府對臺灣學生本有優待，到廣東時代之國民政府，初期對臺灣學生給予免考、免費之優待，但是國民黨清黨後，卻取消一切優待，因此臺灣青年起而力爭，要求恢復。[35]

---

32 《臺灣民報》，第一〇四號，一九二六年五月九日。

33 《臺灣民報》，第一三二號，一九二六年十一月二十一日。

34 〈上海的臺灣學生又被捕〉，《臺灣大衆時報》，第五號，一九二八年五月。《臺灣大衆時報》對臺灣蓬勃的社會運動非常注意，刊有「臺灣總工會將要成立」、「臺灣社會運動概觀」、「臺灣農民組合的現勢」等等文章。一九二八年七月九日《臺灣大衆時報》出第一〇號之後，被迫停刊。

35 《臺灣民報》，第二四九號，一九二九年二月二十四日。

二、上海臺灣青年團成立

「臺灣共產黨」受到「上海讀書會事件」逮捕案的影響，被日方破獲，林木順、翁澤生等人，糾合上海臺灣留學生聯合會及臺灣左傾青年成立「上海臺灣青年團」。

「上海臺灣青年團」於一九三〇年六月成立，由臺灣共產黨的幹部兼中國共產黨黨員翁澤生、林木順所組成，這是臺灣人在中國之共產主義運動的延續。

一九二八年四月，臺灣共產黨被日方破獲後，未受逮捕的林木順、翁澤生隨即結合黨員及急進份子策劃在上海成立臺灣青年團，到一九三〇年六月正式成立，團員有：楊春松、侯朝宗（後改名劉啓光）、劉學海、劉照明、鄭連捷、王瑞棋、蘇紅松、周宗河、陳老石、廖學禮、陳麗水等十四人，設置五部：「總務」（鄭連捷）、「宣傳」（翁澤生）、「研究」（侯朝宗）、「組織」（楊春松）及「救濟」（蔣麗金），發行機關報《青年戰士》。

翁澤生說明組織「上海臺灣青年團」的目的是：

> 在上海的青年學生日益增加，這些青年學生們，皆為殖民地被壓迫的民族一份子，懷有豐富的革命素質。因此本機關以糾合這些青年予以組織化，使其參加中國的反帝國主義鬥爭，施以實踐的訓練，以社會科學研究來提高理論的掌握，喚起他們特別注意臺灣問題並加強其組織。一方面支援中國的革命運動，同時亦以培養臺灣革命的鬥士為目的。[36]

36 此係根據楊春松的審問記錄，記載了翁澤生對青年團的內容說明。臺灣總督府警務局編，王乃信譯，《臺灣社會運動史》，第三冊，共產主義運動，頁三〇六。

在林木順、翁澤生、楊春松等的指導下，「上海臺灣青年團」參加了中國的反帝主義運動，期以革命方式覆滅日本對臺灣的統治權，謀求臺灣獨立，並發行機關報《青年戰士》，此外另有發行《青年壯士》及《青年團鈕司》兩份刊物，分送臺灣及日本各地左翼團體。並利用臺灣的「始政紀念日」或其他的紀念日及臺灣霧社蕃人暴動等機會發表宣言，印發傳單，或在壁報上寫標語，舉行示威運動、飛行集會（潛行街頭伺機舉行短時間突發性演説）等，向大衆宣傳並喚起他們對臺灣問題的注意。[37]

（一）「六一七始政紀念日」抗爭

「上海臺灣青年團」自成立後，少有獨自的活動，大多與其他類似的組織一起行動，如：「東方被壓迫民族反帝大同盟籌備會」及「上海青年反帝大同盟」等合流，於各紀念日進行活動。

一九三〇年六月，翁澤生、楊春松、侯朝宗、李清奇、王溪森、鄭連捷等人，在鄭連捷住處協議舉行盛大的戲劇公演及紀念大會。同時決定發行「青年戰士六一七紀念特刊」、「六一七紀念宣傳大綱」，組織「六一七紀念籌備會」。開始與臺灣留學生各團體連繫，並與廈門、漳州、臺灣及東京臺灣青年連絡募集費用。

六月八日與「上海臺灣學生聯合會」召開「聯席會議」，得到「上海反帝大同盟」所屬各團體援助。「聯席會議」決定：1.利用六月十五日星期日，上演以日本帝國主義殘酷壓迫「臺灣民衆黨」以及四百萬同胞蹶起爲主題的戲劇。2.掌握朝鮮、印度、安南、菲島革命運動高潮時機，與東方被壓迫民族及中國革命諸團體聯合舉行大示威運動。然而由於當時上海左翼劇團「藝術劇社」的團員遭到逮捕，借用民國路「浸禮堂」充當會場也遭拒，因此於六月十三日召開緊急會議，決定只舉行示威運動，中止演劇計劃。

37 王乃信譯，《臺灣社會運動史，一九一三—一九三六》，第三冊，共產主義運動，頁三〇七。

六月十四日，「上海反帝大同盟」所屬團體舉行「臺灣六一七紀念各反帝代表大會」，共有三十多團體參加。決定六月十七日下午五點三十分，於東京路、澳門路的廣場舉行大規模的反帝示威運動。同時鼓吹工場罷工、學校罷課、商店罷市。[38]當日警戒特別森嚴，參加者只高呼口號，不能示威。虹口工部局警察人員開始搜身，逮捕了九名身上帶有傳單、宣言書者，一名爲菲律賓人，其餘之中有蔣麗金及數名青年團團員。但他們並不承認自己爲臺灣人，雖然日本領事館有照像可資對照，亦無法要求引渡。傳單包括：反帝大同盟者四種、上海工會聯合會者四種，此外又有中國共產黨江蘇省執行委員會「爲六一七臺灣之國恥紀念，並援助東方殖民地革命告工農、兵士，貧苦群衆書」，以及工會總工會之「六一七援助臺灣革命宣言」等。

（二）聲援臺灣霧社原住民抗日運動

一九三〇年十月廿七日，臺灣爆發「霧社事件」[39]，上海臺灣青年團隨即在十月卅日於沙渡舉行秘密會議，發表「援助蕃人暴動宣言」，宣傳日本帝國主義之蠻橫，並發動中國各革命團體，在上海十處各舉行代表大會，以爲慰問臺灣蕃人（即原住民）及聲援臺灣蕃人暴動，做成決議八項，其中重要者計有：

38 「上海反帝大同盟」一九二九年八月一日在上海成立，這是中共領導下的反帝愛國組織，由任弼時、潘漢年等擔任負責籌劃，其宗旨爲「反帝國主義」，任何個人或團體認同此宗旨者皆可參加，盟內設黨團組織，第一任黨團書記爲扈楚一。

39 「霧社」在今南投縣仁愛鄉。由於日本殖民當局長期奴役壓迫臺灣原住民，引起塞德克族不滿，由馬赫坡頭目莫那魯道父子率領六部落於一九三〇年十月二十七日抗暴起事，殺害日本官吏及眷屬一百三十四人，驚動日本，殖民當局調動警察一千一百六十三人，軍伕一千三百八十一人及軍隊八百人入山進攻，並出動飛機大砲，甚至施放毒瓦斯，進行大屠殺，造成原住民嚴重傷亡，計起義六社原有一千四百多人只剩五百多人，莫那魯道自殺，六部落頭目被殺。事件至十二月才平定，史稱「霧社事件」。

1. 由中國各革命團體發表慰問臺灣蕃人書。
2. 臺灣革命團體與中國革命團體樹立密切關係，同時設立通訊社，由臺灣革命團體派遣一名負責。
3. 宣傳臺灣青年團，另一方面設立紅旗日報通信員及設立派出所。
4. 提議組織「遠東反帝聯盟」。

「上海臺灣青年團」也加入「東方被壓迫民族反帝大同盟」與「上海反帝大同盟」，此爲中共指導下反帝國主義鬥爭的團體之一。但爲了使其政治色彩更明顯，林木順、翁澤生等人於一九三一年四月廿六日在廖興順家，召集王天強[40]及其他青年團團員開會，後根據翁澤生的提議將「上海臺灣青年團」改名爲「上海臺灣反帝同盟」。更名後其左翼色彩更加明顯，原本的機關刊物《青年戰士》也改名爲《反帝報》。「上海臺灣反帝同盟」延續「上海臺灣青年團」的宗旨綱領，除抗議霧社事件、發動六一七紀念日抗爭之外，也支援中國與朝鮮的反帝鬥爭活動。[41]

（三）援助朝鮮獨立運動大會

上海臺灣青年團與在上海的左傾團體及韓國人團體互相聯絡扶助，一九三〇年十一月，由朝鮮光州事件引發之全韓獨立運動，臺灣青年團就積極支持。在十一月三、四兩日舉行的「朝鮮獨立運動援助大會」上，翁澤生、林木順兩人，大聲疾呼謂若非共同戰線，打倒帝國主義，則被壓迫民族不能得到解放。略謂：日本帝國主義之殘忍屠殺政策已現出原形，日本帝國主義之強盜以無恥的剝奪與極慘酷的壓

---

40 王天強（彭登雲，一九一〇—一九七〇），臺灣台中人，一九三一年在上海參加「臺灣反帝同盟」，一九四五年參加臺灣人民協會，任中國委員，一九四九加入臺灣民主自治同盟，任總部第一屆理事會理事，同年出席中國人民政治協商會議第一屆全體會議。後任臺盟福建省支部主任委員，民革第三、四屆中央委員，福建省政協常委。

41 王乃信譯，《臺灣社會運動史，一九一三—一九三六》，第三冊，共產主義運動，頁三〇八。

迫，除喪心病狂者外，誰不痛恨！韓國亦被禁止使用自己之言語與文字，對此滅絕政策，若不甘為亡國奴隸者，誰不切齒！最近為解決病入膏肓之狀態，便屠殺學生，逮捕學生。此只為其一幕，東方革命工人、農民及勞動大衆，太平洋上已充滿帝國主義第二次大戰風雲，我們身上之鐵鍊日益增加重量，與在血潮中之韓國兄弟一齊進舉，打倒萬惡帝國主義及世界帝國主義之強盜，韓、中、臺、印、安、爪哇之東方革命群集，團結我們的力量起來。

「上海臺灣青年團」於一九三〇年一月十一日發布口號如下：

東方被壓迫民族，團結起來！
打倒萬惡日本帝國主義者！
打倒國際帝國主義者！
援助韓國的革命同胞！
反對世界大戰！
反對進攻蘇聯！
援助中國、臺灣、印度、安南、爪哇之革命！
反對分割中國！
東方被壓迫民族解放成功萬歲！
韓國獨立萬歲！

一九三一年七月反帝同盟遭租界日警破獲，成員陸續被捕，組織逐步瓦解。[42]

42 連溫卿，《臺灣政治運動史》（臺北：稻香出版社，一九八八年十月），頁三二八—三二九。

03 閩南地區臺灣學生的反帝運動

上海以外，閩南是另一個臺灣人反帝運動熱烈的地區。一九二一年十月十七日，林獻堂、蔣渭水、連溫卿等人領導創建了「臺灣文化協會」，翁澤生在當年就加入協會，當時他仍就讀廈門集美中學，就積極往返廈門集美和臺灣之間，參加文化協會舉辦的各種講演會。

一、組織「閩南臺灣學生聯合會」

根據一九二三年七月臺灣總督府調查，僅在廈門一地的臺灣籍學生就達一百九十五人。在集美中學就讀的翁澤生與洪朝宗、莊泗川聯絡了當地的一些臺籍學生包括：廈門大學的李思禎、王慶勳；同文書院的許植亭；中華中學的郭丙辛及教師江萬里以及英華書院的蕭文安等人，商議成立「閩南臺灣學生聯合會」，於一九二四年四月廿五、廿六日，召開成立大會，設置戲臺，糾合四百多名與會者，演出新劇。劇本是根據彰化「北白川宮遺跡碑」毀損案的「募兵事件」寫成，題為《八卦山》及《無冤受屈》兩劇，諷刺臺灣人被日人統治受虐待的情形，並高唱「臺灣議會請願歌」，隔日召開演講會，選出各校代表，鼓動臺灣革命。廈門《廈聲日報》主持人陳沙崙，以來賓身份激勵學生。[43]

「閩南臺灣學生聯合會」於一九二四年五月，創設「共鳴社」，辦會刊《共鳴》雜誌，由莊泗川及

43 王乃信譯，《臺灣社會運動史，一九一三—一九三六》，第一冊，文化運動，頁一二七—一二八。

張志忠（張梗，漳州八中的學生）擔任主持人，創刊號宗旨爲：

同胞們，覺醒吧！
臺灣議會期成同盟會多位會員已被宣告徒刑，打破陋習大講演各位青年已被收押了！
臺灣同胞們，覺醒吧！
以諸位的血淚，換取諸位的自由吧。
中華同胞，覺醒吧！覺醒吧！
勿為日人的離間計所欺矇！[44]

彰化人李山火還資助「閩南學生聯合會」成立大會的費用。李山火是翁澤生母親的遠房親戚，經常資助「臺灣文化協會」，他於一九二五年夏到漳州南郊圓山開設農場。[45]

一九二四年十一月十六日，閩南學生聯合會於廈門思明教育會館，召開秋季大會，參加者有會員六十多名、來賓十多名，會中舉行有關革命的演講，郭丙辛的演講還被刊載於《思明日報》。翁澤生則於一九二四年九月進入廈門大學就讀，一九二五年一月八日由他領導的「臺北無產青年」在大稻埕港町文化講座舉行「打破陋習講演會」，與日本警察發生衝突，結果翁澤生、洪朝宗、鄭澄河、莊錫吉、江長生等五人被捕。翁澤生、洪朝宗以「違反治安警察法、妨礙執行公務」被判禁錮三個月，鄭澄河、莊錫吉被判禁錮二個月，江長生罰款十元，翁澤生出獄後轉學到上海大學就讀。

44 王乃信譯，《臺灣社會運動史，一九一三—一九三六》，第一冊，文化運動，頁一三一。
45 何池著《翁澤生傳》，頁三三。

二、漳州救援會及遊藝大會

一九二九年十月五日，住在漳州的李山火、蔡孝乾、張炳煌等人召集數十名臺灣留學生，針對「蔣文來事件」，進行運動並組成救援團體。蔣文來因涉有共產黨員之嫌經漳州第一師軍法會議審判將其拘禁。一九三〇年二月，為了與臺灣的「臺灣農民組合」一起救援被日本逮捕者，募集資金與進行宣傳，舉行遊藝大會。一九三〇年二月三、四日左右，向廈門「同文臺灣留學生會」、「留集臺灣學生會」、漳州縣黨部等機關學校發函，並張貼傳單，募得百餘元。又於九日在漳州、上海、東京及臺灣各地分發題為「臺灣解放運動犧牲者救援大會特刊」印刷物約兩千份，內容包括：「日本最近對臺灣的暴壓政策」、「暴壓政策下的各階級民眾」、「島內各團體的鬥爭情勢」、「海外臺灣青年的活動情勢」。

「遊藝大會」在李山火的主持下進行，陳志輝論述臺灣革命運動的經過與救援犧牲者之必要，後進行奏樂、歌舞及演出「殖民魂」、「血濺竹林」等劇，並在會場內張貼口號：「被壓迫民族努力奮鬥達到自由！臺灣解放萬歲！臺灣獨立成功萬歲！打倒日本帝國主義！援助臺灣解放犧牲者！」兩日的表演共吸引五百五十名觀眾觀賞，門票收入約五百元。46

三、「閩南學生聯合會」重組

一九三〇年二月，閩南學生聯合會重組以「留集臺灣學生會」（集美學校）、「同文臺灣學生會」為基礎。臺灣學生受到李山火、蔡孝乾、施至善、張炳煌、潘爐、陳新春等人的指導，並與林木順、翁澤生等人聯絡，較傾向共產主義。學生會幹部有詹以昌、曹炯朴、王溪森等人，主要是進行社會科學研

46 王乃信譯，《臺灣社會運動史，一九一三—一九三六》，第三冊，共產主義運動，頁三五四—三五六。

究與策畫臺灣民族獨立運動。

一九三〇年六月一日及六月五日召開兩次籌備會，以潘欽信、陳新春為籌備會特別委員擔任指導工作，漳州中學代表負責起草會章、中華中學負責外交事務、集美中學各代表負責總務事務。六月九日，在廈門中學的禮堂舉行成立儀式。出席者有：集美中學的詹以昌、曹炯朴、王登才、高水生、董文霖、柔懷深；中華中學的林樹勳、陳啓仁、曹雲樵、李盛田；漳州第十一高級中學的施懷清；第八中學的沈連白；廈門中學的蘇望村及指導者潘欽信、陳新春、王溪森、盧丙丁等七名。大會重要決議：逐次擴大聯合會而成立全國臺灣學生聯合會。計劃機發行關雜誌。學生回臺時，與臺灣社會運動諸團體連絡，或要其參加運動。編纂臺灣狀況，在中國及其他各國出版發行，努力介紹臺灣，以演戲、辦演講會作宣傳。與中國各地臺灣學生互相提攜，與各地青年團、學生會以及臺灣島內解放運動團體密切連絡，支持中國共產主義青年團等。47

「閩南臺灣學生聯合會」除以反帝國主義運動為主，其所參與的活動包括「六一七紀念鬥爭」及「援助臺灣蕃族革命」皆仿照「上海臺灣青年團」的方針。並發行「閩南學生聯合會宣言書」及「六一七紀念特刊」兩千份，分送廈門、漳州、上海及臺灣各左翼團體。

（二）六一七紀念鬥爭

臺灣解放運動的目的是要求臺灣獨立，否認日本帝國主義的存在。換言之，必須要求臺灣解放顛覆日本帝國主義的統治。一九三〇年六月十七日，閩南臺灣學生聯合會舉行紀念六一七活動，宣稱紀念六一七，更應加汲汲於顛覆日本帝國主義，同時預防叛逆的反動。海外臺灣青年應盡最大的努力從事反

47 王乃信譯，《臺灣社會運動史，一九一三—一九三六》，第三冊，共產主義運動，頁二六一—二六二。

帝運動，妨害反帝運動的都是判逆者。總之，紀念六一七必須有顚覆日本帝國主義的覺悟，然後將「始政紀念日」改成「獨立紀念日」。

（二）聲援臺灣原住民

一九三〇年十月廿七日，臺灣霧社塞德克族原住民抗日事件發生，日方大事屠殺，史稱「霧社事件」。十一月八日，「閩南學生聯合會」幹部曹炯朴、陳新春、潘欽信及會員董文霖、王太霖、邱克修三十多人在廈門集美集合，呼籲援助臺灣蕃族革命，共同打倒日本帝國主義，與「上海臺灣青年團」呼應，以「留集臺灣學生有志團」之名發行「援助臺灣蕃族革命號召宣言」、「臺灣革命特刊」。

（三）開設社會科學研究會

「閩南學生聯合會」在各地開設研究共產主義的社會科學會。參加的學員有：王燈財、邱克修、王光天、高水生；詹以昌、王溪霖、黃天鑑、董文霖、曹鴻跳等。另外在陳天弼的住所組織社會科學研究會，也分成兩班，由侯朝宗指導研究，學員有：侯朝宗、王燈財、董文霖、王光天、張梗、王天強、高水生、林明德、蘇深淵、王太鑫、林清淮、鄭明顯、陳鑫臺、蔡大河、陳坤成等及廖丙丁。48

四、廈門反帝同盟臺灣分盟

一九三一年四月廿六日根據翁澤生的提議將「上海臺灣青年團」改名爲「上海臺灣反帝同盟」。在廈門的團體也仿傚之，於一九三一年六月在廈門市由侯朝宗指導，召集「閩南學生聯合會」的王燈財、陳耀林、陳啓仁、陳興宇等人，組織「廈門反帝同盟臺灣分盟」。推舉王燈財爲負責人，侯朝宗與「上

---

48 王乃信譯，《臺灣社會運動史，一九一三—一九三六》，第三冊，共產主義運動，頁三六九—三七三。

海臺灣反帝同盟」及「中國共產主義青年團廈門支部」連絡，致力宣傳、結合青年以及擴大組織。

「廈門反帝同盟臺灣分盟」的活動有：一九三一年之「六一七紀念鬥爭」印刷並分發三千份以「打倒日本帝國主義、謀求臺灣獨立」爲重心的「紀念六一七臺灣亡國宣言特刊」。一九三一年十月，發出「反對帝國主義佔據東三省」的宣言書。

其中王燈財、陳耀林、陳啓仁等人加入中國共產主義青年團。一九三二年三月，中國共產主義青年團廈門支部指導下的學生、青年團體召開聯席會議。決議將臺灣青年所組織的「廈門反帝同盟臺灣分盟」解散，改爲「廈門青年救國會」。以中國共產黨新方針「抗日救國」成爲「反帝國主義統一戰線」的運動方針。[49]

[49] 王乃信譯，《臺灣社會運動史，一九一三－一九三六》，第三冊，共產主義運動，頁二七三－二七八。

04 上海大學與五卅運動

當時，我和林木順的思想都很單純，只為主張愛國，崇拜孫中山、擁護辛亥革命。到了上海以後，又親眼看到帝國主義者欺負中國人的種種具體事實……還聽到許多不平等條約……更激發了我們的民族情緒，結果我們原本來上海為學習的目的就逐漸轉變為革命而學習的思想了。

謝雪紅

一、上海大學創辦緣起

上海大學在一九二二年十月廿三日創立於上海，是國民黨創辦的一所學校，但是中共始終參與其事，可以說此大學乃是中國國民黨和中國共產黨合作建立，是國共合作辦理的一所大學，在革命的年代裡，史稱「北有北大，南有上大；文有上大，武有黃埔」，在反帝國主義的歷史過程中，上海大學有它光輝的一頁，其校址初在閘北青雲路的弄堂及閘北的寶興路，之後遷到西摩路一三二號。[50]

上海大學創校可追溯到一九二二年春，時王理堂藉陳獨秀等人之名，以提倡新文化爲號召，在上海

50 上海大學建校之初，將位於閘北青雲路的「東南高等師範學校」改建而成，祇是一幢老式二層十餘間的樓房。一九二四年二月，由於校舍不夠，便遷到西摩路南洋路口（今陝西南路南陽路），後仍不夠用，又借了學校靠北邊的兩處房子。參見曾文彪，〈上世紀二十年代的上海大學——大革命中的革命搖籃〉，《上海教育報刊總社》《東方教育時報》二〇一三年二月二十日。

閘北青島路（後之青雲路）創辦「私立東南高等師範專科學校」，不久發生罷課風潮，反對學校斂財，要求改造學校，聘請具社會聲望的陳獨秀或于右任爲校長，[51]于是陝西人爲老國民黨員，曾參加辛亥革命。學校當局在《民國日報》發布啓事更改校名，新校名是「上海大學」，公舉于右任爲校長。[52]

上大校舍簡陋，一九二五年九月初，上海大學租用閘北青雲路師壽坊的民宅，充當臨時校舍開學，沒有校門、禮堂及運動場，教室是一幢兩層樓的石庫門民用住房，祇能容納三四十人。但由於之後上海大學師生在「五卅運動」中傑出的表現，乃吸引其他學校的學生轉學到「上海大學」學習。

改制又改名後的上海大學，從此與中國現代史發生密切的關係，首先是國民黨關切該校的發展，當時國民黨總理孫中山於廣州蒙難脫險，留駐上海，學校成立不久，孫中山指示廣州革命政府每月撥款給上大，他期望上大成爲培養革命人才的學校。孫中山同時還擔任上大董事會的名譽董事長，一九二四年一月國民黨在廣州舉行第一次全國代表大會，由於當時上海大學經費匱乏，一全大會決議每個月補助一千元給上海大學做爲辦學經費，[53]學校董事會成員有：蔡元培、汪精衛、李石曾、章太炎、張繼、馬寶山、張靜江、馬君武等二十多人。校董的任務是向社會各界募捐，解決辦學經費問題。

校長于右任之外全校約有九十餘名教職員，知名學者如豐子愷教美術，其他如：趙景深、俞平伯、周予同在該校任教外，也有部分中共黨員在該校任職任教，如：邵力子任副校長、鄧中夏任校務長（後改稱總務長），瞿秋白任教務長兼社會系系主任，施存統（後改名施復亮）任社會系教授，主講《新三民主義》、《建國大綱》等，另王一飛教俄語、周建人講授進化論等。

51 中共上海市委黨史研究室編，《中國共產黨在上海》，（上海：上海人民出版社，一九九一年六月），頁四四。

52 上海《民國日報》，一九二二年十月二十三日。

53 中共上海市委黨史研究室編，《中國共產黨在上海》，頁四五。

「上大」最高權力機構是評議會，一九二三年八月成立，委員長是校長于右任，委員有鄧中夏、瞿秋白、邵力子、陳望道、洪禹仇（又名洪野）、周頌西、馮子恭、葉楚傖、陳德徵等人，其中共產黨和國民黨左派占一半以上。上海大學最早設立的系是社會系、曾任系主任者有瞿秋白、施存統、彭述之等人。除了社會系，上海大學還設有中國文學系、英國文學系、美術科、俄語班、中學部等。[54]

上海大學的創校目的是什麼呢？或者說學生爲什麼報考該校？根據上海大學教務長鄧中夏的陳述，他說教職員認爲是「爲建國」而創辦該校，而學生也是爲了「要建國」而報考，鄧中夏進一步說明上海大學創校的宗旨是「養成建國人才」，中國處在國際壓迫和國內擾亂的時代和環境中，建國是中國的唯一出路。[55]

表面上，上海大學是由國民黨創辦，但是中共對上大的影響力卻很大，它在上海大學內設有黨支部，直屬於中共上海區委，凡有全市群衆組織的，經常指派上海大學派代表參加。[56]

上海大學不是公費的學校，它有向學生收取學費，以一九二五年爲例，每位學生一學期的學費、書藉費總共是十二元。[57]這個學校的入學的考核究竟如何呢？謝雪紅就宣稱自己讀大學之前未曾進過一天學堂。她說：

---

54 中共上海市委黨史研究室編，《中國共產黨在上海》，頁四五—四六。

55 鄧中夏，〈上大之使命〉，《上海大學周刊》，一九二四年五月四日。見上海社會科學院歷史研究所編，《五卅運動史料》第一卷（上海：上海人民出版社，一九八一年十一月），頁二六〇。

56 《中國共產黨在上海》，頁四六。

57 謝雪紅口述，楊克煌筆錄，《我的半生記》，頁一七七。

進上大後，發了幾本書，上課時又經常發講義，這些書以我當時的文化水平只能大體上看懂一點兒，但不理解深意。上課時，看到許多同學都在做筆記，自己羡慕得很。對上下課的生活我也很不習慣，除了我一人以外，每位學生都起碼有進過學堂的經歷。有幾個女同學還戴著深度近視眼鏡，因為他們都是「書」的朋友：僅有我一個人未曾進過一天學堂。[58]

依此看來大部份的學生程度不錯，學生大多上過學堂，儘管當時適逢反帝國主義運動的高峰，多數學生經常捲入反帝運動的洪流裡，北伐不久也到了上海，課業自然顧不上，根本也讀不到什麼書。以翁澤生為例，他是一九二六年三月到上海，五月即參加五卅運動，根本沒有時間唸書。

二、上海大學中的中共黨員

在上海大學中任教的教師中，有許多中共黨員，除上述邵力子、鄧中夏、瞿秋白、施存統、陳望道、彭述之等外，還有如蔡和森、張太雷、李漢俊、惲代英、沈雁冰（茅盾）、鄭超麟等都在上大兼課。社會學系、中國文學系所聘教授中，還有共產黨員任弼時、安體誠、蔣光慈、蕭楚女、田漢、鄭振鐸、高語罕等。中學部主任是侯紹裘。[59]

上大師生參與許多上海重大革命活動，一九二四年四月，上大附設「平民夜校」，並在上海各工人集中地區開辦「工人夜校」，惲代英、鄧中夏、蕭楚女、邵力子、任弼時、沈澤民和劉華、楊之華、劉一清、薛卓江等師生輪流到各工人夜校、平民夜校上課，宣傳革命組織工會。

58 謝雪紅口述，楊克煌筆錄，《我的半生記》，頁一八三。

59 任弼時一九二四年八月到上海大學教俄語。

一九二五年二月，由李立三和鄧中夏等領導上海日本紗廠工人大罷工。[60]中共上海大學支部派劉華、楊之華、郭伯和等學生參加罷工委員會。一九二六年十月，上海工人第一次起義，上大學生龍大道擔任閘北區起義總指揮，楊尙昆等到各區「工人糾察隊」進行秘密軍事訓練，余澤鴻等幫助學校組織學生軍。

一九二七年三月，上大教師侯紹裘、楊賢江、張秋人、余澤鴻與學生郭伯和林鈞、楊之華等協助第三次起義。郭伯和擔任起義閘北總指揮，顧作霖任楊樹浦和滬東區總指揮，林鈞任南市分指揮。第三次起義勝利後，上海特別市臨時政府成立。上大師生侯紹裘、林鈞、何洛被選爲政府委員，林鈞任秘書長。

曾就讀上海大學的中共人士著名者有：康生、王劍如、王一如、丁玲、錢希鈞、楊尙昆、劉峻山、鍾復光、李伯釗、康竹君、陸雲峰、劉向榮、柯伯年、蘇愛吾（又名蘇幼農）、匡亞明等人。[61]

康生，一八九八年生，本姓張，名宗可，山東膠南縣人。一九二四年加入國民黨，入上海大學社會系讀書，次年加入中共，並參加五卅運動罷工委員會，二個月後任上海總工會幹事，一九三〇年任中共中央組織部長，一九三七年十一月到延安，任中央政治局委員、中央書記處書記、中央黨校校長、中央社會部部長、情報部部長等職。[62]一九三八年丘念台到延安考察，與康生有過接觸深談。

楊尙昆，一九〇七年生，四川潼南人。一九二六年由中國共產主義青年團團員轉爲中國共產黨黨

60 一九二五年二月，李立三和鄧中夏等領導上海日本紗廠工人的大罷工。同年五月在現場指揮抗議日本槍殺工人顧正紅。五卅慘案發生後，被公推爲上海市總工會委員長，參與領導了五卅反帝愛國運動。

61 中共上海市委黨史研究室編，《中國共產黨在上海》，頁四七。

62 鄭義，《中共特務頭子》（臺北：南書房文化公司，一九九六年六月），頁二一五—二三五。

員，入上海大學，參加了上海工人第一次、第二次武裝起義籌備工作。一九二六年十一月，赴蘇聯入莫斯科中山大學，學習馬克思列寧主義理論。後考入蘇聯中國問題研究院，同時兼任職工國際中國代表的翻譯。一九三一年回國，任「中華全國總工會」宣傳部長和中共中央宣傳部部長等職，並參與工人運動和抗日救亡運動的組織領導工作。一九三三年到江西瑞金中央根據地，任紅一方面軍政治部主任，一九三四年十月隨紅軍長征，抵延安後擔任抗日軍政大學政治部主任，國共內戰時，任中共中央軍委秘書長，一九八八年四月，任中共國家主席。[63]

三、臺灣人在上海大學

最早就讀上海大學的臺灣人是許乃昌，許是一九二三年入學。其次是翁澤生，他在一九二五年三月到上海，之前是在廈門大學讀書，特地轉學來上海大學就讀。再次是洪朝宗，於一九二五年五月來上海，是翁澤生替洪辦的手續，兩人就讀「社會系」，都全程參與了「五卅運動」。

謝雪紅、林木順、陳其昌等三人，是一九二五年九月同時就讀「上海大學」。[64]在「五卅運動」之後，才進入上海大學就讀的臺灣人，有蔡孝乾、李曉芳、莊泗川等人，蔡孝乾是讀社會系、莊泗川轉學到中文系，李曉芳也是中文系，他們三人是在一九二六年初進入上大。[65]當時中文系的老師有：田漢、沈雁冰、俞伯平、鄭振鐸、朱自清等人。

63 李忠杰著、中共中央黨史研究室編，《楊尚昆年譜，一九〇七—一九九八》（北京：中共黨史出版社，二〇〇七年）。
64 謝雪紅口述，楊克煌筆錄，《我的半生記》，頁一八二。
65 謝雪紅口述，楊克煌筆錄，《我的半生記》，頁一八九。

「五卅運動」之後，翁澤生、洪朝宗等加入中國共產黨，莊泗川則是加入共產主義青年團。[66]蔡孝乾與莊泗川同一寢室，蔡讀的是社會系，在校期間就已經加入共產黨。[67]

這些就讀上海大學的臺灣學生日後留有回憶錄的只有少數幾個人，其中較著名的是謝雪紅與莊泗川，莊泗川的回憶錄有關上大的部份，語焉不詳，[68]謝雪紅的回憶相對來說比較詳實，爲學者研究這段歷史提供了寶貴的資料。

謝雪紅是在一九二五年的四月間從臺灣再度到中國，這次她到中國的時間正好是「五卅運動」爆發前夕，她先到杭州找在杭州一中念書的林木順。六月間，謝雪紅與林木順在杭州加入共產主義青年團，隨即又加入國民黨。八月，謝雪紅再加入中共，[69]短短三、四個月之內，謝雪紅和林木順兩位臺灣青年從一個不知「中國革命」爲何物，到成爲國民黨員與共產黨員，眞是不可思議，只能說中國的大動亂，造就了這樣的環境。

謝雪紅加入國民黨及中共的介紹人是黃中美，黃是跨黨的黨員，或者說是國民黨的左派，他表面上是國民黨浙江省黨部的負責人，但實際上卻是中共黨員。[70]九月謝雪紅在中共的推荐下進入上海大學就

---

66 何池，《翁澤生傳》（臺北：海峽學術出版社，二〇〇五年六月），頁八四—八六。

67 許雪姬訪問，黃美滋記錄，《百年憶往：莊泗川先生訪談記錄》，（臺北：財團法人戒嚴時期不當叛亂暨匪諜審判案件補償基金會，二〇〇三年），頁五。

68 許雪姬訪問，黃美滋記錄，《百年憶往：莊泗川先生訪談記錄》，頁四—一〇是記載有關口述者莊泗川就讀上海大學的事情，但很可惜的是談得不夠深入，只是一鱗半爪而已。

69 謝雪紅口述，楊克煌筆錄，《我的半生記》，頁一七〇—一七四。

70 謝雪紅口述，楊克煌筆錄，《我的半生記》，頁一六二。

讀。入學考試有筆試和口試，筆試考中文和英文，中文考題有「五九事件」，謝雪紅只寫了一些而已；口試問到「鴉片戰爭的歷史和不平等條約」等問題；英文科，謝雪紅完全不會應答。[71]但是謝這樣子的成績竟然也被錄取，理由很簡單，因爲她在「五卅運動」期間的表現正是中共所需要的人，可見上海大學雖名爲大學，但是選擇學生的標準是「政治傾向」，不看學生的素質。謝雪紅說：

> 就在上海工人罷工運動鬥爭被鎮壓後，黃中美又來找我，告訴我，黨要派我進「上海大學」學習。我吃了一驚，對他說我沒有半點文化怎能進大學。當時我心中很害怕，自己是一個沒有文化的人，怎能去和那些知識分子在一起上課呢？因為我不同意，黃中美接連幾次來說服我。最後，他對我說：「黨正是要培養像你這樣窮苦出身、文化很低的黨員」。[72]

謝雪紅在上海大學讀書爲時甚短，只是短短二個半月的時間而已，因此沒有史料顯示她和翁澤生在上大碰面。[73]

茲將曾在上海大學及其附設中學就讀的臺灣學生，逐一介紹如下。

71 謝雪紅口述，楊克煌筆錄，《我的半生記》，頁一七七。

72 謝雪紅口述，楊克煌筆錄，《我的半生記》，頁一八一。

73 陳芳明，《謝雪紅評傳：落土不凋的雨夜花》（臺北：前衛出版社，一九九一年七月），頁六二，言謝雪紅讀上海大學四個月，誤。陳芳明著作此書時，未引用謝雪紅《我的半生記》，致有此誤，按謝雪紅在書中明白說出進入上大以及離開上大的時間，總計二個半月。

創建臺共的謝雪紅（前排右二）、林木順（後排右一）。（林光輝提供）

許乃昌，一九〇五年一月生，彰化人，社會系，一九二三年入學，他是最早入學上海大學的臺灣人。有謂許乃昌是一九二二年入學上大，但是上大在一九二二年年底才成立，也才開始招生，許應是一九二三年才入學。他一九二三年九月加入「共產主義青年團」，十一月加入中共，一九二四年加入中國國民黨，許乃昌在上大的時間不長，旋即赴蘇聯就讀東方大學。[74]

一九二五年十二月廿日，許乃昌和彭華英等人發起成立「上海臺灣學生聯合會」，事在五卅運動之後。

謝雪紅，一九〇一年十月生，彰化人，社會系，一九二五年九月入學，十一月離校赴莫斯科。入學前已加入中共。之前在杭州加入共青團，並加入國民黨。[75]

74 許乃昌出生年，係依據共產國際檔案。見郭杰、白安娜著，李隨安、陳進盛譯，《臺灣共產主義運動與共產國際（一九二四—一九三二）研究．檔案》（臺北：中央研究院臺灣史研究所，二〇一〇年六月），頁五四。按有謂許乃昌生於一九〇七年者，如果如此，則他十六歲就入學上海大學，顯然不合情理。且許在一九二三年四月已有政論性文章發表在《臺灣民報》上面，一個十六歲的少年怎可能寫出那樣子深度的文章。有關許乃昌還可參閱邱士傑，〈從黎明期的臺灣走向中國改造論：許乃昌的思想經歷看兩岸變革運動與論爭（一九二三—一九二七）〉，《批判與再造》，二〇、二一，二〇〇五年。

75 謝雪紅的出生年、月、日，是根據她親口所說，見謝雪紅口述，楊克煌筆錄，《我的半生記》，頁一五。

林木順，一九〇二年生，南投人，社會系。在臺就讀臺北師範學校，一九二四年三月參與罷課被開除，旋即到中國。一九二五年九月入學，十一月離校赴莫斯科。入學前已加入中共，入黨介紹人是黃中美。之前在杭州加入共青團，又加入國民黨，後傳聞加入紅軍，不知所終。

陳其昌，一九〇五年生，基隆近郊汐止人，社會系，出身富有人家。一九二二年到中國，就讀杭州一中，加入共青團，也加入國民黨，入黨介紹人是黃中美。一九二五年九月入學上海大學，之前已加入中共。一九二五年十月中共派赴蘇聯東方大學學習的名單原本有他，但最後變成沒有，原因不詳。謝雪紅和林木順到蘇後他也離開上大，和一女生到日本留學。陳讀日本大學政治系，課餘參加廖承志辦的「社會科學研討會」，陳在一九二九年回臺，加入「臺灣民衆黨」擔任秘書長。謝雪紅、林木順、陳其昌三人加入共青團的介紹人都是安存眞與宣中宣。[76]

翁澤生，一九〇三年生，臺北人，社會系，一九二五年三月入學。臺灣太平公學校畢業，一九二一年十月，在臺北加入臺灣文化協會。後到廈門集美中學讀書，接受馬克思主義和社會主義，在集美中學讀書期間，曾回臺北組織反對日本殖民統治的臺北青年會。一九二五年參加五卅運動，同年加入中國共產黨，一九二六年底回廈門從事革命活動。之後前往上海從事地下工作，一九二七年二月，出任「漳州農民運動講習所」教務主任。一九三二年後，任中華全國總工會黨團秘書長。

洪朝宗，臺北人，生年不詳。曾就讀廈門集美學校，一九二五年五月初到上海大學社會系就讀，參加「五卅運動」，加入中國共產黨。曾被「無政府主義」的「臺灣黑色青年聯盟事件」牽連，被日警羈押了半年。後當選爲臺共中央委員。

76 謝雪紅口述，楊克煌筆錄，《我的半生記》，頁一七七。

莊泗川，字貴岩，臺灣嘉義人，一九〇五年生。中文系，一九二六年入學。曾任臺灣新民報編輯，抗戰時期在武漢擔任《武漢報》總編輯、《大楚報》社長及《兩儀月刊》發行人。一九四一年日偽「中日文化協會」武漢分會成立，擔任常務理事兼總幹事。二〇〇四年二月在臺北去世。[77]

蔡孝乾，一九〇八年生，彰化人，社會系，一九二六年入學。曾用名蔡乾、蔡前、楊明山等。公學校畢業後，留校任代教員一年。在上海大學社會科學系讀書時，受到瞿秋白、任弼時等的思想影響。在上海期間，參加「上海臺灣青年會」，一九二五年十二月參加上海臺灣學生聯合會成立大會。一九二六年七月回臺，宣傳革命，幫助組織臺灣文化協會左翼。後爲文化協會機關報諮詢、顧問和撰稿人，一九八二年逝。

李曉芳，一九〇二年生，嘉義人，在臺先讀臺南師範學校，未畢業即赴中國，後在廈門集美中學就讀，一九二六年入學上海大學，再之後就又讀北京大學。[78]

上海大學設有「附屬中學」，就讀的臺灣學生計有潘欽信、林仲梓等人：

潘欽信，一九〇四生年，臺北人，太平公學校畢業，一九二四年入上海大學中學部。一九二八年四月在上海參加臺灣共產黨創建大會。後返臺，旋因上海讀書會事件，再逃至中國。謝雪紅重建臺共後，斥其爲機會主義者，開除其黨籍。一九二九年至廈門嶠江小學教書，加入中共。一九三一年受中共福建執委催促回到臺灣，召開臺共第二次大會，並鬥爭謝雪紅。同年九月被日警逮捕，判刑十五年。一九四五年後擔任三民主義青年團臺北分團股長，並爲臺灣省政治建設協會之一員，參與《自由報》的

---

77 田子渝，〈日僞時期湖北報人莊泗川〉，《武漢文史資料》，二〇〇五年第十期。

78 張炎憲採訪，王逸石、王昭文記錄〈李曉芳先生訪問紀錄〉，《諸羅山城二二八》（臺北：吳三連臺灣史料基金會，一九九五年二月），頁二三〇。

撰稿工作。二二八事件時被列爲「二二八事變首謀叛亂在逃主犯」。一九五一年病逝於上海。[79]

林仲梓，彰化北斗人，父林伯庭，讀上大附中，爲開明地主，曾參加臺灣文化協會的反日活動。原本他被列在派赴蘇聯東方大學留學的名單上，但回臺問父親意見，結果未再返中國，不久得病死去。[80]

林仲楓，彰化北斗人，與林仲梓爲堂兄弟。

臺灣學生就讀上海大學究竟有何意義？

其一，衆多的臺灣學生在此碰面，這些臺灣青年大多具有左翼思想，日後成爲創立「臺灣共產黨」的基本骨幹。

其二，臺灣學生在上海大學認識了早期中共領導人及學生，如陳獨秀、瞿秋白、任弼時、蔡和森、向警予、蕭勁光、丁玲等人。因爲有此線索，臺灣學生許乃昌、林木順、謝雪紅等人，才有機會獲得引荐到蘇聯莫斯科留學。[81]也才有機會與中共建立關係。

四、上海大學與「五卅運動」

由於上海大學位於租界內，其學生在「五卅運動」的過程中起了主導的作用，因此帝國主義恨之入骨。上海的學生不僅在「五卅運動」中「罷課」，而且對「上海總商會」及各商家勸說「罷市」，並組

79 黃師樵，《臺灣共產黨秘史》（臺北：海峽學術出版社，一九九九年九月），頁三〇。黃師樵這本書指潘欽信是一九二九年加入中共，但是《臺灣共產主義運動與共產國際（一九二四—一九三二）研究．檔案》一書則認爲潘欽信在一九二八年時已加入中共，見該書頁四九。

80 謝雪紅口述，楊克煌筆錄，《我的半生記》，頁一九一。

81 陳芳明，《謝雪紅評傳：落土不凋的雨夜花》，頁六二。

織「講演隊」對群衆進行宣傳鼓動。

一九二五年六月四日早上九時許，六、七十個英國巡捕分乘十多輛車全副武裝入校進行上大搜索，十點半左右，萬國商團海軍陸戰隊六、七十人強行佔領校區，揚言要駐紮在上海大學，強迫該校師生十分鐘內離校，學校被迫停課。當天帝國主義的海軍陸戰隊強行佔領了上海大學之後，又佔領了大夏大學、文治大學、同德、東華、南洋等高校及附中，企圖阻斷學生繼續參與講演及宣傳，然學生依然持續宣傳、講演及募款。

上海大學學生會組織「上大學生會臨時委員會」，校長于右任也在六月五日由河南兼程趕回，組織「上大臨時委員會」，迅速重建學校的領導機構，八月上海大學租借閘北青雲路師壽坊民房爲校舍，得以復校。

五、上海大學被查封

一九二七年三月，蔣介石已決心實行「清黨反共」，特派代表王伯齡、楊虎和陳群等先後到上海，與當地聞人黃金榮、張嘯林、杜月笙密商合作反共清黨事宜。黃金榮、杜月笙等帶領一批武裝的「中華共進會」成員至上海總工會，與工人糾察隊發生摩擦，爲清黨前奏。四月十二日，閘北、南市、滬西、吳淞、浦東等十四處「工人糾察隊」遭襲擊。「工人糾察隊」奮起抵抗，國民革命軍第二十六軍以調解「工人內訌」爲名，收繳工人糾察隊武裝，計一千七百多支槍被繳，三百多名糾察隊員死傷。

四月十三日下午，軍隊佔領「上海總工會」和「工人糾察隊」總指揮處，進行搜捕和殺害。事變後三天中，上海共產黨員和革命群衆被殺者三百多人，被捕者五百多人，失蹤者五千多人。後廣州、江蘇、浙江、安徽、福建、廣西等各省也以「清黨」爲名，對共產黨員進行殺害，此舉宣告「國共第一次合作」失敗。

事變後，蔣介石指示「淞滬警備司令」楊虎和陳群對上海大學中的共產黨員嚴查究辦。四月十九日，南京國民黨中央發出通緝令，在上海大學工作、學習過的共產黨員有廿五人遭通緝。包括：鄧中夏、瞿秋白、惲代英、蔡和森、彭述之、侯紹裘、沈雁冰、施存統、張太雷、李碩勳、蕭楚女、張秋人、楊賢江、林鈞、何洛、楊之華、餘澤鴻、於樹德、高爾柏、朱義權、劉榮簡、黃胤、王亞璋、劉一清、龍大道等人。五月二日，軍隊以搜查軍械爲藉口，侵入上海大學，逮捕未及撤離的學生與工友數十人，學校被封、校舍被占。

因此上海大學從一九二二年創校到一九二七年被封閉爲止，爲時五年。上海大學雖僅開設五年的時間，但革命氣息濃厚，在當時就有「武有黃埔，文有上大」之美譽。上海大學師生在黃埔軍校初創時期，也曾鼎力協助，一些上海大學的中共黨員，如：邵力子、惲代英、陽翰笙、蕭楚女、張秋人、高語罕、安體誠等，到黃埔軍校任教。其他如：鄧中夏、施存統、沈雁冰也曾多次到軍校演講。

一九二六年，「中共上海區委」爲配合北伐戰爭準備在上海發起武裝起義，推翻孫傳芳的軍閥統治。於是上海大學也組織「學生軍」，參加區委所組織的聯合隊伍，包括：黨員、學生、商會武裝、工人糾察隊等，及浙江省長夏超的軍隊，發動上海起義。

曾經就讀上海大學的學生，後被稱爲「上大派」，就讀上海大學的臺灣人，多數人被吸收爲中共黨員，如：翁澤生、洪朝宗、蔡孝乾、謝雪紅、林木順等，後又成爲臺共的創建者。

05
在五卅運動狂潮下——打倒帝國主義、爲死難烈士復仇

愛國的同胞啊！起來為死難的同胞復仇啊！打倒帝國主義啊！支持上海罷工工人啊！

謝雪紅

一、震驚中外的五卅慘案

一九二五年五月卅日爆發於上海的「五卅慘案」及運動，是一個全中國性的反帝國主義運動。參與運動的臺灣人有謝雪紅、林木順、翁澤生、陳其昌、洪朝宗、謝東閔等人。他們參加了「五卅運動」的示威、遊行、抗議、宣傳等活動，當時就讀中學的謝東閔就是負責散發傳單，[82]他們都被深深地捲入這一波瀾壯闊的反帝國主義運動裡。翁澤生和洪朝宗是全程參與，謝雪紅、林木順、陳其昌則是後期加入。謝、林兩人是參加「五卅慘案救援會」，對參與運動的工人群衆，發放救濟金，又到企業團體進行募捐。

五卅運動的導火線是一九二五年二月上海日商內外棉八廠日人領班毒打車間內一名女工，該車間五十多名工人向日本資方交涉，資方竟將這五十多名工人開除，激起工人憤慨，決定全廠工人罷工，

82 謝東閔，《歸返：我家和我的故事》（臺北：聯經出版公司，一九八八年八月），頁六三。

繼起響應的有廿二個廠，四萬多名工人，中共黨員李立三、鄧中夏領導這次工人罷工運動，迫使日方讓步，答應「不無故打人」、「不無故開除工人」。「二月罷工」勝利後，各工廠普遍成立工會組織，在中共黨員李立三的指導下，日商各紗廠工會成立了聯合辦事處，至五月上旬，小沙渡、楊樹浦、曹家渡三個地區新增工會會員就達二萬人。日本紗廠對工會的力量感到惶恐。

不久日方企圖撕毀原先的協議，五月十二日內外棉三廠、四廠的資方，以「罷工影響生產」為由，開除三十多個參與罷工的工人，日內外棉七廠甚至關廠停工。於是五月十五日，日內外棉七廠工人在顧正紅領導下前往抗議與交涉，日資方開槍射殺顧正紅，並打傷工人十餘名，顧正紅二天後傷重不治，事件擴大。五月十八、十九日，中共中央接連發出通告，要求各地黨組織號召工會、農會、學生會，各社會團體一致援助罷工工人，開展反對日本資本家暴行的大運動，組織遊行示威和街頭宣傳演講，指斥日本歷來壓迫中國人之罪惡。五月十八日學生開會追悼顧正紅，被捕十人。中共要求各地黨組織及共青團：「下全體動員令、組織遊行講演隊」。[83]

五月十九日中共中央號召同志聯合共產主義青年團，組織聯席會議，全體動員，組織遊行講演隊，羅列日本壓迫中國人事實，向日本帝國主義者攻擊，運動各地各公團發表宣言，指斥日人之罪惡，電請政府向日本交涉取消其在中國開設工廠之權利。[84]

在中共上海地委及共青團的領導下，上海各界投入遊行示威、宣傳演講、抗議集會等活動。五月廿四日，內外棉紗廠工會，在上海潭子灣舉行「顧正紅烈士追悼大會」，出席者有一萬多人，內中有工人、學生、店員，會中高呼「打倒帝國主義」、「為死難烈士報仇」。學生聲援工人的活動，受到上海

83 何池，《翁澤生傳》（臺北：海峽學術出版社，二〇〇五年六月），頁五九。

84 上海市檔案館編，《五卅運動》（上海：上海人民出版社，一九九一年十月），第一輯，頁二四。

公共租界當局的迫害。前一天，即五月廿三日，首先聲援工人的「文治大學」學生二人在爲救濟死傷工人上街募捐時，遭租界巡逮捕。五月廿四日，前往參加「顧正紅追悼大會」的四名上海大學學生，被以「擾亂治安」爲名遭逮捕，租界當局打算在五月卅日審判被捕學生。

上海方面負責學運的惲代英，是共產主義青年團宣傳部部長，同時也是國民黨上海宣傳部執行部宣傳秘書，五月廿七日，他和李立三召集上海大學、文治大學、大夏大學等校代表開會，決定聯合商界一致反對帝國主義，定於五月卅日在租界內舉行示威遊行運動。上海學聯開會決議：組織不怕犧牲的演講隊到租界演講；聯合各團體一致行動，演講隊五到七人爲一組，並組織先鋒隊、後備隊，上海大學也募集四百多名「決死隊」學生，共編爲三十八支演講隊，翁澤生被任命爲其中一支演講隊的隊長，洪朝宗也在隊上。[85]

五月卅日下午，二千多名學生，在上海南京路等繁華馬路上演講和散發傳單，並呼喊口號「收回租界」、「上海是中國人的上海」、「廢除不平等條約」、「釋放被捕學生」。在「上海學生聯合會」的指揮下，包括上海地區八所高等學校在內的二千多名上海學生，匯集到上海公共租界，舉行示威。上海大學、同濟大學、法政大學、文治大學、大夏大學等校的演講隊，進入上海公共租界，至上海學聯指定的地方展開宣傳講演活動。他們在永安公司、先施公司門前演講，講述工人顧正紅被日本槍殺眞相，宣傳「上海學生聯合會」提出的：懲辦、賠償、收回會審公廨、取消領事裁判權，工人可以組織工會。

聽取演講的群衆將街道擠得水泄不通，示威過程中，洪朝宗帶領群衆呼喊口號：「打倒帝國主義」、「爲顧正紅烈士報仇」。租界巡捕見狀，於是驅趕、毆打群衆，並拘捕講演者，僅上海大學被捕

---

85 何池，《翁澤生傳》（臺北：海峽學術出版社，二〇〇五年六月），頁六一—六二。

的學生就有一百三十多人。下午未被逮捕的學生和群衆，也跟著環集在南京路老閘捕房門口，表示「要關一起關，要放一起放」，要求釋放被捕的學生和工人。巡捕房爲之擠爆，捕房門外人群愈來愈多，下午三點廿七分，英國捕頭愛伏生下令對群衆開槍射殺，學生、工人當場被打死十一人，重傷廿餘人，其中有上海大學社會系學生何秉彝年僅廿三歲，爲共產黨員，於五月卅一日死亡。此即震驚中外的「五卅慘案」。翁澤生、洪朝宗兩位臺灣學生參與了五卅這一天的示威遊行活動，目睹五卅慘案的發生。[86]

二、五卅運動：罷工、罷課、罷市

五卅慘案發生後，五月卅一日，「上海總工會」正式成立，由中共黨人李立三、劉華、劉少奇負責，決議號召上海市全體工人「總罷工」，中共上海地委、國民黨上海執行部、全國學聯、上海學聯及工會集會商討對策。上海總工會成立的次日即六月一日發布「總同盟罷工令」，二十多萬的工人大罷工；「上海學聯」也發布「罷課令」，約有五萬多大學及中學學生罷課。此外並決定號召學生組織到商會說服「罷市」。在此影響下，由上海大學的學生會楊華、楊之華、高爾柏等人的領導下，翁澤生、洪朝宗等上海大學的學生組成講演隊，成隊的學生到「上海總商會」，做宣傳說服工作，要求總商會下達「總罷市」的命令，最終「上海總商會」發出通告：「鑒於我國同胞慘遭槍殺，本會決定實行總罷市」。

五月卅一日同一天，上海公共租界工部局禁止華人結隊行走，爲此總工會、總商會決定六月一日

---

[86] 惲代英，〈五卅運動〉，收在上海社會科學院編，《五卅運動史料》第一卷（上海人民出版社，一九八一年），頁八—九。費正清編，章建剛等譯，《劍橋中華民國史》第一部（上海人民出版社，一九九一年十一月），頁五九四。何池，《翁澤生傳》，頁六六五—六六六。

起全市罷市、罷工。六月一日，南京路許多商店關閉，但「永安公司」等大商行仍營業，學生於是進行「罷市勸說」。但公共租界工部局總董費信諄下令公共租界戒嚴，因此工部局副總巡俾特下令向那些衝破警戒線的學生及群衆開槍，衝撞中死傷五十多人，這是繼「五卅慘案」後的「六一慘案」。當天下午公共租界內的二萬多家公司、商店停止營業，閘北大部分商店也都罷市。罷市期間並「提倡國貨」、展開「經濟絕交：不買英、日貨；不用英、日鈔票；不售貨物給英、日兩國之人。」[87]

六月六日，「上海工商學聯合會」成立，爲統一領導運動的公開機關，召開市民大會，號召對英國、日本經濟絕交，全國各大都市工、商、學各界紛起響應。至六月廿五日，全中國各地哀悼「五卅慘案」，一片「收回英、日租界，取消領事裁判權」呼聲。其中規模最大的是六月十九日、廿一日在香港、廣東所發起的「省港大罷工」，聲勢最大，參加者二十餘萬人，時間長達十六個月，直至一九二六年十月止。

在五卅運動的過程中，中國人民反帝國主義運動得到發展，國民黨和中共的勢力都得到空前的擴張，兩者都迅速壯大起來，尤其是中共，鮑羅廷說到：「我未曾造成五卅慘案，而五卅慘案乃為我而造成」，[88]歷史顯示：「五卅」之後，中共黨員人數急遽增加，這就是鮑羅廷此話的眞實涵義。

三、翁澤生、洪朝宗加入講演與示威

五卅運動在上海爆發，在上海爆發地積極參與運動的臺灣人，前期是翁澤生、洪朝宗，後期是謝雪紅、陳其昌、林木順等人。

---

87 何池，《翁澤生傳》（臺北：海峽學術出版社，二〇〇五年六月），頁六七—七〇。

88 郭廷以，《近代中國史綱》（香港：中文大學，一九八〇年），頁五五一。

有關翁澤生本書在第二章「臺灣人與辛亥革命」中，述及他父親翁瑟士受楊心如影響參加臺灣興中會的活動，具有抗日反日意識，時讀小學的翁澤生，小小年紀，因為常常聽到父親和友人的反日言論，也萌發了反日的種子，小學畢業，就回到廈門，進入集美學校就讀，一路發展出抗日意識。[89]

早在一九二五年二月，「上海大學」師生就全力支持「滬西紗廠工人二月罷工」並取得勝利，翁澤生於一九二五年三月到「上海大學」社會系就讀，同時也替洪朝宗辦好入學手續，系上開設了「辯證唯物主義」、「歷史唯物主義」、「私有財產」、「國家起源」、「通俗資本主義」、「科學社會主義」等課程。三月十二日孫中山逝世，全校師生召開追悼大會，師生前往孫中山的寓所（莫利愛路廿九號）弔唁，翁澤生也參加悼念活動。[90]

洪朝宗三月到上海大學社會系就讀，剛到上海不到二個月，就與翁澤生遭遇到「五卅反帝運動」。一九二五年五月十六日，「中共上海地委」組織「日本人殘殺同胞雪恥會」，抗議日本殺害工人顧正紅，翁澤生參加這一次的活動。五月廿四日，召開「顧正紅烈士追悼大會」，翁又參加。追悼會有六名學生被巡捕以擾亂治安之名逮捕，六名學生包括上海大學及文治大學。次日，翁澤生和學生團體到租界要求釋放被捕學生。

五月卅一日，翁澤生、洪朝宗和上海大學學生臂帶黑紗，手持「上海大學演講隊」隊旗到「上海總商會」，要求總商會下達總罷市的命令，幾經交涉得總商會同意。六月一日，上海總工會發布總同盟罷工命令，上海二十多萬工人罷工，當天翁澤生、洪朝宗和其他學生繼續上街頭演講，巡捕以警棍和高壓水柱狂噴學生，抗議的人潮不散，巡捕又下令開槍射殺群眾，死傷五十多人。六月三日，上海學生聯合

89 林德政訪問、記錄，《林江先生訪問記錄》，二〇〇〇年八月七日，福州市林江先生宅。按：林江是翁澤生的長子。

90 何池，《翁澤生傳》，頁四九—五〇。

會發起舉辦「六三紀念會」[91]，翁澤生和洪朝宗參加紀念會，也參加遊行。

六月四日，巡捕強行佔領上海大學，「上海學生聯合會」和「全國學生聯合會」共同決定組織八支宣傳募捐隊，到全國各地說明慘案經過並募捐，學生團體印發政治小冊子和宣傳畫，向全國各大城市拍發電報，號召支持罷工反對帝國主義，鎮江、漢口、九江都發生排外運動，九江的日本、英國領事館被毀[92]，翁澤生和洪朝宗回到臺灣介紹「五卅運動」。[93]

翁澤生在五卅運動中，參與宣傳、遊行，他宣傳五卅運動是民族革命運動的一面旗幟，說上海大學的學生是五卅運動的先鋒，號召臺灣青年學生，像上海學生、工人一樣，起來打倒專制的日本統治者，此外他還在《臺灣民報》發表文章。[94]

一九二六年五月卅日，五卅慘案滿一周年，中共中央為紀念五卅慘案，組織了「五卅行動委員會」，策劃活動，紀念日前一天即五月廿九日，翁澤生帶人到上海南京路先施公司樓上，散發傳單，再到虹口參加五卅烈士公墓奠基典禮，五月卅日當天，翁澤生和洪朝宗、謝玉葉又參加「五卅周年紀念大會」，會後遊行，到前一年慘案南京路流血處，高呼反帝國主義口號，並散發傳單，遭到巡警以強大水柱衝刷。一九二六年秋，就讀中華藝術專科學校的謝玉葉在上大加入中國共產黨，並改名謝志堅，翁

---

91 「六三紀念會」指的是一九一九年六月三日，上海工人為支持北京學生的五四愛國運動，所發起的罷工運動。

92 費正清主編，章建剛等譯，《劍橋中華民國史》第一部（上海人民出版社，一九九一年十一月），頁五九五。

93 蕭彪、楊錦和、王炳南、許偉平著，《翁澤生傳》，收在龍溪地區中共黨史研究分會編，《閩南英烈》（一九八五年出版）一書，第一集，頁三〇〇。

94 蕭彪、楊錦和、王炳南、許偉平，〈翁澤生〉，中共黨史人物研究會編，《中共黨史人物傳》，第二十七卷（陝西人民出版社，一九八七年五月）。

與謝旋即結婚。[95]

一九二六年十一月上大提前放寒假，中共江浙區委組織下，翁澤生、蔡孝乾、莊泗川、李曉芳、謝志堅等人以回鄉宣傳隊的名義到閩南，從事革命活動。翁澤生化名翁振華，在漳州半年，這段期間翁澤生以漳州「省立第二師範學校」爲陣地，招募共產黨員，創建黨團組織。指導學運、工運，較著者爲發起「非基督教運動」，以及創辦「工農運動講習所」，擔任講師。

廈門國民黨海軍警備司令部參謀長林國賡於一九二七年四月九日召開「擁蔣護黨大會」，宣布全島戒嚴，通緝中共黨員和國民黨左派陳卓凡、羅揚才等人，查封了「廈門總工會」、「學生聯合會」。總工會負責人羅揚才等人被捕遇害。中共「閩南部委」召開緊急會議，決定提前結束漳州「工農運動講習所」，翁澤生和謝志堅轉回上海工作。[96]

四、謝雪紅、林木順、陳其昌在杭州示威，在上海募款

全國學生聯合會組織學生「講演隊」，分赴全國各地去宣傳「五卅運動」的情況，並向海內外愛國團體、人士募款，以支持罷工工人，所以除上海之外，在全國各地也都引起迴響。

（一）杭州的示威遊行活動

五卅運動爆發後，很快地便傳到全國各地，當時在杭州的臺灣青年有謝雪紅、林木順、陳其昌等人都曾就讀「杭州一中」，陳其昌後來又進杭州大學念書。五卅運動開始後，爲加強反對日英帝國主義的愛國運動，浙江杭州成立「浙江省工、農、商、學各工團聯合會」（簡稱「各工團」），國民黨浙江省

95 何池，《翁澤生傳》，頁九二。

96 蕭彪、楊錦和、王炳南、許偉平，〈翁澤生〉，中共黨史人物研究會編，《中共黨史人物傳》，第二七卷。

黨部派謝雪紅爲「宣傳幹事」，謝雪紅並參加各工團主持的示威遊行活動，隊伍走到杭州的日本領事館前。謝雪紅當時是領隊，她以臺灣人的身份參與這項活動，按奈不住對日本帝國主義的憤怒，帶群衆衝進日本領事館內，搗毀桌椅等家具。第二天，《浙江日報》報導這項消息：

> 愛國同胞們，趕快起來救國救民啊！不要做亡國奴！請看昨日領隊衝進日本領事館的臺灣人多麼勇敢啊！做殖民地奴隸是何等痛苦啊！

當時浙江屬軍閥孫傳芳管轄，學生向孫交涉，言學生需要軍事訓練，要求孫發給槍枝，孫第一次發了五百枝給杭州一中及另所中學，時臺灣學生陳其昌也得到一枝槍。在杭州的示威遊行示威運動中，除了謝雪紅，陳其昌也參加。示威遊行中，謝雪紅途經東濟醫院，與同行女同學一起撕毀英國國旗及美國國旗。[97]

（二）參加募款工作：為上海罷工工人籌集錢物

一九二五年五卅運動爆發前夕，謝雪紅在杭州參加國民黨浙江省黨部的工作，這個國民黨省黨部其實是中共在控制，謝雪紅在當年六月，因國民黨浙江省黨部的關係在杭州加入「共產主義青年團」，同時加入的臺灣青年是林木順、陳其昌，介紹人是國民黨浙江省黨部的幹部安存眞、宣中宣，加入共產主義青年團不久，謝雪紅又被要求加入國民黨，當時國民黨浙江省黨部的負責人是黃中美，他同時也是共產黨人[98]。成立「浙江省工、農、商、學各工團聯合會」，身爲工團聯合會宣傳幹事的謝，主要任務是

---

97 謝雪紅口述，楊克煌筆錄，《我的半生記》，頁一七五。

98 謝雪紅口述，楊克煌筆錄，《我的半生記》，頁一七七。

爲支持上海罷工工人募集金錢物品。

謝雪紅募款的方式是跑進杭州的餐館，用小旗子桿往桌上一拍，有時站到椅子上，用閩南音很重的普通話叫著：「愛國同胞啊，起來為死難的同胞復仇啊！打倒帝國主義啊！支持上海罷工工人啊！」然後拿募款箱到每一個人面前，這麼一來，大家都踴躍捐款。

除了募款，謝雪紅並參加由工團聯合會主持的示威遊行，如前面所敘述的，她帶領群衆走到杭州的日本領事館，身爲領隊，她按奈不住對日本帝國主義的憤怒，帶群衆衝進領事館內，搗毀桌椅等家具，第二天，《浙江日報》報導這項消息，大加稱讚，已如前述。

（三）呼籲不要忘記收回臺灣

在杭州的臺灣青年謝雪紅委託林木順、陳其昌，以她的名義（謝飛英）寫信給《浙江日報》，質問中國人是否把臺灣忘掉了？信文說到：

> 愛國同胞們，你們豈不是把臺灣忘掉了？為什麼只提收回租界、收回海關、收回領事裁判權，而沒有提到要收回臺灣啊？

這封信雖然是謝雪紅出主意叫林木順或陳其昌寫的，發表時的名字用的也是謝飛英（謝雪紅），但是勿寧可以說就是這三名臺灣青年共同寫的。此信在浙江日報登出後，引起轟動，第二天報紙就刊登：「不忘，不忘，不忘，不忘，」的大字回答，之後，無論是在報刊、宣傳單，或是在遊行的小旗上，都增加了「收回臺灣」的口號。謝雪紅的名字（謝飛英）[99]也從此出名，竟然有孫傳芳底下的士兵，跑來

99 謝雪紅當時是使用「謝飛英」之名。

找她，請她寫介紹信介紹他進入廣州的黃埔軍校，之後經她介紹入黃埔軍校就讀的中國青年學生，共計四、五人。[100]這也可以算是謝雪紅和黃埔軍校的一段淵源。

（四）赴上海參加五卅慘案救援會

一九二五年七月，謝雪紅、林木順等人，從杭州被調到上海，他們是在七月間抵達上海的，時五卅運動仍持續進行中。在上海他們參加「五卅慘案救援會」的工作，此會又稱「赤色救援會」，是國際赤色救援會的中國分部，主要工作是發放救濟金，發給罷工工人金錢當生活費，一人發兩元錢，當時已經是罷工的末期，他們在上海的楊樹埔的工廠和浦東的工廠發放。除此之外，又參加上海募捐的工作，有到「南洋兄弟煙草公司」募捐，獲得公司的善意回應，捐出大量的零錢，多到必須開汽車去載，公司捐出零錢的原因是大鈔票發給工人當救濟金比較困難。[101]

（五）加入「中國國民黨」與「中國共產黨」

五卅運動壯大了中國民族反帝國主義運動的力量，也就是在上海參加五卅運動的過程中，臺灣青年被批准加入了中國共產黨，當中最著名的是林木順、謝雪紅和翁澤生等人，等於說五卅運動是連結臺灣青年與中國共產黨的一座橋樑。

謝雪紅與林木順是上海大學同期同學，謝與翁澤生則是上大前後期，謝自稱是在一九二五年的八月間被批准加入中國共產黨，成爲中共黨員的，介紹人是原「國民黨浙江省黨部」負責人同時也是共產黨員的黃中美，積極拉攏謝雪紅加入中共的也是這個黃中美。黃是浙江臨安人，一九〇二年生，一九二二年春參加中國社會主義青年團，開始從事工人運動，一九二四年七月加入中共，五卅慘案發生，到上海

---

100 謝雪紅口述，楊克煌筆錄，《我的半生記》，頁一七五—一七六。

101 謝雪紅口述，楊克煌筆錄，《我的半生記》，頁一七九—一八〇。

總工會工作，他在送謝雪紅去莫斯科後，也去莫斯科，入學中山大學。[102]

謝雪紅這樣敘述加入「中共」的過程：

> 我被調來上海不久，黃中美也被調到上海，他幾次叫我去法國公園或到旅社談話，他幫助我提高對共產黨的認識，鼓勵我爭取入黨，並向我了解我的家庭、出身和經歷，同年八月間，黃中美到我閘北的住處，向我宣布我已經被批准加入中國共產黨了，介紹人就是他，當時我並沒有寫過自傳和填過表格，……沒有舉行任何入黨儀式。[103]

謝在加入中共之前，在六月時已在杭州先加入共產主義青年團，她參加共青團二至三次的會議，同時謝也加入國民黨，根據共產國際保存的檔案，謝雪紅是自一九二五年起成爲中國國民黨的黨員。

謝自稱是一九二五年加入共產主義青年團，但是共產國際的檔案顯示謝雪紅是一九二四年加入共產主義青年團，隔年即一九二五年才加入國民黨。[104]

---

102 謝雪紅口述，楊克煌筆錄，《我的半生記》，頁一八〇。http://www.hangzhou.gov.cn/dsyjs/dswx/dsrwyj/T295500.shtm（中共杭州黨史）http://www.xiexingcun.com/Bainianchao/banc2007/banc20070608-1.html（劉正山，〈百年潮〉，二〇〇八年十二月。）

103 謝雪紅口述，楊克煌筆錄，《我的半生記》，頁一八〇。

104 郭杰、白安娜著，李隨安、陳進盛譯，《臺灣共產主義運動與共產國際（一九二四—一九三二）研究・檔案》（臺北：中央研究院臺灣史研究所，二〇一〇年六月），頁四三。共產國際的檔案可能有誤，因爲謝雪紅一九二四年這一年她人在臺灣，直到一九二五年四月才又到中國，因此謝不可能在一九二四年加入共產主義青年團。

五卅運動後，翁澤生被批准加入了中國共產黨，他的介紹人是高爾柏，時間是一九二五年七月。據此則翁澤生加入中共的時間只早於謝雪紅一個月。[105]

先前在杭州時，謝雪紅、林木順、陳其昌等三人，已經被實際上是共產黨員的國民黨浙江省黨部負責人黃中美吸收加入共產主義青年團，還加入國民黨，到了上海，因為參與五卅運動非常積極，被跟著也調到上海的黃中美肯定，多次找她談話，幫助她提高對共產黨的認識，同時進一步了解她的家庭、出身和經歷，一九二五年八月被批准加入中國共產黨，成為中共黨員，謝清楚記得介紹人就是黃中美。謝雪紅也是在黃中美的指派下，考入上海大學社會系就讀，讀了半年，中共派赴蘇聯東方大學留學。因此杭州這段參與五卅運動的經歷，在謝雪紅、林木順的一生中，可以說是非常重要的一段。

謝雪紅、林木順兩人，既加入國民黨又加入中共，顯然他們都有「雙重黨籍」的身份，但他們加入的時間是一九二五年八月，當時國民黨剛剛完成改組，向全世界昭告實行聯俄容共政策，也就是中共所謂「第一次國共合作」之時。

---

105 何池，《翁澤生傳》，頁八四。按：高爾柏，一九〇一年生，國民黨上海市黨部秘書，北伐後任國民黨江蘇省黨部秘書長。

第五篇

對共產主義的嚮往——臺共從誕生到滅亡

一九二一年七月以陳獨秀等人為主導的「中國共產黨」在上海成立；一九二二年七月山川均、佐野學等人主導「日本共產黨」成立；一九二八年四月「臺灣共產黨」也在上海成立。

「臺灣文化協會」在一九二一年成立，一九二〇年代到一九三〇年代臺灣的抗日陣營分裂成左右兩翼不同方向，右翼以「臺灣議會期成同盟」、「臺灣文化協會」、「臺灣民衆黨」、「臺灣地方自治聯盟」等為主，期望溫和改革現狀，此派以蔣渭水為首，一九二七年七月組成「臺灣民衆黨」，主張以合法的途徑，訴求廢除保甲制度、建立完善法制，期成議會、言論自由、地方自治；左翼以日本資本主義在殖民地臺灣剝削，引發以工農為主的激烈左翼政治運動，富社會主義色彩，期透過革命，推翻日本帝國主義的殖民統治。左翼知識青年懷抱使命感，提出「臺灣革命」，一九二七年一月連溫卿、王敏川掌握新文協的領導權，兩人主張接近社會主義。

一九二六年先是「臺灣農民組合」成立，左翼的社會主義潛伏於其中，自一九二七年以來，日本當局不斷取締，被逮捕者衆多，如：「黑色青年事件」、「鳳山農組」、「中壢農組」、「上海臺灣共產黨事件」、「東京臺灣社會科學事件」、「第二次六一七事件」等。臺灣共產黨就在這樣的歷史背景下誕生。[1]

謝雪紅是「共產國際」欽定組織臺灣共產黨的負責人，林木順則協助她。謝到莫斯科東方大學留學的經驗，使她瞭解到「無產階級」是革命運動的主要力量，「臺灣共產黨」第一次在上海被日方破獲後，謝雪紅押送回臺灣，釋放後積極接觸「臺灣農民組合」的領導人物，後來趙港、簡娥、楊春松、楊克培都加入臺共。

---

1 王乃信譯，《臺灣社會運動史，一九一三—一九三六》，第三冊，共產主義運動，頁三五七。

謝雪紅的俄國經驗，與臺灣抗日運動不可分割，俄國的經驗牽涉到日治時期臺灣左翼陣營的分合，牽涉到臺灣共產黨與中國共產黨的互動。到莫斯科東方大學留學，使謝雪紅有機會接受第三國際指導。在那裡，她認識到殖民地與民族問題的關聯性、認識到臺灣社會必須走向革命的道路、認識到臺灣無產階級是革命運動的主要力量。[2]

臺共成立於中國，但大多數的時間活動範圍都在臺灣，在臺灣臺共走農工路線，當時「臺灣工友總聯盟」、「臺灣民眾黨」、「臺灣農民組合」、以及「新文化協會」，是臺灣社會運動的四大團體。先後被日本統治當局解散。

臺灣共產黨從建黨到瓦解，在臺灣，它大多隱藏在「臺灣文化協會」、「臺灣農民組合」及工組裡面活動，此時臺共實際領導者爲謝雪紅，臺灣人在中國的共產主義運動，到臺共被日方破獲時壽終正寢。上海左翼是由翁澤生主導，臺共滅亡後，上海臺灣青年團出現，爲其餘緒。由於日方強力取締，且中國在國、共分裂後，對共黨的壓制也愈加猛烈，臺共固然在臺灣銷聲匿跡，在中國也灰飛煙滅。

2 陳芳明，《殖民地臺灣：左翼政治運動史論》（臺北：麥田出版社，一九九八年），頁二九—三〇。

01 前進莫斯科東方共產主義勞動大學

黨派我們赴蘇學習是為了培養幹部，考慮將來幫助臺灣的同志在臺灣建黨。

謝雪紅

位於莫斯科的東方大學，全稱是「東方共產主義勞動大學」（Communist University of the Toilers of the East），簡稱是「東方大學」，是俄共（布爾什維克）創辦的一所專門爲亞洲地區培養共產主義及革命幹部的機構，共產國際派代表參加該校最高領導機構。學校在一九二一年十月廿一日正式開學。

學生來源多數是農民和工人，也有一些學生、職員和知識份子。學制初爲七個月，後改爲三年。設有黨的工作和政治教育、工會運動、經濟、行政法律等系。學校分爲蘇聯東方部和外國部兩個部。外國部設有中文、朝鮮文、日文、土耳其文、法文、英文和俄文七個班。

中國共產黨人瞿秋白曾在東方大學擔任翻譯。其他中共黨人就讀東方大學的有：劉少奇、羅亦農、任弼時、蕭勁光、王一飛、彭述之、向警予、柯慶施等人。

先後在莫斯科「東方共產主義勞動大學」就讀的臺灣人則有許乃昌、謝雪紅、林木順、趙清雲、趙從錫等五人。另外有以爲一九二四年一月謝廉清到蘇聯莫斯科求學，但沒有資料顯示謝就讀東方大學。[3]

在一九二五年十月中共派赴蘇聯東方大學學習的名單上，原本有陳其昌的名字，但最後被取消了，取消原因不詳。前往莫斯科東方大學就讀的臺灣青年，全部是中共推薦和指派。謝雪紅指出：

一九二五年十月間，黃中美同時向我、林木順和林仲梓三人宣布黨命令我們赴蘇聯莫斯科「東方大學」學習：他說黨派我們赴蘇學習是為了培養幹部，考慮將來幫助臺灣的同志在臺灣建黨。[4]

一、就讀東大的臺灣人

就讀東大的臺灣青年有：許乃昌、趙清雲、趙從錫、謝雪紅、林木順等五人，這五個臺灣人，只有謝雪紅和林木順兩人就讀東方大學之後，繼續從事共產主義運動，其他三人離開莫斯科之後都相繼退出共產主義運動。去莫斯科東方大學就讀的臺灣青年，都是經由中國共產黨指派和推薦，去之前，那些臺灣青年也都已經是中國共產黨的黨員。

1. 許乃昌

許乃昌是第一位到東大研習的臺灣學生，也是第一個到蘇聯的臺灣共產主義者。他是臺灣彰化人，

3 史明在《臺灣人四百年史》中提到：「林木順與謝雪紅步著許乃昌、謝廉清的後塵而留學蘇聯。」參見史明，《臺灣人四百年史》（臺北：蓬島文化公司，一九八〇），上冊，頁五七五。但是共產國際的檔案沒有謝廉清的名字。

4 謝雪紅口述，楊克煌筆錄，《我的半生記》，頁二〇〇。

父親許嘉種生於一八八三年，為臺灣文化協會幹部。許乃昌於一九二四年九月抵達莫斯科，在共產國際的檔案顯示：他可能是在九月廿日進入東方大學，他是在中共總書記陳獨秀的推荐下，得以前往留學的。[5]許既然是一九二四年九月抵莫斯科，則其出發時間當在一九二四年七月左右。

一九二四年十月廿七日，剛到莫斯科不久的許乃昌，向共產國際提交一份「關於臺灣形勢的報告」，文中介紹在上海的臺灣人共產主義組織及左翼組織，他指出臺灣共產主義運動及其處於發展之初始階段的情形，希望日共和共產國際實現對臺灣共產主義運動的領導。許乃昌在東大研習的時間不長，資料顯示一九二五年十二月他人在上海，參與組織「臺灣學生聯合會」，[6]這表示此時他已經回到中國，顯然他待在東方大學的時間短，估計不會超過九個月，因為臺灣總督府的檔案顯示他在一九二五年七月回到北京。[7]退出東方大學的原因，共產國際檔案記載是他患了結核病。[8]離開莫斯科時，共產國際給許乃昌三萬元，讓他回國發展共產主義活動。[9]

關心中國前途的許乃昌，一九二六年時發表了他對中國改造問題的看法，以為中國唯一的出路是國民革命，他以為那是歷史的必然，絕對不能變易，但國民革命有兩種方式，一是資產階級，二是無產階

5 許乃昌經由中共總書記陳獨秀的推薦一事，參見郭傑、白安娜著，李隨安、陳進盛譯，《臺灣共產主義運動與共產國際（一九二四—一九三二）研究・檔案》（臺北：中央研究院臺灣史研究所，二〇一〇年六月），頁五四。

6 郭傑、白安娜著，李隨安、陳進盛譯，《臺灣共產主義運動與共產國際（一九二四—一九三二）研究・檔案》（臺北：中央研究院臺灣史研究所，二〇一〇年六月）頁四〇。此書以下簡稱《臺灣共產主義運動與共產國際（一九二四—一九三二）研究・檔案》。

7 王乃信譯，《臺灣社會運動史，一九一三—一九三六》，第三冊，共產主義運動，頁三。

8 《臺灣共產主義運動與共產國際（一九二四—一九三二）研究・檔案》，頁五四。

9 王乃信譯，《臺灣社會運動史，一九一三—一九三六》。第三冊，頁三。

級，他斷言中國無產階級的力量已成爲國民革命的指導者。[10]許乃昌後來到日本入學日本大學，與後來成爲臺灣文學家的楊逵相善，兩人在日本參與成立「社會科學研究部」。回臺灣後，許乃昌宣布脫離臺灣共產黨，也退出了臺灣共產主義運動，後來曾經擔任東方出版社經理。[11]身爲臺灣人第一個赴蘇京的共產主義者，許乃昌最終卻是退出共產主義陣營，讓人好奇。

2. 謝雪紅與林木順

謝個人的出生年等基本資料已如前章所述。前文提到謝雪紅入上大之前已加入中共，更早前在杭州加入共產主義青年團，並加入國民黨。她是在中共幹部黃中美的推薦下前往莫斯科留學的，黃在一九二五年的十月向謝與林木順、林仲梓三人宣布中共命令他們三人去蘇聯東方大學學習，爲的是培養革命幹部，考慮未來。[12]

謝和林木順於一九二五年十一月廿日在臺灣友人陳其昌、韓國友人送別下，乘船離開上海，先到海參威，再由海參威坐火車到莫斯科，火車上花費廿一天的時間，十二月十八日謝、林兩人抵莫斯科。抵達時中共「旅莫支部」人員在火車站迎接，乘馬車到東方大學，抵校後，中共旅莫支部負責人和她個別

---

10 許乃昌，〈駁陳逢源氏的中國改造論〉，臺北：《臺灣民報》，第一二六號、一二七號，一九二六年十月十日、十月十七日。

11 許乃昌的姪子許世楷，一九三四年生，臺大政治系畢業，東京大學法學博士，著有《日本統治下の臺灣》、《現代國際政治の動態》、《許世楷文集》等書。曾任臺灣駐日代表（二〇〇四年五月—二〇〇八年五月）。

12 黃中美同時推薦三個臺灣學生去莫斯科留學，他們是謝雪紅、林木順、林仲梓，但是林仲梓後來沒去成，病逝臺灣。參見謝雪紅口述、楊克煌筆錄，《我的半生記》，頁一九一。

談話，問她的簡歷、到蘇經過及到蘇感想，之後是分組、安排宿舍房間及領取衣服。[13]

謝雪紅在一九二六年二月八日先進入東方大學的中國班就讀，中國班人數有一百多人；之後再轉日本班，人數較少，開始時只有二十多人，之後增加到四、五十人。東大每個月發給每一位學生六盧布當零用錢。[14]

一九二七年三月謝雪紅因為生病導致學習成績不佳被除名，[15]她在東大實際就學的時間總共是一年一個月。謝雪紅在東大與多位中共黨員認識，她與中共女黨員向警予同寢室，並因此認識了蔡和森，向告訴謝資本主義社會人和人的關係都是金錢的關係，人的一切思想和感情都受物質、經濟利害關係支配，也隨著物質的變化而變化。向警予回中國後，於一九二八年五月被國民黨處死。向的丈夫蔡和森也在一九三一年八月四日時被國民黨處死，當時蔡和森接任中共兩廣省委書記才兩個多月。[16]

謝雪紅在東方大學時與中共高幹譚平山的妹妹相熟，譚平山在共產國際執行委員會第六次擴大會議做「中國問題的報告」，謝雪紅以旁聽的身份參與這次會議。[17]曾經擔任中共紅四方面軍重要領導人的張國燾，其妻楊子烈在謝雪紅待在東方大學時也在那裡就讀，她描述謝雪紅當時很受日本班學生的歡迎，日本學生對謝雪紅非常好，顯然謝的能力高強被肯定，不過謝對林木順言語常不假辭色。[18]

---

13 參見謝雪紅口述，楊克煌筆錄，《我的半生記》，頁二〇一。

14 謝雪紅口述，楊克煌筆錄，《我的半生記》，頁二一〇、頁二〇五。

15 《臺灣共產主義運動與共產國際（一九二四—一九三二）研究．檔案》，頁五七。

16 謝雪紅口述，楊克煌筆錄，《我的半生記》，頁二〇四。

17 謝雪紅口述，楊克煌筆錄，《我的半生記》，頁二一五。

18 楊子烈，《往事如煙》（香港：明報月刊社，一九七六年七月），頁一五五—一五六。

林木順和謝雪紅同時離開上海，同時在一九二五年十二月十八日抵達莫斯科，他是在一九二六年四月九日入學東方大學，比謝慢二個月，到一九二七年三月時，也一樣因為學習成績不佳被除名。[19]林木順和謝雪紅同時抵達莫斯科，卻比謝慢入東大，原因是林木順進東大之前，先進中山大學之故。[20]

謝雪紅和林木順兩人先讀中國班，大約一星期後，共產國際通知他們轉到日本班，原因是認為他們兩人是臺灣人，將來要回臺灣成立臺灣共產黨，而且臺灣當時是日本的殖民地，所以叫他們讀日本班，未來籌備建黨比較方便。[21]

3. 趙清雲與趙從錫

趙清雲，一九一〇年生，臺中大屯區大肚人，乃是「臺灣農民組合」領導人趙港的堂兄之子，即趙港的堂侄。他於一九二九年五月入學東大，一九三〇年四月十八日被安排進入東大的短期班，一九三二年十一月十九日離開東大，俄文名字是「沃洛達爾斯基」，在校二年六個月。趙以為革命後的臺灣，將是與日本有聯繫的自主共和國。沒有日本，臺灣只能發生反帝革命，不能發生社會主義革命。[22]一九三三年他被日本關押，獲不起訴。之後趙清雲就脫離共產主義運動。[23]

---

19 林木順被除名，原因是學習成績不好，見《臺灣共產主義運動與共產國際（一九二四—一九三二）研究・檔案》，頁四三、頁五七。

20 《臺灣共產主義運動與共產國際（一九二四—一九三二）研究・檔案》，頁五七。

21 謝雪紅口述，楊克煌筆錄，《我的半生記》，頁二〇七。

22 《臺灣共產主義運動與共產國際（一九二四—一九三二）研究・檔案》，頁一一二、頁二一一。

23 謝雪紅稱趙清雲返臺後就「沒落了」，謝雪紅所謂沒落指的是脫離共產主義運動，見謝雪紅口述，楊克煌筆錄，《我的半生記》，頁二一六。

趙從錫，一九〇九年生，臺中人，曾經擔任「臺灣農民組合」大甲支部書記的助手，一九二七年到中國，先進上海的中學，一九二九年到莫斯科，入學東大，俄文名字「邁斯基」，他和趙清雲一樣在一九三二年十一月十九日離開東方大學回到中國。[24]

二、課程與考核

東方大學的課程分成學科與術科兩大類。

學科計有：「聯共黨史」、「西洋史」、「東洋史」、「唯物史觀」「世界勞動史」、「社會發展史」、「社會主義」、「哲學」、「政治經濟學」、「列寧關於民族問題的學說」「農民問題」、「共產國際的戰略和策略」、「殖民地問題」、「婦女運動史」和「俄語」等，上課時有翻譯，因此學生不會很認眞學俄語。[25]儘管如此，學生還是多少學會一些俄語，以謝雪紅爲例，她待在蘇聯一年十個月的時間，就學會一些日常使用的俄語。[26]

術科即「軍事訓練」課，包括學習射擊、拋擲手榴彈、爆破，以及基本戰術等，施行的時間是在夏天，施行地點在莫斯科郊外。[27]

---

24 《臺灣共產主義運動與共產國際（一九二四—一九三二）研究・檔案》，頁二二一。
25 謝雪紅口述，楊克煌筆錄，《我的半生記》，頁二〇三—二〇八。
26 課程參見楊子烈，《往事如煙》（香港：明報月刊社，一九七六年七月。）頁一五二；以及謝雪紅，《我的半生記》，頁二〇三。謝雪紅在二二八事變之後，與古瑞雲逃亡期間教古俄語，見古瑞雲，《臺中的風雷》（臺北：人間出版社，一九九〇年八月），頁一二六。
27 《臺灣共產主義運動與共產國際（一九二四—一九三二）研究・檔案》，頁四三。

東大對學生不實施筆試。[28]既然不實施筆試，則如何對學生考核，顯然得用口頭問答方式來測驗學習成效。五名去東大的臺灣青年，謝雪紅和林木順在東大沒有畢業就被除名。[29]至於許乃昌，有否正式畢業，未見檔案記載，但前面敘述到他因結核病離開東大，因此推斷他也不可能從東大正式畢業。

東方大學對臺灣學生的考核，很幸運地留下了資料，其中對謝雪紅的考核是極其肯定的：「謝雪紅，臺灣女子，自一九二四年起為中國共產主義青年團團員，自一九二五年起為國民黨黨員，是一個有能力且積極的女性。因生病學業未能完成，對黨堅定不移，積極參加工作。有主動精神，能獨立地從事黨的工作」。對林木順的考核則是稍有微詞：「林木順，臺灣男子，一九二五年加入中國共產主義青年團和國民黨。不能始終如一地工作，有些課根本不學。不論在課堂上，還是在黨的工作中，紀律性都不強，對黨的堅定性比去年強，必須派遣他去做實際的黨務工作」。[30]

三、回國

五位留學東方大學的臺灣青年回國時間不一，許乃昌大約是一九二五年五月、六月之交，離開莫

---

28 謝雪紅口述，楊克煌筆錄，《我的半生記》，頁二一四—二一五。

29 林木順是成績不佳被除名。謝雪紅是健康狀況被除名。見《臺灣共產主義運動與共產國際（一九二四—一九三二）研究·檔案》，頁五七。有關林、謝兩人在東大被除名之事，謝雪紅在其回憶錄《我的半生記》避而不提，反而說是有自東大「畢業」，她說畢業時間是一九二七年九月初，顯然謝雪紅對畢業的認知有異，也有可能是她認爲沒有畢業一事對她而言是沒有面子的，所以她就說了謊言。見謝雪紅口述，楊克煌筆錄，《我的半生記》（臺北：楊翠華出版，二〇〇四年八月），頁二三一。

30 《臺灣共產主義運動與共產國際（一九二四—一九三二）研究·檔案》，頁四三。

斯科回到上海；謝雪紅與林木順是一九二七年十月十七日離開莫斯科回中國；趙清雲和趙從錫則是在一九三二年十一月十九日離開莫斯科。

許乃昌回到上海後，參與組織上海臺灣學生聯合會，之後他去日本，一九二七年四月在東京組織東京臺灣青年會的社會科學研究部，這個研究部把左翼臺灣青年聯合起來。[31]之後他逐漸淡出臺灣共產主義運動。許乃昌這一位第一個到蘇聯學習共產主義的臺灣人，其退出臺灣共產主義運動，對他個人而言應該是幸運，也可以說是不幸。

一九二七年十月十二日，日共片山潛代表共產國際告知謝雪紅、林木順，傳達共產國際的決定，命謝雪紅、林木順回國組織臺灣共產黨，由謝雪紅負責，林木順協助[32]。片山是日本共產黨的創立人之一，也是共產國際委員之一。片山的指示是臺共的組織由日共中央指導和協助，臺灣是日本的殖民地，日本本國的無產階級應該協助殖民地臺灣的革命運動，由於當時情況不明，臺共成立後暫時做爲「日本共產黨臺灣民族支部」，而臺共的基層組織可由參加中共黨和日共黨的臺籍黨員做骨幹，臺共成立後，謝雪紅和林木順兩人要去東京，在日共中央領導下工作。[33]

一九二七年十月十七日，林木順和謝雪紅兩人離開莫斯科坐火車經海參威回中國，總計他們兩人在蘇聯待了一年十個月。

謝與林兩人於十一月二日在海參威與日共的渡邊政之輔、鍋山貞親見面，見面目的是加深彼此的

---

31 王乃信譯，《臺灣社會運動史，一九一三—一九三六》，第三冊，共產主義運動，頁三。

32 謝雪紅口述，楊克煌筆錄，《我的半生記》，頁二三三。

33 謝雪紅口述，楊克煌筆錄，《我的半生記》，頁二三三。

瞭解，幫助臺共建黨。[34]十一月十三日，謝、林返抵上海。原本共產國際的決議是林與謝兩人回到上海後，立即動身到日本。謝雪紅回憶說：

> 在莫斯科時，共產國際已決定我們抵上海後應即赴日本的，片山同志又說回國後，可找中國黨（中共）與日本黨（日共），請求他們介紹臺灣籍黨員來做臺灣建黨的基礎。[35]

謝回到上海後，透過林木順之弟林松水的輾轉介紹，認識了翁澤生，歷史在此出現轉折。翁澤生於一九二五年在上海大學社會學系就讀時，就與系主任瞿秋白保持密切關係，故於一九二五年加入中共。「五卅」之後，翁澤生被組織派往漳州創建黨團組織，因蔣介石「四一二」清黨反共，而回到上海，但因上大一些共產黨的師友也遭通緝而藏匿，上海的中共黨組織郭伯和、陳延年被補後遭殺害，於是翁澤生與中共黨組織失聯，但翁仍聯絡當初「上海臺灣青年聯合會」的部分人士組成「臺灣青年讀書會」，成員包括林木順的弟弟林松水。

翁與謝雪紅見面時，表示不久前曾舉行過一次臺灣人的學生會，後謝雪紅請示中共，組織同意由翁澤生在上海負責領導組織一個「上海臺灣青年讀書會」，以便培養黨員人才。

和翁澤生見面後，謝聽翁說日本官方因張樹敏已經嚴密通緝她了，謝乃不敢行，繼續留在上海，認識「上海臺灣青年讀書會」的成員：張茂良、劉守鴻、楊金泉、謝玉鵑、江水德、林松水、陳粗皮、以及一位女性陳美玉總共八個人。[36]其中謝玉鵑是翁澤生的太太，林松水是林木順的弟弟。之後透過翁澤

34 《臺灣共產主義運動與共產國際（一九二四—一九三二）研究・檔案》，頁二二四—二二六。

35 謝雪紅口述，楊克煌筆錄，《我的半生記》，頁二三七、頁二三八。

36 謝雪紅口述，楊克煌筆錄，《我的半生記》，頁二三九—二四〇。

生介紹又認識林大漢（林日高）、洪朝宗、莊春火、蔡孝乾、李曉芳、莊泗川、王萬得，及人在廈門的潘欽信。其中洪朝宗、蔡孝乾、李曉芳、莊泗川皆曾就讀上海大學。

一九二七年十一月十七日林木順先去日本，林到日本後打電報給在上海的謝雪紅，言日共中央一定要謝雪紅去日本，謝才在十二月初到日本，於十二月七日抵東京，此時回到上海不到一個月，她自日共中央渡邊政之輔同志處接受了臺共的政治綱領與組織綱領，這是由渡邊政之輔起草，於一九二八年一月中旬由日本共產黨中央常任委員會討論確定的。

翁澤生也在一九二七年十一月中旬末，接到中共江蘇省委的通知，決定派翁澤生協助臺共的建黨工作，將由吳碧玉（謝雪紅）直接和他連繫。

02 創建臺灣共產黨——主張「臺灣民族獨立」和「無產階級革命」

打倒日本帝國主義、臺灣民族獨立、建立臺灣共和國、打倒封建殘存勢力、擁護蘇維埃聯邦、擁護中國革命。

臺灣共產黨黨綱

一九二七年十月林木順與謝雪紅結束在莫斯科「東方大學」的訓練回到上海，此行第三國際要他們服從日共的指導，發展臺灣共產主義運動。一九二八年四月十五日臺灣共產黨秘密成立於上海，正式名稱是「日本共產黨臺灣民族支部」。臺共主張「臺灣民族獨立」和「無產階級革命」，以「建設臺灣共和國」爲綱領，是日治時代明確主張臺灣獨立的團體。

臺共成立於中國的土地上，參與創黨的全部都是臺灣人，有關它的成立原由，臺共主要創黨人謝雪紅指出，當她還在蘇聯東方大學時，日共領導人也是共產國際委員之一的片山潛，[37]代表共產國際賦予

37 片山潛，日本人，出生於農家，一九〇一年參與創建日本社會民主黨，一九一一年因領導東京電車工人罷工，遭當局逮捕判刑，出獄後流亡海外，建立日僑共產主義小組。一九一九年起參加美國、墨西哥和加拿大等國共產黨的創建工作。一九二一年參與創建日本共產黨，並出席共產國際第三次代表大會，任共產國際執行委員會委員，及遠東勞動者代表大

她到中國成立臺共的任務，片山潛告知謝雪紅、林木順，言共產國際命謝雪紅、林木順回國組織臺共，由謝雪紅負責，林木順協助，同時指示臺共的組織由日共中央指導和協助，臺灣是日本的殖民地，日本的無產階級應該協助殖民地臺灣的革命運動，但因爲當時情況不明，臺共暫時做爲「日本共產黨臺灣民族支部」，臺共的基層組織可由參加中共黨和日共黨的臺籍黨員做骨幹，臺共成立後，謝雪紅和林木順兩人要去東京，在日共中央領導下工作。[38]

依照謝雪紅的說法，臺共的成立由日共主導，是沒有疑問的。事實是臺共由共產國際下達命令成立，並服膺日共的指令，[39]並無由中共指導的訓示。不過在日共領導人片山潛的指示裡也留下伏筆，他說臺共可經由參加中共黨和日共黨的臺籍黨員做骨幹，這就給予中共左右臺共的方向提供了機會和依據。日後臺共受中共影響深，主要原因之一是臺共成立大會上，日共指導人因故缺席之故。

根據共產國際保留的檔案，在臺灣共產黨成立的過程中，「（共產國際）沒有發現什麼涉及建立臺灣共產黨的資料，不只是這個決議的正文本身，而且其他檔也根本沒有關於這個決議的任何指示」、「在日本代表團逗留莫斯科期間，通過建立臺灣共產黨的決議，然而沒有形成正式檔案」。[40]這樣子的情況，就爲臺灣共產黨受中國共產黨牽制埋下了伏因，後來日共被日本政府瓦解之後，中共就借共產國際之指令，操縱了臺共，但也造成臺共的分化，由於「國共分裂」，使得共產國際由聯合陣線路線轉向

會發起人之一。後支持俄國人民的革命，反對日本帝國主義對中國侵略，領導日本共產黨和日本國內的無產階級革命運動，一九三三年十一月五日病逝於莫斯科，葬於紅場。

38 謝雪紅口述，楊克煌筆錄，《我的半生記》，頁二三三。

39 盧修一，《日據時代臺灣共產黨史》（臺北：前衛出版社，一九八九年十一月），頁五六。

40 《臺灣共產主義運動與共產國際（一九二四—一九三二）研究·檔案》，頁四五。

激進路線，因此其支部臺灣共產黨內，主張聯合陣線的謝雪紅與主張激進路線的蘇新失和，謝雪紅被開除黨籍，臺共內鬥，勢力大減。

本節論述著重於身爲臺灣人的臺共領導人，他們在建黨過程中所扮演的角色與地位以及彼此之間的論爭。

一、上海臺灣讀書會——臺共的前奏

林木順、謝雪紅及翁澤生等人進行創建臺共之際，他們身爲指導者，糾合在滬的臺灣留學生，率先於一九二七年十一月、十二月之間成立一個社會科學研究會：「上海臺灣讀書會」，在研究之餘進行實踐運動，同時也參加紀念日募捐活動。這是經由謝雪紅、翁澤生討論後決定的，事先得到中共同意。成立這個讀書會的目的，依據謝雪紅的說法，是爲了培養臺共黨員人才，讀書會實際上由翁澤生領導組織。

參加「上海臺灣讀書會」的成員有張茂良、劉守鴻、楊金泉、謝玉鵑、江水德、林松水、陳粗皮、以及陳美玉總共八個人。[41]其中謝玉鵑是翁澤生的太太，林松水是林木順的弟弟，已如前述。讀書會的會址同時也是會員住宿之處。張茂良、劉守鴻、楊金泉、林松水、江水德、陳粗皮全部住在那裡，[42]他們在那裡研讀共產主義，並發行名爲《屋內刊》的刊物。[43]

讀書會成立不久，上海日本領事館員警即到讀書會會址逮捕成員，這個事件被稱爲「上海讀書會

---

41 謝雪紅口述，楊克煌筆錄，《我的半生記》，頁二三九—二四〇。
42 謝雪紅口述，楊克煌筆錄，《我的半生記》，頁二五九。
43 王乃信譯，《臺灣社會運動史，一九一三—一九三六》，頁五五八—五八九。

事件」。這事起因爲這些運動所用的宣傳文書中，有一篇署名「全臺灣總督獨裁政治打倒大會」者，以「對昭和二年（一九二七）底朝鮮共產黨事件，給朝鮮同胞諸君」爲題，此份檔被日本上海總領事館警察署攔截，暗中監控他們的行動。日方獲悉一九二八年三月在法租界法華民國路浸信會禮堂內，旅滬朝鮮人舉行第九次「三一節」慶賀儀式，有數名臺灣人左傾份子參與，朗讀賀文，其旨爲「中臺鮮共同一致爲被壓迫民族之解放運動奮鬥，貫徹朝鮮、臺灣的獨立。」日方同時獲得林木順等人頻頻聚會協議之訊息，似乎正在進行組織某種秘密結社。因此一九二八年三月十二日、三月卅一日及四月廿五日前後三次，將嫌疑犯九人予以逮捕，並於四月廿五第三次逮捕時，在法租界辣斐德路三八九號內發現臺灣共產黨的秘密文書（結黨大會議事錄、大會宣言、政治、組織兩項綱領，其他個部門的運動綱領等），由於起出這些資料，因此被認爲已具有臺灣共產黨組黨事實。第一次被逮捕者爲：黃和氣、江水得、陳美玉；第二次被逮捕者爲陳粗皮；第三次被逮捕者爲：張茂良、楊金泉、林松水、謝雪紅、劉守鴻。至於林木順則未遭逮捕。第一次、二次的逮捕是發生在臺灣共產黨組黨之前，所以陳美玉被勒令離境、其他三人黃和氣、江水得、陳粗皮則以禁止滯留處分於四月廿一日押回臺灣。第三次被逮捕者張茂良、楊金泉、謝雪紅、劉守鴻、林松水亦押回臺灣。[44]

與組織臺共有關的林木順未遭逮捕，而被逮捕的其他九人均否認與組黨有關，因此黃和氣、陳美玉、謝雪紅以證據不充分而釋放。而其他六人則以「翁澤生及其妻謝玉葉共同於上海閘北天庵，以否認日本帝國主義的臺灣統治權，使臺灣獨立變革日本國體，且否認私有財產制度，實現共產主義社會爲目的，成立上海臺灣讀書會的結社，並加入此組織」的犯罪事實，以違反治安維護法提起公訴。於

---

44 王乃信譯，《臺灣社會運動史，一九一三—一九三六》，第三冊，共產主義運動，頁九八—九九。

一九二九年五月廿一日宣判：楊金泉判刑三年、張茂良判刑二年六月、林松水判刑兩年、劉守鴻兩年、江水得一年六月、陳粗皮一年。其中林松水、劉守鴻、江水得、陳粗皮等四人得以緩刑四年，而楊金泉、張茂良上訴結果各被判兩年發監服刑。「上海臺灣讀書會」事件，雖未逮捕到林木順與翁澤生，但日本領事館員警此舉對組黨不久的「臺灣共產黨」已造成甚大打擊。被逮捕前返回臺灣的林日高與莊春火、蔡孝乾、洪朝宗等商議上海讀書會事件對策，決定就此散會，暫停一切活動。[45]

二、召開臺灣共產主義者積極份子大會

一九二八年四月十三日，以「臺灣共產主義者積極份子大會」名召開，這個會議實際上是成立臺共的籌備會議，大會地點在上海翁澤生的住宅。出席這次大會的有：謝雪紅、林木順、翁澤生、謝玉葉、陳來旺（臺中梧棲人，一九二九年被捕，病死獄中）、林日高、潘欽信，以及「上海臺灣青年讀書會」的會員張茂良、劉守鴻、楊金泉，再加上中共的代表彭榮等，總共十一人。這次的籌備會，遠在臺灣的蔡孝乾及莊春火兩人缺席。

籌備會由中共代表彭榮擔任主席，會議主要是要確立將要建立的黨的綱領。[46]大會先行審議擬向組黨大會提案的議案，並由彭榮將兩綱領及諸方針宣讀後討論，獲無異議通過，再由陳來旺提出會計報告，並將「臺灣共產黨建黨大會」之召開訂爲四月十五日，地點則委由彭榮選定。[47]

彭榮此人在中共黨史上，一直成謎，遍查中共早期領導人及黨史人物的別名，這一時期的領導人

45 王乃信譯，《臺灣社會運動史，一九一三—一九三六》，第三冊，共產主義運動，頁一〇〇。

46 《臺灣共產主義運動與共產國際（一九二四—一九三二）研究‧檔案》，頁四九。

47 王乃信譯，《臺灣社會運動史，一九一三—一九三六》，第三冊，共產主義運動，頁一〇。

中，沒有本名或別名爲彭榮的。彭榮不知爲何人的化名？當時謝雪紅和林木順一起見彭榮，談論其籌建臺共黨組織的經過情況，也談到黨成立後，要派人駐日本、駐上海以及回臺人員之工作分配，並接受彭榮的指導，彭榮表示：「會前準備要周詳、開會時間要短、參加人數要少。」謝雪紅說道：

> 臺灣共產黨成立大會的兩天前，中共黨的連絡員帶我和林木順到預定做為成立大會會址的地方，去見一個中共黨的領導人，連絡員介紹他時，說：「這是彭榮同志，中共中央派來的。」接著彭榮同志說：「中共中央受日共中央的委託，派我來領導臺共黨的成立大會……，你們送來的綱領草案我們都看過了！原則上沒有甚麼問題；只是我們對臺灣的情況不瞭解，提不出甚麼具體的意見，綱領可以暫時用它，待日後回臺灣於實行再加以補充。」[48]

謝雪紅和林木順當時親自與彭榮接觸，但謝雪紅和林木順對彭榮到底是爲何許人，卻又持不同說法：謝雪紅說是彭湃，而林木順卻說是任弼時。謝雪紅說她一九五五年中共國慶日到到天安門「紅臺」觀禮，碰到李立三，李立三告訴她彭榮是彭湃。臺共建黨時，李立三在上海，知道彭湃曾被中央派遣去領導臺灣共產黨的成立大會。一九五六年謝去廣州觀察時，到農民運動講習所參觀，在那裏看到彭湃的照片，謝認出彭湃就是當年的彭榮。[49]

從謝雪紅的敘述中可知，她與彭榮之前並不認識。但依據中共資料，從一九二八年一月至五月正是

---

48 謝雪紅口述，楊克煌筆錄，《我的半生記》，頁二五一。

49 臺共成立大會上的中共列席者彭榮，據謝雪紅一九五八年到廣州親見彭湃的照片後指出：彭榮就是彭湃。見謝雪紅口述，楊克煌筆錄，《我的半生記》，頁二六五。

謝雪紅，被譽為落土不凋的雨夜花，一生反日、反國民黨，堅強不屈。（林光輝提供）

彭湃在廣東東江地區領導海陸豐工農革命運動最爲艱苦之際，可能無暇到上海關心臺灣共產黨的成立，謝雪紅是否有可能誤認？[50]

因爲根據林木順致共產國際報告顯示彭榮並非彭湃，而是任弼時，林木順指出中國中央派「任口口」領導我們的大會。[51]這是一份正式的報告，所以較具眞實性。

另據蔡孝乾指出：「一九二八年春，臺共在上海舉行成立大會時，任弼時擔任共產國際東方部的連絡工作」。蔡孝乾雖未實際出席臺共成立大會，但他畢竟當選爲「中央委員」，對於此事應當瞭解。因此蔡之說法，可以成爲彭榮是任弼時的旁證。林木順、謝雪紅、蔡孝乾都曾就讀過上海大學，任弼時當時被上海大學聘爲教授，曾和上海大學師生參與許多上海重大革命活動。蔡孝乾並說他修過任弼時的課，和任弼時是師生關係。[52]但因爲林木順和謝雪紅在上海大學讀書都很

50 王曼、楊永著《彭湃傳》（廣東人民出版社，二〇〇二年九月）；永波主編《徐向前傳》（北京：當代中國出版社，一九九一年）。

51 《臺灣共產主義運動與共產國際（一九二四－一九三二）研究．檔案》，頁六九。

52 蔡孝乾，《江西蘇區．紅軍西竄回憶》（臺北：中共研究雜誌社，一九七〇年），頁二二一。

短，謝雪紅只有讀短短二個半月的時間，因此她和任弼時可能沒有在上大碰過面。[53]

瞿秋白、任弼時等中共黨員，在上海大學任教時，培養了一些臺籍學生，如翁澤生、洪朝宗等，也送了一批臺籍學生如謝雪紅、林木順等人前往蘇聯留學，這些人皆是臺共的創建者，因此任弼時關注和參與臺共建黨，是合理的。

三、在上海召開臺灣共產黨建黨大會

一九二八年四月十五日上午，「臺灣共產黨」在上海舉行「臺灣共產黨建黨大會」，地點是在上海法國租界裡的霞飛路（今淮海中路）上橫街金神父某家照相館樓上。臺共正式名稱是「日本共產黨臺灣民族支部」，會上共有九位左翼運動者聚集在一起，這就是秘密籌備已久的臺灣共產黨建黨大會。出席者有中國共產黨代表彭榮，朝鮮共產主義者代表呂運亨（一八八六—一九四七）則爲列席，呂在一九二八年加入中國共產黨。謝雪紅對呂運亨不陌生，[54]謝雪紅說：大會會址是呂運亨他們朝鮮人幫忙找的，位在法租界，離她住所很遠的偏僻地方的一棟中國式二層樓建築。又說另有一位朝鮮同志在會場內外作聯繫和供應茶水、飯的工作；還有幾個朝鮮同志替大會作保衛工作。[55]

---

53 陳芳明，《謝雪紅評傳：落土不凋的雨夜花》（臺北：前衛出版社，一九九一年七月），頁六二，言謝雪紅讀上海大學四個月，誤。陳芳明著此書時，未引用謝雪紅《我的半生記》，致有此誤，按謝雪紅在書中明白說出進入上大以及離開上大的時間，總計兩個半月。

54 謝雪紅說一九二七年十一月左右，組織就介紹朝鮮人呂運亨給她認識，呂在終戰後回南朝鮮，成爲「韓國共產黨領袖」，一九四七年間遭反動派殺害。謝雪紅口述，楊克煌筆錄，《我的半生記》，頁二四〇。

55 謝雪紅口述，楊克煌筆錄，《我的半生記》，頁二四〇、二六二。

關於臺灣共產黨建黨大會的出席代表，依《臺灣總督府警察沿革誌》的記載，共有：彭榮、呂運亨、林木順、翁澤生、林日高、潘欽信、陳來旺、張茂良、謝雪紅等共計九名。[56]但謝雪紅在楊克煌爲她所做的口述歷史中記載的臺灣人出席者爲：謝雪紅、林木順、林日高、陳來旺、翁澤生、潘欽信、謝玉鵑、張茂良。其中有出入的部分多了「謝玉鵑」，謝是翁澤生的太太，謝雪紅說：

> 決定大會參加者的協商過程中，翁澤生的意見是：由於目前情況緊張參加的人數不要太多。這個意見是對的，但他卻一方面反對劉守鴻等人參加，另一方面又要謝玉鵑參加，顯然意圖控制票數。[57]

《臺灣總督府警察沿革誌》是日本臺灣總督府的檔案記錄，應該比謝雪紅的回憶來得眞實。可能由於謝雪紅和翁澤生兩人，後來理念不同，造成臺共黨內鬥爭，翁澤生及謝玉鵑被謝雪紅除名，翁之後又指導成立臺共改革同盟，反過來又開除謝雪紅，兩人情結甚深，謝雪紅因此誤記。在謝雪紅的印象中，翁澤生是頗有心機又善於權謀的人。

參加「臺灣共產黨建黨大會」的臺灣人共七人，作爲臺共指導者的日共代表，沒有派人參加。大會的主持者主要是謝雪紅，林木順、林日高三人，會議一開始由中共的彭榮講話，接著是謝雪紅和林木順報告籌備建黨的經過，報告是用「閩南語」講的，林木順替彭榮及呂運亨作翻譯，其次是討論各項綱

56 王乃信譯，《臺灣社會運動史，一九一三—一九三六》，第三冊，共產主義運動，頁一〇。
57 謝雪紅口述，楊克煌筆錄，《我的半生記》，頁二六二。

領。[58]

原本日共中央是要派人出席臺共成立大會，並且已經派鍋山貞親到上海，不巧的是當時日共要投入日本第一次普選，爲選舉鬥爭而忙碌，於是日共派國領到上海，鍋山叫他回日本，同時傳達給鍋山貞親訊息：把臺灣共產黨成立大會的領導任務交給中共中央，由中共援助和指導。[59]中共對臺共的影響日深，自此埋下了伏筆。

林木順主持臺共成立大會，他在開幕式中特別感謝中共：

> 處於上海的白色恐怖下，在臺灣革命歷史上負有重大使命的臺灣共產黨宣布成立，……本大會承蒙中國共產黨派遣代表參加，並得以接受中國共產黨的指導，使我們深感無限的欣慰與光榮，現在中國的革命正進入工農兵蘇維埃的成熟期，中國共產黨代表將以其長期領導工農的奮鬥經驗教導我們，我們承受其教導，應努力在臺灣革命的實踐運動中予以履行，……臺灣共產黨之成立為臺灣解放運動的第一聲，無產階級的鬥爭必然來臨。[60]

中共代表彭榮致詞時，引中國共產黨「國共合作時期」至「國共分裂時期」的狀況詳加說明，認爲：「將武漢的國民黨誤認爲小資產階級政黨，與其妥協，並任其實行壓制罷工和農民運動等，犯了最

---

58 謝雪紅口述，楊克煌筆錄，《我的半生記》，頁二六二—二六三。

59 王乃信譯，《臺灣社會運動史，一九一三—一九三六》，第三冊，共產主義運動，頁九。又謝雪紅口述，楊克煌筆錄，《我的半生記》，頁二五五所載略同。

60 王乃信譯，《臺灣社會運動史，一九一三—一九三六》，第三冊，共產主義運動，頁一一。

大錯誤。」警告臺共不要陷入機會主義的錯誤，言：「必須堅持唯有共產黨，始克成爲無產階級的指導體的信念。」林木順答謝時坦承臺灣共產黨組成份子缺少工農階級，今後將極力吸收工農份子，將黨建立在工農之上。對於資產階級的利用、工農勢力的同盟、無產階級奪取政權等重要問題，將遵從中國代表的指示，在實際運動中堅持努力推行，使臺灣共產黨不再蹈中國共產黨誤犯之機會主義覆轍。並冀望中國共產黨對於臺灣革命賜予最大的指導與援助。[61]

成立大會後三天，四月十八日早上，臺共在法租界內翁澤生的住宅，召開第一次委員會，出席者有：林木順、林日高、翁澤生、謝雪紅等四人，進行中央委員選舉，結果林木順、蔡孝乾、林日高、洪朝宗、莊春火等五人當選爲中央委員，謝雪紅、翁澤生二人當選爲中央委員候補。當選人中，蔡孝乾、莊春火、洪朝宗等三人當時都在臺灣，並未出席臺共成立大會，但是仍然當選，缺席還當選中委，顯然這是特殊考量，原因是謝雪紅必須派駐日本，翁澤生必須長駐上海，創黨初期沒有多少黨員的臺共，黨的發展工作又必須放在臺灣，如此情況下，蔡孝乾、莊春火、洪朝宗等三人缺席還當選，也就可以理解。[62]至於「中央委員」的配置如下：

書記長：林木順。組織部：林木順。農民運動部：洪朝宗。

青年運動部：莊春火。宣傳煽動部：蔡孝乾。婦女部：林日高。

派駐臺灣者：林木順、林日高、潘欽信、謝玉葉。東京特別支部及日本共產黨連絡員：陳來旺、謝雪紅。上海駐在員——中國共產黨連絡員：翁澤生。[63]

61 王乃信譯，《臺灣社會運動史，一九一三—一九三六》，第三冊，共產主義運動，頁一一二。

62 《臺灣共產主義運動與共產國際（一九二四—一九三二）研究·檔案》，頁五〇。

63 王乃信譯，《臺灣社會運動史，一九一三—一九三六》，第三冊，共產主義運動，頁九三。

至於婦女部的負責人是林日高，為何沒有選女性的謝雪紅或謝玉鵑？謝雪紅對這段選舉「臺共中央委員會」的過程以及對翁澤生頗有微詞。翁澤生一方面強調謝被臺日當局通緝，另一方面主張「被敵人通緝而不能回臺的人，就不要選他為中央委員」，導致謝雪紅未選上中央委員。她說：翁澤生提出意見「中央委員—特別是主任委員應該是能夠回臺領導工作的人。」當時關於謝被日本通緝之傳言，首先是由翁澤生口中傳出的。但是謝說那時日本人雖然已經開始注意她，卻還沒有要逮捕她。[64]

由於翁澤生強調謝雪紅在臺灣因為張樹敏的關係被通緝，又主張被通緝者不要選為中央委員，使謝雪紅懷疑翁澤生意圖控制票數，後來兩人間隙漸深。謝雪紅未被選上「中央委員」一事，連中共的彭榮都感到訝異，因此於一九二八年四月十七日彭向林木順和謝雪紅指示：

> 臺共黨員幾乎是知識份子，真正工農出身的分子很少，……今後應該在實際工作中注意大力吸收工農份子入黨，以改變黨內知識份子所佔成份的比例……黨內和領導機構內有不少人曾信仰過無政府主義，回臺後應儘快召開黨的第二次代表大會，以改變這種現象。歷史上證明信奉過無政府主義的人，組織性、紀律性往往很差……這種人容易起破壞作用。[65]

從上述可知，彭榮已嗅出臺共內部隱含分裂的端倪，不過他認為「工農出身」者比「知識份子」更能代表共產黨。其所指「信仰過無政府主義」者，當暗指翁澤生、莊泗川、洪朝宗等人在廈門集美學

---

64 謝雪紅口述，楊克煌筆錄，《我的半生記》，頁二六二。

65 謝雪紅口述，楊克煌筆錄，《我的半生記》，頁二六三—二六五。

校或參加文化協會中的過程中曾接觸過「無政府主義」，其中蔡孝乾、洪朝宗等甚至還因被「無政府主義」的「臺灣黑色青年聯盟事件」牽連，被日警羈押半年。當時在上海一些臺灣青年，確實也有人是信仰「無政府主義」，如在一九二三年的六月十七日臺灣青年在上海召開「恥政紀念會」，其中范一錢就上臺講「無政府主義」。

翁澤生、莊泗川、洪朝宗等人就讀廈門集美學校時，同學中對社會主義和無政府主義這兩種學說比較感興趣，還有因爲他們也參加了「臺灣文化協會」，文化協會在傳播革命思想、啓發民族意識的同時也夾雜著一些「無政府主義」的成分。無政府主義思潮產生於十九世紀的歐洲，主要代表是法國的蒲魯東、克魯泡特金等，鼓吹個人絕對自由，反對一切權力、壓迫和政府，認爲國家是產生一切罪惡的根源，主張建立絕對自由的「無政府狀態」社會。

一九二八年四月廿日，臺共舉行第一屆中央委員會第一次擴大會議，林木順當選爲中央委員會委員長（書記長），決議候補中央委員謝雪紅派駐日本，負責和日共中央聯繫，候補中央委員翁澤生駐上海，負責和中共聯繫，其他黨員均回臺灣從事革命運動，各地負責人如下：

臺北地區：林日高、楊金泉。

臺中地區：蔡孝乾、張茂良。

臺南地區：李曉芳、莊泗川。

高雄地區：潘欽信、劉守鴻。

新竹地區：謝玉鵑。

礦山、鐵路：莊春火、洪朝宗。[66]

中央委員莊春火，一九〇六年生，基隆人，父為基隆水產公司的大盤商。臺北二中退學，入日本「正則預備學校」、「日本大學」社會科。在日期間受左翼分子及創立「無產社」的日共堺利彥的影響，參加五一勞動節遊行、罷工示威。也曾在廈門集美學校肄業，在漳州時從事組織工會與翁澤生組織的學生會並肩活動。莊春火是屬於王敏川為首的「上大派」（上海大學派）。[67]

由於臺共一成立就被日方破獲，黨的發展受到衝擊。一九二八年六月，押回臺灣的謝雪紅獲釋後，與臺共中央委員林日高、莊春火，組成臺共新的「黨中央」，在臺灣島內重建臺共。莊春火任勞動部長兼宣傳部長，為「臺共島內三人黨中央」之一。

臺共成立的地點不在臺灣，卻是在對岸的中國，這是歷史造成的結果。臺共在一九二八年四月初成立時，黨員人數根據謝雪紅的說法共十八人。[68]茲將名單羅列如下：

1. 林木順，臺灣南投人。中央委員、書記長。臺北師範學校退學，上海大學肄業，蘇聯東方共產主義勞動大學肄業。
2. 林日高，臺北板橋人。中央委員。臺灣商工學校畢業。
3. 謝雪紅，臺灣彰化人，候補中央委員。上海大學肄業，蘇聯東方共產主義勞動大學肄業。
4. 翁澤生，臺北人，候補中央委員。廈門集美中學畢業，上海大學肄業。

66 謝雪紅口述，楊克煌筆錄，《我的半生記》，頁二六六。

67 張炎憲採訪，高淑媛記錄整理，〈一位老臺共的心路歷程：莊春火訪問記錄〉，臺北：《臺灣史研究》，第二號，一九九三年八月二十日出刊。

68 謝雪紅口述，楊克煌筆錄，《我的半生記》，頁二六二。

5. 陳來旺，臺中梧棲人。臺共東京支部負責人。臺中師範學校退學，日本成城高等學校尋常科。
6. 蔡孝乾，彰化人，中央委員，未出席成立大會，上海大學肄業。領導「文協」左派，被稱爲「上大派」。
7. 莊春火，基隆人，中央委員。臺北二中、日本大學肄業，再入學集美學校。未出席成立大會。
8. 洪朝宗，臺北人，中央委員，曾就讀廈門集美中學及上海大學，未出席成立大會。
9. 李曉芳，嘉義人，集美中學、上海大學肄業，北京大學。爲臺灣臺南地區之負責人。
10. 莊泗川，嘉義人，廈門集美中學畢業，上海大學肄業。爲臺灣臺南地區負責人。
11. 潘欽信，臺北人。公學校畢業，入學上海大學附中，中共黨員。
12. 謝玉葉，臺北人，翁澤生之妻。
13. 張茂良，臺灣青年讀書會成員，
14. 楊金泉，爲臺灣臺北地區負責人。
15. 劉守鴻，屏東人，公學校畢業，爲臺灣高雄地區負責人。
16. 林松水，林木順之弟，臺灣青年讀書會成員。
17. 陳添進，日共黨員。
18. 林衆生，日共黨員。

謝雪紅指出林日高、蔡孝乾、莊春火、洪朝宗、李曉芳、莊泗川等人，他們都曾經到中國加入中國共產黨。[69]但李曉芳晚年所作的口述歷史，集字未提曾參加中國共產黨及臺灣共產黨之事，推測其對過

69 謝雪紅口述，楊克煌筆錄，《我的半生記》，頁二六二。

去白色恐怖的陰影依舊存在，即使做口述歷史之時，已是解嚴之際，但內心依舊害怕，故不願意提起參加共產黨之事。[70]

四、建立臺灣共和國，擁護中國革命

臺灣共產黨的建立是一九二〇年代國際共產義運動的一環，共產國際把它的建立託給日共，一九二七年的日共綱領，列有「殖民地的完全獨立」，將指導朝鮮、臺灣的共產主義運動，列爲日本共產黨的重要使命。[71]

一九二七年十一月，渡邊政之輔自莫斯科回東京，向日共中央委員會報告：「第三國際命令日共組織臺灣共產黨」。渡邊政之輔及佐野學於十二月自林木順、謝雪紅之報告中瞭解臺灣情勢，著手撰寫「政治綱領」草案；渡邊政之輔負責撰寫「組織綱領」草案。[72]臺共的綱領，包括「政治綱領」、「組織綱領」，是由日共渡邊政之輔及佐野學起草的，再由林木順、謝雪紅、翁澤生等修改，即謝雪紅所言：「參考日共的文件」。至於勞運、農運、婦運、赤色救援會等的提綱則由林木順、謝雪紅起草，林、謝、翁等人協議以及中共彭榮指導下完成的。謝雪紅說：

70 張炎憲採訪記錄，〈李曉芳先生訪問紀錄〉，《諸羅山城二二八》（臺北：吳三連臺灣史料基金會，一九九五年二月），頁二三〇。許雪姬訪問、蔡說麗記錄，〈李曉芳先生訪問記錄〉，臺北：中央研究院近代史研究所編，《口述歷史》第三集，一九九二年二月。以上兩份有關李曉芳的採訪記錄，都完全沒有涉及臺共或中共之事。

71 王乃信譯，《臺灣社會運動史，一九一三—一九三六》，第三冊，共產主義運動，頁八。

72 盧修一，《日據時代臺灣共產黨史》（臺北：前衛出版社，一九八九年十一月），頁五六。

我和林木順開始參考中共和日共的文件，起草臺共的總綱領及救援會、工人運動、農民運動、青年運動、婦女運動的提綱。……這些文件寫成後，交給日共中央審查、修改。日共中央當時負責這個工作的主要人物是渡邊政之輔、德田球一和鍋山貞親。……綱領都是用日文寫的。[73]

臺共的「組織大綱」，計有八條，其中較重要的是：[74]

(1)臺灣的無產階級佔全人口的百分之六十九，這是建立共產黨的基本條件。

(2)發行黨的機關報，藉由機關報將黨的政治政策，傳達於大眾。黨必須建立在勞動者大眾的現實鬥爭中。

(3)建設「工場支部」，是黨的基礎，要有計劃地努力吸收新黨員。

(4)共產主義黨團之任務是在大眾團體內部透過大眾鬥爭，確保共產黨的政策。黨員必須定期繳納黨費。

臺共組黨大會決議的「政治大綱」特別強調：「臺灣革命的社會性，內容為對社會革命具有豐富展望的民主主義革命，同時亦是顛覆日本帝國主義，使臺灣獨立的民族革命」。[75]臺共提出了非常響亮的口號，當中最重要的是：第一項「打倒總督專制政治—打倒日本帝國主義」。第二項「臺灣民族獨立」。第三項「建立臺灣共和國」。第四項「廢除壓制工農的惡法」。第六項「罷工、集會、結社、言

73 謝雪紅口述，楊克煌筆錄，《我的半生記》，頁二四八—二四九。
74 王乃信譯，《臺灣社會運動史，一九一三—一九三六》，第三冊，共產主義運動，頁一七—二四。
75 王乃信譯，《臺灣社會運動史，一九一三—一九三六》，第三冊，共產主義運動，頁一三—一四。

論、出版自由」。第七項「土地歸於農民」。第十一項「擁護蘇維埃聯邦」。第十二項「擁護中國革命」。[76]

上述最值得注意的，是第二項「臺灣民族獨立」、第三項「建立臺灣共和國」以及第十二項「擁護中國革命」。在此所謂擁護中國革命，表明與中國革命運動的密切關係。而主張臺灣獨立、建立臺灣民主國，則是繼一八九五年「臺灣民主國」之後再度提出的建國主張，只是這次名叫「臺灣共和國」。前後不同之處除了國名之外，一八九五年那一次是反對中國把臺灣割讓給日本；一九二八年這一次則是爲了脫離日本的殖民統治，也是爲了反擊帝國主義。前者單純是民族主義的體現，後者則是受到馬克斯列寧主義下的民族解放運動之影響。所以兩者表面相同而本質上卻是不同的。

---

76 王乃信譯，《臺灣社會運動史，一九一三—一九三六》，第三冊，共產主義運動，頁三五。

03 臺共的重建

一、上海日方破獲臺共：謝雪紅返臺延續命脈

臺共成立僅僅十一天，就在一九二八年四月廿五日，被上海日方破獲，這是臺灣共產黨第一次被日方破壞。參與創黨的謝雪紅記載當時情形：「四月廿五日五點，天剛微微亮的時候……看到有好幾個敵人在外面……楊金泉回來告訴我：『敵人把我們包圍了，……林木順已經逃跑了。』我聽到林木順得以脫逃，就放下心來。……黨剛成立十天，它的存在就暴露給敵人；黨的文件全部落在敵人手中。」[77]

臺共建黨的資料被搜走，這件事對臺共而言是一大打擊，據謝雪紅的觀察，日本方面並不曉得臺共成立之事，而是在搜捕「讀書會」時，意外破獲臺共。她說：「整個逮獲行動同『讀書會』遭破壞是相關聯的，也從而推斷敵人來圍捕我們之前，可能還不知道臺灣共產黨的存在。」這事件的起因是由於日方搜捕「上海讀書會」的會員，而波及到甫成立的「臺灣共產黨」，臺共成立之事因此意外曝光，建黨的文件也被搜走。臺共候補中央委員謝雪紅及臺共黨員張茂良、劉守鴻、楊金泉、林松水總共五人，被日本便衣員警逮捕。

五位臺灣人被關在日本上海領事館十九天，日方抄走臺共建黨相關文件，五月十四日押送謝雪紅經

[77] 謝雪紅口述，楊克煌筆錄，《我的半生記》，頁二六七—二六八。

日本長崎轉船到臺灣，十七日押抵基隆，隨即展開審訊，至六月二日釋放。[78]漏網的臺共份子，翁澤生逃到廈門。臺共從上海建黨到被破獲，在中國只存在短短十一天而已。臺灣人在中國建立共產黨的行動宣告終結。翁澤生逃到廈門後，不久又回到上海。由上海返臺的潘欽信、謝玉葉偕同蔡孝乾、洪朝宗等人於一九二八年八月底搭船逃離臺灣，抵達福建。[79]

臺共在上海被日方破獲後，押回臺灣的候補中央委員謝雪紅，因證據不足，旋即於一九二八年六月二日釋放，謝住在臺中市姐夫陳金山家，林日高到訪和她商討臺共前途。此外，她又頻頻與「臺灣文化協會」、「臺灣農民組合」以及臺共黨員聯絡，展開在臺灣重建臺共之路。

（一）多次召開臺共中央委員會

謝雪紅甫釋放即與林日高決定立即召開第二次臺共中央委員會，會議於六月十日在臺北淡水召開，參加者爲林日高、莊春火、蔡孝乾及洪朝宗，謝雪紅因剛被釋放，目標明顯，所以未參加。此次會議，增補謝雪紅爲正式的中央委員、林日高爲中央委員會委員長，經日共中央批准。六月廿日，謝派林日高至東京「大衆時報社」與陳來旺會晤，報告臺灣狀況並請求日共中央給與指令。陳來旺告以「三一五事件」以後，東京左翼陣營倍受壓迫，所以日共的連絡暫時斷絕，只能等待。八月，林木順與王萬得從上海到東京，與陳來旺、林日高數度會晤，林木順以黨成立大會時決議的方針爲依據，謂「接受日共指令後，將潛回臺灣，擔任指導」，要求林日高先回臺灣，並交給他「指令書」，此「指令書」以澱粉書寫在雜誌的行間。林日高八月底返臺，與謝雪紅晤面，報告東京之行始末，並將林木順所交付的指令交給謝雪紅。

78　謝雪紅口述，楊克煌筆錄，《我的半生記》，頁二六八—二六九。

79　盧修一，《日據時代臺灣共產黨史》（臺北：前衛出版社，一九八九年十一月），頁八五。

一九二八年八月下旬或九月上旬，臺共召開第三次中央委員會，與會者只有謝雪紅、林日高、莊春火三人。此次會議謝雪紅介紹楊春松、楊克培、趙港等三人加入臺共。而本應參加的蔡孝乾與洪朝宗此時已經逃亡到中國。謝雪紅記載：

> 洪朝宗怕得要死，總覺得好像到哪裡都看到有人要逮捕他；結果連同中委蔡孝乾和黨員潘欽信、謝玉鵑四人相約，先後離開臺灣跑到廈門去了。對這四個人的處理，決議給予開除黨籍，提交日共中央批准。[80]

一九二八年十一月，謝雪紅接獲日共將其補爲「中央委員」、林日高擔任「書記長」兼「組織部長」、莊春火爲「勞動部長」兼「宣傳煽動部長」的指令，及將蔡孝乾、洪朝宗、潘欽信、謝玉葉等四人除名的指示，此四人因畏懼「上海讀書會事件」的逮捕而放棄工作逃到中國，被視爲違反黨規的機會主義者。

第三次大會結束後，謝雪紅與楊克培於一九二九年二月五日在臺北大稻埕太平町開設「國際書店」，專門販賣進步的社會科學書及左翼新聞、雜誌及出版物，以此做爲臺共秘密據點，藉以聯絡黨的事務，同時致力於「臺灣文化協會」及「臺灣農民組合」的聯絡工作，用意在擴大臺共的影響。店號叫國際，招牌上有一顆大紅星，非常引人注目，更易使人連想到第三國際。總之，謝雪紅的行事風格確實與衆不同。

80 謝雪紅口述，楊克煌筆錄，《我的半生記》，頁二九〇。

（二）臺共與農組、文協左派合流

謝雪紅積極接觸臺灣農民組合的領導人物，希望藉此重建並發展臺共勢力。至一九二八年底，「臺灣農民組合」的支部已有四十多個，農民組合總部就設在臺中市，謝雪紅在臺中認識簡吉、趙港、楊克培、張克敏、楊春松等農民組合領導人。謝雪紅向他們介紹「臺灣共產黨」已成立之事，同時她進入農民組合與簡吉、趙港、楊克培、楊春松等人創辦「青年幹部訓練班」，培養農民運動人才。並協助「農組」總部調動全臺各地農組支部幹部到新竹、中壢一帶，支援農民反抗日本「三菱土地株式會社」掠奪農民土地的抗爭。其中陳新童是翁澤生在漳州創建黨團組織時加入中共的黨員，後在漳州市區南郊校場遭殺害。[81]

一九二八年十月，正當臺共在臺積極重建之際，在中共臺籍黨員指導下，「中國共產黨臺灣支部」成立，這個支部擁有兩個地域性集團，臺共的成員除了二、三個例外，全都曾是中共黨員，非臺灣共產黨的這個支部成員，並不知道臺共的存在。[82]這表明了中共欲直接進入臺灣發展勢力，不想假手臺共。

根據一九二八年十一月向日共匯報的「臺共的報告書」的記載可以看出臺共如何從農民組合及工友協助會吸收菁英入黨，「報告書」提到：

> 讓黨員進入勞動組合、農民組合、文化協會等，尋求內部的急進青年，對階級意識已有覺醒的勞動者、革命的農民，向其宣傳並煽動黨的綱領政策。而後將這些份子依團體或地域，

81　何池著，《翁澤生傳》，頁二〇六。何池這本書的書寫有些段落會註明資料來源，有些則純憑臆測，例如書中竟有述及翁澤生與謝玉葉之親暱對談，此部份簡直是小說。使用時要小心。

82　王乃信譯，《臺灣社會運動史，一九一三—一九三六》，第三冊，共產主義運動，頁一〇五。

組織一公開性的研究會。再從中選擇積極份子設立一集團。在這集團中再次挑選優秀份子使其入黨。

在謝雪紅積極聯絡「臺灣文化協會」及「臺灣農民組合」成員下，成果顯著，如趙港、簡娥加入臺共，兩人都是「臺灣農民組合」的成員，另外還拉了楊春松、楊克培。[83]臺共第三次中央委員會就談到發展黨員的問題。[84]

（三）瓶頸與挫折

正當謝雪紅在臺灣積極擴充臺共勢力之際，橫逆開始出現，首先是來自日本方面。一九二九年二月十二日，日方進行臺灣全島大搜捕，農民組合遭受大逮捕，波及臺共組織，當事情緊急之時，謝雪紅將臺共資料丟入糞溝銷毀，但謝雪紅和楊克培依然被捕，據統計，除去因偷吸大煙、賭博等不計，當日被搜查、逮捕者達八百多人，但因查無實證，旋釋放，此即「二一二事件」。

二一二事件之後，同年的四月十六日，又發生「四一六事件」，此舉導致日共瓦解，至此臺共失去了日共的指導，只能自行摸索，且臺共東京特別支部也遭到破壞，臺共陷入完全孤立的狀態。為了突破孤立，臺共中央派林日高赴上海，試圖與中共或共產國際東方局連絡，林日高於一九三〇年四月十五日出發，先到廈門，見潘欽信與謝玉葉，取得翁的上海地址，五月廿日向翁澤生報告臺共在臺情勢，翁竟然說臺共在臺灣與大眾脫離沒有活動，應加以根本改革，且透過一中國人對林日高說國際與中共都承認

---

83 《臺灣共產主義運動與共產國際（一九二四—一九三二）研究．檔案》，頁一〇三。謝雪紅口述、楊克煌筆錄，《我的半生記》，頁二九〇。

84 謝雪紅口述，楊克煌筆錄，《我的半生記》，頁二九〇。

臺共的存在，言其不過是一個馬克斯主義研究團體而已。林日高等不到翁給予指令，且翁對他冷淡，林於一九三〇年七月底歸臺，向謝雪紅報告狀況，失望之餘不旋踵之間聲明脫黨。而莊春火也在稍後聲明退黨。

二、分裂

（一）改革同盟建立

林日高之外，臺共也派了陳德興到上海。一九三〇年七月中共領導人瞿秋白由翁澤生陪同見潘欽信與陳德興，瞿肯定臺共的工作，但指責臺共在建黨過程中存在關門主義，強調臺灣同志應擔起共產主義者應有的積極性，清除關門主義傾向，擔負起領導臺灣革命的任務。又言臺灣必須加速徹底清算機會主義的錯誤。否則就不能領導偉大的革命鬥爭。陳芳明以爲瞿秋白在估算臺灣政治形勢時仍然照擬第三國際的理論，反映出他對臺灣社會的隔閡。[85]此時瞿秋白是中共中央領導人，其指責產生作用。

諷刺的是瞿秋白認爲臺共中央是機會主義時，他在一九三〇年稍後也被中共批判爲機會主義，並因此下臺。瞿秋白最後在一九三五年被國民黨逮捕，孤寂死去。機會主義在當時被濫用，只要路線不同就會戴此帽子。

潘欽信與翁澤生在會過瞿秋白之後，才與第三國際東方局的負責人見面，到現在爲止還無人能確定這位東方局的負責人是誰，但這位東方局人士完全贊同瞿秋白的意見，也認爲臺共應該克服過去的錯誤回歸到布爾塞維克的正途，東方局指令臺共必須召開臨時大會。

85 陳芳明，《謝雪紅評傳：落土不凋的雨夜花》，頁一九三—一九五。

學者質疑到底是中共中央指令臺共召開臨時大會還是第三國際的決定，也許兩者都不是，而是翁澤生影響瞿，然後瞿又影響第三國際東方局，若事實如此，則臺共召開臨時大會的決定完全是翁澤生有意向謝雪紅奪權。中共官方寫「翁根據掌握的臺共情況及瞿的意見，向中共中央和東方局寫了書面報告，瞿看後將報告轉給東方局，經研究由翁澤生代東方局起草了「共產國際東方局致臺灣共產主義者書」[86]陳芳明以為這是一個重要的史料，透露翁在中共中央與第三國際東方局之間所扮演的巧妙角色，所有有關臺共的消息都是經過翁澤生彙報，而中共中央與東方局之間對臺共的指令，也完全是經翁澤生之手起稿處理，証明翁幾乎可利用中共中央與東方局的名義直接影響臺共的決策。[87]

翁澤生本身是中共黨員，他的位置足夠掩飾他個人的恩怨與動機，前舉「共產國際東方局致臺灣共產主義者書」，於一九三〇年三月送回到臺灣，少壯派更理直氣壯召開臨時大會。有了共產國際的指令，主張召開臺共臨時大會的黨員，遂躍躍欲試，這些人被稱為少壯派。他們先組「改革同盟」，準備與謝雪紅的黨中央對抗。這就給臺共帶來了分裂。一九三〇年十二月陳德興服從翁澤生與潘欽信的指示，十二月廿日把第三國際的指令轉達給謝雪紅，謝雪紅後來在獄中否認陳德興曾經帶給她第三國際指令，指控陳德興是先與王萬得聯絡進行改革同盟結合的陰謀。陳德興只是告訴她在上海時無所事事，又受到翁澤生的冷落一無所得才回到臺灣。但陳德興的說詞則稱他轉達指令給謝雪紅時，她認為那是無知於臺灣實況的盲目意見，第三國際未必同意，恐怕那只是翁澤生宗派主義的陰謀。[88]

王萬得獲悉陳德興身上指令，就召集蘇新、蕭來福、趙港、陳德興、莊守、王萬得共七人開會，此

---

86 蕭彪等，〈翁澤生傳〉，頁一五二。
87 陳芳明，《謝雪紅評傳：落土不凋的雨夜花》，頁一九七。
88 王乃信譯，《臺灣社會運動史，一九一三—一九三六》，第三冊，共產主義運動，頁一三二。

爲改革同盟的雛型。一九三一年一月十二日，又在高雄開會對謝雪紅態度有所討論，決定照第三國際東方局指令成立「改革同盟」。謝雪紅接到文件後不同意東方局對臺共中央的看法，王萬得等人認爲謝雪紅無法合作，乃於一九三一年二月三日，避開謝雪紅，成立「改革同盟」，選出新的中央委員：蘇新、趙港、王萬得，完全排除謝雪紅。改革同盟成立的最大目的就是抨擊謝雪紅的領導。此派認爲只要改變領導，臺灣的革命形勢就會高漲。[89]

一九三一年三月，瞿秋白與翁澤生起草臺共第二次臨時大會的新綱領，必須注意瞿在一九三一年一月失去中共中央之職（中共召開四中全會批判瞿秋白與李立三的路線，在第三國際支持下王明取代瞿秋白的領導權），也失去第三國際代表身份，如此則一九三一年三月瞿秋白與翁澤生起草的臺共二大綱領時，瞿只過是一個平常人而已，因此翁所寫的「致臺灣共產主義者書」能否代表官方，令人懷疑。這份公開信，爲臺共的臨時大會做了輿論舖陳。內中批判臺共消極，對臺灣革命不領導、不組織。對工人運動本應指導，但是卻放棄最近東方被壓迫的各國掀起前所未有的革命運動，中國的革命運動更顯出特別的發展，臺灣不能置身於革命的高潮之外。[90]

一九三一年五月卅一日改革同盟派召開臺共臨時大會，以王萬得爲主席，重大決議是開除謝雪紅、楊克培、楊克煌。選出新中央委員：潘欽信、蘇新、顏石吉、劉守鴻、王萬得。候補中央委員：蕭來福、簡娥等。

（二）一九三一年大搜捕

一九三一年一月在上海參加「臺灣反帝同盟」的王溪森受翁澤生之命，攜回有關臺灣本島共產主義

---

89 陳芳明，《謝雪紅評傳：落土不凋的雨夜花》，頁二〇〇。

90 王乃信譯，《臺灣社會運動史，一九一三－一九三六》，第三冊，共產主義運動，頁一四二。

再起的指令。三月廿四日，日警施行全面搜查，於陳春木家中逮捕趙港，收押「改革同盟成立事宜」、「文協解消問題」、「臺灣運輸工會運動方針」等文書。同室的陳德興趁隙逃逸，但隨後於四月九日在高雄被捕，判刑十年。[91]趙港判刑十二年，於一九三五年四月病逝。[92]趙港自加入臺共到被捕，才一年三個月而已。

一九三一年六月臺共繼續遭受日臺當局的大逮捕、大破壞。六月廿六日謝雪紅、楊克培被捕，謝雪紅判刑十三年，直到一九三九年四月因嚴重肺結核才獲假釋出獄，計在監獄將近八年。楊克培判刑五年。其他如顏石吉於七月十五日在鳳山被抓，判刑十年、劉守鴻在高雄被抓，判刑十年、莊守於九月十八日在嘉義被抓，判刑八年；王萬得於七月十七日被抓，判刑十二年；蕭來福於七月底被補，判刑十年；蘇新九月被捕，判刑十二年；潘欽信、簡娥九月一日被捕，潘欽信判刑十五年、簡娥判刑五年。[93]另一名中央委員莊春火一九三一年九月二日在臺北大稻埕被捕，判刑七年，直到一九四一年刑滿出獄。[94]

自一九三一年六月之後，隨著臺共被逮捕法辦，至九月間臺共黨中央已完全潰滅，此番被逮捕的人

91 臺灣總督府警務局編，《臺灣總督府警察沿革誌》記載：「昭和六年三月二十四日，臺北北員警署施行全面搜查之際，同署勤務巡查鈴木勇喜、林百紅，在臺北市上奎府一丁目二九番地陳春木內室中發現一名青年在堆滿書類的桌上揮筆疾書，向前訊問，不料突然嚥下桌上文書，頑強抵抗企圖逃走。巡查經一番格鬥後加以逮捕並收押書類。此時同室內尙有一青年就寢，在格鬥中乘暗夜逃走。經調查結果，所逮捕者爲久已潛入地下，正遭通緝的農民組合幹部趙港，逃走者爲陳德興。」王乃信譯，《臺灣社會運動史，一九一三—一九三六》，第三冊，共產主義運動，頁一九二。

92 謝雪紅口述，楊克煌筆錄，《我的半生記》，頁二八八。

93 王乃信譯，《臺灣社會運動史，一九一三—一九三六》，第三冊，共產主義運動，頁一九四—一九七。

94 莊春火，《我與日據時期的臺共》，臺北：《五月評論》，一九八八年七月。

數總計達一百零七名，日警將七十九名移送檢查局，十月廿九日對其中四十九名提出預審請求，除上述諸人外，尚包括：簡吉判刑十年、林日高判刑五年；洪朝宗、楊克煌判刑四年；張茂良、吳拱照判刑七年。[95]其中洪朝宗死於獄中。[96]

（三）「上海臺灣反帝同盟」瓦解

至於臺共留在上海的翁澤生與林木順，於一九三一年四月廿六日將「上海臺灣青年團」改名爲「上海臺灣反帝同盟」[97]。盟員有陳炳榮、黃文森、王天強；楊春松、廖興順等人。青年團辦有《反帝報》。[98]七月廿二日，盟員陳炳譽、董文霖因爲參加疑似中國共產黨所發起的東北「萬寶山事件」聯合示威活動，被租界工部局員警逮捕，引渡到上海領事館。[99]之後領事館於九月逮捕同是「上海臺灣反帝同盟」的大夏大學臺籍學生高水生，高坦承爲「反帝同盟」成員，屢次參加中共的示威活動，調查其所持有的物品，發現與臺共的通信及數冊與共產主義有關的書籍。後員警搜查陳炳譽住處，發現英文書寫的第三國際機關報（International Press Correspondence）十五份及一張中國蘇維埃的地圖，董文霖自承製作六種小冊子及傳單，以上三人押回臺灣，在一九三一年十一月五日被移送法院，先前九月十四日與本案有關的王溪森等其他十二人被逮捕，「上海反帝同盟臺灣人支部」在上海的分派因而解散。

95 王乃信譯，《臺灣社會運動史，一九一三—一九三六》，第三冊，共產主義運動，頁一九五至一九七。
96 蔡前，《日本帝國主義之殖民地：臺灣》（延安：新華書店，一九四二年），頁四二。
97 王乃信譯，《臺灣社會運動史，一九一三—一九三六》，第三冊，共產主義運動，頁三〇八。
98 楊國光，《一個臺灣人的軌跡》（臺北：人間出版社，二〇〇一年六月），頁六四—六五。
99 一九三一年七月二日，長春市郊之萬寶山發生朝鮮農民和中國農民因爲稻田水路開拓發生紛爭，被稱爲「萬寶山事件」。此事件對中國和日本的殖民地朝鮮發生極大的影響。

（四）翁澤生被捕押送回臺

留在中國的臺共要角翁澤生隨後也被逮捕。林木順則消息斷絕，不知所蹤。[100]根據上海公共租界工部局編纂的《在上海的日本人與臺灣人的共產主義運動》中有關翁澤生的事蹟記載：工部局員警受公安局之託於一九三三年三月四日在梵王渡路逮捕化名陳麒祥的中國共產黨員，起初他否認自己是翁澤生，當中國方面欲引渡他時，他才改口承認自己是臺灣人翁澤生，為何翁要改口呢？因為承認為臺灣人送回臺灣審判，罪不至死，如果硬要說自己是中國人，則依照當時中國的法律，共黨嫌疑者，往往是死路一條。經過調查證實他就是臺灣共產黨員翁澤生後，日本員警將他引渡回臺，一九三三年三月十二日送回臺灣審判。他另曾經因為在殖民地進行共產主義運動，一九三三年五月六日被香港政府宣告流放十年後判刑十三年，一九三九年三月一日，保外就醫，旋病逝，得年卅六歲。[101]

另名臺共黨員楊春松於一九三三年九月在上海因為叛徒出賣被國民黨特務逮捕，被引渡給日本駐上海總領事押回臺灣，楊原本是「臺灣農民組合」幹部，其後因為謝雪紅加入臺共，因違反出版規則被處徒刑十個月逃亡，回臺後經審判於一九三四年二月八日發監執行，九月廿一日遇大赦出獄，一九三五年五月二日移送檢察局。[102]一九三八年刑滿出獄，一九三九年去日本。

100 王乃信譯，《臺灣社會運動史，一九一三—一九三六》，第三冊，共產主義運動，頁一九五。

101 翁澤生死前在獄中交待遺言，言其子翁黎光應送回中國讀書。林德政採訪記錄，《林江先生訪問紀錄》，二〇〇一年八月十七日，福建福州，林江先生宅。翁黎光即林江之本名。

102 王乃信譯，《臺灣社會運動史，一九一三—一九三六》，第三冊，共產主義運動，頁三五〇—三五二。楊國光，《一個臺灣人的軌跡》（臺北：人間出版社，二〇〇一年六月），頁七〇—七一。

04

中共干擾導致臺共內鬥

一九二九年四月廿七日在日共幹部市川正一處發現「臺共的報告書」（一九二八年十一月），內中提到臺共情況：

> 黨員的百分之一百全部由知識份子佔據，故一旦遭受白色恐怖的襲擊，即刻引起機會主義的動搖。……一旦傳聞檢舉消息，即行協議逃走，各自放棄工作，爭先走避日本或支那。[103]

臺共甫成立時，中央委員爲林木順、蔡孝乾、林日高、洪朝宗、莊春火及候補中央委員謝雪紅、翁澤生。但後來臺共回臺謝雪紅開除了蔡孝乾、洪朝宗、潘欽信及謝玉葉等人，再之後林日高、莊春火也因爲心灰意懶退出臺共。因此臺共創黨元老只剩下中央委員林木順、候補中央委員謝雪紅及翁澤生。臺共黨中央權力結構，產生變化，引發親日共與親中共系統之爭。

親日共與親中共系統，代表著兩股不同勢力，謝雪紅和林木順代表日共系統；翁澤生及洪朝宗、莊春火、蔡孝乾、潘欽信等代表中共系統，翁派佔有較多職位，建黨初期「第三國際」支持謝雪紅和林木順，因此林木順擔任黨書記長，謝雪紅擔任日共的聯絡員、翁澤生擔任中共的聯絡員。

---

103 王乃信譯，《臺灣社會運動史，一九一三—一九三六》，第三冊，共產主義運動，頁一〇三—一〇四。

莊春火一九二五年自臺灣赴廈門，認識中共黨員羅善培及羅揚才，並透過江聯發認識林日高、施至善、莊泗川，這些人都是左派；他在漳州又認識翁澤生，翁負責組織學生，莊春火則負責組織工會，莊對翁澤生頗有好評，他說：「蔡孝乾以外，就屬他資格最老，他一直住在上海，臺共到中國都需要經過他，在共產黨員中是第一忠心，很負責。」。[104]據此可知莊春火支持翁澤生。

臺共創黨之際，日共忙於選舉，臺共建黨大會就委由中共指導，等到一九二九年四月十六日「日共大檢肅」之後，日共再也無法顧及臺共，更遑論指導。在此情形下的臺共如何與共產國際聯絡呢。

「共產國際」設東方局（或稱遠東局）於上海，職司東方各國共產黨事務。在日共遭受大檢束後的形勢變化下，「臺共」欲與共產國際聯絡，變成不得不透過中共轉達，而身兼中共黨員與臺共候補中委的翁澤生，就成了當然人選。翁澤生對革命活動積極，經常會晤中共代表瞿秋白商討有關臺共活動問題。一九三一年初，翁開始爲「共產國際遠東局上海辦事處」工作。翁在無形中成了臺共與共產國際之間的聯絡管道。[105]

一、翁澤生與謝雪紅之爭

翁澤生與謝雪紅在臺共建黨之初，就互有嫌隙，建黨大會上，翁派掌握了中央委員多數，連人在臺灣未出席大會的蔡孝乾都當選中央委員，謝雪紅只任候補中央委員，因此對翁心生不滿，認爲翁意在奪

104 莊春火敘述施至善，言他是彰化人，高等師範畢業，在漳州經營黑糖廠；嘉義莊泗川，上海大學畢，後來經營「津津蘆筍汁」。江聯發、林日高、施至善、莊泗川皆是左派。參見張炎憲採訪，高淑媛記錄整理，〈一位老臺共的心路歷程：莊春火訪問記錄〉，臺北：《臺灣史研究》，第二號，一九九三年八月二十日出刊，頁八五。

105 《臺灣共產主義運動與共產國際（一九二四—一九三二）研究·檔案》，頁一四一—一四七。

權。另外謝一直懷疑翁所信任的王萬得是內奸，而身為知識份子的翁派在某種程度上輕視謝雪紅低出身與低學歷，謝雪紅在翁派面前為掩飾自卑則轉為自大，因此彼此指摘對方是「機會主義者」。連非共黨的張深切對謝雪紅的評價也不是很好，他欣賞在日本受過高等教育的醫學士蔡阿信，認為謝雪紅只有小學程度，是離家出走的姨太太，沒有讀過甚麼書，研究過甚麼學問，比不上蔡阿信。[106]這一番話代表當時的知識份子存有優越感，輕蔑低文化的謝雪紅。

毫無疑問謝雪紅是一位女革命家，身為女性並參與革命，本身就帶有標竿性質。低學歷加上貧困出身，在革命的年代屬於無產階級，容易受青睞並加以栽培。卻也因為如此，在男尊女卑的年代，動輒遭受挑戰。

（一）謝派開除蔡孝乾、洪朝宗、潘欽信

「上海讀書會事件」過後，在上海的部分臺共黨員被日方逮捕，建黨資料被搜走。謝雪紅押回臺灣旋即釋放，因林木順不可能回臺，林日高乃提議召開第二次中央委員會，補選謝雪紅為中委。一九二八年九月召開第三次中央委員會，因蔡孝乾與洪朝宗出逃中國，乃開除屬翁派的蔡、洪加上潘欽信及謝

106 張深切說：「因為過去臺灣參加政治運動的女性很少，在日本祇有蔡氏阿信，在祖國只有謝阿女，兩人算是萬綠叢中一點紅，所以特別博人激賞。蔡氏阿信是受過高等教育的醫學士，謝氏阿女是小學程度的出走姨太太，兩相比較，頗有雲泥之別。……到大陸以後，改名謝雪紅……去蘇俄也只走了一趟，沒有讀過甚麼書，研究過甚麼學問，不但不懂俄文，連俄語也講不通，因為她一入莫斯科就害起病來，不久便返回上海，能夠學此甚麼，可想而知。後來她能看一些書，寫一點文章，是在日本監獄裏自修學來的，這並不是我始終和她對立，故意要中傷她，事實俱在，沒法子否認」。參見張深切，《里程碑》，見《張深切全集》，（臺北：文經社，一九九八年一月），卷一，頁二四九。張所言有誤，謝是懂俄文、俄語的，參見周明著，《臺中的風雷》一書。

玉葉等四人，此舉引發翁澤生不滿，尤其是謝玉葉乃是翁的太太。謝雪紅與日共持續連繫，成了臺共實際的領導者，並逐步與「文化協會」和「農民組合」左派合流。蔡孝乾逃至廈門後，與翁澤生等臺共黨員連繫。他辯駁出逃是因爲臺共事件：「一九二八年八月，因上海臺共事件發生，惟恐波及臺灣島內組織，經會議決定，當將幾個重要幹部撤離臺灣」。[107]根據蔡的說法，幹部撤離臺灣是經由會議決定，但不知他指的是什麼會議，從史實看，他並未知會謝雪紅等人。並且他所說也有漏洞，因爲一九二八年八月距所謂臺共事件已經四個多月了，他說的「恐波及臺灣島內組織」，其實是胡說。蔡孝乾與洪朝宗是中央委員，也許蔡等因爲急迫，來不及知會謝，但此舉在謝看來，可能感覺不受尊重，直斥爲機會主義。第三次中央委員會決議將蔡、洪、潘、謝等四人開除黨籍，是報請日共中央批准的。

（二）莊春火及林日高退黨

謝雪紅與林日高和莊春火，原本是合作的關係。一九三〇年六月三人共同召開第四次中央委員會議，由於與日共的連絡中斷，決議派林日高到上海聯絡中共，再經由他們找到日共上級，但林日高在上海數月卻不得要領，只好回臺，返臺後由於臺共財政困難，自認爲沒有力量使臺共再維持下去等原因，乃要求退出臺共。[108]

林日高退黨的說法是根據楊克煌的見證，楊克煌當時與謝雪紅共事於國際書局，其說法可以採信。但支持翁澤生的莊春火補充說林日高與謝雪紅之間有嫌隙而要求退出臺共，莊春火說：

> 我和謝雪紅不合是因為謝雪紅太驕，不理解大局，並不是思想問題。……林日高赴上海

107 蔡孝乾，《江西蘇區．紅軍西竄回憶》，頁三。

108 楊克煌遺稿，楊翠華整理，《我的回憶》（楊翠華出版，二〇〇五年二月），頁八二一。

偶而也會買些衣料胭脂水粉等女人家用的東西回來給太太，謝雪紅就罵林日高「你是在替你牽手（太太）辦嫁妝呢！」並索討林日高保管的檔案，林日高一氣之下交出文件，退出共產黨。謝雪紅是候補委員，實際上沒有權利用話糟蹋林日高，這件事顯示謝雪紅涵養與知識不足，不能共事，因此我也退出臺灣共產黨。[109]

當時由於臺共黨欠缺經費，林日高為黨奔走，無論去日本或是赴上海，都是由自掏腰包，林日高祖上有一塊土地在祖師廟附近，大部分所得都拿去支援臺共經費。所以當他被謝雪紅諷刺詆毀，又被索討保管的檔案時，感覺不被同志信任，因而萌生退意，莊春火替林日高抱不平，也跟著退出臺共。

但依據俄羅斯國立社會政治史檔案記載：「遠東局女工作人員與翁澤生、潘欽信的談話（一九三〇年十一月廿六日）」，提及有關林日高被開除黨籍的原因，與思想不同有關：

林日高第一次來上海，希望與（共產）國際領導人或中國共產黨建立聯繫。現在這個代表被開除黨籍了，原因是他拒絕組織和領導獨立的共產主義運動，並堅持資產階級自由主義觀點。……（他）主張放棄建立共產主義政黨，放棄工會的罷工鬥爭、放棄組織農民組合，其理由是：臺灣當今處於日本反動派的嚴厲統治下，不可能進行革命鬥爭。[110]

---

109 張炎憲採訪，高淑媛記錄整理，〈一位老臺共的心路歷程：莊春火訪問記錄〉，臺北：《臺灣史研究》，第一號，一九九三年八月二十日出刊，頁八七－八八。

110 《臺灣共產主義運動與共產國際（一九二四－一九三二）研究．檔案》，頁三五〇－三五二。

從這項資料看來，林日高在日本殖民政府嚴厲的鎮壓與逮捕之後，確實在內心產生動搖，偏向與「臺灣議會期成同盟」類似的溫和改革路線結合，再加上與謝雪紅的理念不合，乃退出臺共。

綜上所述，林日高的離開臺共，一方面是他自己灰心，一方面也是與共產國際的理念不合導致。林與莊兩人相繼退出後，在臺灣的臺共中央就只剩下謝雪紅單獨一人，她要面對的是傾向中共的翁澤生等人。

（三）翁澤生出任「共產國際東方局」連絡人

林日高之外，謝雪紅又派陳德興與劉纘周到上海，當時「第三國際」的連絡人是翁澤生，中共與「第三國際」都是採信翁澤生的說法。一九三〇年十月，翁澤生會晤中共代表瞿秋白，商討有關臺灣共產黨活動的問題，一九三一年初，翁開始為「共產國際遠東局上海辦事處」工作。翁認為謝雪紅的領導政策是「機會主義」，黨的政策必須積極。[111]

一九三〇年十二月，謝雪紅在臺灣領導臺共，留中國的翁澤生則透過上海的「第三國際」代表瞿秋白與莫斯科聯絡，謝雪紅和瞿秋白的聯絡人就是翁澤生。翁澤生同時具有中共及臺共的雙重黨籍身份，根據翁澤生與遠東局工作人員的談話記錄顯示，他提供的臺共現況，是不利於當時的臺共領導人謝雪紅的，他說：

> 失業的礦工和工作的礦工計劃舉行一次罷工，原因是日本企業家大幅降低工資，還試圖踏著工人的軀體走出危機困境。黨採取的路線是反對組織這次罷工，藉口是罷工反正不能成

111《臺灣共產主義運動與共產國際（一九二四—一九三二）研究．檔案》，頁一一。

> 功，還會導致日本帝國主義者把黨的最後一點殘存力量消滅殆盡。……很大一部分黨員宣揚在臺灣的政治體制改變之前，應堅持消極主義和不抵抗主義。……工人的組織和農民的組織尋找黨，要求領導他們，然而黨不但沒有領導和組織群眾，反而壓制群眾的革命積極性。[112]

翁還舉出臺共黨中央拒絕領導臺灣農民鬥爭、農民演講會的例子，說明臺共黨的領導路線有爭議，此促成臺共領導人更動及臺灣共產黨的改革。

（四）翁派成立「改革同盟」，開除謝雪紅

一九二九年十二月，謝雪紅派去中國聯絡的陳德興，帶回翁澤生的指示，以謝雪紅不發動起義爲由批判謝，指若謝不聽，則發起成立黨內改革同盟，改革黨的領導機構。[113]此舉無異是鬥爭謝雪紅並分裂臺共。陳德興返臺後即頻頻聯繫王萬得，生於一九〇三年的王萬得，先在武漢加入中共，經上海會晤翁澤生後回臺。謝雪紅試圖說服王萬得不要那樣做，但反謝派已然形成，謝雪紅想召開臺共緊急代表會議，因反謝派不出席，會議召開不成。

一九三〇年十月潘欽信到上海，會見翁澤生，共同做成有關臺灣情勢報告書，交付第三國際聯絡員，上呈第三國際東方局。[114]該報告是以翁澤生的意見爲主加以敘述，內謂臺共毫無進展，黨中央的指導力極爲薄弱，工會運動全無進展。十二月，中共領導瞿秋白訪翁澤生、潘欽信，瞿秋白告以係代表中共中央而來，談話首言臺共陷入機會主義的錯誤，黨員缺乏積極性，活動遲滯，中共基於友誼，擬向臺

---

112 《臺灣共產主義運動與共產國際（一九二四—一九三二）研究‧檔案》，頁三五一。

113 楊克煌遺稿，楊翠華整理，《我的回憶》（臺北，楊翠華出版，二〇〇五年二月），頁九三—九四。

114 王乃信譯，《臺灣社會運動史，一九一三—一九三六》，第三冊，共產主義運動，頁一一四。

共建議改革，言雖是中共意見，但共產國際東方局也同意。瞿言革命運動已經日見高漲，偉大的革命鬥爭即將爆發，臺共應徹底清算機會主義的謬誤。最後建議臺共應召開臨時大會確立新方針。翁澤生與潘欽信即告訴陳德興將意旨傳達給謝雪紅，聳恿她改革臺共，若不同意，則向王萬得、趙港報告，令他們準備改革。陳德興回臺後見謝雪紅，傳達東方局的指令，謝雪紅認爲東方局的指令是對臺灣情況無知者的妄論，質疑是翁澤生等人分裂主義的陰謀。

一九三一年一月，反謝派主導下，臺共「改革同盟」在臺北成立，名義上是進行黨內的改革，實際上是鬥爭謝雪紅。四個月後，一九三一年五月卅一日至六月二日反謝派召開臺灣共產黨第二次臨時大會，與會者有：王萬得、潘欽信、蘇新、蕭來福、簡娥、劉守鴻、莊守、顏石吉等八人。[115]大會採用新政治綱領，此綱領是基於「中國共產黨」及「共產國際」東方局的建議，並參酌客觀的情勢而制定。其目標設定爲打倒日本帝國主義及樹立工農蘇維埃政權，以工人、農民的武裝蜂起暴動爲戰術。主其事的是王萬得、蘇新等人，顯然是受翁澤生影響，於是臺共分裂，此後沒有謝的臺共，明顯向中共大舉傾斜。

「改革同盟」主要決議是開除謝雪紅的黨籍，同時開除的還有謝雪紅的人馬楊克培、楊克煌，更離譜的是連在上海的林木順也一併開除。這應該也是報復謝開除蔡孝乾、潘欽信與謝玉葉的黨籍所做的反撲，更是爲了奪權。翁澤生是支持王萬得、潘欽信、蘇新、蕭來福等的「反謝派」，認爲「第三國際」支持他們在黨內另組同盟宗派，如前所述翁在與莫斯科聯絡時就表達對謝雪紅不滿。[116]

115 與會名單根據詹以昌的未刊回憶手稿。

116 陳芳明，《謝雪紅評傳：落土不凋的雨夜花》（臺北：前衛出版社，一九九一年七月），頁二一〇。

（五）臺共自我矮化無法與中共平起平坐

臺共原本隸屬於日共，爲日共的民族支部，日共與中共爲平行的關係，照說臺共與中共也應該是平行的關係才對，但是幾項原因導致臺共無法與中共平起平坐，第一個原因是：臺共創建不久，日共即遭受日本政府的大檢肅，臺共與日共的聯絡線被切斷。

第二個原因是臺共誕生之前，日共委託中共指導。「日本共產黨」之「中央委員會」曾指示：「日本共產黨目前因爲選舉鬥爭（國會普選）而忙碌，有關組黨（臺共）事宜，應請求中國共產黨的援助及指導。」

第三個原因是多位臺共創始人本身即具有中共黨員的身份，如翁澤生、蔡孝乾、林日高、莊春火等人就是。甚至是臺共領導人本人也兼具中共黨員身份，使得臺共一開始就難以擺脫中共的影響，甚至變成是中共的從屬。[117]

從臺共成立之初所發表的〈致中國共產黨書〉，可以看出端倪，在這份公開書的內容裡，臺共黨人流露出渴望中共指導的心情：

> 臺灣共產黨……於成立大會時，承蒙中央代表列席參加，得以聆聽中央代表所做有關中國革命的過去與現階段情勢之報告，尤其中央代表將中國革命的經驗與殖民地革命應特別注意的要點，十分詳細地指示我們，使大會全體同志對中國革命能更加深刻地認識，進而對將來的

117《臺灣共產主義運動與共產國際（一九二四—一九三二）研究．檔案》，頁五二，稱臺共的成立與中共的存在這一事實，緊密相連。

臺灣革命獲致極大的教訓，大會的全體同志謹致誠摯的謝忱並表示接受。[118]

上文的字裡行間呈現的是臺共黨人對中共的崇敬與感謝，甚至有點「卑躬曲膝」。當然，早誕生七年的中共，是多了一些經驗，但也用不著哈腰啊。除了崇敬與感謝，臺共黨人還顯現出希望從中共的革命經驗學習，以做爲臺灣革命的借鑒的願望：「大會全體同志對中國革命能更加深刻地認識」，「對將來的臺灣革命獲致極大的教訓」。

其次，臺共黨人強調臺共與中共關係密切，竟然說出「遵守中央指導」、希望中共對臺共「多加指導與協助」這樣的話語，形同「自我矮化」：

> 大會全體同志一致表達遵守中央指示，在臺灣革命實際運動上奮鬥實踐，使臺灣共產黨不致再蹈中國共產黨機會主義的覆轍。臺灣共產黨的構成分子大部份曾加入中國共產黨，接受過中國共產黨的指導訓練，是故，臺灣共產黨的成立與中國共產黨頗有密切的意義，臺灣革命與中國革命之間亦有頗多關連，因此懇請中國共產黨對臺灣共產黨能多加指導與協助。[119]

如前所述，臺共成立後，分別和中共、日共設了一個聯絡人，日共聯絡人是謝雪紅，中共聯絡人是翁澤生，翁澤生由於較早從臺灣回到中國，和中共的淵源比較深，臺共成立之前，他已經歷任中共各地方組織要職，如一九二七年一月十五日中共「閩南部委」成立，他擔任宣傳部長。同年一月，中共「漳

---

118 王乃信譯，《臺灣社會運動史，一九一三—一九三六》，第三冊，共產主義運動，頁九七。

119 王乃信譯，《臺灣社會運動史，一九一三—一九三六》，第三冊，共產主義運動，頁九八。

州支部」成立，翁澤生擔任書記。二月中共漳州「農工運動講習所」成立，翁澤生擔任教務主任。[120]這些職務表明翁澤生與中共關係相當密切，他一方面是臺共與中共的橋樑，一方面則是導致臺共無法自主的罪魁。

臺共初期依偎在日共和中共之間，可以說是具有雙重的臣屬性，日共敗亡後，則受中共干擾，無疑這是臺共內鬥以至潰滅的主因。

---

120 何池，《翁澤生傳》，頁一二〇—一二一。

第六篇

在國共兩黨之間追尋

一九二〇年代，全世界社會主義方興未艾，臺灣也在時代的潮流中，掀起工農運動的熱潮，一九二五年六月，彰化二林蔗農為爭取合理的收購價格，李應章等人成立「二林蔗農組合」，發生蔗農因抗爭剝削被補的「二林事件」，「組合」被迫解散，然各地農民仍持續抗爭。同年十一月高雄鳳山發生佃農抗爭事件，簡吉、黃石順等人為反對高雄「陳中和物產會社」將七十甲耕地收回，十一月成立「鳳山農民組合」。一九二六年這一年，因抗爭臺灣總督府將農民耕地標售給退休日本官員，各地農民組合陸續成立。六月先後成立「大甲農民組合」及「曾文農民組合」。由於日本殖民當局對臺灣農民的壓榨日益嚴重，六月廿八日，簡吉、趙港在鳳山召開「臺灣各地農民組合幹部合同協議會」，決定設立全臺性的農民運動組織：「臺灣農民組合」，總部設鳳山，繼遷麻豆、臺中。

「臺灣農民組合」在一九二七年推動連串抗爭，包括：對抗地主之剝削與壓迫、反對官方將耕地放領給日本退職官員及官有竹林、香蕉、甘蔗收購價格等問題。農民組合在日本工農運動影響下逐漸左傾。一九二七年十二月，宣布支持日本勞動農民黨、促進工農聯合。一九二八年十二月，在返臺的臺共領導人謝雪紅指導下，更加確立其左翼路線，包括：工農團結、團結臺、日、鮮、中的工農階級、解放被壓迫民族、打倒帝國主義及解放無產階級等，組合員驟增至二萬四千多人，支部增加至廿三處。一九二九年後，日警加強取締，「臺灣農民組合」被搜索，幹部被捕。一九三一年一月，主要幹部決議支持臺灣共產黨、組織「赤色救援會」。六月至九月間，多名核心領導人在警方取締臺共的行動中被捕，「臺灣農民組合」瓦解。

「臺灣工友總聯盟」一九二八年二月成立，它是在臺灣民衆黨領導人蔣渭水推動下成立的工運團體。旨在為工人謀福利、參與勞資爭議，會員一萬多人，多次罷工，配合「臺灣民衆黨」的活動，成為反日本殖民統治的農工運動主力。但隨著一九三〇年代日本大規模鎮壓左派運動，蔣渭水去世、臺灣民衆黨遭禁等因，勢力逐漸衰退。最後不論是農組、工友總聯盟或是臺共，全部被壓抑和取締；它們不是噤聲，就是外逃至中國，繼續其抗日與革命運動，其代表者是農組的李應章，臺共的蔡孝乾。

自一九二四年起，在中國的土地上，國民黨和中共既聯合又鬥爭，為期二十五年。臺灣人到中國有進入國民黨體系的，如丘念台與李友邦；有走中共路線的，如前舉之李應章與蔡孝乾，他們在國民黨與共產黨之間追尋、徘徊。

01 蔡孝乾參與中共長征

紅軍成功地突破第一道碉堡防線以後，就開始它劃時代的歷時一年長的向西方和北方的轉移了……像火焰一般把這一切貫穿起來的，是那無數青年男女不滅的熱情、不朽的希望和驚人的革命樂觀主義，他們不承認人或自然或神或死亡所造成的失敗。

史諾《西行漫記》

一九三一年三月廿四日，身兼臺共幹部與臺灣農民組合幹部的趙港被捕，接著六月廿六日臺共事件爆發，日臺當局大肆逮捕五百餘人，謝雪紅爲其中之一。臺共案發後被囚者一百零八人，被起訴者四十九人，經此打擊臺共在臺灣遂銷聲匿跡。[1]

按照臺共一九二八年四月建黨決議，蔡孝乾、洪朝宗、謝玉鵑（謝玉葉）等人在臺灣負責推動黨務，但是蔡孝乾等三人及潘欽信卻在一九二八年八月謝雪紅返臺不久，爲躲日方搜捕逃亡至中國，爲此，謝雪紅與林日高、莊春火召開臺共第二屆中央委員會議，組成的新的黨中央，開除蔡、洪、謝、潘

1 黃師樵，《臺灣共產黨秘史》（臺北：海峽學術出版社，一九九九年九月），頁二一。

等四人的黨籍。[2]

蔡孝乾逃亡到福建漳州，住在城內枕頭巷，化名楊明山，一邊在石碼中學、龍溪女中教書，一邊則與上海的翁澤生保持聯繫，也在詔安當過公路工程處臨時職員。一九三二年四月廿日，中共紅軍打敗國民黨軍張貞部，攻下福建漳州，經當時擔任紅一軍團政治部主任羅榮桓的安排，[3]蔡孝乾的命運出現轉折，他在一九三二年進入紅一軍團政治部工作，再經由閩西蘇區踏入江西瑞金中共中央革命根據地，擔任「中央蘇區反帝總同盟」主任。當時，和蔡孝乾一起參加紅軍的臺灣人除了施至善外，尚有沈乙庚、林飄萍、施碧晨、沈存薦、余曉陽等五人，蔡孝乾在江西接觸不少中共黨政軍領導人，如：「中華蘇維埃共和國」主席毛澤東、中共蘇區中央局書記周恩來、「蘇

參加中共長征的蔡孝乾。（林光輝提供）

2 謝雪紅口述，楊克煌筆錄，《我的半生記》，頁二九〇。另參史明，《臺灣人四百年史》，上冊，頁五八六。

3 羅榮桓，一九〇二年生，湖南衡山縣人。在一九四九年中共建國後成為十大元帥之一，一九六三年十二月病逝。

維埃人民委員會」副主席項英、紅軍軍事政治學校校長劉伯承等人。[4]

一九三四年十月，盤據江西的中共紅軍，在國軍圍勦下撤離蘇區。蔡孝乾又參加了二萬五千里的長征行列，直到一九三五年十月抵達陝北，蔡孝乾因此開啓了臺灣人參與中共的長征之路。

一、紅軍裡的臺灣人：蔡孝乾、施至善、施碧晨等

蔡孝乾到福建漳州，在工作上直接受上海的臺共翁澤生領導，與中共組織只有橫的聯繫。和他聯繫的中共地工人員是「巡視員」李文堂，爲海南島人，海員工人出身，一九三〇年時李文堂名義上是「巡視員」，但實際上他是「中華全國總工會」「中央蘇區執行局」委員。

一九三二年四月廿日紅軍打進漳州，四月廿四日李文堂往見蔡孝乾，邀他去紅軍工作，並引薦他與「紅一軍團」政治部主任羅榮桓見面，蔡孝乾和施至善一家及五位臺灣青年都決定要去蘇區。蔡孝乾如此形容羅榮桓：

> 長得結實，戴著深度近視眼鏡的政治部主任，起立和我們握手之後，就用湖南腔爽爽朗朗地說：「……歡迎你到紅軍來工作。……你的一位同鄉施老先生（施至善）一家人，還有幾位臺灣青年朋友志願到蘇區去，我們都歡迎。」[5]

羅榮桓介紹幹部蕭華（軍團政治部青年部長）、舒同（組織部長）和蔡認識，五位臺灣青年也加

4 蔡孝乾，《江西蘇區．紅軍西竄回憶》，頁一—三。

5 蔡孝乾，《江西蘇區．紅軍西竄回憶》，頁一二—一三。

入紅軍。羅榮桓叫蔡孝乾編《紅色戰士報》[6]，此為部內編印的刊物，原由羅榮桓編輯，此後交給蔡孝乾負責，沈乙庚則從旁協助。沈乙庚在軍團政治部，協助編纂《紅色戰士報》。林飄萍、施碧晨、沈存薦、余曉陽等四人則分配到各師政治部，施碧晨是施至善的兒子。此時紅軍政治工作重點是下鄉宣傳，每天他們分別率領由紅小鬼組成的宣傳隊下鄉做群眾工作。[7]

宣傳隊到農村向農民講解「分土地、打土豪」，叫農民燒田契、和地主土豪鬥爭。紅小鬼多半來自江西和閩西，江西的紅小鬼叫「江西老表」、閩西的紅小鬼叫「福建土狗子」，來自長汀、上杭、永定各縣，多半是客家人，這些紅小鬼都不會說閩南語，因為臺灣人都說閩南語，就替這些宣傳隊的紅小鬼當翻譯。

二、進入蘇區

一九三二年四月國軍對中共發動第四次圍剿，為此佔領漳州的紅軍，撤離漳州趕回江西保護中共中央，時任中共蘇區中央局組織部長的任弼時，拍電報邀蔡孝乾隨紅軍進入中央蘇區，任弼時曾經擔任上海大學俄文教授，而蔡孝乾是上海大學學生，蔡自言在上大讀書時，曾經選過任弼時的課，二人因有師生之誼，故任弼時邀請蔡孝乾加入紅軍。[8]

6 《紅色戰士報》是發給紅軍全軍指導員、戰鬥員看的，在戰鬥環境裡發行，文字力求通俗淺顯，其中圖片、連環畫、山歌，最受戰士們歡迎。部隊中各團都有義務「通訊員」負責撰稿，他們反映軍中娛樂活動、戰鬥狀況、軍民關係等部隊生活。參見蔡孝乾，《江西蘇區．紅軍西竄回憶》，頁一四。

7 蔡孝乾，《江西蘇區．紅軍西竄回憶》（臺北：中共研究雜誌社，一九七〇年），頁一七。

8 蔡孝乾自承當時被調到蘇區，無疑與任弼時的師生關係有關。他說：「（一九三二年）六月三日早晨，羅榮桓特別告訴

六月初，隨同蔡孝乾出發前往江西蘇區的臺灣人，有施至善及其妻兒子女。蔡孝乾記述出發情形：

一天早晨，我和施老先生（施至善）、施師母、劉月蟾、施月英、施月娥、施月霞、施月仙、沈乙庚一行，都帶著笨重的行李到軍團政治部，候車出發。此時，從軍團政治部出來四個背著行李的新戰士，……其中兩位是臺灣青年，這兩位臺灣青年，一位據他自稱是工人出身，一位曾經參加過臺灣農民運動。[9]

施至善是彰化人，臺灣文化協會創會會員，與賴和、王敏川被稱為「彰化三支柱」。蔡孝乾在這裡並未記載施碧晨隨行，顯然施碧晨沒有去江西中央蘇區。

當天下午卡車抵達和溪，從和溪步行兩天到龍岩，沿途冒著風雨，走在險峻而陡峭的山徑，海拔一千五百公尺。龍岩停留兩天，又徒步經龍門旋走進群山環抱、狹窄陡峭的小徑。一九三二年六月中旬抵達汀州。汀州是福建省蘇維埃政府所在地，為閩西蘇區政治、軍事、經濟中心，有蘇區「紅色小上海」之稱。[10]

汀州是閩西重鎮，距離瑞金六十華里，在這裡蔡孝乾見到周恩來及任弼時。蔡孝乾形容周恩來是手

9　見蔡孝乾，《江西蘇區．紅軍西竄回憶》，頁二二。

10　見蔡孝乾，《江西蘇區．紅軍西竄回憶》，頁二三—四五。

我，現在汀州擔任中共蘇區中央局組織部長的任弼時來了電報，要我隨軍入「中央蘇區」擔任新的工作。任弼時是留俄學生，一九二四年我在上海大學攻讀時，他擔任俄文教授，我選修過他的課，算是師生關係。……因此我這次被調『蘇區』，無疑是與任弼時有關。」見蔡孝乾，《江西蘇區．紅軍西竄回憶》，頁二〇。

不釋卷、努力勤學的人，也是「隨風轉舵擅長縱橫捭闔」。[11]對蔡說紅軍缺乏政治工作人員，蘇區很需要文化工作者，你們來到蘇區正適合「革命」需要，尤其是九一八事變後，全國掀起反對日本帝國主義運動高潮，你們是從日本帝國蹂躪下的殖民地來，若能把在殖民地統治下的生活實況告訴蘇區老百姓，必定會在蘇區掀起反帝高潮，對「革命」是極大的貢獻。到汀州第三天，周恩來偕任弼時來，拿出兩本日文書，一是列寧著的《馬克思主義的三個來源和三個組成部份》，另一是日共領導人佐野學著的《國家論》，是佐野學對列寧《國家與革命》的通俗闡釋。當時中共尚無這兩本書的中文譯本，周恩來請蔡孝乾到瑞金後，將二書翻譯出來，先將列寧的著作譯出，送中共蘇區中央局準備出版。蔡孝乾說身邊沒有日文辭典，周說瑞金葉坪「中央人民委員會教育部」可以借到，那裡正籌建「中央圖書館」，有大批日文書剛從漳州運來。蔡孝乾如此描述任弼時：

> 早年留學蘇俄，一九二三年回國擔任中國社會主義青年團書記，曾任上海大學俄文教授和共產國際東方部連絡工作。身材瘦小、面黃飢瘦，臉上留有長鬍鬚，更顯得蒼老憔悴，那時他已患了輕微的肺病。這次從漳州來的臺灣人……的工作，便是完全由任弼時所決定和安排。[12]

蔡一行人在汀州停留三天，旋經古城登上一千多公尺高的大山，走六十里路抵達瑞金北郊葉坪，這是「中華蘇維埃臨時中央政府」所在地，在路上碰到毛澤東的胞弟毛澤民及其妻，毛澤民是蘇維埃「國

11 見蔡孝乾，《江西蘇區．紅軍西竄回憶》，頁五三。
12 見蔡孝乾，《江西蘇區．紅軍西竄回憶》，頁四七、五八至五九。

家銀行」行長。[13]

三、在「紅都」瑞金：蔡孝乾任蘇區「反帝總同盟」主任

中共於一九三一年十一月創立「蘇維埃臨時中央政府」，控制五個游擊根據地、六十多個縣，人口九百多萬。進入蘇區後第二天，項英約蔡孝乾和施至善談話，項英是「人民委員會」副主席，湖北人，一八九八年生，少時為商店學徒，一九二三年中共六全大會時當選中央委員，六屆三中全會決定成立「蘇區中央局」後，他即於一九三○年秋進入江西「蘇區」主持「蘇區中央局」，為代理書記，並任「中華蘇維埃臨時中央政府」、「人民委員會」副主席。項英告訴蔡孝乾與施至善：蘇維埃政府籌備召開全國性「反帝同盟代表大會」，號召工農勞苦群眾，參加紅軍，武裝保衛蘇區和無產階級的祖國蘇聯。項要蔡與施馬上參加「反帝同盟代表大會」的籌備工作，並到中央教育部工作。「教育部」為培養「列寧小學」師資，辦有「列寧師範學校」，蔡孝乾建議將「編審委員會」移到「列寧師範學校」去，幾個編審委員也都擔任「列寧師範學校」教授，後來成立「紅色教授聯合會」。[14]

蔡孝乾和施至善擔任「教育部」的編審委員，蔡孝乾針對代理教育部長徐特立編的課本，建議以為不能偏重「政治」，徐也虛心接受。[15]劉月蟾擔任蘇區「中央圖書館」館長。

施月英、施月娥和沈乙庚分配到「紅軍學校」當教官，「紅軍學校」隸屬於中共中央軍事委員會，

---

13 蔡孝乾，《江西蘇區．紅軍西竄回憶》，頁五九—六○。

14 蔡孝乾，《江西蘇區．紅軍西竄回憶》，頁六五。

15 徐特立，一八七七年生，湖南善化人，私塾出身。一九一九年赴法勤工儉學，一九二七年加入中共，一九二八年到莫斯科中山大學學習，回國後到江西中央蘇區，參加長征。一九四九年後任中共中央宣傳部副部長，一九六八年逝。

全稱是「中國工農紅軍軍事政治學校」，於一九三一年創辦，是培養「紅軍」連、排級幹基層幹部的綜合性軍事學校，由劉伯承校長兼政委。「紅軍學校」其時學生有一千五百多名，分六個連，包括步兵連、政治連、砲兵連、工兵連等。

一九三二年六月廿三日，中共召開「反帝總同盟」第一次代表大會，與會代表三百多人，除了各地區反帝同盟代表之外，還有紅軍代表、朝鮮代表和臺灣代表，大會推舉包括施至善、蔡孝乾、沈乙庚等廿五人爲大會主席團，其它成員有鄧穎超、陳壽昌、張愛萍等。中共召開大會之目的爲在蘇區掀起反帝運動高潮，動員蘇區群衆參加紅軍作戰，蔡孝乾當選爲「反帝總同盟」主任。[16]

在「反帝總同盟」工作者，包括毛澤東的三弟毛澤覃（曾任中共江西省委員會委員）及胡耀邦（曾任少共蘇區中央局組織部長）。蔡在「反帝總同盟」半年，蔡和毛及胡耀邦三人，建立了深厚的友誼，常談到深夜。[17]

一九三四年一月廿二日蔡孝乾以「少數民族代表」身份代表臺灣，參加在江西瑞金召開的「中華蘇維埃工農第二次全國代表大會」，與會者有六百多人，蔡孝乾及畢士狄（朝鮮）、洪水（安南）、張然和（爪哇）等「少數民族代表」，被選爲主席團成員，主席團成員有七十五人。此次大會，毛澤東作兩年來的工作報告，朱德作軍事報告，林伯渠作經濟建設報告，大會閉幕時毛澤東再作關於緊急動員的報告，毛強調當時緊急任務是動員一切力量，粉碎國民黨軍隊的進攻。

蔡在江西「中央蘇區」工作兩年多，接觸過的中共黨政軍領導人，包括周恩來、項英、毛澤東、劉伯承等人。經歷蘇區的土地鬥爭、查田運動、擴紅運動、財經運動、勞動政策、文教工作、肅反工作及

16 蔡孝乾，《江西蘇區．紅軍西竄回憶》，頁八三。

17 蔡孝乾，《江西蘇區．紅軍西竄回憶》，頁九二。

合作化運動等，更參加中共紅軍兩萬五千里長征，以親身經歷做回顧，寫出了珍貴的第一手資料，他是長征中唯一留下記錄的臺灣人。

四、走上二萬五千里長征之路

一九三三年十月，國民黨調動一百萬軍隊，對中共紅軍展開第五次圍剿。一九三四年九月初，「蘇維埃中央政府」主席張聞天，在《紅色中華》發表文章〈一切爲了保衛蘇維埃〉，透露紅軍將放棄「江西蘇區」，轉移到新地區的消息。[18]蔡孝乾九月下旬收到通知，於十月十二日到紅軍總政治部報到後，先後到紅軍中央縱隊各個工作崗位上去。

紅軍突圍撤退時，按野戰軍編制，軍委縱隊分二縱隊，第一縱隊司令員葉劍英，分四縱隊。包含軍委總部各單位，通訊、警衛、運輸人員、炮兵營、工兵營、醫院等。第二縱隊司令羅邁（本名李維漢），包括中共中央機關、政府機關、後勤部隊、衛生部門、總工會、青年團、擔架隊等。一九三四年十二月十八日兩縱隊合併爲軍委縱隊，劉伯承任司令員、葉劍英爲副司令員，一九三五年一月十九日改爲中央縱隊。[19]

關於這段史事，蔡孝乾所述與史載略有出入，蔡的記錄是紅軍中央縱隊由葉劍英指揮，分成兩個梯隊，第一梯隊包括紅軍大學、兩個步兵學校和政治保衛局的警衛團。第二梯隊包括兵工廠、印刷廠、造幣廠、野戰總醫院以及醫療隊。

紅軍中央縱隊，代號是「紅星」，包括中共中央各部會、蘇維埃中央政府、革命軍事委員會各部、

18 程子固，《張聞天傳》（北京：當代中國出版社，一九九三年七月），頁一八二。

19 程子固，《張聞天傳》，頁二二四。

紅軍總司令部、野戰總醫院、兵工廠、被服廠、印刷廠、造幣廠、以及紅軍大學編成之上級幹部隊（隊長蕭勁光）及兩個步兵學校組成的幹部團（團長陳賡）、政治保衛局的警衛團等共一萬五千多人，其中運輸隊六千多人。另野戰部隊共七萬人，加上中央縱隊，總兵力達八萬五千人。中央縱隊在西向的行動中，驅策六千名民伕，搬運笨重的兵工機器、印刷機、縫紉機、山炮、迫擊砲、彈藥、紙幣等。[20] 蔡的記載印證長征初期確實是帶了太多笨重物品。

當時毛澤東已被剝奪黨權、軍權，只擔任「中華蘇維埃共和國」主席，這次紅軍突圍西進的計劃和部署，他都無權過問，甚至何時出發都不知道。紅軍出發時的狀況是：十月十六日黃昏，中央縱隊從寬田出發。出發命令由總司令朱德、總政委周恩來簽署。林彪的紅一軍團和彭德懷的紅三軍團已先一日出發，作爲開路先鋒。蔡是緊跟著紅三軍團的後面前進的，作爲後衛的紅五軍團，也已經絡繹湧到，緊跟在後面。戰士的裝備很整齊，衣服都是新的，背包是一律的，每人有二個到四個手榴彈，掛在胸脯前面，草鞋每人兩雙，多的有三雙。戰鬥員身上，帶著步槍和刺刀，兩袋十斤重的糧食，掛在肩上，雨笠掛在背包後面。在戰鬥隊伍之後是炊事班擔子、公文箱擔子。[21]

紅軍從贛南地區開始長征，因爲怕國軍飛機襲擊，大都是夜行軍，沒有月光的夜晚就打火把行軍，迄一九三五年十月廿日到達陝北蘇區吳起鎮止，歷時一年餘，共三百七十一天。艱難的行軍過程中，時有情緒不穩的士兵逃跑，士氣低落。蔡孝乾記載那段歷程：

> 路走得越遠，情緒越來越不穩，逃跑的現象越來越嚴重。那些笨重的機器，原來由十人

20 蔡孝乾，《江西蘇區．紅軍西竄回憶》，頁二〇一—二〇二。

21 蔡孝乾，《江西蘇區．紅軍西竄回憶》，頁二〇九。

抬的減為八人抬，原來是八人抬的減為六人抬。有些挑擔子的運輸員跑掉了，擔子沒有人挑，就加在別的運輸員身上，或是丟棄到河裡去……戰士們想家、懷念親人，士氣低落，紀律鬆懈。[22]

紅軍十一月廿九日渡過湘江進入廣西，越過湘桂公路，即衝破國軍第四道封鎖線。在此行程中，損失慘重，中央縱隊的兵力已損失三分之一。新編的紅八軍團，在渡湘江時掩護中央縱隊，被國軍截擊，潰不成軍，一個師被殲於湘江邊。紅軍衝破國軍最後封鎖線之後，攀越南嶺山脈的越城嶺，進入廣西境內傜、苗、獞、侗族聚居之地，十二月十四日再攻佔黔東南苗族聚居的黎平，在黎平開中央政治局會議，決定改變戰略，以貴州遵義爲中心之地區，開闢根據地，[23]部隊在黎平整編。紅軍行經桃江、章水、瀟水、灌水和湘江，越過南嶺山脈的萌渚嶺、都龐嶺、大王山、雪峰山、雷公山等。中共軍隊行經江西、湖南、廣東、廣西諸省的過程中，在國軍追擊下，遭受極大損失，兵力已由八萬五千人減至三萬人，約損失三分之二。[24]

紅軍由湖南轉入貴州，面對嗜吸鴉片的貴州部隊，輕而易舉地攻陷黎平、劍河、台江（台拱）至鎮遠，一九三五年一月一日至三日進行戰鬥，六日渡過烏江，七日攻遵義，紅軍在遵義休整了十二天。十五日—十七日中共就在遵義舉行政治局擴大會議，史稱「遵義會議」，其主要議題是檢閱和反對五次

---

22 蔡孝乾，《江西蘇區．紅軍西竄回憶》，頁二一五。

23 《張聞天傳》，頁一九六—一九七。

24 中共中央黨史研究室，《中國共產黨歷史》（北京：人民出版社，一九九一年七月），上卷，頁三八二。

圍剿中與西征中軍事指揮上的經驗與教訓。[25]起草中共中央「反對敵人五次圍剿的總結決議」，肯定毛澤東等指揮紅軍取得多次反圍剿勝利的戰略戰術的基本原則。[26]攻陷遵義的第二天，蔡孝乾和羅梓銘在縣立第三中學召開「遵義各界代表會議」，與會者有工人、農民、學生、商人、攤販及小工等，會中討論召開「遵義各界民衆大會」，成立「革命委員會」和「紅軍之友社」，以及救濟貧民等事，第三天召開「遵義各界民衆大會」，羅梓銘被選爲「革命委員會」主席，蔡孝乾則負責協助羅梓銘處理「革委會」的日常事務。蔡孝乾回憶這段工作：

> 大會（遵義各界民眾大會）過後，遵義「革委會」正式在縣立三中辦公，我和羅梓銘也由中央縱隊政治部搬到「革委會」來住。我在「革委會」的任務是協助羅梓銘處理「革委會」的日常事務，其中最緊張的是「沒收徵發委員會」的工作，那是把「打土豪」沒收來的糧食、衣服、藥品、食鹽等物資分發給市內民眾和近郊的農民，並對貧民普遍發給救濟米。[27]

「遵義會議」被中共官方說是「黨的歷史上一個生死攸關的轉折點」。[28]在此會檢討紅軍戰略方針及戰鬥任務之後，紅軍依中共中央軍委決定實行改編，中央縱隊也整編，十天後蔡孝乾及羅梓銘奉命編入野戰總醫院幹部休養連休養。蔡孝乾在江西紅軍長征的過程中，分成三階段，分別爲中央縱隊階段、

---

25 陳雲，〈遵義會議政治局擴大會議傳達題綱〉《遵義會議文獻》，頁三四。

26 中共中央黨史研究室，《中國共產黨歷史》，上卷，頁三八三、三八六。

27 蔡孝乾，《江西蘇區．紅軍西竄回憶》，頁二八四。

28 中共中央黨史研究室，《中國共產黨歷史》，上卷，頁三八八。

野戰總醫院階段及紅三軍團階段，此行他比在江西蘇區時期接觸到更多中共黨政軍高級人員、軍事指揮員及政治工作人員等。他從瑞金地區出發到遵義會議召開，歷經紅軍殘部數次改編。在長途行軍之後，蔡孝乾體力不支，進入野戰總醫院的幹部休養連行列。[29]

「幹部休養連」收容廿幾位老弱傷殘的高級幹部，包括徐特立、董必武和謝覺哉、文藝作家成仿吾、上海老工人朱琪、朝鮮代表畢士狄、前紅八軍團長周昆、官田兵工廠廠長韓日升等人。休養連連長何長工曾任紅九軍團政委，指導員是羅明。到雲南邊境的孔西（威信）時，部分中共要員的夫人也陸續加入，如：賀子貞（毛澤東妻）、鄧穎超（周恩來妻）、劉群先（博古妻）、蔡暢（李富春妻）、廖施光（凱豐妻）。

紅軍抵達赤水縣之土城，和郭勛祺部和侯之擔部激戰一晝夜，由川南折返遵義途中，在婁山關附近打敗黔軍王家烈兩個師的部隊。紅軍向西南連攻陷定番（惠水）、長順（長寨）、廣順、紫雲等縣，該地爲夷族聚居區，遭遇夷族反抗，在百層（貴州省貞豐縣）渡過北盤江，沿貞豐、興仁、普安行進，在盤縣越過七盤山，進入雲南。接著兵分二路，一路連陷曲靖、馬龍、尋甸、嵩明逼進省會昆明；另一路則在黔、滇活動，擊敗黔軍猶國材五個團，佔領宣威、會澤、東川等縣逼進金沙江。

一九三五年五月初，紅軍費時九晝夜渡過金沙江，從此擺脫優勢國軍的追堵攔截，經會理轉進四川西南大涼山，此爲夷族聚居區，遭遇夷族反抗，總參謀長劉伯承出面與夷族頭目結盟，得其協助。渡過金沙江後，紅軍進入邊疆民族地區，蔡孝乾就和羅梓銘到紅三軍團政治部工作，爭取邊疆少數民族，並在其中擴大紅軍和籌糧。後紅軍沿大渡河上游，與駐守的川軍戰鬥五月廿九日飛奪瀘定橋，五月卅全軍強渡大渡河。

---

29 蔡孝乾，《江西蘇區・紅軍西竄回憶》，頁二〇一—二〇五。

六月初在天全突破川軍包圍，佔領天全、蘆山，渡過四千尺高的夾金山，在山麓與紅四方面軍會合。紅一方面軍自江西出發，已越過湘、粵、桂、黔、滇、川、康等七省，走過一萬里以上路程，到貴州時兵力減至三萬人，與紅四方面軍會合時，兵力更不到八千人。至於紅四方面軍由張國燾率領，一九三五年三月撤離川陝蘇區時擁兵八萬，沿途與川軍作戰，傷亡約一萬人。六月廿五日中共召開兩河口會議，討論紅一、紅四方面軍主力會師後行動方向。會後紅一方面軍，越過兩座大雪山抵達黑水、蘆花地區，此為藏民聚居區。

當時中共最嚴重的問題是糧食短缺，以紅軍幹部團團長陳賡的親身經歷為例，一九三五年六月他就目睹一位紅軍小戰士餓死；而一九三九年九月賀龍帶所部入草地，其部也因絕糧，連野菜，樹皮也吃不上。[30]毛澤東曾告訴史諾（Edgar Snow）長征時一句俗話：買一隻羊要付出一條人命代價。[31]在缺糧嚴重的情況下，蔡孝乾被分配擔任籌糧，為期四十天。蔡孝乾作證：

整個紅軍部隊的中心任務就是籌糧。司令部除了擔任維護交通，隨時對付藏民的襲擊之外，還要抽出一部分戰鬥員去進行割麥、打麥和晒麥的工作。後勤部主要擔任蒐集皮革、羊毛和毛織品等，準備過草地用的物資和熬鹽的工作。政治部除了負責對藏民的宣傳和安撫工作之外，每個人還要參加割麥，籌足十五斤糧食。[32]

---

30 秦天、周立存主編，《血脈：老一輩無產階級革命家密切聯繫群衆的故事》（北京：長征出版社，二〇一三年十月），頁二一一、一五四。

31 史諾，《西行漫記》（香港：南粵出版社，一九七五年十一月），頁二〇四。

32 蔡孝乾，《江西蘇區．紅軍西竄回憶》，頁三五三。

八月下旬，由紅一方面軍一部和紅四方面軍一部組成的第一梯隊，從毛兒蓋向松潘西北的草地前進。紅一方面軍殘部由巴西向北轉進時，毛澤東把他所率領的部隊改編爲中國工農紅軍陝甘支隊，由彭德懷任支隊司令員、毛澤東任政委。陝甘支隊走出草地後，沿白龍江前進，九月中旬越過岷山，進入甘肅南部的大草灘、哈達鋪，此爲回民聚居區。十月初，翻過甘肅的六盤山，一九三五年十月十九日抵達陝北蘇區游擊根據地的吳起鎮，從江西出發總計經過二萬五千里，廿二日最後紅軍抵達陝北蘇區時，只剩下五千多人。

總計紅軍行軍二百五十六天、休息一百天、作戰十五天，共三百七十一天。全部行程六千英里，合二萬五千華里，經過十一個省，越過十八座四千至六千米的高山，其中五座是終年冰封的大雪山。渡過二十四條大河，包括烏江、金沙江和大渡河，通過回、苗、畬、傜、壯、彝等邊疆民族地區。[33]

五、在陝北延安

一九三五年十月十九日紅軍主力抵達陝北。次年九月蔡孝乾調往中共中央「白軍工作委員會」，所謂白軍指的是國民黨軍隊，中共的白軍工作當時由周恩來負責，蔡在所屬的北線工作委員會任書記，工作對象是國民黨軍隊的高桂滋、高雙城。[34]

一九四一年十月中共在延安召開「東方各民族反法西斯代表大會」，蔡作爲臺灣代表參加會議，被

---

33 見《紅軍長征記》下冊，頁四一二。此書爲長征幹部從一九三六年春到次年春，包括陳賡、陳光、張愛萍、何長工、羅榮桓、劉亞樓、羅瑞卿、彭加倫、徐夢秋、蕭華、譚政、蕭向榮、宋時輪、曹理懷、康克清、楊立三、宋任窮等長征幹部，合寫了一部《紅軍長征記》，由朱德題字、徐夢秋編纂，此書曾印發高級幹部作研究戰史參考。

34 蔡孝乾，《江西蘇區．紅軍西竄回憶》，頁五四。

選爲主席團成員之一。[35]對日抗戰期間，蔡孝乾因爲懂日語，曾在太行山任八路軍總政治部民運部長兼敵軍工作部長，對日軍和汪僞軍隊進行心戰工作，後因前線形勢嚴重，在中共「保存幹部」政策下調回延安。戰時在延安，蔡孝乾主要是做日本情報的蒐集與研究，一九四二年他以蔡前之名寫了一本《日本帝國主義的殖民地：臺灣》，他在此書結論寫到：「目前臺灣革命的任務是推翻日本帝國主義統治的民族獨立運動，太平洋戰爭爆發後，臺灣的民族獨立運動已經成爲東方各民族反法西斯鬥爭的一支力量，臺灣民眾具備著優良的傳統，我們相信，在東方各民族反法西斯鬥爭中，臺灣民眾必將和過去一樣表現出其英勇的姿態，並且獲得最後勝利」。[36]

一九四五年四月廿三日至六月十一日中共七大在延安舉行，毛澤東定七大的工作方針是「團結一致，爭取勝利」。一般以爲蔡孝乾列席參加，其實他只是以旁聽的身份與會，即使如此，他仍然是七大會上唯一的臺灣代表。[37]七大會上毛澤東作「論聯合政府的政治報告」，朱德作「論解放區戰場的軍事報告」，周恩來作「論統一戰線」的重要講話。[38]

---

35 黃昆成，〈寶島的紅色風雲：記中共臺灣省工委會的成立及其與二二八的關係〉，《烽火年代》（泉州新四軍研究會編，二〇〇一年七月），頁四〇。

36 蔡前，《日本帝國主義的殖民地：臺灣》（延安：新華書店，一九四二年），頁四七。

37 中共中央黨史研究室第一研究部，《中國共產黨第七次全國代表大會代表名錄》（北京：中共黨史出版社，二〇〇五年七月）下冊，頁八七四。

38 胡繩，《中國共產黨的七十年》（北京：中共黨史出版社，一九九一年）。

02

農民運動領導者李應章加入中共

加入了中國共產黨，我終於和祖國的革命接上頭了。

李應章

李應章，二林農民運動領導者，赴中國後改名李偉光。（李克世提供）

臺共於一九三一年六月廿六日被日臺當局破獲，謝雪紅被捕、一九三三年三月四日翁澤生在上海被捕引渡回臺之後，臺灣人的共產主義運動及其革命力量，無論是在臺灣或是在中國，基本上都算是暫時告一段落。

此後接續臺灣人與中共革命之路的是李應章，也即是之後改名李偉光的二林事件領導人，他同時也是日治時代臺灣文化協會的發起人之一，是文化啓蒙運動者和農民運動領導者，他在謝雪紅被捕後半年，逃到中國。

一、關心蔗農而反日

李應章是臺灣彰化二林人，生於一八九七年十月，當時日本領臺已經兩年。他自幼聰明過人，早萌反對日本統治的意識。他以優異成績自臺灣總督府醫學校畢業，在校時與蔣渭水相熟，參與創辦「臺灣文化協會」，此會一九二一年十月十七日成立於臺北，林獻堂被選爲總理，楊吉臣被選爲協理，蔣渭水被選爲常務理事，李應章則被選爲理事之一。畢業後他返家鄉二林開設「保安醫院」，同時出任臺灣文化協會二林支部長，一面行醫，一面關心農民。他經常騎著一匹駿馬在鄉下巡迴「往診」。[39]

爲了開啓民智，他在二林成立「農村問題研究會」，繼在二林舉辦「農村講座」，聘請石錫勳、吳清波、吳石麟、林篤勳等人到二林演講。石錫勳講「農村之進化史」，吳清波講「農村與產業組合」，吳石麟講「農民之自覺」，林篤勳講「農民與衛生」，李應章自己講「農村之將來」。這個講座是在一九二四年十二月廿日舉辦的，從演講題目看，可以知道李應章是把心力用在農民問題上面，而活動的成功，也可以從參與的民眾數目得知，前後總共有六百多人參與聽講。晚上又繼續舉辦文化講演，講者有洪明輝、詹奕侯、林伯廷、陳宗道等人，每每至晚間十點才閉會。[40]一九二五年四月十九日，李應章還邀請林獻堂、楊肇嘉、葉榮鐘、陳虛谷、莊遂性等人到二林舉行文化講演，林獻堂講「初會感辭」，楊肇嘉講「教育之必要」，葉榮鐘講「農村振興與產業組合」，陳虛谷講「人的生活」，莊遂性講「自由之道」。[41]他因關心農民進而領導農民運動，積極爲農民爭取權益，著名的「二林事件」就是在他主

39 「往診」意指醫生到患者家裡看病，在日治時期及戰後初期的臺灣，常有這種溫馨的服務，特別是在鄉下地方。李應章騎馬一事，是其子李克世告予，林德政採訪記錄，《李克世先生訪問紀錄》，二〇〇二年九月十三日，福建廈門。

40 〈二林庄講演農村問題〉，《臺灣民報》，第三卷第二號，一九二五年一月十一日。

41 〈北斗二林講演會盛況〉，《臺灣民報》，第三卷第十四號，一九二五年五月十一日，頁五。

導之下發動的，無論從那個方面看，他都不僅僅是一位普通的開業醫生而已。

二、成立「二林蔗農組合」

全臺灣第一個農民組織：「二林蔗農組合」，在李應章奔走和各界輿論的支持下，於一九二五年六月廿八日正式誕生，比「鳳山農民組合」的成立（一九二五年十一月，簡吉主導）還要早將近半年。它以李應章、劉崧甫、詹奕侯、蔡淵騰等十人爲理事，李應章爲理事長，陳萬勤、謝黨等人爲監事，會員總共有四百一十二人，組合的辦公室就設立在李應章的住家。由於當時蔗農辛苦種植甘蔗，但蔗價被製糖會社控制，農民無權異議，甚至甘蔗過磅時，也會被偷斤減兩，流傳甚廣的笑話「三個保正八十斤」，就道盡農民的辛酸。蔗農組合主張甘蔗採收應先講價再刈取，其成立旨趣書說明：「政府既以規則而使製糖會社併呑舊式糖，而又以一定之區域使耕作者不得以區域內之原料別賣於他會社，何有長使此受冤屈之耕作者，永久屈膝稽首於專橫製糖會社之下耶」。[42]

組合成立後，李應章率領蔗農代表到管轄二林地區的林本源製糖會社溪州製糖廠，要求提高甘蔗收購價格，但沒有效果。八月間，又向北斗郡、臺中州、臺灣總督府請願，也沒有結果。李應章率代表回到二林，向農民報告請願經過，農民感到非進一步進行抗爭沒有出路，九月廿七日，蔗農組合再一次召開農民大會，議決對製糖會社提出三項要求：

第1、甘蔗收刈前公布收購價格。

---

42 〈蔗農組合設立旨趣書〉，《臺灣民報》，第七十號，一九二五年九月十三日。

第2、肥料任由蔗農自由購用。
第3、會社與蔗農協定甘蔗收購價格。
第4、甘蔗過磅應會同蔗農代表。
第5、會社應公布肥料分析表。
然則這些訴求未獲廠方同意，反而分化農民。[43]

三、被日警逮捕下獄

一九二五年十月廿一日，在日警保護下製糖會社人員雇工欲強行收割甘蔗，與農民衝突。廿三日凌晨，日警包圍李應章的診所和農組辦事處，翻箱倒櫃，搜查農組文件，逮捕李應章、劉崧甫、詹奕侯等二林蔗農組合領導者，與事件無關的蔗農組合所有幹部也都遭到逮捕，許多成員在警局受到不人道的酷刑毒打，會社與日警聯手製造冤案，史稱「二林事件」。[44]

日本官方稱「二林事件」為「林糖騷擾事件」，被逮捕者有九十三人，起訴者三十九人，李應章被關押六個月又八天後獲保釋。日臺當局於一九二六年八月廿六日展開審判，初審判刑最重的是李應章，被求處五年徒刑，《臺灣民報》在一九二六年九月十二日出版「二林事件公判號」加以報導。[45]社論肯定臺灣農民基於共同利害而團結一致，另外又發表〈二林事件的考察〉一文，指出：「前回治警事件的

43 李偉光自述、蔡子民整理，〈一個臺灣知識份子的革命道路〉，收在李玲虹、龔晉珠主編，《臺灣農民運動先驅者李偉光》（北京：台海出版社，二〇〇六年九月），上卷。
44 〈林糖事件續報〉，《臺灣民報》，第八十一號，一九二五年十一月二十九日，頁六。
45 《臺灣民報》，第一二二號，〈二林蔗農與林糖爭議事件的公判〉，一九二六年九月十二日。

結果，使臺灣一般的人們，方才了解臺灣議會是合理的要求，這回騷擾事件的結果，使臺灣農民運動才進入第一步了，於此可見前者已成為臺灣政治運動史的紀念塔，後者也成為臺灣社會運動史的紀念塔了」。[46]

二林事件在一九二七年四月十三日審判終結，判刑確定，結果李應章以「騷亂罪」判刑八個月，入獄服刑，一九二八年一月十三日刑滿出獄。李應章在獄中時家裡失火，父親又病故，打擊至大，但他出獄後仍然一邊行醫一邊繼續關心農民，積極地參與政治，關愛臺灣。除了臺灣文化協會，李應章也是臺灣議會期成同盟會的會員，又擔任成立於一九二七年七月十日的臺灣民衆黨勞農委員，一九二九年他當選改組後的臺灣文化協會中央委員。

臺灣民衆黨在意識形態上屬於中間偏左，重視農工大衆。至於新文協，本已左傾，一九二九年之後，更是被極左派所控制。李應章參加這兩者，說明了他的政治抉擇，也預告他未來將會加入共產黨，只是他在臺灣沒有加入臺共，卻跑到中國加入了中共。

四、逃亡中國，加入中共

一九三〇年十月，李應章在臺灣民衆黨於彰化舉行的大會上演說，反對日臺當局要民衆黨修改「階級鬥爭」的綱領，主張「寧爲玉碎，不爲瓦全」，以此受到日警警告。李應章由於處在日臺當局再度逮捕的危機下，一九三一年農曆正月初一當天，他被迫逃離臺灣，抵達廈門鼓浪嶼，生命進入了另一個階段。[47]在逃離臺灣的船上，不勝感慨，李應章詠詩以明志：「十載杏林守一經，依然衫鬢兩青青，側

46 《臺灣民報》，第一二二號，〈二林事件的考察〉，一九二六年九月十二日。

47 李玲虹，《懷念父親：李偉光》，北京：《臺盟盟訊》，一九八五年第一期，頁二〇。

身瀛海豺狼滿，回首雲山草木腥，潮急風高辭鹿耳，雞鳴月黑出鯤溟，揚帆且詠歸來賦，西望神州點點星」。[48]

一九三二年一月李應章到達廈門，最初在臺灣總督府醫學校同學林醒民的慈善醫院工作，「一二八」事件發生，為維持生計，乃向林木土的豐南錢莊籌借金錢在鼓浪嶼開設「神州醫院」行醫。醫院籌設過程中，他結識了開設照相館的臺灣人張水松，張介紹他和嚴壯貞見面，嚴是中共廈門市委組織部長，嚴推薦李應章加入「互濟會」，這個互濟會是中共的外圍組織。李在廈門時期與共產黨員交往之後，一直想要參加中國共產黨領導的紅軍組織。

李應章在廈門時的活動，主要是開展和組織反國民黨的「新生活運動」遊行，以及製作並發放傳單，將傳單發送至廈門中山路、思明南路一帶市區。另外，他又和住在鼓浪嶼的同志策動「內厝奧」花磚廠的工人鬥爭，獲得勝利，同時吸收磚廠老闆的女兒陳華英加入互濟會，並由組織派去參加宋慶齡領導的中國人民武裝自衛團。進入一九三四年，李在廈門從事反租界工部局的白色恐怖，而進行貼出紅色恐怖的警告告示，並執行中共黨組織的決定，以廈門臺灣人為中心，創立「國際問題研究社」，此研究社又稱光明俱樂部。

在「互濟會」中，李和張水松經常一起寫標語，因為李在同濟會的工作表現積極，且在臺灣有過領導農民抗爭的經驗，四月由中共廈門市委組織部長嚴壯貞推薦加入中國共產黨，當時所塡的姓名為李立中。加入了中共，李非常高興，竟宣稱「加入了中國共產黨，我終於和祖國的革命接上頭了」。[49]

48 李偉光自述，蔡子民整理，〈一個臺灣知識份子的革命道路〉。

49 〈一個知識分子的革命道路：李偉光自述〉，《臺灣農民運動的先驅者李偉光》，上卷，頁一四。

五、計劃參加紅軍

李應章加入中國共產黨後，就以「神州醫院」為聯絡站，掩護中共黨人進出，他開設的神州醫院形同中共廈門市委的一個聯絡站，許多中共黨員都進出他的醫院，如張雲逸、方毅、李純青、孫古平、何加恩、蔡志新人都曾經到他醫院治療疾病或躲避國民黨人追緝，這些人日後大都成為中共要人，如張雲逸與方毅。

想介紹李應章參加紅軍的中共黨人是張雲逸。張生於一八九二年，大李應章五歲，海南島人。一九〇八年考入廣東陸軍小學，在學期間加入同盟會，並參加辛亥革命。民國成立繼入廣東陸軍速成學堂，一九二六年七月隨軍北伐，任國民革命軍第四軍第廿五師參謀長，隨即加入共產黨。一九二九年十二月在廣西發動「百色起義」，組建紅七軍，任軍長，政委是鄧小平。一九三三年十一月廿日，閩變爆發，中共派張雲逸到福建與十九路軍代表洽商，因胃病經中共廈門市委組織部負責人嚴壯貞介紹到李應章的診所看病，曾向李應章說要介紹他到江西中央蘇區擔任軍醫，李應章興奮地答應，但之後派來接李入蘇區的交通卻只是訛詐李，遲遲不出發，推測應該是向他敲詐金錢。張雲逸在一九四九年中共建國後，出任中共廣西省委書記、廣西省政府主席、廣西軍區司令員等職，一九五五年授與大將軍銜。[50]

至於給李應章看病的方毅，是福建廈門人，一九一六年生。在一九四九年中共建國後首先出任福建省政府副主席、中共福建省委第二副書記，一九五二年調上海市副市長，協助陳毅。最後擔任國務院副總理、全國政協副主席等職。方毅曾對李應章的兒子說他父親在廈門如何掩護中共黨人並免費治病，又

---

50 李偉光自述，蔡子民整理，《一個臺灣知識份子的革命道路：李偉光自述》。曾傳先、羅永平撰，〈張雲逸〉，收在中共黨史人物研究會編，《中共黨史人物傳》，第三十三卷，陝西人民出版社，一九八七年七月。

說他的醫院是中共地下黨的聯絡據點。[51]

李應章同時和鼓浪嶼的工部局會審公堂及廈門的報館、公安局等機關人員來往，蒐集種種有利中共的情報，提供給中共。在廈門期間他做了一件特別的事情，亦即他向金門發展中共地下黨，事在一九三三年六、七月間，他發展金門內科醫生朱聰賢加入中共，而朱又發展洪秀超、吳木瓜入黨，那年秋天隨即成立了中共金門支部，朱聰賢擔任書記。中共同時發展互濟會會員及黨員，營救女華僑陳麗華、曾毓秀，將她們自廈門監獄中保釋出來。[52]

六、轉移上海，改名李偉光

由於廈門中共黨組織被國民黨破壞，一九三四年的年底李應章離開廈門到上海，為了躲避日本方面的追索，他改名為李偉光。住定後，將在廈門的財產變賣，並將醫療器材運到上海，一九三五年四月先在英租界勞合路開業，同時尋找中共黨組織關係，因生意不佳，於一九三五年年底改在法租界開設診所，生意仍然不好，並且找不到中共黨組織關係，苦思之餘，因上海吸煙者多，乃研究戒煙藥品，一九三七年研究成功，開始做戒煙醫療，生意好轉，擴充醫院，搬到霞飛路（今淮海中路）四明里，開設「偉光醫院」。

51 李偉光自述，蔡子民整理，〈一個臺灣知識分子的革命道路〉，《臺灣農民運動的先驅者李偉光》（北京：台海出版社，二〇〇六年九月），上卷，頁一四。

52 李錫光，〈方毅同志說起父親的往事〉，《臺灣農民運動的先驅者李偉光》（北京：台海出版社，二〇〇六年九月），下卷，頁三七五—三七六。

初期他和中共失去聯絡，到一九三七年八月十三日中日戰爭全面爆發，戰火燒到上海，上海福建同鄉會開會尋求應對，李負責救護組的訓練和傷兵站的外科醫療，同時團結一批進步的臺灣青年組織「臺灣革命大同盟」，參與者有臺灣人吳澄淵、林志誠。李在《救亡日報》發表抗日宣言和綱領，想通過它尋找中共關係。還組織慰問團去慰問那些被國民黨監禁而釋放出來的同志。李組織臺灣革命大同盟的消息發表不久，找到中共黨組織，中共八路軍駐上海辦事處情報系統負責人吳成方主動到訪。此後李應章即在中共領導下從事抗日地下工作，先後掩護曹荻秋及吳成方兩人，安排他們兩人住在偉光醫院三樓，從事中共地下黨黨務。曹荻秋是四川資陽人，一九〇九年生，一九二九年加入共產黨。一九三一年九一八事變發生，他在上海參加中共組織的民衆救國會，組織學生到南京請願。抗戰期間先後在鄂西北及江蘇工作。中共建立政權後，一九五五年起歷任上海副市長、市委書記、市長等要職。[53]李應章爲中共新四軍輸送藥品及醫療器械，如「盤尼西林」、「X光透視機」等。[54]又利用醫生身份接近日本人，蒐集日軍情報匯報給中共。提供的情報有日軍進攻廣州灣的情報，李應章以筆名「燕武」將這份情報發表在《神州日報》上面。另則是有關太平洋戰爭的情報，李將之交給吳成方轉報，李應章與吳成方關

---

53 曹荻秋，一九〇九—一九六七？，四川資陽人。一九三二年至一九三七年因共產黨員身分被捕下獄，抗戰爆發後參加蘇北游擊戰，又在鄂西北從事地下工作。參見程思遠，《李宗仁先生晚年》，香港：明報月刊出版社，一九七九年七月頁二二〇。司虎春、劉誠，〈曹荻秋〉，中共黨史人物研究會編，《中共黨史人物傳》，第十三卷（陝西人民出版社），一九八四年七月。

54 「盤尼西林」在當時是貴重藥品。「X光透視機」是李應章斥資購置，花費不小，但李應章毅然送給新四軍。林德政採訪記錄，《李克世先生訪問紀錄》，二〇〇二年九月十三日，廈門。林德政採訪記錄，《李玲虹女士訪問紀錄》，二〇〇九年八月二十日，北京。按：李玲虹、李克世是李應章的女兒、兒子。

係密切，一九四〇年吳成方介紹倪震寰和李結婚，倪成爲李的重要幫手。到了一九四五年日軍敗象已露，四月李又組織「臺灣人民解放同盟」，自任主委，網羅施石青、郭星如、王大昭、林武忠等臺籍青年。[55]七月，李爲躲日軍追捕，逃到杭州，直到八月才回上海。

55 〈一個知識分子的革命道路：李偉光自述〉、〈李偉光（應章）自傳〉，《臺灣農民運動的先驅者李偉光》，上卷，頁一八。

03 延安取經——丘念台赴延安考察

延安上下協力，刻苦奮鬥，和接近民眾，瞭解青年等方面，我是很佩服的；但是，我看到共黨現行的各種措施，有很多不近人情，不合國情的地方

丘念台

西安事變結束後，國共合作之談判，隨即展開。一九三七年一月十三日，中共中央由保安遷延安，中共派代表與國民黨談判，二月十日致電國民黨，提出：停止內戰，集中國力，一致對外，保障言論、集會、結社的自由，釋放一切政治犯，召開各黨各派各界各軍的代表會議，集中全國人才，共同救國，迅速完成對日作戰的一切準備工作，改善人民生活等要求。若國民黨將之訂為國策，則中共願意停止武力推翻國民黨政府，工農政府改為特區政府，紅軍改為國民革命軍，特區實行民主制度，停止沒收地主土地的政策，堅決執行抗日統一戰線的共同綱領。二月十五日國民黨召開五屆三中全會，通過「根絕赤禍案」、「迅速組織民眾、訓練民眾、武裝民眾，以為抗日總動員之基礎案」等。

五月下旬，國民黨派中央考察團到延安考察，六月四日周恩來與蔣介石在廬山談判，未有結果，八月九日，周恩來、朱德、葉劍英到南京，繼續談判，廿二日，國民政府將紅軍改編為第八路軍，九月廿二日，《中共中央為公布國共合作宣言》由中央通訊社正式發表，第二天，蔣介石在廬山發表談話，承

認中共的合法地位，國共二次合作達成。[56]

自一九三八年一月起，第二期抗戰展開，此時國共之間，關係尚佳，就在這個時期，國民黨陣營的丘念台，往訪延安，他是國共二次合作正式達成後，第一位到延安訪問、考察的國民黨人，也是當時從外界往訪延安的第一位臺灣人，他受到中共的禮遇，其延安之行，有何心得？有何意義？以下細論之。

丘念台，臺灣苗栗人，原名丘琮，是「臺灣民主國」副總統丘逢甲之子，一八九四年三月出生。襁褓時被父親帶回中國原鄉，一歲半時，即一八九五年七月廿六日他隨父親丘逢甲從臺灣回到中國，在廣東鎮平縣中學堂，讀鎮平中學時因老師之介紹加入同盟會，成爲秘密革命黨員。畢業後赴日留學，就讀第四高等學校、東京帝國大學工學部採礦科畢業。在日讀書時，積極聯絡臺灣青年，組織「東寧會」，以便讓臺灣青年日後和中國發生聯繫。一九二五年獲碩士學位回國，先後任職瀋陽東北兵工廠副技師，繼從事開礦，任煤礦公司採礦主任。一九三〇年任廣東工業專門學校校長。曾任職兩廣政治分會建設委員會、上海十九路軍辦事處。又擔任過廣東省政府顧問、廣東省立工業專門學校校長。

一九三五年七月進入中山大學任教，擔任工學院地質系教授，同時兼校長室秘書，其時中山大學校長是鄒魯，而鄒魯是丘逢甲的學生，因此丘念台得以進入中山大學任教，除了擁有東大學歷外，父蔭也是原因之一。中山大學的人事資料上面的籍貫欄，丘念台塡寫的是廣東蕉嶺而非臺灣。[57]

丘念台在中山大學任教兩整年，自一九三五年七月至一九三七年七月。他在地質系開設的課程是「岩石學」，每週講授四小時，實習六小時。[58]他任教期間正是日本對華加緊侵略，中國抗日運動逐步

56 中共中央黨史研究室，《中國共產黨歷史》（北京：人民出版社，一九九一年七月），上卷，頁四四三至四四九。

57 《國立中山大學二十五年度教職員錄》，頁三八。廣東省檔案館藏，案卷號八八。

58 丘念台，《嶺海微飆》，頁一六二。

升高的時候。一九三六年春季前後，中山大學的學生響應各省抗日運動的情況，逐漸激烈，校長鄒魯乃命校中教授鄭彥棻（法學院長）、丘念台、范錡（文學院長）等七人，組成專案小組，共商應付內外抗日案件的計劃，丘念台提出將全校軍事化的建議，準備在日本侵略廣東時，全體員生便參加全民抗戰的遊擊陣營，鄒魯認為這一建議很有意義，但是害怕當局妒嫉，不敢實行，丘自認為這一個「組訓青年學生」的計劃，比起共產黨的「抗日大學」或是「陝北公學」，更著先鞭，不僅足以平抑當時學生的浮動心情，且可阻止後來千數百廣東學生趨向陝北共區。此事不果後，中山大學的學生就因為舉行抗日示威，與廣州警察發生嚴重衝突，造成不幸流血的「荔灣慘案」。[59]

丘念台之弟丘琳，號鎮侯，是丘逢甲次子，一八九六年出生於廣東蕉嶺。一九一一年進縣立鎮平中學堂就讀，一九一五年赴日留學，依兄丘念台的官費讀書，後來他自己也考取官費，一九二九年畢業於日本東京高等師範學校教育科，畢業後又進修半年，同年底回國。一九三〇年任廣東省立工業專門學校日語教師兼教務主任，一九三三年九月轉任國立中山大學不分系講師兼辦公廳主任，講授日文。他在中山大學人事資料上填的籍貫是廣東而非臺灣。[60]

抗戰爆發，日軍入侵廣州，中山大學法學院遷雲南澄江，再遷廣東北部的坪石，再由坪石遷到蕉嶺，幾次輾轉搬遷，相關事務都由丘琳主持，他甚至丟了自己的行李，去救出法學院的檔案材料，因此日本投降後，中山大學法學院遷回廣州，其圖書檔案材料得以保全一部份。[61]

---

59 丘念台，《嶺海微飆》，頁一六七。

60 〈發揚愛國精神獻身教育事業：丘琳傳略〉，《廣東民主人士名人傳》（廣東人民出版社，一九九八年十二月），頁二九七－二九八。

61 參見〈發揚愛國精神獻身教育事業：丘琳傳略〉。

一、往訪延安原因

丘念台為什麼往訪延安呢？最早是因為不相信中共有關的宣傳，其赴延安詳細原因，約有下列三項：[62]

第一、**揭發中共籠絡青年的手段**

一九三七年九月日軍進攻晉北，國民黨軍隊先勝後敗，分向五台山區轉進，而中共八路軍一一五師林彪部則殲滅日軍一千人，號稱「平型關之役」。丘念台認為此役可能有少數共黨游擊隊參加作戰，但他們乘機宣傳，自誇戰功；編造一套迷人的抗戰故事，藉以誘惑青年民眾加入其組織，好像抗日工作都是中共所發動的；只有中共游擊隊，才能打敗頑強的日軍。其後，毛澤東及其幹部，更出版了許多研究抗日的小冊子，例如《持久戰》、《新階段》等等，散發各地供應閱覽，心地潔白的青年，很容易被騙上當。

第二、**了解中共組訓青年與發動民眾的方法**

閻錫山在山西臨汾辦「民族革命大學」，和中共在延安辦「抗日大學」以及「陝北公學」，都很吸引青年人，他以為關於組訓青年與發動民眾擔任戰時工作，在抗戰初期是迫切需要的；但熟嫻此道的人並不多見。而中共卻搶著在做，並且做得很活躍，閻錫山也在學習中共的方法收攬青年。究竟他們運用甚麼巧妙的手法呢？丘念台就想到晉、陝兩省去考察研究，以資借鏡。

第三、**比較西北與西南大後方之異同**

國民政府準備長期抗戰，必須了解西北和西南大後方的情況有何不同，以為將來參加持久抗戰而留

62 丘念台著，《我的奮鬥史》，頁二四〇。

下地步。所以預定在訪延安的回程時，順道訪問西南大後方各省區。他以爲這對於增廣本身見識，以及往後從事實際的抗日工作，會有很大的補益。

丘到延安考察的目的：一、組訓青年實況。二、民衆運動研究。三、游擊戰術。他的重點是在組織、訓練與教育。前往延安時，丘念台本身是國立中山大學地質系的教授，他一向愛國，非常關心青年組訓相關問題，極想瞭解中共組訓青年的方法。乃把中共籠絡青年的手段，以及如何引導青年走向正途的方法，和國立中山大學校長鄒魯進行商討。由於他過去曾計畫在中山大學內，設立專門研習民衆抗日工作的戰時大學，以收容志切救國的廣大青年，可以說他是一個非常注重青年問題的國民黨人，丘、鄒兩人商談的結果，鄒魯極表贊成，並答應發給旅費和書寫介紹信，[63]於是，丘念台以國立中山大學教授的身份，北上晉、陝考察研究，算是以一個大學教授的名義和專家學者的身份，前往延安。

二、到延安行程：從漢口經西安前往

一九三八年二月上旬，丘念台由廣州搭乘粵漢鐵路火車赴漢口，在車上渡過農曆新年。在漢口，遇到陳銘樞和陳濟棠，丘念台請他們提供北上考察的意見。陳銘樞勸他中止延安之行，以免遭受外間懷疑是左傾，日後洗刷不清。陳濟棠以他是一位熱心的抗日運動者，贊成其北上考察，並贈送一筆旅費給丘念台。[64]

當時，中共在晉陝駐地稱爲「特區」，外界人員非經許可及盤查，不能進入。中共在漢口設有辦事處，負責對外聯絡工作。丘念台先去找辦事處的廣東梅屬同鄉葉劍英，碰到周恩來和葉挺。當時周恩來

---

63 丘念台，《我的奮鬥史》，頁二四〇。

64 丘念台，《我的奮鬥史》，頁二四〇，頁二〇七。

擔任甫成立的國民政府軍事委員會政治部副部長（部長陳誠）。此政治部成立於一九三八年二月六日，周恩來最初不想擔任副部長一職，至三月廿八日才出席會務會議，算是正式就職。[65]丘試探他們是否願意讓他前往延安考察？結果周、葉兩人都表示歡迎。葉劍英還替他寫了幾封介紹信。丘念台推測中共也許看到他是以中山大學教授名義去的，不好意思藉詞拒絕。其實，更重要的原因，乃是中共當時基於統戰需要，盡可能爭取所有有助於改變形象者。中共漢口辦事處派李克農，協助丘念台辦理進入延安手續，並調查他前往延安的動機和其爲人與背景。丘坦白告以是爲了了解組訓青年實況、民眾運動、游擊戰術，最終目的則是希望作爲今後推動抗日工作的借鏡。延安之行，就此確定。[66]

一九三八年二月中旬，丘念台從漢口出發，他是從漢口坐平漢鐵路火車到鄭州，此段行程，還算平順，但由鄭州轉車去西安，丘念台見證到戰爭及戰亂：

> 循隴海鐵路西行。鐵路以北不遠的地區，正在進行戰爭……在鄭州深夜候車，結果由窗口爬入隴海路西行的車廂。乘客擠得無法轉身，被迫鵠立，不睡眠，不飲食，又不得出而便溺；就這樣的站過半夜和第二天的一個早上，始克到達西安站。[67]

據此可知當時中國交通狀況是很混亂的，也是很落後的。既抵西安，丘念台會晤中共西安辦事處主

65 中共中央文獻研究室編、金冲及主編，《周恩來傳》（北京：人民出版社、中央文獻出版社，一九八九年二月），頁三九五。
66 丘念台，《我的奮鬥史》，頁二四三—二四四。
67 丘念台，《我的奮鬥史》，頁二四四—二四五。

任林祖涵，由副主任伍雲甫接待，他看過葉劍英的介紹信後，客氣待丘。幫忙辦去延安的手續，並就抗日戰發展形勢和丘交換意見。

由西安到延安丘念台都坐汽車，全程兩天。洛川以北，便是中共的特區。沿途設有檢查哨，由於丘攜有西安中共辦事處的路條和介紹信，所以通行無阻。一九三八年三月初，丘念台終於抵達延安，抵達延安後，丘投宿旅店。第二天，中共邊區政府派人接他到招待所居住，中共對丘「照顧頗爲週到」。[68]

至此，丘念台的「延安取經之旅」正式展開。

三、在延安「抗日大學」演講

到達延安，中共當局立即爲丘念台安排演講，地點是「抗日大學」同學會。丘認爲這是中共招待外客訪問所巧妙設計的一個「關卡」，欲從言談理論中，來檢查來客的思想。他以爲這對於他接下來的考察能否順利，有著密切關係。因此，丘念台用心準備演講，其演講內容包括：(1)他個人從事抗日運動的經過；(2)全國各階層必須團結，抗日才能勝利；(3)組訓民眾的重要性；(4)考察延安的目標。

丘念台自認爲此次演講「還算勉可湊趣」，最低限度，丘對中共他們並無惡意。而他們看他沒有超越教授的立場，也就禮遇有加。這次演講，中共方面參加者，最主要的是毛澤東，當時丘念台的演講，就是排在毛澤東演講之後，顯然故意給丘捧場，而毛澤東親臨參加他的演講會，也表示對他到訪的重視。[69]

68 丘念台，《我的奮鬥史》，頁二四五。

69 丘念台，《我的奮鬥史》，頁二四六。

四、與毛澤東對談國共關係

丘念台與毛澤東的見面與談話，是他延安之行最重要也是最引人注意的。他和毛的對談共有兩次。第一次是一九三八年三月，丘念台剛到延安講演過後，毛澤東邀他一同外出散步，邊走邊談，毫不拘束。毛澤東拉丘上小吃館用飯，藉此顯示他生活的普羅化（大眾化）。這一次毛沒有談及政治問題，而是談到臺灣，丘念台沒有說明毛所談的臺灣狀況，到底是如何，但當時中共已有臺灣人蔡孝乾等人參與其間，丘念台的臺灣籍身份，以及身爲丘逢甲的兒子，也廣爲人所知，但丘念台因毛澤東談及臺灣問題，認爲毛澤東已把他的家世調查清楚了。之後，毛澤東派秘書長李品三去看丘念台，談起他父親丘逢甲的「抗日詞篇」，說毛澤東很讚賞，要丘念台將來送他一部，對於毛澤東此舉，丘以爲是最技巧籠絡客人的方法。後來，毛又約丘念台長談，以便探討特區的缺點。丘婉轉辭謝，希望考察完畢後，再趨訪請教。[70]

丘念台在離去延安的前幾天，大約是在一九三八年六月間，丘與毛又第二次見面，當時丘念台向毛澤東辭行，毛澤東要丘談談考察延安的觀感，並提供改進的方法，丘念台形容毛澤東態度似甚客氣，所以他就坦白提出一些意見來試探毛，作爲那次考察的頂點。[71]

丘念台與毛澤東對談內容甚是重要，不僅可以藉此了解丘念台，也可以藉此了解毛澤東，但即使是中共中央相關文獻檔案，卻未見著錄，所幸丘念台保留這項重要史料。兩人談話內容如下：

70 丘念台，《我的奮鬥史》，頁二四六—二四七。

71 丘念台，《我的奮鬥史》，頁二五一。

毛澤東：
您對我們共黨的缺點方面有什麼指教嗎？希望不要客氣，多多指教！

丘念台：
延安上下協力，刻苦奮鬥，和接近民眾，瞭解青年等方面，我是很佩服的；但是，我看到共黨現行的各種措施，有很多不近人情，不合國情的地方。這些措施，如係應付抗日的戰時需要，或者可以暫時勉強；若果作為長期統治人民的辦法，那就必然要失敗的。因為中國擁有五千年悠久的文化和歷史，不可能全部把它推翻掉。要是做得不謹慎，可能會反轉來被它推翻的。

毛澤東：
共黨現在的措施，不過是適應革命時期，等到得了政權之後，必然是要改正的！

丘念台：
今後國共可以合作到底，不會再分裂嗎？

毛澤東：
中國當前的需要，首應實行三民主義，然後才能達到共產主義。以前國共的分裂，不是共黨的本意，而是被迫分家的。這次國共合作抗日，當比過去可以長久。共黨要實行主義，是不想分裂的。

丘念台：
共黨在江西瑞金時期的政治，比較現在陝北延安時期的政治，究竟那一個時期做得好？

毛澤東：
目前延安的政治，比不上瑞金時期。

丘念台：我的故鄉是在廣東蕉嶺，距離瑞金很近。當年您們的赤衛軍到處殺人放火，清算鬥爭，廣東人聽見都怕，那是甚麼緣故呢？

毛澤東：沒有這回事，很多赤衛軍的行動，是敵對方面故意偽裝，以圖嫁禍共黨的。[72]

丘念台審度毛澤東的話意，知道他將來絕對不會改變他的政治策略。於是，兩人轉換方向，談論英、美外交和處理日俘，以及開發延安礦產等問題。

對談中，值得注意的是，丘念台承認當時中共若干優點，言「延安上下協力，刻苦奮鬥，和接近民衆，瞭解青年等方面，我是很佩服的」，但是，他也明指中共缺點：「共黨現行的各種措施，有很多不近人情，不合國情的地方。這些措施，如係應付抗日的戰時需要，或者可以暫時勉強；若果作爲長期統治人民的辦法，那就必然要失敗的。因爲中國擁有五千年悠久的文化和歷史，不可能全部把它推翻掉。要是做得不謹慎，可能會反轉來被它推翻的。」

至於毛澤東，也說道：「共黨現在的措施，不過是適應革命時期，等到得了政權之後，必然是要改正的。」這就明明白白顯現出中共當時急欲獲取政權之心了。毛又說「中國當前的需要，首應實行三民主義，然後才能達到共產主義。」，這段話，對照於中共的「國共二次合作宣言」及日後國共全面內戰，顯然是門面話。

[72] 丘念台，《我的奮鬥史》，頁二五一—二五二。

五、參訪「中國人民抗日大學」和「陝北公學」

中共所辦的「中國人民抗日軍政大學」，簡稱「抗日大學」，或更簡稱爲「抗大」，前身是江西時期的「紅軍大學」，在中共到延安後，於一九三七年六月改稱「中國人民抗日軍政大學」，校址在初保安，後遷延安。抗大最初專招紅軍幹部，抗戰爆發後，開始招收一般青年，男女兼收。中共相當重視這所學校，由毛澤東出任教育委員會主席，親自確定抗大的教育方針爲：「堅定正確的政治方向，艱苦奮鬥的作風，靈活機動的戰略戰術」，又親定抗大校訓爲：「團結、緊張、嚴肅、活潑」毛澤東甚至還親自授課，計講「中國革命戰爭的戰略問題」、「反對日本進攻的方針、辦法和前途」、「矛盾論」、「實踐論」、「論持久戰」等。[73]抗大校長一職，初期由林彪擔任，副校長爲羅瑞卿，教育長爲劉亞樓，[74]之後校長一直由徐向前出任。[75]但是在丘念台的記載中，並未提及林彪、徐向前、羅瑞卿或劉亞樓等領導班子，顯然他沒有見到林彪等人。

「陝北公學」成立於一九三七年、一九三八年之交，簡稱「陝公」。[76]校長成仿吾、副校長羅邁，毛澤東曾爲此校題詞，期望「陝公」造就革命先鋒隊。丘念台在中共人員陪同下，參觀「抗日大學」和「陝北公學」這兩間學校，他觀察到：「那時總共收容程度不齊的男女學生約三千多人，如以籍貫分計，廣東籍佔了最多，約五百餘人，眞是出人意料！其次爲四川、湖南兩省；至鄰近的陝、甘、晉、冀

73 楊中美著，《胡耀邦評傳：一位急進中共改革派領袖的傳奇生涯》，頁六九。康克清著，《康克清回憶錄》（北京：解放軍出版社，一九九三年八月），頁二一八。

74 楊中美著，《胡耀邦評傳》，香港：奔馬出版社，一九八九年三月，頁六九。

75 當代中國人物傳記叢書編輯部編輯，《徐向前傳》（北京：當代中國出版社，一九九三年十二月），頁三九六。

76 程中原，《張聞天傳》（北京：當代中國出版社，一九九五年八月），頁四二八。

等省學生，反非多數」。爲何廣東籍佔最多，實在值得研究。在丘念台觀察下，「抗日大學」側重研究軍事游擊；「陝北公學」專事研習組訓民衆的方法。[77]

關於「抗日大學」和「陝北公學」的學生來源，丘念台說多數來自外省的大專學校。他們並不一定是共產黨員，只是在抗戰初期熱情抗日，不滿現實政治，受到各地共黨職業學生的宣傳和慫恿，便認爲延安是「青年抗日的天堂」，不惜間關涉險去投靠。丘念台說那些青年學生之嚮往中共乃是「看了劍俠小說而著迷的兒童」：

> 幻想奔向山巔水涯去尋劍仙俠客一樣。廣東一些學生，甚至騙取家人半學期的學費之後，就放棄原有的學校而潛往延安，為的是追尋他那「抗日游擊戰和社會革命的夢」罷了。[78]

丘念台以爲「抗大」和「陝公」，表面上以抗日爲目標，容許各省非共產黨員的學生就學；但實際上仍然暗中設置黨部，施行黨化教育。在學校裏握有最高權力的，不是校長，而是派駐學校的黨務負責人。這些黨工要員，對外不顯露身份，常常擔任最低階級的職位，以資掩護。例如：「陝北公學」的校長，僅負一部份學校行政的職務，而他卻須聽命於握有黨權的一位「門房」（相當於傳達）。在夜間秘密舉行會議時，校長便要接受「門房」同志的批評和指揮。這樣，彷彿與蘇俄派駐外國使領館的組織一樣，大使、領事或高級職員，只是對外辦理外交的象徵，而把握實權的特務頭目，往往是使領館的司機

77 丘念台，《我的奮鬥史》，頁二四七。
78 丘念台，《我的奮鬥史》，頁二四七—二四八。

或看門人。丘念台因此認為「陝北公學」的特殊組織，是師承其蘇俄主子的一套作法而來。[79]

學校開飯時，丘念台就和學生們一起席地而食。丘念台觀察下的「抗大」與「陝公」，有如上述，但是他的觀點，多少有些武斷與主觀，部份固是事實，但部份則否。首先，就前往延安就讀兩校的學生來說，他們並非像丘念台一樣，可以從西安搭車前往延安，兩天就到達，從西安到延安，路程長達八百里之遙，學生去延安，是必須用走路的，去之前就已經知道其艱苦了，他們不一定是如丘念台所說「直似看了劍俠小說而著迷的兒童，幻想奔向山巔水涯去尋劍仙俠客一樣」，當中，懷著吃苦、耐勞心情去的更多。

一九三八年四月，一篇題為「從西安到延安」的新聞報導，告訴我們當年往延安去的青年學生，其路程之艱辛情狀：

> 一路（上），……除了觸目的標語以外，還有觸目的是汽車道上的行人，三五成群，七八一堆，揹著背包，在陰霾的天色下，在群山的包圍中，一步一步向斜坡上，吃力地彎著腰邁進，他們都是學生，……從西安到延安有八百里路程，在叢山中上山下坡，至少要十天，還得加倍努力，抗大、陝公要是對入學生有一個考試的話，這長途的旅程，正可作為初步的入學試題了，因為他們已經具備了刻苦耐勞的條件。[80]

再就兩校學生成分來說，也不乏名人之子女者，如南洋巨商胡文虎的女兒，國民黨「晉陝綏邊區總

79 丘念台，《我的奮鬥史》，頁二四八。

80 克寒，〈從西安到延安〉，重慶：《新華日報》，一九三八年四月四日，第二版。

司令」鄧寶珊的女兒，均就讀陝北公學。[81]他們不可能不知道延安的情況，而致受騙前往。

六、參觀馬列學院——了解中共的組織訓練

「馬列學院」設在延安城北的藍家坪，一九三八年五月創立，全稱是「馬克斯列寧學院」。為了了解中共的組織與訓練，丘念台要求參觀「馬列學院」，因為該院是研究共黨理論的最高學府，但該院不許外人參觀；由於丘念台再三要求，該院院長康生，乃約丘談話。他說要參觀馬列學院，必須先得黨中央的許可，而且要有從容的時間；如果匆匆促促地去看，不會有甚麼心得的。最好在院裏住上一個月，才能瞭解各部門的內容。丘表示到延安考察預定三個月，要花一個月去參觀「馬列學院」，時間上恐難安排。最後，康生自己為丘念台介紹馬列學院，丘念台雖未前往參觀馬列學院，但藉此多少也了解了中共的組織與訓練。[82]

「馬列學院」把學生分為不同工作對象的若干小組，授與適應某些工作對象的各種組織方法。理論研究有了基礎，就派往各地實習，然後報告工作效驗，無論是成功，或是失敗，都須坦白呈報，以便分別檢討加以修正，以期收到組織的理論與實際配合的效果。康生對丘念台說馬列學院是研究共黨的組織方法，共產黨的特長，就是組織嚴密。秘訣則在於「運用之妙，存乎一心」。「共產黨是靠組織發生力量的。有組織，有紀律，兼能保密；任何一個與它競爭的政黨，要是組織欠健全，沒有紀律，不能保密，必然趕不上共產黨。現在是國共合作抗日的階段，希望國民黨能夠奮發多求進步」。丘念台聽了康

81 陸誼，〈延安進行曲〉，重慶：《新華日報》，一九三八年一月二十一日，第四版。蕭勁光著，《蕭勁光回憶錄》（北京：解放軍出版社，一九八七年五月），頁二五八。

82 丘念台，《我的奮鬥史》，頁二四九。

生批評國民黨的這番話，以爲雖不很客氣，但立意還算坦承。[83]

丘念台認爲共黨依靠宣傳起家，是不容許外人向他們的幹部進行反宣傳的。[84]有關丘念台與康生的接觸，述及康生當時擔任馬列學院院長一事，明顯有誤。依據中共資料顯示，一九三八年時，馬列學院院長一職，是由張聞天擔任，宋平回憶道：

> 一九三八年，為了提高全黨的政治理論水平，從思想上鞏固黨的隊伍，……中央決定在延安創辦馬列學院，聞天同志擔任院長，親自授課和安排學習。[85]

張聞天從馬列學院創辦起一直擔任院長一職，直到一九四一年七月此院改組爲止，前後共三年。[86]因此，丘念台的記載是錯誤的，其實康生當時是中共中央黨校校長，同時也是中共中央社會部長、情報部長。[87]丘念台晚年回憶往事，把馬列學院與中央黨校搞混了。

七、中共吸收黨員的方法與青年政策

調查中共如何吸收黨員，也是丘念台延安之旅的重要目的，他發現中共有特殊的一套方法：吸收對

---

83 丘念台，《嶺海微飆》，頁一八六。
84 丘念台，《我的奮鬥史》，頁二四六。
85 宋平，〈在紀念張聞天同志九十週年誕辰座談會上的講話〉，北京：《人民日報》，一九九〇年八月三十日，第三版。
86 程中原，《張聞天傳》（北京：當代中國出版社，一九九三年），頁四三二。
87 鄭義，《中共特務頭子》（臺北：南書房文化公司，一九九六年六月），頁三一。

象以男性十六歲以下，和女性二十歲以下爲最理想的年齡，所以這些人入黨很容易。超過二十歲以上的男女青年，便須調查他的社會關係，通過各種手續，有的被察看和訓練一年，甚至還長達三年，始准由預備黨員變成正式黨員。[88]

丘念台認爲中共這樣的作法，顯示了兩項特徵：

（一）十六歲至廿歲的青年男女，心性純潔，容易進行思想麻醉；至於剛剛成年的人，有沒有具備接受政治訓練的能力，他們確是不管的。

（二）認真考核，重質不重量，既經允許入黨，便即嚴密加以控制運用。[89]

對於中共如何對待青年一事，丘念台指出當時投奔延安讀書的外省青年，常有暗遭共黨秘密殺害，無緣無故失蹤了的。言中共硬指那些學生，是從國民政府統治區潛入的特務，蓄意要到延安搗亂。丘念台以爲，雖然不敢斷定沒有少數青年，混入延安去做情報工作；但是在國共合作時期，國民政府絕不致有蓄意破壞共黨的行動。它的主要原因是：有些熱心抗日的青年，由於去了延安，深切瞭解共黨的本質，而共黨誘其入黨，他又無意參加。因之，共黨便採取各種嚴酷手段來對付。[90]其實丘念台指控的並非無的放矢，在延安時期的中共，對於投奔中共的青年，每不相信他們是眞心投共，負責情報的康生，規定每個去延安的人都要寫三次自傳，剛到時要寫，整風中要寫，到反省院時又要寫，前後對照，

88 丘念台，《我的奮鬥史》，頁二四九—二五〇。
89 丘念台，《我的奮鬥史》，頁二五〇。
90 丘念台，《我的奮鬥史》，頁二五三。

找矛盾找缺口，若有出入就以特嫌論處。[91]

當年中共迫害青年學生的慘狀，丘舉出兩個例子[92]：

1. 一個廣州女師畢業的女子投奔延安，進讀「陝北公學」後很受歡迎，並得到周恩來召見，她十分高興；但是，過了兩個星期，就無影無蹤，再沒有一個同行的親友見到她了。聽說她曾在廣州公安局做過事，而且協助過清黨工作。丘念台以爲這些經歷不能見容於共黨，一定是給他們秘密殺掉了。

2. 一個東北青年從「抗大」畢業後，中共很優待他，並用種種方法勸其入黨，但他始終不肯。於是，共黨就介紹他到抗日前線去工作，他很愉快地起程了。途中因爲過水不慎，把隨帶的介紹信弄得濕透，無意中拆開一看，原來信上寫的，是叫前線主管把他殺掉，嚇得他半路逃跑了。

上面所說的一女一男，丘念台說都是和他見過面的人。因此，對於他倆的意外遭遇，他感到萬分的悲傷和惋惜。

八、延安生活

丘念台在延安住了三個月，對延安當時生活做了詳細觀察，可分爲吃、住、男女關係及其他等四方面。

（一）「吃」的方面

在延安，中共對外來的文化人，接待方法巧妙，除了個別請吃「小館子」外，每月還舉行大宴一

91 鄭義，《中共特務頭子》，頁三五—三六。

92 丘念台，《我的奮鬥史》，頁二五三—二五四。

次，席上常有魚翅和海參，而這些在陝北是稀有的菜餚，丘說那豈不是布爾喬亞化的食品。當時中共每日招待客人的餐費是法幣一元，而延安軍、工人和士兵的伙食費；每天僅有七角錢。特區官兵生活待遇非常菲薄；惟對外來的客人，則盡量給予優厚的招待，丘念台說這自然是有其討人情的作用，但他也承認：「他們平時的生活，確是上下一致的刻苦」。[93]

丘認爲儘管延安官兵生活，十分刻苦儉樸；可是，共幹過的生活，則不免浪費奢侈。高級幹部常借名招待外來的政治、文化人士舉行宴會，吃的還是來自南方的山珍海味；日常食用，亦有程度不同的非必要的花費。當時擔任中共中央政治局書記的張聞天，有一次約丘談話，家裏居然有精美的可可西點可吃，實在是意想不到。張聞天看到他有詫異之色，立刻解釋那些西點是上海友人帶來的，他不敢自吃，特別留作招待訪問延安的上賓，大家一同享受。張聞天，一九〇〇年生，江蘇南匯縣人，當時的職務是中央政治局書記兼中央宣傳部長、馬列學院院長。

延安的主食，是「小米飯」，丘念台在參觀「抗大」與「陝公」時，發現北來的南方各省青年，吃不慣陝北的小米飯，課餘時常上館子去再吃，兩間學校的幾千學生，便把延安山城的小館子，弄得非常發達，可見當時延安主要是吃「小米飯」的。外地來到延安的人吃不慣，有錢的，就去吃小館子。[94]

對小米飯的不習慣，當時在延安生活的中共高階女幹部康克清，如此形容：

> 初到陝北，吃小米總覺得米粒太小，太碎，咬不上，不像大米粒，吃起來舒服，吃饅頭

93 丘念台，《我的奮鬥史》，頁二四五—二四六。

94 丘念台，《我的奮鬥史》，頁二五〇。

也有點不習慣，高粱米更嚥不下去，吃過飯總有點不飽的感覺。[95]

（二）「住」的方面

抵達延安後，丘念台頭一天投宿旅店，依此可知，當時延安，是設有旅館的。旅館住了一天，第二天中共邊區政府派人接他到招待所居住，此後，待在延安三個月的時間裡，丘念台未言住在其他地方，可見，在延安期間，他一直住在中共的招待所。[96]中共設在延安的招待所，主要是用來招待外界去延安或路過延安的賓客，例如一九三九年五月，晉陝綏邊區總司令鄧寶珊到延安，即住招待所。當時延安主要住房是窯洞，即使是中共高幹，也不例外，包括毛澤東、張聞天等人。[97]

（三）男女關係

在丘念台觀察下，當年延安男女生活是很隨便的，主要原因：一方面是實行新婚姻法以後，舊有男女禮教已被破壞殆盡。在特區裏，離婚各憑自由，因此大家對男女關係，抱持無所謂的態度。另方面是共產黨人不重視家庭倫理，而又不能免除男女的大慾，只得創造一個「新理論」。於是，就有所謂「一杯水主義」等等的荒謬言論。這無異是鼓勵青年男女，去做不正當的行爲。所以有人說那種邪惡作風，是中共拉攏男女青年的方法之一。不過，丘念台也看出中共有另外一套的作法，他說在抗戰初期的延安，中共爲了提高特區對外的聲譽，和安定前線軍心起見，對於「抗大」「陝公」的在學青年，以及出

---

95 康克清，《康克清回憶錄》（北京：解放軍出版社，一九九三年八月），頁二二〇—二二一。
96 丘念台，《我的奮鬥史》，頁二四五。
97 蕭勁光，《蕭勁光回憶錄》（北京：解放軍出版社，一九八七年五月），頁二六〇。

征軍人與家屬，則另有一套男女關係的限制辦法，不能也像其他人那樣隨便。[98]

（四）其他

當時時國共合作，延安在有些地方不能不遵照國民政府規定去做；有些則仍然實施中共自己的一套辦法。前者如用國民政府的郵票和法幣通貨；後者如劃分土地及實行新的婚姻法。而最奇特的現象是：所有士兵軍帽上，雖都縫上了青天白日的國徽，但聽說他們每個人身上，還都保留著一枚代表中共標幟的紅色五角徽。[99]

九、在延安居留的外國人

丘念台注意到在延安居留的外國人問題，言毛澤東曾對他說：沒有一個俄國人，只有加拿大籍和瑞典籍的兩位外國人。他猜想一定有俄國人參加特區的軍政工作，也許隱藏於邊僻地區，不讓「大鼻子」們公開露面，以免影響他們的對外宣傳。丘以爲依照常理來推斷，國共合作以後，俄共正想大力扶植中共，作爲在中國戰場牽制日本軍閥的次要力量，不會沒有派人前來延安協助工作的。[100]

至於那兩名外國人是誰，丘念台未寫，可能他沒問，也可能沒有見到，經查加拿大藉的是白求恩醫生（Normman Bethune），他在一九三八年一月率醫療隊到中國，三月抵達延安，立即得到毛澤東的接見，他向毛澤東說如果有戰地醫療隊，重傷人員百分之七十可以救治，毛對這一點十分關注。白求恩

98 丘念台，《我的奮鬥史》，頁二五四。
99 丘念台，《我的奮鬥史》，頁二五〇—二五一。
100 丘念台，《嶺海微飆》，頁一八五。

不幸在一九三九年十一月十二日病逝，毛曾爲其撰寫紀念文。至於瑞典籍則不知所指是誰。[101]

毛澤東說只有兩名外國人，這顯然是有問題的，可以說是一句謊言，至少，當時共產國際派來的軍事顧問奧地利人李德（Otto Braun）就住在延安，他任職中共中央軍委軍事研究委員會及中國抗日軍政大學，一直到一九三九年的夏天才離開延安回去莫斯科。[102]

十、考察日記被中共扣留

經過三個月的延安考察，一九三八年六月初，丘念台離開延安，回返廣州。然而，就在他離開時，在延安七里舖被中共保安處的檢查站人員搜身，檢查行李，其考察日記，全部被扣留。有關這段經過，丘念台記錄：

> 共黨當局對於任何一位離開延安的客人，都要嚴密加以檢查，不准帶走他們出版的各種攻擊國民黨的書刊和延安的照片，我當然不敢違反他們的規定。所以在離去的前一晚，遇到來檢查行李的，我便自動請求檢查。但他們偽裝客氣，不予檢驗。第二天搬運行李登車時，也很順利的放行了。不料搭車至郊外半途，哨卡的保安隊忽然命令停車，派人檢查我和另外一、二

---

101 中共中央文獻研究室編，《毛澤東年譜》（中卷）（北京：人民出版社、中央文獻出版社，一九九三年十二月），頁六〇。

102 盧弘，《解謎李德與長征》（北京：解放軍文藝出版社，二〇〇六年六月），頁三五九—三五八。李德，《李德回憶錄》（香港：哈耶出版社，二〇〇九年），頁二三九。景杉主編，《中國共產黨大辭典》（北京：中國國際廣播出版社，一九九一年五月），頁六四六。

個人的行李，把我三個月來在延安的考察日記，全部檢去，顯然對我不予信任。[103]

對此事件丘念台非常不滿，抵達西安後，立即向中共西安辦事處主任林祖涵質問，更寫了一封信給毛澤東，說明行李被搜情形，林祖涵去電邊區保安司令部替丘交涉，結果毛澤東打電報到西安表示歉意。毛澤東接到丘念台的信後，對搜查丘念台的身體，扣留他的日記一事，非常生氣，他以為丘念台是「一個愛國份子」，記一些有關中共邊區建設的事情，沒什麼關係，「那些材料給他帶去，對他有用，對我們（中共）也是一個宣傳」，又說「人家無非是收集一點材料或情報，我們（中共）不也在武漢、西安、蘭州設辦事處，不也同樣在蒐集各種材料、情報，做調查研究嗎？」毛澤東立即指示中共保安處把丘念台的日記送到西安八路軍辦事處，並通知負責人伍雲甫，要他派人到「西安旅社」向丘念台道歉，請丘念台耐心等待中共送還。[104]

保安司令高崗也寫信道歉，並寄回扣留的日記，但其中有十多頁已被撕去。高崗在給丘念台的信中說：「該項日記資料，因為有些對你並無益處，而對我們的黨，卻是有害的記述，所以把它撕去了。」那十多頁的日記，是敘述共黨軍隊和學校的組織，以及如何利用男女青年的弱點—性關係等等，加以組織運用的辦法，因爲抓到中共的痛腳和精髓，才被檢扣下來。由於日記被扣事件，丘念台甚是憤怒，批評中共人員奸險狡詐，讓他留下最後的一個壞印象。[105]

103 丘念台，《我的奮鬥史》，頁二五四—二五五。

104 金城，《延安交際處回憶錄》，（北京：中國青年出版社，一九八六年十月），頁二一一。

105 丘念台，《我的奮鬥史》，頁二五四—二五五。

十一、對中共領導幹部的觀感

延安之行，丘念台與中共領導幹部多所接觸，在他的敘述下，那些共黨人物，都活靈活現起來了。丘念台延安考察之旅，自出發至結束，見到的中共人物大約十人，根據他自己的記載，在武漢見到周恩來、葉劍英、葉挺、李克農；在延安見到毛澤東、張聞天、康生；在西安見到林祖涵、伍雲甫等人。但丘念台對他們有具體敘述的，則只有毛澤東、林祖涵、康生等三人。

（一）毛澤東

丘念台說毛澤東「是個健談的人」，「話盒子一開，別人就插不進口」。丘念台因毛澤東談及臺灣問題，認爲毛澤東已把他的家世調查清楚了。毛澤東派秘書長李品三去看丘念台，談起他父親丘逢甲的抗日詞篇，說毛澤東很讚賞，要丘念台將來送他一部，對於毛澤東此舉，丘以爲是最技巧籠絡客人的方法。[106]丘念台說法不錯，但除此之外，這也可以看作毛澤東雅好詩詞之一例。

（二）林祖涵

林祖涵，即林伯渠，丘到延安之前，林擔任中共陝甘寧邊區政府主席。丘念台在離開延安後，經過西安，會見時任中共西安辦事處主任的林祖涵。林很客氣的接待丘，自稱原是老國民黨員，後來才加入了共產黨，北伐前後曾在廣州任事頗久，對於南方的風土人情，如數家珍。丘念台說他「言談風度，還不失書生的本色」。[107]

（三）康生

康生在丘念台到訪延安時，是中共中央書記處書記、中共中央社會部長，他是山東膠縣人，

106 丘念台，《我的奮鬥史》，頁二四六—二四七。
107 丘念台，《嶺海微飆》，頁一九一。

一八九八年生。丘念台與康生談共黨組織問題，康生說「想瞭解馬列學院的精神，我可以和你談談。總而言之，它是研究黨的組織方法的。因爲共產黨的特長，就是組織嚴密。而且其秘訣，則在於運用之妙，存乎一心」。康生又說：「共產黨是靠組織發生力量的。有組織，有紀律，兼能保密；任何一個與它競爭的政黨，要是組織欠健全，沒有紀律，不能保密，必然趕不上共產黨。現在是國共合作抗日的階段，希望國民黨能夠奮發多求進步。」按康生此語是在說中共優點，也是在說國民黨缺點。丘念台以爲康生的這番話，雖不很客氣，但立意還算坦承。[108]

十二、延安綜合印象

未去延安之前，丘念台認爲關於組訓青年與發動民衆擔任戰時工作，在抗戰初期是迫切需要的；但熟嫻此道的人並不多見。而共黨卻搶著在做，並且做得很活躍。丘念台自問：究竟他們運用甚麼巧妙的手法呢？

考察完延安後，丘念台對延安綜合印象，歸納言之，是有優點，也有缺點。[109]

（一）優點方面

在延安經過三個月的認眞考察研究，丘念台深覺當時共區生活，有刻苦、團結、愉快、明朗的一面；他曾對毛澤東說，延安上下協力，刻苦奮鬥，和接近民衆，瞭解青年等方面，他是很佩服的。丘說「共黨開會，都能坦白檢討，無論研議工作問題，或談個人生活作風，總是我批評你，你批評我，大家毫無保留，也無須顧及情面。這原係共黨的特點之一。」

108 丘念台，《我的奮鬥史》，頁二四九。

109 丘念台，《我的奮鬥史》，頁二五三。

（二）缺點方面

然則延安有黑暗殘酷令人恐怖的一面。丘念台認為中共的措施，都用黨的組織來控制一切，特務密佈，好像到處都是敵人，沒有感情可說，沒有真性表現。對於自己黨內的同志，固然彼此猜疑，互相監視；而對於外來的黨外人士，更是步步戒備。丘念台指出：

> 隨時用這一套來檢查客人的思想與行動。碰到甚麼集會，就強請客人對於某些問題發表意見。要是發現立場有異，他們不是婉轉反駁，予以「糾正」，就是暗記在心，加強監視。這樣無理的對待客人，是最不近人情的作法。

十三、《管窺謹獻》——給中共的建議及中共的反應

丘念台離開延安後，給中共寫了信並附上一篇建議書，取名《管窺謹獻》，直接寄給毛澤東。在建議書中，丘念台從根本策略、統一戰線、教育文化、軍事、對敵軍政治工作、檢查行李、招待外來人員、生產建設九個方面，對中共提出批評意見和建議，也對延安七里鋪的嚴格檢查直陳：

> 即旅客學生來延數月之良好印象，將有因臨出國門而受翻檢、搜身、扣留文件等等，而變成僅留最後一個惡印象者，此將為擴張黨勢之大損失。

中共方面在看到他的這篇建議書後，以為丘念台「對延安的考察確實下了一番功夫，十分深入細

緻」、「意見也提得尖銳中肯，是積極的、善意的」。[110]，毛澤東接到丘念台的信及建議書後，仔細閱讀，在信的字裡行間，還做了圈點勾劃，連錯別字和錯標點都一一在旁校正，可見他對丘念台的到訪和所提意見之重視，毛澤東以為丘念台的建議「頗多可採」，六月六日，毛並且做了批示，交辦中共各有關同志，要中共人員注意他的建議：

> 這是邱琮先生的善意的建議書，其中頗多可採，因抄交各有關同志，希著重注意此建議。[111]

丘念台往訪延安，是以國立中山大學教授身份前往，他也是忠貞的國民黨員，中共自然知道他所代表的背景，其往訪時間在一九三八年三月以迄六月之間，此時，中日戰爭業已爆發近一年，首都南京已經淪陷，正是武漢大會戰之前夕，國民黨與中共之關係，處於融洽階段，是以丘念台往訪延安，中共樂意接受，除了最後檢查其行李，取走其考察日記一事外，基本上對丘念台是禮遇的，也是重視的，毛澤東親自接見並垂詢，即是明顯的證據。

中共禮遇丘的原因，第一，他是國共第二次合作之後，首先造訪中共的第一位國民黨員，中共想經由他留給國民黨好印象，為其宣傳。第二，他是中山大學教授，為學界清流，擁有一定的影響力，學者專家或是文化界人士，均是中共極欲統戰之對象。第三，他擁有臺灣籍身份，其父丘逢甲反抗日本佔領

---

110 金城，《延安交際處回憶錄》（北京：中國青年出版社，一九八六年十月），頁二一四。

111 中共中央文獻文獻研究室編，《毛澤東年譜》中卷（北京：人民出版社、中央文獻出版社，一九九三年十二月），頁七五。邱琮是丘念台的本名，當時丘做邱，尚未去掉耳朵邊。

臺灣，愛國事蹟早爲國人所知，連毛澤東也向他索取其父之抗日詞篇，也就是說，丘念台特有的臺籍身份，有一定的特殊性，爲中共所注意。因此，丘念台的延安之行，具有不尋常的歷史意義。

04 丘念台創立廣東「東區服務隊」

步行二千里，東區服務隊，動員民眾自衛，團結、嚴厲、自省、奮鬥、犧牲！嶺外三州作根據，除人民疾苦，善人民生計。大家齊奮起，老幼男女，必收復失地！

「東區服務隊」隊歌

延安之行，給丘念台最大的收穫無疑是他在回到廣東後成立「東區服務隊」。

東區服務隊成立於一九三八年十月卅一日，當時廣州已經被日軍攻陷十天，[112]丘念台是以國軍第十二集團軍少將參議的身份創辦此一服務隊的，性質是戰時組訓後方青年與民眾的抗日民團組織，隸屬於第十二集團軍，經費由集團軍總司令部發給，總司令是余漢謀，副總司令香翰屏。開辦經費毫洋二千元，指揮方面指定由「廣東民眾自衛團」統率委員會指揮，活動地點限定在惠州、梅縣、潮州等三地所屬的二十五縣。[113]東區服務隊之活動可以分為兩個階段，第一階段以廣東蕉嶺為中心，第二階段則以羅

112 日軍是在一九三八年十月十一日於惠陽大亞灣（大鵬灣）登陸，繼攻佔惠陽，再循羅浮山東南，進攻增城，最後在十月二十一日攻陷廣州。參見黃仲文，《民國余上將漢謀年譜》（臺北：臺灣商務印書館，一九九〇年九月），頁三八—三九。

113 丘念台，《我的奮鬥史》（臺北：中華日報，一九八一年五月），頁二六八。

浮山區為中心。

一、第一階段：蕉嶺時期——「東區服務隊」申請加入國民黨未獲准

一九三八年十月廿日夜間，即廣州淪陷於日軍的前一天晚上，丘念台接獲國軍第十二集團軍聯絡官之約，前往會見集團軍副總司令香翰屏，到後才知道是轉達總司令余漢謀意旨，叫他擔任惠州、潮州、梅縣所屬二十五縣的民眾組訓工作，發給經費毫洋二千元，要他即日出發。二千元在當時是大數目，大約合一九六〇年代新臺幣二十萬元左右。[114]

丘念台早在抗戰爆發之前就已經體認到一般青年民眾，每每不知敵我形勢，只知高喊抗日口號，徒為野心政客及中共利用，他呼籲創辦「戰時大學」，或成立類似組織，以收容志在救國的廣大青年，[115]但並未被有關當局採納，他到延安訪察三個月後，對中共組訓青年及民眾之方法，體認更深，想成立民眾組訓團體的意念更加迫切，正好廣東國民黨駐軍余漢謀叫他成立東區服務隊，對丘念台來說，這是一個莫大的肯定和鼓勵。[116]

據上所述，可知東區服務隊的成立其主動是國軍第十二集團軍總司令余漢謀，但是丘念台多年的呼籲應該是國民黨當局做此決定的主要原因。

丘念台接獲成立東區服務隊的指示和經費後，即率領十二名年輕隊員，其中包括丘從延安帶回「陝

114 丘念台，《我的奮鬥史》，頁二六八。
115 丘念台，《我的奮鬥史》，頁二四〇。
116 余漢謀要丘念台做組訓工作，在《民國余上將漢謀年譜》一書未記載此事；參見黃仲文，《民國余上將漢謀年譜》（臺北：商務印書館），一九九〇年。

北公學」畢業的丘繼英、林啓周、魏良俊、杜聲聞、卓揚等五人，經四會步行到清遠，換乘運輸士兵的火車到英德，循公路步行，經翁源轉連平、龍川抵興寧，開始展開工作。東區服務隊初時基本幹部十餘人，隊長之外尚無臺灣人，訓練中心設在蕉嶺縣文福鄉，此地靠近閩西，隊部成立後，由隊員組訓的各地青年計有一百二十多人，一般民衆則有三千多人，隊員當中有八、九人是去過延安的，丘念台收容那些青年，事先是得到上級特別諒解的，他之所以加以收容，是想要感化他們，否則等於是歧視他們。丘以爲那將導致他們再度投奔中共，造成國民政府的損失。[117]

東區服務隊逐步有了成績後，丘念台計劃擴大組織，將韓江上游的五、六個縣也包括進去，而以梅縣清涼山爲中心，聯絡五華的駐軍指揮所主任張瑞貴，此舉遭人密告，向重慶國民黨中央說丘念台聯絡共產黨，效法共產黨，想要組織游擊隊成立游擊區，所幸武漢會戰後，一九三九年一月張發奎出任第四戰區司令長官，余漢謀和香翰屏帶丘去見張發奎，從中代爲解釋外面對丘念台的誤解，張發奎信任他，叫他去南雄的「軍政黨訓練班」擔任教官，講述共產黨的組織方法，與共黨如何訓練民衆成游擊隊等，丘念台將延安考察所得，指出其得失，講給軍政黨部人員聽，訓練完畢，張發奎找他去談話，表示滿意，此段談話，讓人了解抗戰初期國民黨軍政人員對中共，已經是疑忌之甚了。張發奎是這樣告訴丘念台的：

> 七位國民黨中央委員在四戰區長官部聚談，其中有四位都說你一定是共黨，只有我和余、香兩司令不敢苟同，所以，我請你到南雄訓練班去講演，讓他們了解你的意志，幸而結果

117 丘念台，《我的奮鬥史》，頁二七〇。

甚好。[118]

張發奎隨即改聘丘念台爲第四戰區長官部的少將參議，東區服務隊仍歸第十二集團軍總政治部指揮，駐地則請丘念台斟酌，丘念台當即選定與日軍短兵相接的廣州外圍「羅浮山區」，該山區由惠州指揮所主任香翰屏指揮，香翰屏同時也是國軍第十二集團軍副總司令。

由於屢被懷疑是共黨，於是第四戰區司令長官張發奎要丘念台徵求「東區服務隊」的隊員，加入國民黨，丘念台回返駐地，便勸說全隊隊員加入國民黨，隊員同意了，但是申請書被國民黨蕉嶺縣黨部與廣東省黨部拒絕批准。[119] 原因是國民黨先是懷疑丘念台是共產黨，後來雖然經過張發奎、余漢謀、香翰屏等人闢謠，但仍然懷疑丘是第三黨（民革）的領導人。[120] 張發奎要求「東區服務隊」開往潮汕，受獨九旅華振中指揮。

二、第二階段：羅浮山區時期——成立三百人武裝大隊轉做文教工作

一九四〇年二月丘念台自潮汕前往惠陽，率先抵達惠州，東區服務隊全體隊員則到冬天才抵達惠州，經過偵查研究，並與第四戰區司令長官張發奎、惠州指揮所主任香翰屏商定，東區服務隊新的駐地定在博羅縣境的羅浮山南麓，東區服務隊在此住了五年，一直到抗戰勝利爲止，東區服務隊的工作表

118 丘念台，《我的奮鬥史》，頁二七一。
119 丘念台，《我的奮鬥史》，頁二七二。
120 卓揚、丘繼英、蔡子培，〈東區服務隊〉，《廣東黨史資料》第八輯（中共廣東省委黨史資料征集委員會編，廣東人民出版社，一九八六年八月）。

現，主要是在此時期，而五名臺灣籍隊員的加入，也是在這個時期。

羅浮山位於廣州北方，是廣東名山之一，距離廣州二百餘里，東距惠州一百多里，周圍縣城如增城、東莞均陷於日軍之手，博羅、惠陽、寶安等地，日軍數次進出，當時已淪陷數次，民衆飽嘗兵災流離之苦。而羅浮山周圍的鄉村，則成半淪陷區，中日雙方都不太管，當地民衆只好自己維持社會秩序，自謀戰時自我防衛之法。

這些三不管地區，便是丘念台領導的東區服務隊從事敵前、敵後政治工作的根據地。東區服務隊進入羅浮山區後，經過半年，隊員增至三百多人，隊員自己提供平時用以防盜的槍械，每天早晚各一次鳴鑼集訓，講習項目計有：「民族精神講話」、「各地抗戰動態」、「游擊戰術」等，特別著重指導當地民衆如何配合當地環境去號召民衆抗日。正當成果日益顯著時，由於惠州一帶有共黨嫌疑的「東江縱隊」被國民黨當局下令解散，東區服務隊因爲工作性質與東江縱隊雷同，因此主管東區服務隊的軍政當局第四戰區司令長官余漢謀，就令丘念台不要兼管武裝隊伍，將原已組成的武裝大隊，移交給博羅縣縣長黃仲榆，東區服務隊的武裝大隊無形中解散。[121]

一九四〇年秋間，第四戰區長官司令部下令將東區服務隊調離羅浮山區福田鄉，轉赴惠州橫瀝鎮。在橫瀝鎮，東區服務隊主要是做文教工作，因該地教育落後，文盲較多，服務隊乃在該地設立國民學校，一保一所，稱爲「保國民學校」，教師由服務隊的隊員擔任，完全是義務性，沒有薪水，比較偏遠的地方則向外界招考。

一九四一年春間，東區服務隊再調回羅浮山區前線，仍做文教工作，在惠陽、博羅、紫金、河源等縣區，創立小學，東區服務隊在當時等於是教育局，所有有關學校的呈請立案、請款、聘任師資、招考

121 丘念台，《我的奮鬥史》，頁二七六。

學生，一概包辦，男女隊員除了分擔學校日間所有課程外，還得主持各校的婦女夜間班，在隊員努力下，小學教育逐漸有了成效。

一九四四年，即抗戰勝利前一年，東區服務隊在羅浮山的沖虛觀創辦「羅浮中學」，收容附近小學畢業生，校務積極進展，但一九四五年日軍再次進攻，博羅縣第四次陷入日軍之手，羅浮中學停辦。

三、臺籍青年滿懷抗日救國之心加入「東區服務隊」

臺灣籍青年加入東區服務隊，時間是一九四一年九月，總共有六人，他們是鍾浩東、蔣碧玉、蕭道應、黃素貞、李南峰。另有一位隊員邱景新，其父邱雁庭爲臺灣屏東內埔人，來往於臺、粵之間，在梅縣娶粵籍妻子生下他。茲將隊員出生年、籍貫、經歷等表列如下：

姓名	生年、籍貫	學歷	戰後經歷
鍾浩東	一九一五年，高雄美濃	高雄中學、臺北高等學校、日本明治大學政治經濟系肄業	省立基隆中學校長，中共臺灣基隆市委書記
蔣碧玉（女）	一九二一年，宜蘭	臺北帝國大學附設護士學校畢業	
蕭道應	一九一六年，屏東茄冬	高雄中學、臺北高等學校、臺北帝國大學醫學部畢業	司法行政部（法務部）法醫
黃素貞（女，又名怡珍）	一九一七年，臺北	福州陶淑女中畢業	臺北市北一女中、大同中學教師
李南峰	一九一八年，屏東		
邱景新	約一九一四年，父爲臺灣人。[122]		

122 林德政，〈邱統凡醫師訪問記錄〉，二〇一三年二月二十八日，屏東內埔邱宅。

從上表可知，五位臺籍青年，大部份學歷都是非常好的，如蕭道應臺北帝大醫科畢業，鍾浩東留學日本明治大學，這在一九四〇年代而言，是非常優秀的，以他們的學歷本可在臺灣找到不錯的工作，但他們寧可跑到中國，吃盡苦頭，爲的就是要參加祖國的抗戰。

鍾浩東，一九一五年出生，高雄美濃人，原名和鳴，就讀高雄中學時，經常偷偷閱讀孫中山的《三民主義》和中國五四時期的文學作品，少時即傾慕祖國中國文化，對中國產生無限的憧憬，因而被學校記過。鍾理和曾言：

> 我這位二哥（鍾浩東），少時即有一種可說是與生俱來的強烈傾向—傾慕祖國大陸。在高雄中學時，曾為「思想不穩」—反抗日本老師，及閱讀「不良書籍」—「三民主義」，而受到兩次記過處分，並累及父親被召至學校接受警告。[123]

中學二年級就向父親提出要到中國留學的計劃，他父親告以常到中國，知道中國的教育並不比臺灣發達，勸他還是在臺灣讀書，他不聽，父親只好讓他去，去了四個月，才確信中國的教育確實不如臺灣，對父親說：你說得對，中國的教育確實不如臺灣發達，乃留在臺灣繼續就學。就讀臺北高等學校三年級時，正值中日戰爭爆發，臺灣總督府要徵調軍伕到廣東戰區，通曉客家話者優先錄取，鍾浩東怕被徵調，乃離校到日本進入明治大學政治經濟系就讀，還沒畢業，鍾浩東又萌發到中國投入抗戰的念頭，遂行返臺，向任職帝大醫院的女友蔣碧玉透露計劃，兩人決定先結婚，再一起到中國參加抗戰。[124]

123 鍾理和，（原鄉人）《鍾理和全集》，二（臺北：行政院客家委員會，二〇〇三年十二月），頁九。

124 鍾里義口述，見藍博洲編著，《幌馬車之歌》（臺北：時報文化出版公司，一九九一年六月），頁五六—五七。

蕭道應與妻子黃素貞，一起參加東區服務隊，戰後返臺，擔任法醫。（蕭開平提供）

蕭道應，一九一六年生，屏東茄冬人，高雄中學、臺北高等學校畢業，臺北帝國大學醫學部醫科畢業。蕭家在屏東是世家大族，祖先在清嘉慶年間從廣東梅縣遷臺，歷代以耕讀傳家，兼營染坊，以忠厚訓勉子孫，代出傑出子弟，一八九五年馬關條約清廷將臺灣割給日本，南路日軍從東港、枋寮登陸，蕭家以民族大義，不願為日人統治，響應臺灣民主國之號召，集合里人起兵抗日，蕭道應的祖父蕭升祥就是佳冬地區的抗日義軍領導，率領義軍在佳冬土地公廟與日軍激戰，不幸寡不敵眾，兵敗被日軍殺害，壯烈犧牲，年僅三十出頭，留下寡妻幼子兩人。

由於祖父因為抗日而犧牲生命，這段家族悲慘的歷史，在他長大懂事之後，從祖母口中得知詳情後，便深深印在他的腦海中，加上他母親畢業於高等女學校，也是一個具有知識的現代女性，年幼時都是做唐裝給他穿，影響所及，他的心裡逐漸養成不滿日本，痛恨日本的民族意識。高雄中學畢業，繼入臺北高等學校、臺北帝國大學醫科，在學期間，飽受殖民地人民差別待遇之苦，漢民族的意識愈來愈強，大三時向一位原籍臺北汐止的黃素貞學習北京話，萌發回祖國參加抗戰的念頭。[125]黃素貞是在福州長大的臺灣女孩，養父黃貢在福州經商有成，蕭道應之後和黃素貞相戀結婚。[126]

一九四〇年一月鍾浩東、蔣碧玉，加上鍾的表弟李南峰，三人離臺到中國，他們先到上海等蕭道應，但到了七月還是等不到，又想聯絡通往重慶國民政府的門路，也沒有線索，只好南下香港，三天後見到蕭道應、黃素貞，蔣碧玉、李南峰也迅從上海南下香港，五個臺灣青年會齊，就從香港坐廣九鐵路的火車到廣州，到了廣州又立刻坐粵漢鐵路的火車北上，但粵漢路自廣東清遠以南已經不通，他們在一個「沙奐村」小站下車步行，沿途所見，盡是殘破景象，走了數小時的路，到淡水過夜，次日抵達惠陽。抵達惠陽即被國軍惠陽前線指揮所的人員盤查，鍾浩東等人告以「我們是從臺灣來的青年，是爲了回國參加抗戰的，請帶我們到國民黨黨部」，這是他們和國民政府人員所講的第一句話，但是等待他們的是扣押，從此被關禁七個多月，還險些失去生命。[127]

一九四〇年的七月間，鍾浩東等五名臺灣青年在惠州下船，惠陽前線指揮所的人員詎稱天色已晚，叫他們先在指揮所住一晚，明天再帶他們去國民黨縣黨部，第二天他們發現已失去自由，三位軍官審問他們，一口認定他們是日本派去的間諜，是漢奸，硬要槍斃他們，沒有任何證據：人證或物證，就要槍斃這批單純的年輕青年，不管五人如何表明回國動機，或說明自己的身份以及救國的熱情，三位軍官就是不理。

爲什麼當時的國軍軍法官不分青紅皀白，沒有任何證據，就急於要槍斃鍾浩東等五人呢？原來當時

---

125 林德政，〈臺灣人抗日的典型：蕭道應在日據時代的抗日歷程〉，《蕭道應先生紀念集》，二〇〇三年一月。

126 黃素貞，〈我和老蕭的革命歲月〉，《蕭道應先生紀念輯》，二〇〇三年一月。

127 林德政採訪記錄，《黃素貞女士口述採訪記錄》，二〇〇二年九月十六日，臺北通化街蕭宅。

中國鼓勵若在前線抓到日本間諜或是漢奸，就可以得到一筆獎金，蔣碧玉推測那些想草率殺掉他們的軍官，是因爲想得到那些獎金，而毫不珍惜臺灣青年的抗日救國之心。[128]

此時兩位救命恩人出現，救了這五位臺灣青年，一位是陳姓軍法官，一位是丘念台。陳姓軍法官以爲鍾浩東等五人怎麼看都不像是間諜，堅持不可草率槍斃人犯，此位陳姓軍法官認識丘念台，知道丘念台與臺灣關係很深，趁丘念台到惠陽領餉時告知此事，丘聽了也覺得不對勁，乃向「閩粵贛邊區總司令」香翰屏報告，准由丘念台見面問話，問話中，丘得知蔣碧玉的父親是臺灣名人蔣渭水，鍾浩東的父親是鍾蕃薯，丘都認識，五位青年愷切陳述愛慕祖國的心情，丘念台乃叫他們寫一份陳情書，呈送上級，請求暫免執行槍決，解往後方察看偵審，如此丘念台救了這五位臺灣青年的生命，實則是救了五人七命，因爲這時蔣碧玉和黃素貞都已經懷孕。

丘念台在回返羅浮山區前，對鍾浩東等人做了一番告誡，此段話給五位貿然回返中國的臺灣青年上了最好的一課：

> 你們貿然回國參加抗戰，熱情，雖然可嘉，但你們有幾點要好好考慮：第一，入國手續不清楚。第二，不諳國情，不認識任何人。第三，雖然你們的家長我都認識，卻不認識你們，又怎麼能替你們擔保呢？[129]

丘念台告訴他們，中國的抗戰是長期的，艱苦的，你們吃得了苦嗎？又對他們說，有任何困難，可

128 蔣碧玉口述，藍博洲編著，《幌馬車之歌》，頁六七。
129 蔣碧玉口述，藍博洲編著，《幌馬車之歌》，頁六八。

以寫信給「黃復」，寄第七戰區轉達[130]。丘念台走後，他們五人又被關了一個多月，才由士兵押送廣西桂林軍事委員會，一路上倍嘗艱辛，或坐船、或坐貨車、或步行，晚上則在當地監牢過夜，睡覺時若有稻草舖地已經算是大優待，蔣碧玉在五十年後回憶往事，形容當時的牢獄生活就像是「活地獄」[131]，看押士兵經常斥責他們是「日本鬼子的走狗」、「漢奸」[132]。就這樣一站又一站地，途中在廣東韶關，在那裡的軍法處又受審問。一九四〇年十一月終於到達桂林，在桂林監獄又關了一個多月，獄中認識一個南洋回國的青年，也是因爲回國參加抗戰，被誤認爲是共產黨而被關，可說是同病相憐。鍾浩東等五人通過那位華僑青年才知道國共兩黨鬥爭的激烈情況，而在此之前，他們只知道領導抗戰的是國民黨的蔣介石，其餘一概不知。[133]

一九四一年一月，五位臺灣青年被釋放，距離他們被捕已經七個月了，五人被送到廣東曲江，鍾浩東被分派到「民運工作隊」受訓，蕭道應、黃素貞、蔣碧玉等三人以唸醫科、學護理之故，被分發到位於廣東省南雄的「陸軍總醫院」工作，一九四一年二月，過了農曆年，一個月內，黃素貞與蔣碧玉分別生下兒子，那是在戰火之中，也是他們投奔祖國卻被當成漢奸與日諜，欲置之死地，幸而遇貴人死裡逃生的情況下生產的。十月，因爲丘念台的要求，鍾浩東、蕭道應、黃素貞、蔣碧玉、李南峰等五位臺籍青年正式加入東區服務隊工作[134]。五位臺灣青年的到來，丘念台非常愉快，認爲是：「立隊以來最感痛

130 蔣碧玉口述，《幌馬車之歌》，頁六八。
131 蔣碧玉口述，《幌馬車之歌》，頁六九。
132 林德政，〈臺灣人抗日的典型：蕭道應在日據時代的抗日歷程〉，《蕭道應先生紀念集》，二〇〇三年一月。
133 蔣碧玉口述，《幌馬車之歌》，頁六六。
134 黃素貞，〈我和老蕭的革命歲月〉《蕭道應先生紀念輯，二〇〇三年一月》。

快的事情，有了五位臺籍青年參加前線抗日工作，更增添了我隊的特色與光榮」。

五位臺籍隊員的工作除了在東區服務隊內負責教學與民眾組訓工作外，另外就是訊問日本戰俘，由於熟悉日語，又以溫和態度問話，經常獲得有價值的情報，對國軍作戰有所貢獻。[135]

一九四三年三月，中國國民黨臺灣黨部歷經多年籌備後，在福建漳州正式成立，主任委員是翁俊明，丘念台則因國民政府主席林森的推荐，被任命為執行委員。不過因為戰時交通不便，人事任用命令，從重慶寄到江西泰和，再轉寄到廣東蕉嶺，輾轉送到博羅縣前線防地，如此轉折，直到一九四三年的十二月丘念台才收到派令，也接到翁俊明的信，當時臺灣黨部已經成立好幾個月了。[136]而東區服務隊則在一九四四年二月正式結束，丘念台帶三位臺灣青年鍾浩東、蕭道應、李南峰步行二十多天到戰時福建省會永安。

在東區服務隊結束之前半年，也就是一九四三年八月廿三日，丘念台從廣東博羅縣福田「東區服務隊」隊部，寫了一封信給國民黨秘書長吳鐵城，請力促臺灣復省。信文陳述臺灣不恢復建省，臺人失望，若臺灣建省則臺島革命熱情可以提高，他說：

> 復省之議，對倭宣戰廢約，已將兩載，竟未實現，不獨未依東四省例，設立臺灣省政府，即黨部亦未敢用臺灣省黨部之名，不能不令國內志士，臺島遺民，惽然失望，是雖若極形式，然一復省制，則臺島革命熱情可提高，陷區臺僑可離敵內向，美英可息共管分治等妄議，否則棄權適足啓侮，美國幸福生活雜誌，及政治地理學等之讕言，或將由繼續囂張，而成為

---

135 丘念台，《我的奮鬥史》，頁二一一。

136 丘念台，《我的奮鬥史》，頁二一六。

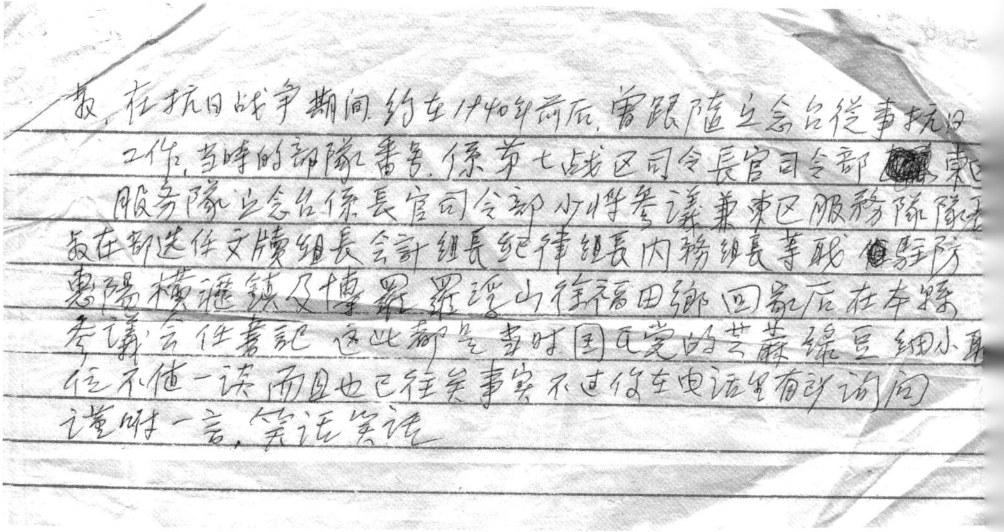
叔，在抗日战争期间约在1940年前后，曾跟随立念台從事抗日
工作，当時的部隊番号，係第七战区司令長官司令部東區
服务隊。立念台係長官司令部少將参議兼東区服務隊隊長
叔在部隊任文牘組長、会計組長、紀律組長、内務組長等職，曾駐防
惠陽橫瀝鎮及博羅、羅浮山、往福田鄉，回鄉后在本縣
参議会任書記。这此都是当时国民党的芝麻綠豆細小職
位，不值一谈，而且也已往矣。事实不过你在电话里有所询问，
谨附一言，笑话笑话。

邱景新手稿，內言在東區服務隊時所擔任職務及駐區。（邱統凡提供）

事實，尤其我放任臺僑，而敵則欺誘壓迫，並儘量運用島內陷區人力物力，是我失助而倭增力，迂拙孰甚，孔子謂治衛必先正名，名不正則言不順，言不順則事不成，復省之議亦如此而已，英美不足慮，經費人員不足憂，六百萬同胞斷不可任敵用以殘我，敬懇公力促臺灣復省，早日實現。[137]

信中懇切剖析，但當時中央沒有立刻採納，戰後竟以「行政長官公署」的形式規劃臺灣，不旋踵之間，諸多處置失當，「二二八」變亂乃告爆發。

137 中國國民黨黨史館檔案，特一七，一，二，四一。

05 李友邦創立「臺灣義勇隊」

我們是抗日的義勇軍，是臺灣民族解放的先鋒隊，要把日寇驅出中國，要把它在臺灣的鐐鎖打碎，為正義抗戰，保衛中國，解放臺灣，把日本帝國主義整個摧毀。

「臺灣義勇隊」隊歌

臺灣義勇隊成員。（李力群提供）

在丘念台組織「東區服務隊」的同一時期，「臺灣義勇隊」於浙江金華誕生。一九三九年一月，臺灣義勇隊及其附屬的臺灣少年團於浙江金華籌備成立，當時正是對日抗戰之際，擔任隊長的是李友邦。臺灣義勇隊一九三九年三月時人數爲六十三人，至一九四五年五月時人數增爲三百八十一人，附屬的臺灣少年團初只有團員六人，到一九四三年六月時增至一百一十七人。

「臺灣義勇隊」最初在浙江金華一帶，到一九四二年六月撤退到福建，其工作包括政治、醫療、生產、文宣四方面。在政治工作方面：派遣隊員至國軍部隊、民眾自衛隊、游擊隊及敵後區協助國軍聽日軍廣播、翻譯其文件，供國軍參考，詢問日軍俘虜口供，並教導國軍士兵學習日語。

醫療工作方面：創免費醫療所，設醫療巡迴隊，巡迴各城鄉醫治病人，協助軍校第七分校招生健檢。在生產工作方面：協助福建、浙江設立樟腦製造廠；義務擔任藥品製造工作。在文宣工作方面：則在各種場合，講述臺灣革命及臺灣同胞參加中國抗戰之宗旨與意義。每週出版壁報一張，報導臺灣革命運動及祖國抗戰史實，在廣播電臺講演臺灣義勇隊工作情形，鼓勵後方抗敵意志。

抗戰期間，臺灣義勇隊與少年團，活躍在浙江與福建的戰場上，臺灣少年隊的成員也經常赴各地巡迴演講，如參加金華縣兒童節，擴大宣傳，發表〈告祖國小朋友書〉，唱日本反戰歌曲。這段歷史說明屬於全民總動員的抗日戰爭，臺灣人並沒有缺席，而創立臺灣義勇隊的李友邦實在與有功焉。

李是臺灣臺北人，生於一九〇六年，他在對日抗戰爆後所成立的臺灣義勇隊，是一個以生活在中國的臺灣人爲主體組成的抗日隊伍，其主要活動範圍是浙江、皖南、與福建等三省區，前後存在了七年的時間。

臺灣義勇隊是一個特殊的抗日團體，其組成過程充滿曲折，由於當時臺灣人在國籍上是日本人，但在中日戰爭爆發的狀況下，留在中國的臺灣人，大多數是被日本強制遣回臺灣，以避戰禍。而其他留在中國的臺灣人，無論是來不及隨之回臺的，或是因其他因素而留下者，其下場是十分可憐的。不幸者被殺，幸運者被遣送到閩北崇安，住進有如集中營一般的「臺民墾殖所」，行動受限制，生活不自由。那些被關入「臺民墾殖所」的人當中有不少是熱愛中國的知識份子，無端被軟禁，遭受不公平待遇，若非李友邦將其組成「臺灣義勇隊」，其下場實難以預測。

然則臺灣義勇隊的組成並非由中國國民黨中央所策動，亦非國民黨當局所樂見，而是由國民黨地方及中國共產黨基於形勢之需要，或明或暗地大力協助。以下就臺灣義勇隊與國民黨和中共的關係加以論述，藉此一則深入地探討臺灣義勇隊，二則經由國共兩黨對臺灣義勇隊的態度，比較兩黨之得失。

一、國民黨與臺灣義勇隊：中央與地方態度不一致

國民黨與臺灣義勇隊的關係錯綜複雜，中央與地方態度是不一樣的。一九三八年年底當臺灣義勇隊仍在蘊釀之際，國民黨中央因中日戰爭的關係，根本無暇顧及，國民黨方面最早與臺灣義勇隊接觸的反倒是地方當局，特別是浙江、福建兩省。

一九三七年七月七日，盧溝橋事變爆發，中日之間進入戰爭狀態，八月十三日，發生上海淞滬戰役，全面抗戰展開，日本陸續撤離在中國境內的住民，當時在福建省內的日本籍住民（包括臺灣人），以在廈門和福州爲最多，一九三七年八月廿四日，在廈門的日（臺）藉人民，隨廈門日本總領事館撤退，[138]同樣也是七、八月之間，福州的日（臺）籍民衆撤出，[139]但有大約三千臺灣人留下，[140]或投靠親友或隱藏臺人身份，這些留下來的臺灣人，部份不幸被逮捕。十月十四日，福建省政府專門爲境內臺灣人設立的「臺僑規劃復籍指導委員會」，召開第一次會議，決定由福建省民政廳辦理福建臺灣僑民登記，其任務是對於戰爭爆發後留下，聲請歸化中國的臺人，施以嚴密的訓練和指導，此一臺僑規劃復籍指導

138 〈抗戰期間廈門大事記〉，《廈門文史資料》，第十二輯。

139 林德政訪問，《黃素貞女士訪問記錄》，二〇〇二年十二月，黃女士當時二十歲，她告訴訪問人當時臺灣人搭乘「盛京丸」輪船離開福州的情形。廈門《江聲報》，一九三七年七月三十一日報導福州第一批臺灣人於七月三十日搭船回臺灣。

140 楊錦和、洪卜仁主編，《閩南革命史》，頁二四五，北京：中國計劃出版社，一九九〇年四月。

委員會是由福建省抗敵後援會，會同福建省憲警機關組織而成的戰時機構，總部設在福州。[141]一九三七年十月十九日，福州市警察局爲了杜絕臺籍不良份子藏匿在省會，特地舉行一次戶口總檢查，凡是有漢奸嫌疑者，冒稱臺人者，以及平素與臺灣人接觸頻繁者，或受過刑事處份者，行跡可疑者，均給予特別注意，實際上其茅頭特別是指向臺灣人，當時，福建當局以閩侯縣內臺灣人特多，良莠不齊，乃宣布凡是住在閩侯縣內的臺人，不論男女，十五歲以上的，限十月底以前，由當地保甲長證明，呈具保證書，保證係屬良善份子，則給予安全保障，逾期不登記，即以違害民國之嫌疑罪究辦，並且該管保甲長也以同罪論處。[142]緊接著在一九三八年開始，福建省政府把居住在福州、晉江、廈門等三地的臺灣人，逮捕起來，集中送到位於閩北的崇安看管，從事集體生產勞動，人數有四百三十人，[143]福建省政府在那裡成立了「臺民墾殖所」，管理這批臺灣人，這些臺灣人就是李友邦當年組成臺灣義勇隊的來源。

一九三八年底，李友邦獲知閩北崇安有臺灣人集中在那裡，起意以其爲基礎組成臺灣義勇隊，臺灣義勇隊開始籌備時，國民黨福建當局協助李友邦從閩北崇安召集臺民前往浙江金華，也因爲國民黨的支持，臺灣義勇隊才有可能成立，但國民黨一方面使義勇隊成立，一方面又遲遲不讓其正式立案，自一九三九年初，臺灣義勇隊籌備成立開始，直到一九四〇年才蒙國民黨當局批准，主要原因就是國民黨方面對李友邦懷疑，懷疑李友邦是共產黨，因此遲遲不批准義勇隊正式成立，國民黨當局以這種方式阻撓其立案，令人疑問的是爲何國民黨對臺灣義勇隊滿是疑忌？要解答這個問題，得從李友邦個人談起。

141 重慶，《大公報》，一九三七年十月三十一日，第三版。

142 重慶，《大公報》，一九三七年十月三十一日，第三版。

143 福建《崇安縣新志》，一九四二年。張畢來，〈國共合作抗敵記-回憶臺灣義勇隊的誕生〉，北京：《臺聲》，一九八五年第四期。

二、李友邦曾在杭州與中共黨人從事革命活動

早年李友邦自臺灣返回中國，在廣州就讀黃埔軍官學校第二期時，正是國民黨實行孫中山「聯俄容共」政策之時，因此之故，黃埔學生分別有國民黨員與中共黨員，教官也是如此，學生之間互相對立，校內「中國青年軍人聯合會」與「孫文主義學會」互相抗衡，目前尚無資料顯示當年李友邦到底是參加中國青年軍人聯合會或是孫文主義學會？但是當時李友邦與國民黨內執行「聯俄容共」政策不遺餘力的國民政府財政部長、黃埔軍校黨代表廖仲愷相熟，出入其家，向他家人學習國語（普通話）。[144]

廖仲愷畢業自日本早稻田大學，對社會主義有精到研究，在當時是屬於國民黨左派，認眞執行孫中山的「聯俄容共」政策，李友邦思想理所當然受其影響，是顯而易見的，另外，當時擔任黃埔軍校政治部副主任的周恩來，剛從法國回來，他在一九二四年十一月就任軍校政治部主任，是中共幹部，名份上周恩來與李友邦是師生，身為學生的李友邦多少會受周之影響。李友邦自黃埔畢業後，並未進入軍旅生涯，他先到上海，以反日嫌疑被日方逮捕，關在上海的日本領事館，繼而被救，之後他到浙江杭州，進入國立藝術專科學校教書，該校是中共的大本營，校中有共黨支部及共青團支部，在中共影響下，學生當中多的是共產黨員，李友邦投身其中，積極學習馬列主義的文藝理論，並且參加中共地下革命活動，發傳單、貼標語，攻擊反動派，因此獲罪國民黨當局，被關入杭州陸軍監獄，[145]與中共浙江省委統戰委員會委員駱耕漠同獄，在獄中，李友邦讀了更多有關共產主義的書籍，駱耕漠記載當時狀況，描述李友邦學習馬列思想：

---

144 楊渡，〈如此痛苦地擁抱中國〉，臺北：中國時報，一九九二年四月十七日—二十六日。

145 沈福文，〈奇人李友邦〉，陳正平，《李友邦與臺胞抗日》，福建人民出版社，一九九八年九月。

我最初認識李友邦是一九三一年春，當時他因不滿國民黨反動派背叛孫中山先生倡導的聯俄、聯共、扶助農工三大政策，在杭州進行革命活動被捕，當他從看守所關了一段時間梘轉押到杭州陸軍監時……他約二十多歲，為人直爽，放風到大院裡洗衣服，常披一件舊的軍官級黃呢大衣，對獄內反對拘禁，反對虐待革命志士及要求改善監獄生活的鬥爭，都積極參加，我們將列寧的《國家與革命》等書籍秘傳給他看，他很認真的進行學習。[146]

綜上所述，可知從黃埔軍校到杭州監獄，七年的歲月裡，李友邦始終接觸著共產黨人與共產主義，也與中共黨人一起從事革命活動，甚至還一起坐監，因此，即使他未曾正式加入中共，成爲共產黨員，但他對共產主義必定有相當的理解，甚或同情，與共產黨員也往來密切，這是可以斷定的。可以說如果他不是中共黨員，絕對是國民黨左派的一個成員。至此，我們不禁要問：「李友邦到底是不是共產黨？」關於這個問題，與他一起工作，一起奮鬥的臺灣義勇隊秘書、中共黨員張一之，是這樣子說的：

他（李友邦）一直對（駱）耕漢和我，一向可以說是無話不說，他一直是靠近我黨（指中共）的。[147]

這裡透露出的資訊是李友邦與共產黨人關係密切，非常包容中共黨人，這就難怪國民黨人要懷疑李友邦是一個共產黨員了。

146 駱耕漢，〈赤誠的愛國主義者：紀念臺灣義勇隊創立人李有邦〉，北京：《文史通訊》，一九八六年第六期。

147 張畢來，〈臺灣義勇隊〉，北京：《革命史資料》，第八輯，一九八一年。

三、谷正綱懷疑李友邦是共產黨

一九二七年四月，國共關係全面破裂，國民黨對共產黨展開追殺，八月一日中共南昌暴動失敗後，或轉入地下，或輾轉到江西井崗山建立根據地，國民黨則對共產黨展開圍剿，一九三四年十月中共從江西根據地突圍，歷經兩萬五千里長征，抵達陝北，國共對峙之局形成，一九三七年九月，因爲經歷了西安事變和盧溝橋事變，國民黨公布「根絕赤禍案」，所謂「第二次國共合作」開始，實則國民黨對於中共未嘗稍懈其戒心，正因爲國民黨對共產黨一直心存疑懼，既然李友邦有共產黨嫌疑，則對臺灣義勇隊正式批准的問題，自然也就一再延遲了，擔任臺灣義勇隊秘書的張一之記載李友邦爲了義勇隊的核准問題，兩人一起去桂林，一九三九年四月間，臺灣義勇隊與朝鮮義勇隊工作指導委員會聯繫，通過他們連絡上國民政府軍事委員會政治部，張一之在桂林活動了兩三個月，卻沒有結果，到七、八月之際，國民政府軍委會政治部決定把臺灣義勇隊的建立問題，交軍事委員會第三戰區長官司令部政治部承辦，並派主辦業務的周咸堂到浙江金華，實地瞭解臺灣義勇隊的情況，以協助第三戰區長官司令部政治部處理此一問題，當時擔任第三戰區長官司令部政治部主任的是谷正綱。[148]

在桂林毫無所獲之後，張一之和周咸堂離開桂林，經江西上饒去金華，上饒乃是第三戰區長官司令部所在地，谷正綱的政治部也在那裏，到了上饒，張一之去見谷正綱，把組織臺灣義勇隊的意圖以及將來的工作設想對谷說，谷只是聽，一言不發，最後，他突然問張一之：「張先生，李友邦是不是個共產黨。」張說：「不像」。谷又問：「怎麼不像？」張說：「從我跟他一起幹這個工作以來，大小問題他都跟我商量決定，不像是另有什麼組織的人」，谷說：「好」，張一之聽完谷正綱的話，聯想到政治部

148 張畢來，〈臺灣義勇隊〉，北京：《革命史資料》，第八輯，一九八一年。

遲遲不批准義勇隊成立的情景，感到國民黨對他和李友邦以及臺灣義勇隊是十分不放心的，[149]吾人推測原因，乃是害怕李友邦與中共結合，壯大了中共的聲勢。

但萬分奇怪的是，谷正綱懷疑看起來像似國民黨左派的李友邦是共產黨，卻沒有想到站在他面前的張一之才是眞眞正正的共產黨，如果不是張一之善於偽裝，就是谷正綱的辨識能力大有問題。

周咸堂到金華，對臺灣義勇隊做了一番調查研究。他找一些隊員去談話，參觀圖書室，看壁報，還召集隊員點名。觀察了大約一個星期，最後他對張一之和李友邦說：「很好，沒有什麼問題」，說他負責打報告給政治部，請政治部批准臺灣義勇隊成立。接著就回桂林去。但是此後，臺灣義勇隊又等了好幾個月，批准成立之事，仍然杳無音信。[150]

另一方面，國民政府軍委會桂林行營政治部副主任魯宗敬，在一九三九年九月十九日致電軍事委員會政治部部長陳誠，詳報經過情形：

> 查籌組臺灣義勇隊事曾於七月敬日派周咸堂往上饒第三戰區政治部面謁谷主任接洽。據周返桂面稱該隊之成份及組織情形工作概況，已由谷主任派員切實調查竣事，並已分別函電報請鈞座批准預算正式成立，以便分派工作在案。查該隊隊員大半係醫療、生產、建設等各種專門人才，值此二期抗戰時期，誠屬急需，且彼等均能拋棄待遇較豐之工作，踴躍參加中國抗戰，殊屬難得，懇請鈞座從速准予成立，以利抗戰。[151]

149 張畢來，〈臺灣義勇隊〉，北京：《革命史資料》，第八輯，一九八一年。

150 張畢來，〈臺灣義勇隊〉，《革命史資料》，第八輯，一九八一年。

151 南京，第二檔案館藏軍委會政治部檔案。《民國檔案》，一九九九年第一期。

再拖了一個半月，一直到一九三九年十月廿九日，國民黨高層的軍委會政治部才回電給第三戰區政治部主任谷正綱，內稱據桂林行營政治部七月巧日呈並據朝鮮義勇隊指委會周咸堂齊電，有關臺灣義勇隊組織一案，請就近核辦，並將該隊編制、人事及經費預算，按實際需要情形迅速編造呈核為要。[152]電文模稜兩可，實際上臺灣義勇隊批准之事仍是拖而未決，但是不管國民黨批准不批准，李友邦與張一之仍努力地發展和鞏固臺灣義勇隊。

儘管臺灣義勇隊不獲國民黨當局正式立案，但是李友邦卻積極的進行建隊工作，從籌備起，國民黨地方當局有幾個人對臺灣義勇隊的誕生和茁壯，給予幫助，做出貢獻，舉其大者有黃紹竑、陳肇英、陳儀等人，當時黃紹竑擔任浙江省政府主席，陳肇英是國民黨福建省黨部主委，陳儀則是福建省政府主席。

四、黃紹竑、陳儀支持臺灣義勇隊

一九三八年十一月九日，李友邦、張一之為籌備成立臺灣義勇隊由浙江到閩北，出發之前，李友邦透過關係，拜訪浙江省主席黃紹竑，黃為他寫了一封介紹信給國民黨福建省黨部主委陳肇英，並捐款六百元，李友邦拿了這封介紹信到福州拜訪陳肇英，陳又轉介他去見省主席陳儀，李向陳儀報告成立臺灣義勇隊的目的，陳儀答應支持，並允許李友邦將集中在崇安的臺灣人帶到浙江去，[153]李、張二人到福州前，事先到崇安視察臺民墾殖區，對臺民進行宣傳，言必須擁護中國抗戰，臺民始能恢復自由，臺民聽後覺悟，表示願擔任抗戰及救護工作，李、張之後再由崇安到福州，與福建黨政當局商洽，結果圓

152 南京，第二檔案館藏軍委會政治部檔案。《民國檔案》，一九九九年第一期。
153 張畢來，〈臺灣義勇隊〉，《革命史資料》，第八輯，北京：文史資料出版社，一九八一年。

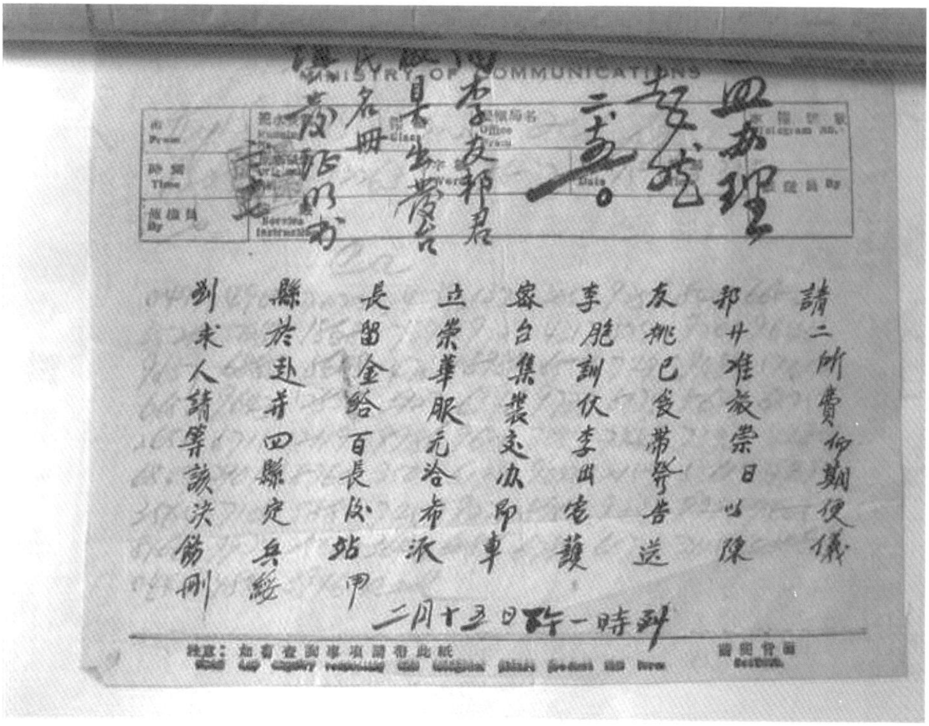

陳儀批准留李友邦等廿二人赴金華參加臺灣義勇隊集訓的電報。（李力群提供）

滿，回浙江之前再赴崇安，將接洽經過向臺民報告。[154]

黃紹竑的介紹，陳儀的首肯，爲臺灣義勇隊的誕生舖下坦途，所以論及臺灣義勇隊，不能不提到他們兩個人。

黃紹竑字季寬，廣西容縣人，爲桂系要角之一；陳儀字公洽，浙江人，爲政學系要角，如果比較兩人對臺灣義勇隊的付出，陳儀可能要大些，在臺灣義勇隊成立後，陳儀接二連三對李友邦及臺灣義勇隊伸出援手，一九三九年三月，臺灣義勇隊已經成立兩個多月，當月十一日，根據崇安縣長劉超然呈福建省政府主席陳儀的電文，李友邦函請選送臺胞石琨玉等二十二人參加臺灣義勇隊，協同中國抗戰，並由張一之率領赴浙江金華集訓，經與駐閩綏靖公署主任陳某聯繫，准予選送訓練，石琨玉等人在十日下午由張一之率領乘兵站專車護送首途赴浙江金華集訓，當天上午崇安召集各界舉行歡送大會熱烈歡送。[155]

如果沒有陳儀支持，這些臺灣人勢必無法到浙江參加臺灣義勇隊。

爲了表示對陳儀的感激，李友邦在一九四〇年六月廿

154 福建《泉州日報》，一九三八年十一月九日。

155 福州：福建省檔案館藏檔案。全宗號一，目錄三，案卷五七一。

一日致函陳儀，字裡行間充滿了感謝之情，信中寫到：

臺灣義勇隊在鈞座提攜援引之下，一年奔走，端倪稍具，基礎既備，開展不難，而今而後，我臺灣同胞得在中國抗日戰線上竭其棉薄，遂其夙願，飲水思源，鈞座首先資助之恩，誠生死難忘，誓以收回臺灣，救五百萬同胞于水火，以報厚德于萬一而已。[156]

李友邦在信中接著說：

義勇隊工作開展甚速，中樞長官均以擴大義勇隊之組織，儘量羅致臺胞參加抗戰為囑，友邦早夜以思，誠念散居中國臺胞。其上焉者，雖報效有心，而遂志無術，故終以不聞聲息，無補於國。其次者，於抗戰漠然無所動於中，泰然處之。而下焉者，乃為虎作倀，情至可惡。凡此種種，雖各同胞教育程度之高下不齊有以使然，而友邦工作不力殊亦重責，不容旁貸，故決心補救前愆，從事廣致同胞盡力抗戰工作。

李友邦派員分赴各地號召，並由指導訓練組組長牛光祖到福州晉謁陳儀，請示一切，[157]李友邦將欲請求陳儀協助之事項，羅列如下，請陳儀惠允賜助，使工作得順利進行：

（一）留閩臺胞爲數尚衆，集中崇安者十未及一，散居各縣者，大抵匿籍更姓，擬請令飭各縣悉數

156 《李友邦致陳儀函》，福州：福建省檔案館藏檔案，全宗號一，目錄三，案卷五七一。
157 《李友邦致陳儀函》，福州：福建省檔案館藏檔案，全宗號一，目錄三，案卷五七一。

籍移崇安，再由義勇隊派員訓練，擇良善者使其工作。

（二）現留崇安者有李瑞成等六人及小孩卅九名，屢請准予參加本隊，後經長期教育並詳加詢究，覺其尚堪訓練，擬請准由牛光祖帶來浙江工作，並有家庭十三名要求來浙幫同其夫工作，亦擬准由牛組長一併帶來。

（三）對此次來浙之三十九名請如往例，派車送浙，並因目下經費仍大感困難，擬請准予補助彼等三個月之伙食費（每月每人七元）和賜予軍裝衣褲、鞋靴各二套。

（四）參加義勇隊工作之同志，其家庭在崇安嗷嗷待哺，更茲以米珠薪桂之際，生活極爲困難，擬請資助一二，並給予兒童教養費使得受教養。

（五）業已參加義勇隊工作之同志，如其家屬欲離崇回家鄉者，請准由友邦保釋回家鄉，其後言行如經友邦保釋即由友邦負責。

（六）留崇安家屬如欲告假離崇來浙慰勞其出征家人時，請准由崇安縣長准假限制往返。

（七）義勇隊擬在閩設一通訊或辦事處，以便閩方工作得以經常進行，擬請准予設置，並指示及援引。

（八）沙縣軍人監獄中被禁之張克敏屢次由獄中來函，因見有臺灣人之抗戰團體，擬請准予參加，信中深表過去之不當，欲從茲潔身自好，效力中國。友邦不知張君案情如何，敬請鈞座指示，是否可准其戴罪立功，如可能，友邦擬出面保釋負責其人言行。[158]

對於李友邦的請求，陳儀逐條批示，照准的有第一條，第二條，第三條，第五條，至於第四條陳

158《李友邦致陳儀函》，福州：福建省檔案館藏檔案，全宗號一，目錄三，案卷五七一。

儀批「會振濟會酌辦」，第六條陳儀批「會縣照辦」，第七條批「由軍區部核辦」，第八條批「毋庸議」，[159]整體說來，陳儀對李友邦的請求，幾乎全部答應了。

一九四〇年七月十日，臺灣義勇隊訓練組組長牛光祖自福建永安發電給福建省政府主席陳儀，內謂來閩組訓留崇臺胞赴浙參加中國抗戰，近准留崇臺胞參加臺灣義勇隊蔡湘洲等十七名，參加少年團朱炳源等廿二名，又要求赴浙義勇隊家族林秋蓮等十三名，共五十二名，赴浙訓練。因經費甚感困難，特懇請賜助彼等（家族十三名除外）卅九名之伙食費三個月（每月每人七元）計八百一十九元，服裝費（每人廿五元）計九百七十五元，旅費（每人七元）計二百七十三元，以上總計二千零六十七元。省政府秘書長陳景烈代省主席陳儀批示：「准予照撥」，註明「在後方勤務費項下開支」。[160]

一九四〇年七月十二日，福建省政府根據臺灣義勇隊的呈請，訓令晉江縣政府，將原居住晉江現集中崇安的臺胞所有各物，如醫藥器材、傢俱等發還，以便臺灣義勇隊所屬醫務隊開展前線工作，福建省政府擔心地方陽奉陰違，還進一步要求晉江縣政府查照辦理後具報。[161]

一九四〇年八月一日，崇安縣政府致電福建省政府主席陳儀，言據臺灣義勇隊呈請，將留崇安臺胞李瑞成等五十餘人送浙江參加戰地工作，所需車輛及日期，徑與運輸公司接洽撥用。遵即函請運輸公司崇安站，撥派專車兩輛，送該臺胞李瑞成等，前往上饒，業經該公司允予照辦。詎至是日早晨突告車輛阻礙，並需照軍運包車辦法收費收現放車等語。奈臺灣義勇隊各團員旅費不敷甚巨，經本府一再代向該公司交涉，請其先行開車，所有應需車費一節另行辦理，以免貽誤行程，未得運輸公司同意，故遲至

---

159 《李友邦致陳儀函》，福州：福建省檔案館藏檔案，全宗號一，目錄三，案卷五七一。
160 《李友邦致陳儀函》，福州：福建省檔案館藏檔案，全宗號一，目錄三，案卷五七一。
161 《李友邦致陳儀函》，福州：福建省檔案館藏檔案，全宗號一，目錄三，案卷五七一。

次（三十一）日始由該隊編練組組長牛光祖率領起程前往上饒轉赴浙江金華集訓。至該臺胞效勞中國，參加抗敵工作，本府經於謙日晨六時召集各界舉行歡送大會，以資勉勵。又此次奉准赴浙參加戰地工作之臺胞、臺童及義勇隊家屬柯大英、柯水治、朱炳源等廿名因事一時未能起程，已由該隊部准其緩行，現仍暫留崇，除分呈綏靖公署外，理合將遵辦情形並造具實在赴浙臺胞姓名清冊一份電請察查。[162]

一九四〇年十一月廿三日，李友邦致函陳儀，內謂：

> 敝隊成立以來，屢蒙援助，友邦暨全體同志銘感勿忘，唯有加倍努力，以副中國與鈞座之期望耳。此次友邦來閩又有留崇臺胞林聖三等十名激于愛國熱忱，堅欲赴浙參加敝隊工作，友邦鑒其誠摯，用敢懇請鈞座准許該林聖三等由友邦負責率領赴浙。又因彼等清苦，敝隊經濟亦頗拮据，川資行裝均感困難，並請准予補助彼等川資、服裝、伙食（三個月）等費七百元，俾彼志願得以實現。

結果陳儀批「均准照辦」。一九四一年五月一日，陳儀又批准補助新參加臺灣義勇隊受訓同志蔡福全等四人赴浙旅費、服裝費、生活費等，總計國幣一千元。[163]

總計陳儀在擔任福建省政府主席期間，給予臺灣義勇隊超過國幣五千元以上的補助，是臺灣義勇隊在經費來源上的重要支柱，其他在無法用金錢計算的資助方面，如車輛等運輸器材的提供、衣服的供應，以及隊員的護送等，無不給予臺灣義勇隊極大的協助，在國民黨中央對臺灣義勇隊的立案問題猶豫

162 《李友邦致陳儀函》，福州：福建省檔案館藏檔案，全宗號一，目錄三，案卷五七一。

163 《李友邦致陳儀函》，福州：福建省檔案館藏檔案，全宗號一，目錄三，案卷五七一。

不決的時候，陳儀是臺灣義勇隊的恩人。

陳儀爲什麼要支持臺灣義勇隊？張一之爲此問題，曾經說過「到底是我們幫了陳儀，還是陳儀幫了我們」，[164]意指原先軟禁在閩北崇安的臺灣人，對福建省當局來說，是一大困擾，李友邦能將之帶走，是替陳儀解決一個難題。無論如何，陳儀可以說是留名歷史的「臺灣義勇隊」的催生者和贊助者。

五、三民主義青年團與臺灣義勇隊

三民主義青年團成立於一九三八年七月九日，由國民黨總裁蔣介石兼任團長，先後擔任書記長的是陳誠、張治中，它是抗戰期間國民黨所成立的一個重要青年組訓團體。臺灣義勇隊屬於國民政府軍事委員會的政治部，在臺灣義勇隊爲隊部尋求立案的時候，國民黨當局要求臺灣義勇隊在隊裡面也成立三民主義青年團支部，一九四〇年三月，李友邦到重慶交涉臺灣義勇隊的正式批准問題時，特地去拜訪康澤，康澤是三青團重要幹部，他向李友邦提出在臺灣義勇隊內成立三青團支部的問題，李友邦爲了長期以來一直懸而未決的批准問題，答應在團內成立三青團分部，李友邦這次到重慶，對於臺灣義勇隊的正式批准總算有了結果。[165]

康澤是四川安嶽人，一九〇四年生，黃埔軍校第三期畢業，曾到莫斯科中山大學學習，是蔣介石的親信。三青團成立後，一直擔任團內重要職務的中央幹事會組織處處長，掌握三青團的大權，他與李友邦是黃埔軍校前後期同學，這層關係應是李友邦及臺灣義勇隊的一項有利因素。不過，以康澤要求李友邦在義勇隊內成立三青團支部，當做核准義勇隊立的交換條件來看，看出國民黨人處事的手段，也可以

164 張畢來，〈臺灣義勇隊〉。
165 張畢來，〈臺灣義勇隊〉。

瞭解國民黨高層在當時還看不清楚臺灣問題的重要性。

到此，歷經曲折，臺灣義勇隊的批准總算沒有問題了，但是李友邦對於成立三青團分團之事，卻遲遲不著手，爲此，國民黨當局不斷督促李友邦趕快成立，一九四一年一月「皖南事變」（即新四軍事件）爆發，第三戰區長官司令部政治竟然以命令的方式，下令臺灣義勇隊成立三青團分團，並派政治指導員到臺灣義勇隊，加強政治工作，同時命令停止臺灣革命黨的一切活動，又要求必須把該隊抗日宗旨中的「解放臺灣」改爲「收復臺灣」，因「解放」一詞是共產黨用語，不能用。[166]

一直到一九四二年四月二日，臺灣義勇隊才在隊部籌備成立三青團分團，正式名稱是「三民主義青年團中央直屬臺灣義勇隊分團」。這時臺灣義勇隊已經遷到福建龍岩了。一九四三年一月，三青團臺灣義勇隊分團正式成立，同時舉行第一次分團代表大會，由李祝三擔任書記，支部底下設總務、組織、訓練、宣傳、社會等五股，設第一（臺灣義勇隊本部）、第二（臺灣少年團）兩個區隊，其後又增設兩個區隊，一個直屬分隊，和女青年隊及漳碼、同安、泉州、建陽四個直屬小組。一九四四年十月整頓組織，總務、組訓、宣社三個股，下屬改爲四個區隊，五個直屬小組，及浙江一個直屬分隊。三青團分團成立後，義勇隊中年紀十六歲以上的，都加入三青團組織，幹部工作人員都以義勇隊員兼任只有錄事一人爲專任，負責辦理收發、繕校、檔案等工作。[167]

臺灣義勇隊正式成立三青團分團時，創辦了一份刊物《臺灣青年》，於一九四三年元旦發行，初由李祝三擔任發行人，一年以後改由李友邦兼任。在創刊詞中，有這樣的宣示:「中國抗戰與臺灣革命，已達血肉不分，並則共榮，離則雙枯的階段」。一九四三年三月廿九日，三民主義青年團第一次全國

166 王得民，〈抗戰時期的臺灣義勇隊〉，《臺灣同胞抗日五十年紀實》（北京：中國婦女出版社，一九九八年六月）。

167 福建省檔案館藏三青團檔案。

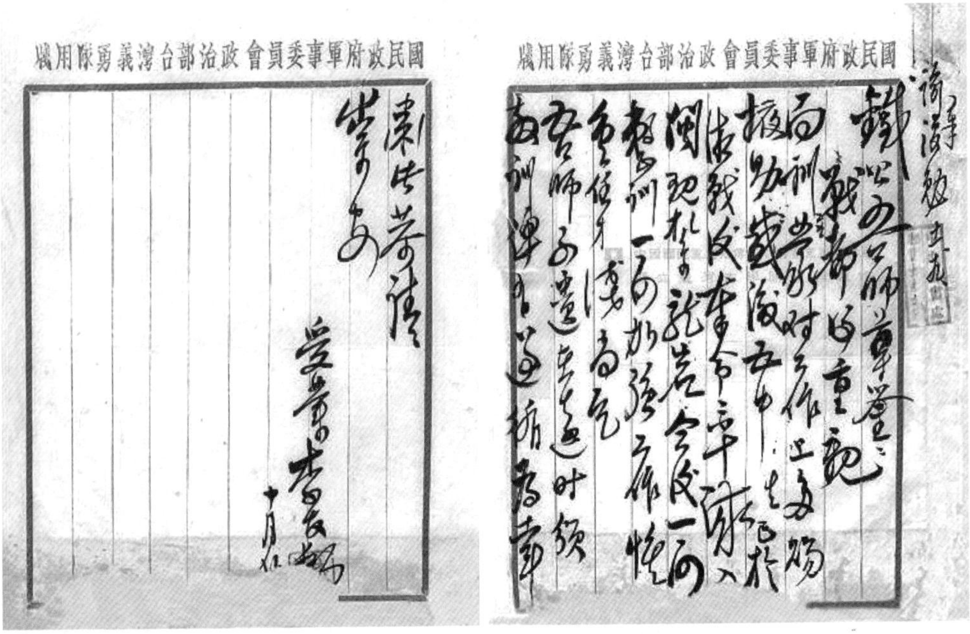

李友邦致國民黨秘書長吳鐵城函，報告「臺灣義勇隊」駐紮龍岩情形。（國民黨黨史館提供）

代表大會在重慶召開，出席代表六百多人，團長蔣介石在開幕當天致開會詞。[168] 三青團臺灣義勇隊分團書記李祝三出席此次大會，在四月三日舉行的第五次大會上，李祝三報告臺灣同胞在日本暴力統治下的痛苦，以及臺籍志士對日搏鬥的經過，他對中央團部提出臺灣義勇隊和團員的三點希望，第一，臺灣是中國領土，收復之前，政府應早確定具體政策。第二，促進臺灣各革命團體的合作與團結。第三，設法消除少數中國同胞對臺胞的誤會與歧視，給予臺胞法律上的平等待遇與保護。[169]

三青團臺灣義勇隊分團在一九四四年十一月，舉行團員代表大會，地點是福建龍岩，大會通過重要決議多項，計有：

（一）請政府劃定臺灣之國民大會代表及參

168《康澤自述及其下場》（臺北：傳記文學出版社，一九九八年五月），頁一六〇—一六一。

169 陳正平，《李友邦與臺胞抗日》，福建人民出版社，頁九二，一九九八年九月。

政員名額。

（二）憲法草案第四條中華民國領土領域臺灣未列入，請中央補列，以重國土之主權。

（三）臺胞在閩被沒收之財產，擬請政府發還。請政府成立各種訓練班，組訓臺灣青年幹部等。[170]

這次大會結束時發表宣言，內謂：

> 這是偉大的時代，這是光明與黑暗交替的時代，敵人的意圖雖很簡單，但我們的鬥志則應堅決，我們非獲得全面勝利，決不停止，這是我們每一個臺灣青年戰士的決心，我們在現在與過去的革命過程中，是為「保衛中國。收復臺灣」而奮鬥，而在不久的將來必然為「建設臺灣，拱衛中國」而獻身，這是臺灣同胞的革命使命。[171]

從這份宣言字面上分析，臺灣義勇隊是堅決擁護中國抗日的，其所宣示的「保衛中國，收復臺灣」以及「建設臺灣，拱衛中國」兩項觀念，清楚地看出李友邦及臺灣義勇隊的政治觀。

六、抗戰後期國民黨對臺灣義勇隊態度趨冷

一九四二年五月十五日，侵華日軍分五路向金華、蘭溪方向進犯，國軍經過半個月的抵抗，於五月廿八日放棄金華、蘭溪，日軍繼續向西推進，六月六日，衢州陷入日軍之手，金華是臺灣義勇隊總部，蘭州與衢州則都設有臺灣醫院。六月底，臺灣義勇隊奉命遷到福建，先在閩北浦城駐紮工作，十月，臺

170 福建省檔案館藏三青團檔案。

171 福建省檔案館藏三青團檔案。

灣義勇隊再遷駐閩西的龍岩，隊部在龍岩中山東路廿四號，直到抗戰勝利爲止。

遷到龍岩的臺灣義勇隊，其處境比起在金華時期，要更艱難，雖然臺灣義勇隊極力想做好黨政關係，但收效不大。一九四二年十月十四日，臺灣義勇隊致龍岩縣商會函，內稱：「本隊自二十八年成立，即駐浙省，四年以來，於臺灣革命事業雖不敢自謂有何成就，然工作之日益開展，私衷亦不無欣慰也。此次奉駐龍岩仍當一本初衷，繼續努力。然集思廣益，今後惟望不吝金玉，時匡不逮，則本隊幸甚！」[172]但是國民黨無論是高層或是地方，都對臺灣義勇隊相當冷淡，甚至無情，我們可以看下面的例子。

一九四三年六月廿二日，臺灣義勇隊由於隊員生活因難，致函龍岩縣政府，內稱：「臺灣義勇隊自效忠中國以來，各員櫛風沐雨，冒險犯難者已瞬五年，雖其目的不在生活之如何，然各員或自臺灣棄家來歸，或原在中國經營者亦放棄其平日優裕之生活，奮然參加，而隊中待遇又遠遜於其他各機關，即維持最低生活亦見不易，其效忠中國之忱，自不無可取，而生活之應予改善，亦屬當前實際需要。近聞貴府因鑒於各部隊之生活艱苦，爰有物資平價勞軍之舉，法善意美，其裨益於抗建大業者誠非淺鮮，尤於軍民協調上將更見成功，特檢同本隊駐岩人員名冊一份，函請比照國軍待遇准予平價配購日常物品爲感。」[173]但是龍岩縣政府向福建省政府請示後，所得指示是「不必供應」，爲此，臺灣義勇隊再向第三戰區長官司令部陳情，結果第三戰區長官司令部考量實際情況後，下令龍岩縣當局應給予臺灣義勇隊如一般駐軍之待遇，內稱：「查臺灣義勇隊亦屬直接參加抗戰軍事工作之團隊，生活極爲清苦，自可依駐

172 〈臺灣義勇隊奉命移駐龍岩致縣商會函〉，《閩臺關係檔案資料》，頁二九〇。

173 〈臺灣義勇隊致龍岩縣政府函〉，《閩臺關係檔案資料》，頁二九四—二九五。

軍之例酌予供應副食日需品，仰轉飭龍岩縣分處遵照辦理為要。」[174]

五個月後，一九四三年十一月廿九日，臺灣義勇隊致函龍岩縣勞軍委員會，言該隊業經軍民合作處准予供應實物，本隊駐岩人數合計一百六十五員名，附同名冊領條，函請供應為荷。[175]結果，福建省勞軍委員會向福建省主席劉建緒請示是否應該發給，劉建緒竟下令「未便照准」。[176]更嚴重的事情是在一九四五年八月抗日戰爭結束之前夕，國民政府當局連續四個月未發薪餉給臺灣義勇隊。[177]

七、中共與臺灣義勇隊

臺灣義勇隊最初誕生地點是浙江金華，為什麼臺灣義勇隊選在浙江金華立隊？主要原因是當時的李友邦正在浙江金華一帶活動，李友邦在一九三七年年中自杭州陸軍監獄出獄，當年七月盧溝橋事變爆發，中日戰爭開始，八月上海戰役起，十一月上海淪陷，十二月杭州淪陷，繼之以南京大屠殺，國民政府西遷，浙江省政府也遷到浙東，所以李友邦成立臺灣勇義隊的地點就選在浙江的金華，而當時的金華正是中共浙江省委主要的活動地區，並且統戰工作是中共的主要工作之一，就這樣，臺灣義勇隊無可避免地與中共發生關係。

要明瞭中共與臺灣義勇隊的關係，得先明瞭中共內部是誰領導做臺灣義勇隊的工作，臺灣義勇隊幹部當中到底有多少中共黨員，這樣我們就可以瞭解中共在臺灣義勇隊裡產生的影響。有關中共與臺灣義

174 〈第三戰區閩省軍民合作站指導處代電〉，《閩臺關係檔案資料》，頁二九五。

175 〈臺灣義勇隊致龍岩縣勞軍委員會函〉，《閩臺關係檔案資料》，頁二九六。

176 〈福建省勞軍委員會指令〉，《閩臺關係檔案資料》，頁二九六。

177 陳正平，《李友邦與臺胞抗日》，頁七九，福建人民出版社，一九九八年九月。

勇隊，主要領導者最高層是周恩來，基層實際指揮者是駱耕漠、汪光煥，而在臺灣義勇隊成立之初，幹部具有中共黨員身份者，最主要的則是擔任總隊部秘書的張一之，以及擔任附屬於臺灣義勇隊的「臺灣少年團」副指導員的李煒（又名夏雲）。

八、周恩來的指示

一九三八年十月十日，朝鮮義勇隊經由國民政府軍事委員會批准成立，在成立大會上，周恩來在大會發表「東方被壓迫民族與解放鬥爭」講話，會上周恩來強調國際聯合與統一戰線作爲東方被壓迫民族的基本戰略方針在謀求民族解放事業中的重要性，到了一九三九年三月一日，旅居重慶的韓國各獨立運動團體舉行大會，中共駐重慶代表董必武派遣周怡爲代表出席，他在會上發言，提出朝鮮和日本、臺灣的勞苦大眾聯合起來，使東亞被壓迫民族共同負擔打倒日本法西斯強盜，建設東亞和平的光榮任務，這是中共對有關臺灣問題表示關心的開始。[178]

正當臺灣義勇隊的籌備工作如火如荼地展開的時候，擔任國民政府軍事委員會政治部副主任的周恩來在一九三九年四月一日抵達浙江金華，他此次到浙江，主要是解決中共東南局在東南戰場上戰略策略的問題，另外，代表政治部部長陳誠參加第三戰區的工作會議，視察新四軍，並與江西的熊式輝、浙江的黃紹竑協商等，周恩來此行對中共有關對籌備中的臺灣義勇隊的政策，有著重要的意義，他抵達金華後，聽取中共浙江省委劉英的報告，他說，中共的任務是堅持抗日民族統一戰線，反對投降，並說與在浙江的其他國民黨官員相比，黃紹竑是進步的，我們要支持黃紹竑，周恩來又表示，共產黨員不論

178 石源華編著，《中國共產黨援助朝鮮獨立運動紀事，一九二一—一九四五》（北京：中國社會科學出版社，二〇〇〇年五月），頁一四七。

在國民政府機關或民衆團體中工作，都要埋頭苦幹，同友黨友軍和其他黨外人士合作共事，爭取更多的人。[179]

周恩來到了浙江，中共浙江省委劉英除了向他匯報日常工作之外，籌備中的臺灣義勇隊，當然也是報告的重點，本書前面提到，李友邦就讀黃埔軍校時，周恩來擔任政治部副主任、主任，師生之間，過去也許不是很熟，但是這次周恩來到浙江金華，師生關係，必定被提醒起來，在中共發展對臺灣義勇隊的統戰工作時，也必定是一個可以發揮的地方，也因此正當周恩來到達金華時，李友邦非常想見周恩來，中共浙江省委，也想安排李友邦和周恩來見面，但機警的周恩來在同意接見之後旋即變卦，周恩來擔心的事情是如果接見李友邦之事被國民黨知道，國民黨認爲李友邦的政治活動與中共有密切關係，那就會爲臺灣義勇隊的活動帶來困難，周恩來雖然未見李友邦，但是卻對中共如何協助李友邦及其臺灣義勇隊，做了詳細的指示：

> 關於臺灣義勇隊的事，要充份運用國民黨的關係開展工作。要儘量避免暴露這個工作與我黨的關係，否則容易影響工作的開展。[180]

周恩來雖然沒有面見李友邦，卻於四月四日會見了臺灣革命黨軍人服務部工作人員，也見了駱耕漠。[181]

---

179 中共中央文獻研究室編，《周恩來年譜》（北京：中央文獻出版社，一九八九年九月），頁四三七。

180 張畢來，〈臺灣義勇隊〉。

181 中共中央文獻研究室編，《周恩來年譜》，頁四三。

九、臺灣義勇隊秘書張一之

中共黨員在臺灣義勇隊內大約有七至八人，最早是張一之、李煒（夏雲）、朱行（朱適春）等三人，其後又發展了四、五個。[182]這些中共黨員就在臺灣義勇隊內成立共產黨「黨支部」，支部書記就由張一之擔任，黨員之中最直接參與臺灣義勇隊高層事務的是張一之，在臺灣義勇隊自籌備以至正式立案的一段時間裡，張一之與李友邦合作無間，爲籌備臺灣義勇隊而努力，李友邦之外，他算是靈魂人物，不可或缺。

張一之本名張啓權，曾就讀杭州國立浙江大學，抗戰爆發後，參加中共領導的浙東抗日救亡工作。一九三八年上半年，在遂昌縣擔任民衆教育館館長。同年秋天，中共把他從遂昌調往金華做統戰工作。中共浙江省委統戰委員會書記張錫昌派他到金華幫助李友邦，號召散居各地的臺灣同胞組織義勇隊，參加中國抗戰，當時他已加入中國共產黨。中共浙江省委派統戰委員會委員駱耕漠領導協助成立臺灣義勇隊的工作。駱介紹他跟李友邦認識，從此，他就在駱耕漠領導下，與李友邦一起從事臺灣義勇隊的籌建工作。

臺灣義勇隊成立之後，李友邦擔任隊長，張一之擔任秘書，臺灣義勇隊成立初期，幾乎都是李友邦和張一之兩人在奔走，一九三九年四月廿九日，張一之與李友邦從浙江金華到廣西桂林，前往當時的國民政府軍事委員會桂林行營政治部，主要目的就是爲臺灣義勇隊的批准問題奔走，在臺灣義勇隊籌備委員會給予朝鮮義勇隊指導委員會的信函裡，臺灣義勇隊向朝鮮義勇隊請求協助：

182 張畢來，〈臺灣義勇隊〉。

蔽會自本年一月間在貴會指導及援助之下成立以來，先後已集合隊員六十餘名在金華開始編隊訓練，並開展一般文化工作，……為早達臺胞參加抗戰起見，似有將臺灣義勇隊正式組織成立之必要，爰派張委員一之攜帶臺灣義勇隊組織計畫草案及其他各件趨前請教，務懇貴會予以指示，並乞代為呈報政治部審查裁核，俾便早日成立而利抗戰工作為禱。[183]

張一之在桂林待了三個多月，回程到江西上饒，見第三戰區長官司令部政治部主任谷正綱，繼續洽談，沒有成功。張一之為臺灣義勇隊及臺灣少年團寫了隊歌及團歌的歌詞，曲子則是名作曲家賀綠汀所譜。

義勇隊隊歌的歌詞如下：

我們是抗日的義勇軍，是臺灣民族解放的先鋒隊，
要把日寇驅出中國，要把它在臺灣的鐐鎖打碎，
為正義抗戰，保衛中國，解放臺灣，
把日本帝國主義整個摧毀，
我們是抗日的義勇軍，是臺灣民族解放的先鋒隊。[184]

少年團團歌的歌詞如下：

183 南京：《民國檔案》，一九九九年第一期。

184 浙江金華：《臺灣先鋒》，第一期，頁二五，一九四〇年四月。

臺灣是我們的家鄉，那兒有五佰萬人，不自由，
臺灣是我們的家鄉，那兒有花千萬朵，不芬芳，
我們帶了枷鎖來人間，我們受著麻醉過生活，
離了家鄉，奔向自由，要把自由，帶回家鄉，
我們會痛恨，不會哭泣，我們要生存，不要滅亡，
在壓迫下鬥爭，在鬥爭裡學習，在學習中成長，
要造就宇宙般寬的胸襟，
要鍛鍊鐵石般硬的心腸，
要團結千百萬的兒童，
要收回我們的家鄉。
我們得和敵人拼個生死存亡。[185]

不管是臺灣義勇隊的隊歌，或是臺灣少年團的團歌，歌詞中的「解放」、「鬥爭」等字眼都一再出現，可以說這些都是中共一向慣用的字詞，儘管如此，假如就事論事的話，這兩首歌的歌詞，都是很振奮人心的，張一之身爲中國共產黨員，所寫出的隊歌和團歌，當來自臺灣的隊員和團員唱著他譜寫的歌詞時，精神爲之抖擻，間接受張一之的影響，應該是難以避免的。

一九四〇年中，當國民黨高層要臺灣義勇隊成立三民主義青年團支團時，中共浙江省委宣傳部長汪

185 浙江金華：《臺灣先鋒》，第三期，頁六七，一九四〇年六月。這首歌的曲是由牛光祖所譜。

光煥獲知消息，就想把籌備工作攬過去，指示張一之出任籌備主任，但李友邦表示張一之這個名字報不上去，如果報上去，一定不准，到時國民黨會派一個人來當，這就不好，不如由李自已來當，張一之把李友邦的意見反映給汪光煥聽，汪覺得有理，就不再堅持。[186]從這件事情可以看出，李友邦清楚地知道張一之是中共黨員，但當時是國共第二次合作時期，未至公開決裂之時，不過，李友邦顧忌如果把張一之報上去，國民黨不會答應，這反應出兩個現象：第一，李友邦深諳中國時局，瞭解國共之間是貌合神離的。第二，當時國民黨對共產黨疑忌之深，已快到攤牌階段。一九四〇年十月，國共關係惡化，核心問題是軍事問題，何應欽、白崇禧和周恩來、葉劍英會商，葉、白一九四〇年十月十九日電稱：「中共不守戰區範圍，擅自擴充，不服重中央，吞併友軍。」[187]果然，半年後一九四一年一月，所謂「新四軍事件」或稱「皖南事變」爆發，國共關係劍拔弩張，陷入谷底。

張一之在一九四〇年十二月時，因中共上級單位的調派，離開臺灣義勇隊，前往上海從事地下工作，以後他曾短期回過金華，到了一九四二年初，他前往廣西桂林，就完全脫離臺灣義勇隊的工作了。[188]

十、曇花一現的「臺灣共產主義少年團」

中共在臺灣義勇隊內成立黨支部後，開始計劃培育臺灣籍幹部，最主要的就是吸收臺灣少年團的小朋友，以成立「臺灣共產少年團」（簡稱臺灣少共團），這項工作由李煒（夏雲）負責，李煒因爲實際

186 張畢來，〈臺灣義勇隊〉。
187 張治中，《張治中回憶錄》，頁六八一。
188 張畢來，〈臺灣義勇隊〉。

負臺灣少年團的指導工作，所以與小朋友接觸頻繁，李煒首先吸收了幾個小朋友，成立了一個共產主義小組，李煒對小朋友講八路軍及新四軍的故事，但是後來有幾個小朋友把臺灣共產主義少年團的事情講給爸爸、媽媽聽，中共黨支部書記張一之得到消息後，感覺到如果繼續這樣下去的話，容易暴露共產黨的身份，乃向中共浙江省委統戰部長吳毓匯報，吳毓指示立刻停止，於是「臺灣少共團」就有如曇花一現地在臺灣義勇隊內消失了。[189]

雖然臺灣少共團僅僅只是曇花一現，但是當初加入的臺灣少年，後來在抗戰結束後繼續留在中國沒有回到臺灣的，都變成了中共黨員。[190]

189 張畢來，〈臺灣義勇隊〉。
190 張畢來，〈臺灣義勇隊〉。

第七篇

在抗日烽火中

抗戰為中國歷史千古未有的大事，全民奮起，一致對外，它也是世界歷史上的一件大事，以至弱對至強，而奮起到底。

黎東方《細說抗戰》序

對日抗戰期間，留在中國的臺灣志士，分別投入國民黨政府及中共。大抵而言，投入國民黨政府的臺灣志士，人數多於投入中共者。在國民黨方面，「外交部門」、「情報與研究部門」、「教育部門」、「軍事作戰部門」皆有臺人參與。外交部門有黃朝琴，情報收集與研究部門有李萬居、謝南光、謝東閔、林頂立等人，教育部門有游彌堅、林家齊等人，軍事作戰部門有鄒洪、黃國書、劉定國。至於中共方面，則「黨務與政治部門」、「情報分析與日俘接待部門」、「醫藥部門」，皆有臺人參與。黨務與政治部分有蔡孝乾、史明等，情報分析與日俘接待方面有沈扶，醫藥方面有李偉光、林棟、楊美華等人。

戰時前往中國的臺灣志士，有濃厚的國家民族意識，所以不論是為國民黨做事，或為中共做事，不僅有利於各該黨，並且也有利於國家民族，他們使中國的人民或政府重新認識臺灣人。至於在對待日敵方面，也因為他們熟諳日本語文，對日本國情及文化有較深的認識，能夠發揮所長。但事實上，戰時在中國的臺灣志士，其處境卻是艱危，因為在日本方面認為他們是中國間諜，而中國方面不僅認為他們是日本間諜，且國民黨又認為他們有共產黨嫌疑，所以處在中國的臺灣人，可以說是處處危機。

一九三七年七月七日，盧溝橋事變爆發，八年抗戰揭開了序幕，千千萬萬的中國人掉進了烽火，即使在海峽另一邊的臺灣人，也被這場中日戰爭捲入，他們受到戰時體制的影響，生活因實施配給制度而縮緊，子弟被征為日本軍屬軍伕，調到海外參與戰爭，因此失蹤或死亡者，不計其數。

01 臺灣志士與國民黨政府

中國抗戰與臺灣革命乃一物之兩面，非相輔為用，不足以速其成。……臺胞欲變奴為主，亦必須協助祖國抗戰。

臺灣革命團體聯合會

抗戰期間，身居中國的臺灣人，在各個領域中，爲中國的抗日戰爭做出貢獻，在國民黨政府中爲其效力者，其工作性質可區分爲六項部門：一、黨務部門。二、外交部門。三、情報收集與研究部門。四、教育部門。五、軍事作戰部門。六、宣傳部門，論述如下：

一、黨務部門

抗戰期間任職國民黨中央黨部的臺籍人士，有柯台山、林忠與蘇薌雨等人。

柯台山是臺灣嘉義義竹人，一九一四年出生，原名柯賜生。自臺灣回中國後，就讀遷到湖南長沙的民國大學，該校董事長爲國民黨元老張繼。他透過湖南省教育廳長朱經農，得國民黨中央許可，一九三九年九月抵達重慶，拿著介紹信拜訪張繼，張夫人見信後，告訴他張繼到宜寧勞軍，她帶領柯坐車到國民黨中央黨部的交際課，找辦事人員接洽。辦事人員見是張繼夫人帶來的人，隨即帶他往見秘書長朱家驊。朱家驊首先瞭解柯的狀況，叫柯台山先寫自傳，隨即安排並照料柯的生活，一個月後保薦他到國民黨中央訓練團受訓，中央訓練位於浮圖關，後改稱復興關。柯台山結訓後，進入國民黨中央黨部工作兩年餘，後轉任國民黨中央調查統計局工作，此即所謂「中統」。[1]

二、外交部門

臺灣志士在抗戰期間，在外交崗位方面爲中國權益奔走努力，並取得成就的是黃朝琴，他同時也是戰時唯一曾經派駐海外的臺籍高階外交官。

「臺灣文化協會」要角之一的黃朝琴，一八九七年十月出生，臺灣臺南鹽水人，先後就讀鹽水公學校、彰化公學校實業科，後赴日本，一九二三年自早稻田大學政治經濟系畢業，隨即向中國駐日公使館申請中華民國護照，以中華民國國民的身份到美國留學，進入伊利諾州立大學攻讀政治碩士，在學期間，與中國留學生結交，參與各種活動，預做返回中國之計，一九二五年在美國加入中國國民黨，一九二六年獲碩士學位，一九二七年五月，在國民政府定都南京後不久，回到上海。

一九二八年一月，黃朝琴經由余日章介紹，進入外交部僑務局擔任科員，半年內晉升秘書、調查科長，一九三〇年九月，轉入外交部亞洲司，由科員晉升至日本科科長，一九三五年五月奉派到美國，出任駐舊金山總領事。

抗戰爆發後，黃朝琴在美國召集舊金山附近城鎮僑領開會，討論如何集中僑胞力量，協助中國抗戰，[2]決議成立「金山華僑救國總會」，以黃朝琴爲名譽會長，總會之宗旨是捐獻救國，規定華僑每月均應捐款，捐者給予襟章佩戴，至黃朝琴於一九三九年離任止，舊金山華僑爲抗戰捐出的款項將近美金

---

1 許雪姬訪問，曾金蘭記錄，《柯台山先生訪問紀錄》，三三—三六頁。

2 黃朝琴，《我的回憶》（作者自印本，一九七五年），頁七二。

四、五百萬元。[3]

黃朝琴有功於抗戰的第二件事情，是發生於一九三七年八月的「廣源輪案」。先是日本人勾結中國買辦合夥成立「永源輪船公司」，向日本銀行借款，美國Sudlen Christensen輪船公司購得輪船一艘，重三千噸，取名「廣源輪」，想向中國駐舊金山總領事館申請「船舶臨時國籍證書」。俾出港營運，待回國後再依法登記，換正式國籍證書，黃朝琴爲謹愼計，著手調查該船眞相，發覺該船載有廢鐵二千餘噸，將載往日本大阪，且船長、輪機長及大副都是日本人，二副以下船員才是中國人，黃以中日業已爆發大戰，該輪船所載廢鐵係製造軍火原料，顯有資敵行爲，乃即電外交部請示，外部電復不應發給船籍證書。於是永源公司在美國的代理商，乃秘密向美國航政局運動，擬將該船轉售給英國人，以變更船籍，藉以脫離中國領事館的管轄，達到載運廢鐵到日本的目的，事爲黃朝琴所偵知，其轉售英國人之陰謀遂敗露。[4]黃朝琴立即呈請駐美大使館向美國政府交涉阻止該輪船轉售，再電外交部，黃朝琴說明今應先發國籍證書，以便確定國籍，由中國控制，[5]外交部即指示由舊金山總領事館簽發該船國籍證書，但該項船籍證書仍由領事館代爲保管，就近制止開行，[6]一九三七年十一月廿四日，舊金山總領事發給

3 黃朝琴，《我的回憶》，頁七二，另據《現代華僑》第二卷第一期〈美洲僑胞熱心捐款航空救國捐〉記載，至一九四〇年底美洲僑胞捐達美金六百三十餘萬，曾瑞炎著《華僑與抗日戰爭》頁一二九。另據麥禮謙著，《從華僑到華人：二十世紀美國華人社會發展史》一書頁三百記載，八年抗戰期間，舊金山華僑共募得美金五百萬元。

4 黃朝琴爲了解該船實況，偕同領事館副總領事孫碧奇上船視察，見到船長日本人河野氏，用日語告訴他：「我是總領事，來看看這隻船」，河野以爲黃朝琴是日本駐舊金山的總領事，乃和盤托出「廣源輪」購置始末及欲轉售英國人之事，至是黃朝琴方知日方之陰謀，見黃朝琴，《我的回憶》，頁七五。

5 孫碧奇，〈滄海浮生記（二）〉，臺北：《傳記文學》，第二十二卷第一期，一九七三年一月。

6 黃朝琴，《我的回憶》，頁七六。

廣源輪船籍證書，但只給船長看一眼，即代爲保管，並與金山海關商妥，如無該項證書，不能給出港證，於是該船中國船籍確定，行動完全控制在舊金山總領事館之下。

廣源輪自變更船籍失敗後，船長河野吉助又屢次商請黃朝琴放行，黃始終拒絕，爲防止該輪私自開逃日本，黃乃密令金山華人蝦寮工會輪流派船監視，該會有會員六十餘人，備有汽艇在金山灣內從事漁業，一九三八年一月廿三日，該船升火待發，工會會員立即飛報總領事館，黃立即派人上船查究，船長辯稱係入船塢修理，黃認爲行跡可疑，乃正式商請美國緝私兵艦在旁監視，第二天該船復行開動，美艦立即追緝，船長又詭稱欲測羅盤，黃以該艦兩次開動，供詞先後予盾，顯有脫逃之嫌，正式警告船長河野，再請美國兵艦及華人蝦寮工會加緊監視。

一九三八年二月，廣源輪在日方運作下，轉賣給日本神戶一家船公司，經過美國駐神戶領事館證明，持有日本駐舊金山總領事館發給之日本船籍證書，美國舊金山海關詢問黃朝琴是否有此事，黃告以該輪中國船籍證書尚在，絕無買賣情事，如有人擬請開船，須先徵得領事館同意，並正式行文通知美國海關，但美國商部航政司告以如非用法律手續阻止，當於二月廿五日放行，黃朝琴派遣副領事孫碧奇往晤美國海關副總務司，了解詳情，不久黃又親自往晤該副總務司，獲知美國海關有權斟酌辦理，黃與中國駐美大使館參事應尚德，於長途電話中討論對策，應尚德認爲中國應暫時保持被動地位，不必先行提出訴訟。[7]

日方計不得售，四月二日因中國籍船員生病事，日人船長及大副等以木棍毆打中國船員，中國船員群起反抗，適爲美國海防巡人員發現，上船制止，黃朝琴爲保護中國船員，乃商請舊金山警察廳雇警一

---

7 黃朝琴，《我的回憶》，頁七九。

名，上船保護，四月八日，日方又欲將船上中國船員全體遣往日本，黃恐船員到日本，將遭日人迫害，乃向永源公司駐美代理人通用公司要求：

（一）如遣散華籍船員，必先付清各員全部薪水，自去年由中國開行算起，至今年到達中國爲止。

（二）華籍船員歸國不得經過日本，必須直達香港。[8]

但美國通用公司不允，向大來輪船公司購票，欲藉美國移民局之力，將華員強迫送上船，送往日本，黃立刻電呈駐美大使王正廷，請與美國政府交涉，准中國籍船員延期居留，旋美國同意華員再留四十天，黃加請舊金山警官上船監視，保護船員。

黃朝琴爲根本解決廣源輪案，乃請教法律顧問及國際法專家美伊利諾大學嘉納（James W. Germer）教授，獲其建議用中國業經頒佈的軍事徵用令，予以徵用該船，黃呈駐美大使王正廷核轉政府，一九三八年三月廿七日，獲外交部同意依法徵用，黃朝琴接獲電令，立即趕辦接管廣源輪手續，下令將船長河野、輪機長磯谷、大副大森免職，並委派二副趙子明爲中華民國國有輪船廣源號的船長，派副領事孫碧奇登輪傳令授職，又將徵用令照會舊金山海關及美國移民局，黃並且親身前往美國聯邦法院北加省分庭面交照會，聲明該輪已經由中華民國政府徵用，現係中國國有輪船，以後美國法庭無權干涉。中國駐美大使館照會美部轉行司法部、商務部、財政部，及各關係方面知照。[9]

由於廣源輪上面載有廢鐵二千多噸，日本方面乃於一九三八年四月廿三日向美國聯邦法院北加省法庭聲請扣押該船上的廢鐵，美國法院受理後，即派法警上船執行，黃朝琴於五月六日提出意見書，該船業已由中國政府徵用爲國有船，美國不能對該船施行管轄權，應請駁斥日方要求，黃一面又徵詢伊利諾

8 黃朝琴，《我的回憶》，頁八〇。

9 黃朝琴，《我的回憶》，頁八二。

州立大學教授嘉納的意見，遂由黃代表中國，向美國聯邦法院提出參加訴訟：

> 為中華民國駐舊金山總領事黃朝琴為代表中華民國及廣源輪華籍船員，向貴院申請准予參加訴訟，查廣源輪係中華民國國有輪船，懸有中國國旗，更不能以移動，該輪既非本訴之對造，貴院不能過問，根據上述理由，應請貴院對於該輪不得採取任何處置，以免有礙中華民國之利益，在未得中國政府許可以前，更不得判准任何人上船。[10]

當時日本方面提出辯論，均經我方一一答辯，至一九三九年六月卅日，美國聯邦法院判決：「本案經本庭詳察事矣，細究法規，原告（即日方）請求移船貨一節，應予拒絕」[11]，至此，慶源輪案塵埃落定。

一九三九年四月十一日黃朝琴寫信給駐美大使胡適，對於廣源輪案，言不久即可宣判，但是擔心日本方面上控：「關於廣源輪提貨案，大約久不久亦可宣判，惟恐日方上控耳」。[12]五月廿四日，黃朝琴再度寫信給胡適，信中所說，足為廣源輪一案做印證：

> 琴在金山任內辦理徵用廣源輪一案，渥承鈞座及主管人員多方指導，案幸得直，日方控我民刑三案均已敗訴，船貨並為我方所得，計日方損失當在美金二十五萬元。此案內情複雜，

---

10 黃朝琴，《我的回憶》，頁八六—八七。

11 黃朝琴，《我的回憶》，頁八九。

12 〈胡適與黃朝琴來往書信〉，臺北：《傳記文學》，第四十一卷第五期，一九八二年十一月。

所引法理亦頗饒與趣，美國各大學及國際法學者函索節略頗多，茲為應付並宣傳計，似（宜）將全案編成節略排印成書，以便分送各界，用特懇請鈞座賜予題詞，以光留幅，不勝感幸。[13]

事後，黃朝琴把整個案件交涉經過編成中英文合璧的專書，全書四百多頁，中文書名：《廣源輪案》，英文書名：《The Case of The S.S kwang Yuan》，由金山中西日報承印，此書由軍事委員會委員長蔣中正題字「公理戰勝」，外交部長王寵惠題字「理直氣壯」，駐美大使胡適則應黃朝琴的請求為書寫序，胡適寫於一九三九年九月十二日的序文，肯定黃朝琴：「廣源輪案其實是三件案子，一為廣源輪案上海員毆打案，一為船的主權與國籍案，一為船上廢鐵扣押案。三案的勝訴都歸我國，這是中國外交史上一件很有意義的大勝利，我們讀了這三案的詳細紀錄，第一不能不贊歎黃總領事朝琴的敏捷勤勞，隨機應變，堅持到底，兩年如一日，這是勝利的總指揮」。[14]

綜觀自一九三七年八月至一九三九年六月，廣源輪案前後交涉將近達兩年之久，黃朝琴維護國家與民族的利益，自始至終，殫精竭慮，全力以赴，身為臺籍外交官，有功中國。

黃朝琴前後在舊金山任職四年，之後轉調駐印度加爾各答總領事，後再調國內，任外交部情報司副司長。一九四三年他想出任外交部亞東司司長未果。[15]

13 〈胡適與黃朝琴來往書信〉，臺北：《傳記文學》，第四十一卷第五期，一九八二年十一月。

14 黃朝琴，《黃朝琴回憶錄》（臺北：龍文出版公司，二〇〇一年五月），頁九二—九三。

15 傅錡華、張力校註，《傅秉常日記：民國三十二年》（臺北：中央研究院近代史研所，二〇一二年十一月），頁二〇。

三、情報收集與研究部門

對日抗戰期間，除了軍事作戰外，情報收集與研究也是一項重要無比的工作，當時國民政府除了軍統與中統，另有「國際問題研究所」之設立，職司對日情報之收集，戰時曾經發揮相當大的作用，而在該所任職者特多臺灣人士，以臺籍人士生長於日本統治下之臺灣，不止深諳日本語文，並且對日本情況之認識有別於一般人之故。茲分（一）中央宣傳部國際宣傳處。（二）國際問題研究所。（三）軍事委員會調查統計局，敘述於下。

（一）中央宣傳部國際宣傳處

中央宣傳部國際宣傳處的前身是國民政府軍事委員會第五部，在第五部時代，谷正綱曾任部長，改組為國民黨中央宣傳部後，張道藩曾任部長，副部長則是董顯光，至於擔任處長者則是曾虛白。

臺灣人曾任職國際宣傳處的有蘇薌雨、楊芳潔兩人。蘇薌雨是臺灣新竹人，一九〇二年生，一九二二年到中國，北京大學哲學系畢業後，到日本東京帝國大學進修心理學，於一九三七年五月回到北平。一九三八年起，先在國民黨中央宣傳部國際宣傳處的日本科工作，當時工作地點是漢口，日本科的科長是崔萬秋。蘇薌雨的工作是負責收聽日本的廣播，從廣播中獲得日軍的前進方向，並收聽日本記者從戰地打回本國的電話，瞭解綜合消息，收得的廣播立即翻譯成中文，譯完立刻付印裝訂成冊，交給軍政部參考。一九三八年十月廿五日，武漢淪陷前，蘇薌雨隨工作單位遷到湖南衡州，再遷重慶兩路口。蘇在四月四日重慶大轟炸後離開重慶，前往桂林，在廣西廣播電台工作，職司對日廣播，並在廣西日報寫星期專論，不久，擔任廣西大學教授。[16]

16　蘇薌雨，〈中國二十五年回憶錄（下）〉，臺北：《傳記文學》，第二十七卷第二期，一九七五年八月。

楊芳潔是臺灣臺中人，東京高等師範學校畢業，在國際宣傳處的對敵科，抗戰勝利前派到印度工作。[17]抗戰期間的國際宣傳處是一個重要機構，先後任職其間的有魏景蒙、沈劍虹、朱撫松、沈錡、李嘉等人。

（二）國際問題研究所

國際問題研究所專司對日本情報的蒐集、分析與研究，供政府制定對日作戰之參考，於一九三七年九月前後進行籌建，首先是在湖南瀘溪成立籌備處，研究所主任是王芃生，正式成立的時間大約是在一九三九年至一九四〇年之間。[18]

雖然國際問題研究所在重慶掛牌辦公的時間較晚，但事實上在此之前已經展開運作，它的直屬機關表面上是國民政府軍事委員會，經費則是由委員長侍從室撥給，直接受命於軍事委員會委員長蔣介石，且蔣介石對該所從未交派一人，可說是充分信任王芃生，因此王芃生能夠在這個工作崗位下盡力發揮。[19]

王芃生是日本通，湖南醴陵人，原名王大楨，一八九五年出生，十七歲即投身辛亥革命，後就讀軍需學校，不久赴日本深造，畢業於日本陸軍經理學校高等科，回國後在北洋政府軍需部門供職，旋再渡日，就讀於東京帝國大學經濟學部，一九二二年華盛頓會議簽訂關於中國問題的九國公約時，他曾擔任中國代表團的諮議，一九二七年日本出兵山東釀成濟南慘案後，他出任魯案善後督辦公署調查部副部長，從此進入外交界，對於政治、經濟、歷史、文藝、軍事韜略都有研究，處理事務時有奇謀，得到上

17 林忠，《臺灣光復前後之回顧與自傳》（臺北：皇極出版社，一九八七年四月），頁七一—七二。

18 國際問題研究所成立的時間，眾說紛云，此處採楊錦麟的說法，見氏著《李萬居評傳》，頁六一。

19 齊先惠回憶，見楊錦麟，《李萬居評傳》，頁六二。

司器重，倚爲左右手，賀耀組任駐土耳其公使時，他是公使館參贊，九一八事變後蔣作賓出使日本，他奉調到東京在使館任職，工作之餘深入日本社會，廣交朝野各界人士，又利用日本軍界的矛盾，在少壯派軍人中建立情報網，到許世英接任駐日大使時，對他更是倚重。[20]

最早進入國際問題研究所工作的臺灣人是李萬居，李萬居出生於一九〇一年，臺灣雲林口湖鄉人，一九二四年返回中國的上海，先補習國語，然後進入文治大學就讀，旋轉民國大學，開始與中國青年黨人來往，並受業於章炳麟門下，一九二六年秋到法國，入巴黎大學文學院攻讀社會學，留學期間加入中國青年黨，一九三二年回到上海。李之妻子鐘賢靜與王芃生之妻子鐘賢英爲堂姊妹，因爲這一層連襟的關係，李萬居與王芃生因而相識相知。李萬居獲王芃生邀聘進入國際問題研究所工作，王芃生派他負責廣東、香港、越南一帶之日本情報之蒐集，並建立情報網，王芃生主要著眼點是他對日本可能南進的戰略估測，李萬居藉他留法國同學黃維揚（世居越南的廣東人），獲得日本在越南的種種情報。[21]

繼李萬居之後進入國際問題研究所的臺灣人是謝南光，謝是臺灣彰化人一九〇二年生，原名謝春木，自臺灣總督府臺北國語師範學校畢業後，到日本繼續求學，進入東京高等師範學校就讀，一九二五年參加「二林事件」。比李萬居小一歲的謝，在日據時代積極參與臺灣政治及社會運動，在「臺灣民衆黨」擔任宣傳部長要角，該黨成立於一九二七年七月十日，至一九三一年二月十八日被解散。

一九三一年十二月十一日他自基隆搭船經福州到達上海，初期擔任「臺灣新民報」駐上海的通信員，一九三二年創辦抗日宣傳機關「華聯通訊社」，每月得到南京政府外交部三百元的補助，一九三五年八月，謝以「中共黨員」的罪名被國民黨逮捕數日。謝在上海時即已加入中共地下組織。抗戰爆發

---

20 張令澳，《我在蔣介石侍從室的日子》（臺北：周知文化事業公司，一九九五年七月），頁九二。

21 楊錦麟，《李萬居評傳》，頁五八。

後，華聯通訊社的業務結束，謝南光因李萬居之介紹，到國際問題研究所任職，李萬居是在上海認識謝南光，交談時發覺謝對日本問題有研究，乃介紹給王芃生，王對謝之談吐滿意，決定起用謝，派謝南光到香港從事對日情報的蒐集工作。謝南光在香港任職，因事赴廣州，被國民黨逮捕，指爲「日本間諜」，後由李萬居爲其辯護，並以全家性命具保畫押以救謝，方才獲釋。[22]

事後，王芃生將謝調回重慶，先擔任國際問題研究所第一組組長，[23]再接替龔德柏升任主任秘書一職，[24]謝南光原在香港的工作由李萬居接手。

李萬居在香港的日本情報蒐集工作，頗得力於同是臺灣人的謝東閔之助。謝東閔是臺灣彰化二水人，一九〇八年出生，就讀廣州中山大學在學期間加入國民黨，畢業後留在中山大學擔任講師，中日戰爭爆發後，被疑爲日本間諜，乃逃到香港避禍[25]，謝逃到香港後，在港英政府郵電檢查處工作，每天檢查日文郵電書刊，一遇到有價值的情報，就秘密抄送一份給李萬居，李再傳回重慶給國際問題研究所，李萬居當時住在九龍，爲了掩飾身份，表面上爲上海的《申報》撰寫社論，其實是做國際問題研究所的情報蒐集工作，他經常邀請謝東閔共進午餐，喝酒談笑風生。

謝東閔提供李萬居的情報，有純軍事情報，如日本海軍改用某號水雷，也有關於日本經濟變化資

22 楊錦麟，《李萬居評傳》，頁六九—七〇。
23 陳爾靖，〈王芃生與臺灣愛國志士〉。臺北：《中外雜誌》，第三十四卷，第四期，一九八三年十月。
24 龔德柏是湖南沅陵人，日本京都帝國大學經濟學部畢業，國際問題研究所成立後，任主任秘書，想取王芃生而代之，向蔣介石告密說王芃生常和中共周恩來密談，又說王信任重用的職員都是共產黨等，唐縱吩咐軍統調查，結果證明沒有其事，誣告被拆穿，一九四一年辭職離所。見張令澳，《我在蔣介石侍從室的日子》，頁一〇二。
25 謝東閔，《歸返：我家和我的故事》，頁一〇九—一一〇。

料，如日本人信件中，發現國內物資供應短缺，據此可研判其國力走下坡。[26]可以說謝東閔雖然不是國際問題研究所的一員，但在香港期間，他在情報蒐集方面的貢獻，不輸其他研究所的成員。一九四一年十二月，香港正式被日軍佔領，李萬居在香港的工作，因而結束。

香港淪陷前後，李萬居回重慶述職，後仍回廣州，繼續擔任國際問題研究所駐港粵辦事處主任，一九四一年至一九四三年間，他主要在廣東雷州半島及廣州灣一帶活動。[27]

除上述諸人外，在國際問題研究所工作的臺灣人，還有連震東、許顯耀、林嘯鯤、蘇鐵化、李月友（女）、陳新安、郭天乙、蔡培火等人。[28]

連震東，一九〇四年生，臺灣臺南人，父為連雅堂，以著作《臺灣通史》一書聞名於世。連震東自臺南第二公學校畢業，即赴日本求學，一九二九年三月，畢業於慶應大學經濟學部，一九三一年六月，因父寫了一原封介紹信給國民黨元老張繼，乃到中國南京拜訪張繼，得張照顧一起住在北平，後隨張繼到西安，任西京籌備委員會專門委員，並曾任職西安市政建設委員會。

一九三七年八月，對日抗戰爆發不久，連震東請張繼與焦易堂為保證人，申請恢復中華民國國籍，一九四四年夏天，因為重慶臺灣籍友人的催促，離開西安前往重慶，經人介紹，得識王芃生，遂獲邀聘，八月正式任職國際問題研究所，從事日本戰時經濟之研究，職務是專門委員。[29]一九四五年四月升

---

26 謝東閔，《歸返：我家和我的故事》，頁一三〇—一三一。

27 楊錦麟，《李萬居評傳》，頁七三。

28 陳爾靖，〈王芃生與臺灣愛國志士〉一文，言謝掙強也是國際問題研究所的成員，其實謝並未加入該所。陳文見臺北：《中外雜誌》，第三十四卷第四期，一九八三年十月。

29 鄭喜夫編撰，《連故資政震東年譜初稿》（臺中：臺灣省文獻委員會，一九八九年六月），頁七三—七五。

任第一組副組長兼該組第二科科長。[30]

林嘯鯤，一九〇一年出生，臺灣屏東枋寮人，上海國民大學國文系畢業，歷任河南省政府秘書、師政治部主任、軍政治部主任等職。曾在豫皖邊區的騎二軍任職，騎二軍因戰爭之故，傷亡過重，所屬騎三師馬匹被日軍消滅殆盡，總司令何柱國請國防部准該軍徒步旅改編爲暫編五十六師，林嘯鯤奉令擔任該師政治部主任，一面抗拒日軍，一面防禦中共彭雪楓部進攻。後來被調到貴州安順軍醫學校，擔任政治教官，林以不能在前線和日本軍隊直接拼命，而被調到後方，心中感到懊惱。乃寫了一首詩給李萬居，詩云：「十八年來勞燕分，何期客裡又逢君，縱談滬事渾如夢，一沐歐風更出群，皤白自憐潘令鬢，清新絕愛謫先文，何時光復臺澎島，共理簑衣釣暮雲」。[31]

詩被王芃生看到，王囑李萬居約林嘯鯤見面吃飯，飯後，王邀林嘯鯤到國際問題研究所工作，林遂在軍醫學校任教一學期後，到該所任職，職務名義上是秘書，實際上是在神仙洞國際問題研究所之另一機構「中美英蘇國際顧問室」，擔任情報資料的整理與研究。[32]

在臺灣友人心目中，林嘯鯤是一個非常肥胖，漢學根抵很好，會作詩，爲人幽默，也是個吃足苦頭的人，曾經坐過牢。[33]

許顯耀，一九〇九年生，臺灣臺南人，臺南二中（今臺南一中）畢業，一九二七年經由日本回到中國，上海吳淞商船學校畢業。他先在重慶加入臺灣革命同盟會，再進入國際問題研究所，職務是專員，

---

30 鄭喜夫編撰，《連故資政震東年譜初稿》，頁七九。

31 鄭喜夫編撰，《連故資政震東年譜初稿》，頁五九。林嘯鯤〈紀念漁村主持人王芃生先生〉。

32 林嘯鯤，〈紀念漁村主持人王芃生先生〉，載《王芃生先生紀念集》，頁七八－八一。

33 許雪姬訪問，《柯台山先生訪問記錄》，頁三九。

負責文書事務，每天翻譯從上海帶來的日文報紙，剪下有關臺灣的部份。在該所任職時，他與連震東住在同一寢室[34]。

蔡培火，一八八九年生，臺灣雲林人，臺灣總督府臺北國語學校畢業，繼到日本求學，入東京高等師範學校理科，五年後畢業，後曾與林獻堂組織臺灣文化協會，一九二七年文化協會分裂，與蔣渭水等人合組「臺灣民衆黨」，擔任顧問，一九四〇年一月十八日與吳三連被日人逮捕。蔡是在抗戰末期的一九四二年到中國上海，過去有關蔡培火曾經任職國際問題研究所一事，少有人知，近年新史料出現，方才爲人所知道。

蔡培火是國際問題研究所的情報員，曾進入日本軍部任職，並派遣在華工作，他透過特殊的管道，向國際問題研究所主任王芃生提供有關日本的軍事、政治情報，他與連震東也有直接連繫，曾在王芃生陪同下，謁見委員長蔣介石，抗戰勝利前夕，受日軍侵華派遣軍司令岡村寧次之託，從南京間道到重慶，想經王芃生傳達日本向中國求和之意，因爲王芃生戰前與曾任駐華領事館武官的岡村寧次熟識，不料蔡培火才走到浙江金華，即被軍統在浙江的秘密機關抓獲，懷疑他是日本間諜，上報重慶戴笠，準備將他就地槍決，蔡說自己與國際問題研究所的關係，軍統因忌恨國際問題研究所，想在蔡培火這個案子上面做文章，知道他是國際問題研究所的人，更加忌恨，王芃生得悉，立即擬就緊急報告，呈報蔣介石，擺明事實，證明蔡是對國民政府有貢獻之人，蔣介石閱後，立即飭令軍統將蔡培火釋放，王芃生趕緊派人將蔡培火接到重慶，招待他在家中住了近四個月，求和的使命也就無從說起。[35]

蔡培火在抗戰末期到中國，想從事和解工作，一直等到戰爭結束，並沒有進入狀況。但是此行對蔡

---

34 許雪姬訪問，〈許顯耀先生訪問記錄〉，載《口述歷史》，第六期。

35 張令澳，《我在蔣介石侍從室的日子》（臺北：周知文化事業公司，一九九五年七月），頁九九—一〇〇。

培火個人戰後的政治地位的取得，卻有很大的收穫。

據蔡培火的自述，他早在日本時，就與日本溫和派政治人物伊澤多喜男、後藤文夫、安部磯雄等相熟，蔡曾著書「東亞之子如斯想」，勸告日本不可與中國爲敵，日本政府拘蔡治罪，這些人曾從旁代蔡解釋，使蔡無罪釋放，時日本敗象已露，伊澤等人正苦思與中國和解之路，乃叫蔡到中國，蔡在一九四三年春由長崎坐船抵達上海。見逃到上海的日本眾議院老議員田川大吉郎，此人因主張與中國和平相處，日本急進派要整肅他，他與蔡同是基督徒，對臺灣議會設置運動熱心支持。

一九四五年五月間，蔡與田川大吉郎同行，欲到重慶廣播日本政府早日放下武器投降，日軍投降，遂止。蔡培火則向何應欽請求准許到重慶向中央致敬，或應中央對臺灣情形有所垂詢，十一月上旬到重慶。

在重慶時，王芃生引見蔡拜訪國民黨元老吳稚暉、于右任。不久，蔡又晉見蔣介石，報告臺灣情況。一九四六年一月在重慶加入國民黨，因爲于右任的推荐，被任命爲國民黨臺灣省黨部的執行委員。[36]又因爲王芃生的關係，與邵毓麟結交，因而認識廖溫音並結婚。一九四六年二月下旬與王芃生同機飛抵上海。[37]

（三）軍事委員會調查統計局

軍事委員會軍事調查統計局簡稱爲「軍統」，一九三八年八月就既有機構擴大組織成立，實際主其事者爲戴笠，戴笠是浙江人，黃埔軍校第六期肄業。抗戰期間廁身軍統，並在福建地區工作上做出成效的臺灣志士是林頂立。

36 蔡培火，〈我與王芃生先生的關係〉，臺北：《中外雜誌》，第十九卷第五期，一九七六年五月。

37 蘇進強，《風骨嶙峋的長者：蔡培火傳》（臺北：近代中國出版社，一九九〇年六月），頁一五〇—一五一。

林頂立，一九〇八年出生，臺灣雲林莿桐人，少年時代渡海到中國，進入廈門鼓浪嶼英華書院就讀，再轉入福建省立第三高中，被推爲學生會會長，因漳中校長被刺殺，被牽連入獄三個月，獲釋後，到上海進入大陸大學，該校不久停辦，乃到日本，進入陸軍經理學校，再轉入明治大學政治經濟系就讀，一九三一年九一八事變爆發，自明治大學輟學回國，回到廈門，從事軍警諜報工作，曾經被派到越南西貢一帶活動，大約就在這一段時間內正式加入軍統局前身的特務處。他曾經擔任廈門公安局偵緝處副處長、軍事委員會特務組組長。[38]

資料顯示林頂立在重新進入廈門之前，就已經是日本臺灣軍部的特高人員，一九三二年林頂立受命在廈門處理臺灣浪人與當地警察的衝突問題，與後來擔任軍統閩南站站長的連謀有所接觸，之後他回到臺灣。一九三九年他在香港與軍統香港機構建立聯繫關係，軍統利用他與日本特務的關係，指示他打入日本「興亞院」，從事反諜工作，他即從香港直接到廈門向日本軍方報到，軍統閩南站派王兆畿與他接頭，撥一部電臺給他使用，並有一報務員劉仁傑爲他工作，林頂立在廈門以發展「興亞院」爲由，將廈門中上階層有影響力的人士拉入秘密組織，在鼓浪嶼組織「同聲俱樂部」，當作聯絡處所，萃華僑資本家黃欽書、名醫林遵行、黃奕田、劉壽祺、陳維鈞等人都被林頂立秘密吸收爲情報人員。對日抗戰爆發後不久，廈門淪陷，林頂立仍留在廈門，擔任軍統局閩南站第二組組長，同時也是廈門情報組的組長，這個組也稱爲「臺灣挺進組」。[39]

林頂立所負任務是蒐集日軍情報，當時他以擁有日本國籍，又曾經留學日本明治大學的身份，潛伏

---

38 《中華民國人事錄》，一九五三年十二月初版。謝德錫，〈墜落半山的政壇流星林頂立〉，《臺灣近代名人誌》第三冊。

39 劉澤生，〈軍統閩南站概況〉，《軍統在福建》（福建人民出版社，一九八七年二月），頁一一三。

在廈門日本海軍武官府，充當「囑托」職務，隨時蒐集情報提供軍統，轉呈國民政府軍事委員會。戰時他蒐集的日軍情報，比較特別的一是在一九四三年三月間，日軍情報機關「日華同志會」，企圖利用鼓浪嶼基督教徒團體「婢女救拔團」作掩護，派遣特務情報員，潛入漳州、石碼、龍岩一帶，進行策反和情報工作，蒐集非淪陷區的軍事、政治、經濟等情報，爲日本陸軍擴大侵略作準備，軍統閩南站獲知林頂立提供的這一情報，立即由軍統福建省第一守備地區諜查室主任何水道，指揮人員進行調查，並展開逮捕行動，終於粉碎「日華同志會」之陰謀。[40]

一九四四年四月，日軍第九師團由中國北方經海路調防廣東，此時臺灣海峽制空權、制海權，已經轉入盟軍手中，日軍先頭部隊在漳浦及南澳海面，屢遭陳納德的第十四航空隊襲擊轟炸，艦沉人亡，損失數千人，日軍海上交通受阻，師團殘部德本光信聯隊四百人，在德本少佐率領下，撤退到福建廈門，其後陸續收容師團其他倖存人員，總共有九百人，部份駐守在金門島上，但此時盟軍持續海空封鎖金、廈兩島，是以日軍補給斷絕，物資匱缺，糧食缺乏，燃料也無著，陷入進退維谷之境，後因日本軍部電令迅速撤退到廣東汕頭集中待命。此時，德本光信就與林頂立商量，問應如何闖過浦、雲、詔一線，到達潮州、汕頭，俾與在那裡的日本南支派遣軍會合。[41]

當時國軍駐在閩南一帶的軍力薄弱，林頂立深知這種情況，乃故意向德本建議，說「內地環境複雜，人多勢強，孤軍深入，長驅三百里，只宜突擊通過，切不可戀戰，以免陷入重圍」，德本遂決定撤退前往汕頭的路線，爲經海澄的港尾鄉白坑登陸，經浦、雲、詔，出分水關進入粵境饒平，抵達汕頭，並決心犧牲三分之一的兵力，以實現在汕頭會合之目標。林頂立獲得情報，於日軍出發前二十天，即密

40 何水道口述，嘯華記錄，〈一網打盡日華同志會派遣的特務〉，《漳州文史資料》第九輯，一九八七年七月。

41 文政整理，〈日寇竄擾漳屬罪行錄〉，《漳州文史資料》，第九輯，一九八七年七月。

報軍統閩南站，通知中美合作所第四、五地聯合指揮站以及國軍部隊做好準備，尾送日軍過境。原本這是很重要且具價值的情報，但當時美軍顧問哈伯林，低估了日軍，以爲那只是一支「殘兵敗將」部隊，狼狽逃竄過境而已，下令「華安班」四個營傾巢而出，[42]配合七十五師一個營，於途中堵截日軍，企圖一舉消滅德本聯隊。[43]

日軍於一九四五年七月八日下午分兩路出發，沿途由於國軍指揮失當，行動緩慢，貽誤了戰機，加上七月十三日，日軍已抵達雲霄縣附近時，國軍要求美方出動軍機及砲排以協同作戰，但美方以該天是十三日，又是星期五，是「凶日」爲由，不願出動參戰，於是次日陣地便被日軍用山砲攻佔，部隊順利通過盤陀嶺。等到七月十四日，日軍準備渡河進向雲霄縣時，美軍第十四航空隊飛機飛臨上空，要求地面部隊與之聯繫，指明敵軍人員目標，可惜未聯繫好，轟炸機盲目投彈數枚後離去。[44]

林頂立曾被日軍懷疑是潛伏內部的中國間諜，身份幾乎暴露，有一次，他密電軍統閩南站告急，聲稱他可能已經暴露了，要求准許他率領部份市府（按指廈門市偽市政府）職員和偽軍官兵來歸，請給他接應，軍統閩南站站長陳達元，立即率員到漳浦海邊守侯，兩天後，林頂立又去電，言幸未暴露，已轉危爲安。林頂立疑是一個「雙線特務」，[45]意即同時爲中國與日本做事，但目前史料所見，尚無法證明他也提供中國情報給日本。不過依常情判斷，林頂立在日本軍部工作，如果說一點點有關中國的情資都沒有提供給日方，亦即說他在工作上毫無表現的情況下，日本方面應該會對他起疑心的，因此，有關他是「雙面間諜」的說法，不是毫無根據。

---

42 「華安班」爲中美合作所在福建華安縣成立的特種技術訓練班，因爲設在華安而得名。

43 文政整理，〈日寇竄擾漳屬罪行錄〉，《漳州文史資料》，第九輯。

44 文政整理，〈日寇竄擾漳屬罪行錄〉，《漳州文史資料》，第九輯。

45 何水道口述，嘯華記錄，〈一網打盡日華同志會派遣的特務〉，《漳州文史資料》第九輯，一九八七年七月。

四、教育部門

抗戰期間臺灣志士任教於中國各教育機關者，主要是在高等教育方面，茲分一般教育及軍事教育敘述。

（一）浙江大學

出生於一九〇九年的臺灣雲林西螺人廖文毅，在臺灣受完公學校教育後赴日讀中學，中學畢業以祖國情之故，追隨哥哥廖溫魁到南京讀金陵大學機械系。大學畢業後留學美國，主修化學工程，在獲得密西根大學工學碩士、俄亥俄大學工學博士後，返回中國，一九三五年擔任浙江大學工學院教授，至一九三七年抗戰爆發，轉任軍政部兵工署上校技正。他對製糖工業有特別研究，著有《臺灣糖業之研究》、《軍需工業論》等書。[46]

（二）湖南大學

出生於一八九七年的臺北內湖人游彌堅，先後畢業於臺灣總督府臺北國語學校及日本大學政治經濟系，一九二七年返回中國，歷經中央軍校政治教官、稅警總軍需處長等職。後隨顧維鈞擔任國際聯盟「李頓調查團」秘書，駐法公使館職員等職務，一九三五年應聘爲湖南大學教授，任至一九三八年，因爲出任湖南省政府財政廳第一科科長，才辭去湖南大學教職。

（三）中山大學

臺北大稻埕人林家齊，留學日本九州帝國大學農學部，並與一位東北籍的留日小姐結婚。畢業後於一九三一年五月至廣州國立中山大學農學系任教，擔任副教授，講授「農場實習」、「茶蔗作改良」、

46 程大學、呂建孟等主編，《西螺鎮志》（西螺鎮公所，一九九九年），第十二篇。李世傑，《臺灣共和國臨時政府大統領廖文毅投降始末》（臺北：自由時代出版社，一九八八年十一月），頁三七。

「農藝學」等課程。[47]一九三六年二月廿日「全國茶葉技術討論會」在南京召開，他代表中山大學與會，發表論文〈中山大學農學院茶作歷年研究成果〉、〈茶葉栽培及技術改良〉兩篇論文。其著作則有《蔗作改良講義》。[48]

一九三七年七月，日本侵華戰爭爆發，留日學者或臺胞紛爲中國當局懷疑爲日本間諜，因此林家齊的身份引起廣州治安單位的注意，林家齊卻毫無警覺，加以林妻愛好日語歌曲，經常大聲播放日語唱片，在此種誤會下，終使林家齊以「日本間諜」嫌疑被捕。

林家齊被捕後，隨治安單位疏散到偏遠的縣城。但在城內仍可行動自由，唯不得回廣州與家人團聚，不久染重病，身體衰弱，戰時就醫不易，終於病故，據聞可能死於瘧疾。像林家齊這樣的臺灣人學者，在返回中國奉獻所學時，竟因本身疏於注意和防範，在中日衝突擴大、爆發戰爭的年代裡，因誤會導致被逮捕以至於病死的悲劇，與他同事的謝東閔亦爲他叫屈，爲他浩歎。

謝東閔哀嘆其逝，認爲一位想貢獻所學給中國的學者，卻在危疑動盪中，爲不幸的誤會喪生，實在可惜。如果日本不發動侵華戰爭，怎可能發生這齣令人浩歎的悲劇？[49]

（四）陸軍工兵學校

在軍事教育方面，出生於一九〇五年的臺北樹林人王民寧，臺北商工學校畢業，繼又畢業於日本陸軍士官學校工兵科第二十期，一九三三年，陸軍工兵學校成立，王民寧擔任該校教官、上校主任、練習

---

47 黃福慶，《近代中國高等教育研究—國立中山大學》（臺北：中央研究院近代史研究所），頁二一九，謝東閔《歸返：我家和我的故事》（臺北：聯經出版公司，一九八八年八月），頁一〇七—一〇八。

48 《國立中山大學日報》，一九三六年二月十八日。

49 謝東閔，《歸返：我家和我的故事》，頁一〇八。

隊隊長，一九三八年，因工兵部隊擴充，調任獨立工兵第五團少將團長，駐守湖南，在六個月內，完成接兵、裝備和訓練工作，旋即配屬戰區，參加作戰，曾參與三次長沙大會戰，一九四二年秋，復調回陸軍工兵學校，擔任研究處處長及教育處處長，一九四三年十二月，奉派赴印度藍伽美國軍官戰術學校深造。

（五）中央陸軍軍官學校

中央陸軍軍官學校通稱中央軍校，在中央軍校擔任教官的臺灣人有游彌堅、廖溫魁、陳漢平、蘇紹文、李祝三、劉伯文等人。

游彌堅，一八九七年生，原名游柏，臺北內湖人。一九二七年畢業於日本大學，赴中國，改名游彌堅。北伐後，蔣百里推薦他擔任中央軍校少校政治教官。九一八事變發生，應顧維鈞之邀擔任國際聯盟祕書，後轉任駐法公使館祕書。一九三三年任職於財政部，後轉任職於湖南省財政廳，一九四一年參與「臺灣革命同盟會」。

廖溫魁，一九〇五年生，字文奎，臺灣雲林西螺人。金陵大學畢業，美國芝加哥大學社會學博士，對中國政治思想有研究，曾英譯《韓非子》。著《人生之哲學研究》一書，為中央軍校的哲學教本，一九三八年辭職離校。廖溫魁除了任教中央軍校，也曾任教金陵大學、中央政治學校。[50]

蘇紹文，一九〇三年生，臺灣新竹人，一九二二年自臺灣商工學校畢業，回中國考入北京大學預科，一九二六年到日本自費入學陸軍士官學校砲兵科，因張群向蔣委員長代為請求，得獲補助學費，一九二九年畢業回中國，一九三〇年經陸軍訓練總監保送，再度到日本，入學陸軍砲工學普通科砲工學

50 程大學、呂建孟等主編，《西螺鎮志》（西螺鎮公所，一九九九年），第十二篇，頁一一二—一二六。

班就讀，一九三一年畢業，再入同校高等科深造，於一九三二年回國。

日本士官學校回國後，在南京中央軍校擔任少校兵器學教官，並擔任軍校第七期學生編成之軍官教育團砲兵連排長，其時正好國軍從日本購買野砲一營，附有最新觀通器全副，蘇紹文被命擔任遠隔觀測，這是當時中央軍中最早講授遠隔觀測法的，三個月後，國軍成立砲兵教導團，蘇紹文調任少校砲附，出發轉戰於津浦、隴海兩線上。日本砲工學校返國後，仍擔任中央軍校八、九兩期砲兵學生觀測課程，旋國軍購入卜福斯七五高射砲，蘇紹文被選至航空學校高射砲班擔任教官。一九三四年十一月蘇紹文轉任陸軍砲兵學校教官，一九三六年轉任軍政部兵工署軍械司，主管檢驗及修理，一九三七年十一月任軍政部軍械人員訓練班副主任，一九四〇年任軍政部第二軍械總庫庫長，一九四四年六月任陸軍特種兵聯合分校砲兵科少將科長。[51]

五、軍事作戰部門

對日抗戰期間，在國民政府麾下，置身戰場的臺灣軍人，計有鄒洪、黃國書、林正亨、王民寧、劉定國、陳守山等人，其參與抗戰事蹟，在下節敘述。

六、宣傳部門

抗戰期間，負責國際宣傳事務的是董顯光，其主導的國際宣傳處，其下包含有廣播與新聞媒體。中國對外廣播的電臺有：南京中央廣播電臺（XGOA）、漢口電臺及長沙電臺、貴陽廣播電臺、重慶廣播

51 〈蘇紹文自傳〉，《一位令人感念的將軍：蘇紹文》（新竹：新竹市立文化中心，一九九八年十一月）。

電臺等。廣播因為具有立即的時效性，所以在速度上其效果比平面的報紙新聞好。

（一）廣播方面

戰時致力對日廣播宣傳方面的臺灣人，為林忠、劉兼善等人。

林忠本名林坤義，一九一四年生，臺灣南投草屯人，草屯公學校畢業，赴日留學，先就讀廣島私立廣陵中學校、修道中學校，繼又讀至東京第一高等學校，最後入京都帝國大學醫學部肄業。一九三七年十月經日本回到中國，到南京考入國民政府軍事委員會第五部，任少校組員，負責對日本宣傳工作，白天在南京富貴山山洞辦公，晚上到中央廣播電臺，做對日本廣播。南京淪陷後轉赴漢口，軍委會第五部改隸中央宣傳部，被派為中校科員，再改派為特派員。先後在漢口電臺及長沙電臺工作，每天除了對日本用日語廣播外，週日時也用臺語對臺灣廣播，廣播內容是廣播戰況，及世界大事，勸告日本一般民眾及臺灣同胞起來反抗日本軍閥的對華侵略戰爭。

一九三八年十一月十二日發生長沙大火[52]前林忠撤退到廣西桂林，繼而調國民黨中央宣傳部國際宣傳處貴陽廣播電臺，每天仍從事對日廣播工作，週日則繼續以臺語對臺灣廣播，一九三九年五月調回重慶，仍在國際宣傳處，編制在「對敵科」，每晚廣播新聞，並有時事評論，時間半小時，國際宣傳處當時的處長是曾虛白。[53]

重慶廣播電臺的短波臺（XGOY），於一九三九年二月六日開始海外廣播，播音室在重慶市區，發

52 一九三八年十一月日軍攻陷岳陽，國軍得到不確實的情報，以為日軍將會採取南北夾攻之勢，打通粵漢線，並切斷中國大後方與東南沿海之聯絡。國軍在此情況下，自行引燃長沙大火。參見張治中著，《張治中回憶錄》，第三章第十三節〈長沙大火〉。

53 林忠，《臺灣光復前後之回顧與自傳》（臺北：皇極出版社，一九八七年四月），頁一五—一六。

射機則是在郊區的沙坪壩，距市區有二十五公里，因其電力大，國民政府特加強其對日本及臺灣之廣播功能，增加四個日語播音員，除每晚廣播新聞外，特增加時事評論，時間由原先的十五分鐘增至半小時。每週晚間，請臺灣革命團體各負責人到電臺廣播，如謝南光、宋斐如、李友邦、劉啓光、謝掙強、柯台山等人，均輪流到電臺對臺灣廣播，所播內容爲勸臺灣同胞聯合起來反抗日本的統治，配合中國軍隊及美軍協助作戰。日本反侵略作家青山和夫、鹿地亙也應林忠的邀請到電臺，做對日本反軍閥及反侵華的廣播，重慶附近日本俘虜收容所，林忠也請日本俘虜到電臺作對日廣播，並編廣播短劇，請鹿地亙、青山和夫及日本俘虜做對日廣播短劇。[54]

（二）平面宣傳

平面宣傳指的是一般的報紙，以及宣傳單，臺灣人在這方面做出貢獻的有謝東閔、宋斐如等人，謝先後在《廣西日報》及國民黨臺灣黨部任職，宋則擔任《廣西日報》主筆。

《廣西日報》是廣西省政府主辦，報館位於桂林城內的環湖路，面向湖泊，社長黎蒙，原先擔任香港「珠江日報」社長，因爲廣西省主席黃旭初的邀聘，出任廣西日報社長，他與謝東閔認識，乃邀請謝東閔在報社擔任電訊室主任。一九四二年三月間，謝東閔正式就職，他每天收聽日本方面東京同盟社的日語新聞廣播，將之擇要摘譯，刊於報紙上面，另一工作人員叫「傑米葉」，負責收聽英國的印度新德里電臺，以及美國舊金山電臺的英語廣播。一九四二年五月五日，他因收聽廣播，得知蘇聯外交部長莫洛托夫將訪問英美，以及美國強大的加利福尼亞號戰艦將開往地中海，刊於報上頭版。[55]

宋斐如在一九四三年八月時任職《廣西日報》，擔任主筆一職，主筆的工作是撰寫文章，他發表的

---

54 林忠，《臺灣光復前後之回顧與自傳》，頁一六—一八。

55 謝東閔，《歸返：我家和我的故事》（臺北：聯經出版公司，一九八八年八月），頁一五三—一五五。

文章有〈勿忘臺灣〉、〈如何收復失地臺灣：血濃於水臺灣必須收復〉等。[56]

成立於一九四三年三月十五日的「國民黨臺灣黨部」，其下設有宣傳科，主要工作是對日宣傳，首任科長是謝東閔，他設計各種日文宣傳品，大量印刷，交給美軍，美軍用飛機載到臺灣上空投下。[57]

（三）拍攝抗戰電影

以抗戰爲題材的電影是對日作戰的另一戰場。

戰時以拍攝抗戰影片聞名的何非光，是臺灣臺中人，原名何德旺，一九一三年四月出生，日本大學文學戲劇科畢業。一九三三年經由日本到中國，先到上海，充當聯華影業公司小職員，由於大導演卜萬蒼提拔，在影片《母性之光》一片演出，飾演反派黃書麟一角，一舉成名於上海電影界，曾與著名女星阮玲玉合演《再會吧上海》。一九三八年在漢口加入中國電影製片廠（中製廠），先後主演多部以抗戰爲題材的電影，如史東山導演的《保衛我們的土地》，如袁叢美導演的《熱血忠魂》等。何非光在一九三八年九月隨中製廠從漢口到重慶。

何非光演而優則導，一九三九年何非光因爲中製廠廠長鄭用之和導演袁叢美的提拔，開始出任導演，抗戰期間他執導的抗戰影片共計有《保家鄉》、《東亞之光》、《氣壯山河》、《血濺櫻花》等片。此四片都是中國電影製片廠出品。[58]

56 林德政訪問、記錄，《宋洪濤先生訪問記錄》，二〇〇四年二月二十八日，臺北，宋宅。

57 謝東閔，《歸返：我家和我的故事》，頁一六九。

58 其中《東亞之光》、《氣壯山河》拍攝經過及情節，可參考：林德政採訪記錄，《國際明星王玨先生演藝生涯訪談錄》（臺北：國史館，二〇一〇年十二月），頁四七、五四。

1.《保家鄉》

一九三九年六月拍製完成，七月在重慶首映，盛況空前。此片是何非光主導的第一部影片，編劇也是他。故事揭發日軍在淪陷區殘殺中國老百姓的暴行，激起全民的反抗，軍民合作，一致抗日，保衛家鄉，青年男女壯烈犧牲，婦女老幼協助照國軍官兵傷患，此部影片目的是激發觀眾反抗日本侵略，何衛家鄉的意圖，[59]片子蘇聯購買了六十部拷貝，在各地放映，並典藏在莫斯科影藝學院。[60]參與此片演出的演員有王玨、朱家蒂等。

2.《東亞之光》

一九四〇年拍製，一九四一年元旦在重慶首映。此片編劇也是何非光，故事講戰時日本俘虜如何從被迫參戰到反戰的經過，此片由日本俘虜主演，等於是現身說法，打破日軍神話，因爲日軍宣稱他們效忠天皇沒有投降的，事實是不但投降還參加中國抗戰電影的丑演出，所以此片一播，大大影響國際視聽，震驚世界。參與演出的演員除了日本俘虜還有王玨等人。何非光除了執導此片，也參與片中的演出。

3.《氣壯山河》

一九四三年編導，描寫中國青年響應政府號召參加遠征軍到緬甸參戰的故事。青年軍組成後，因爲獲美軍支援美式裝備，遠征緬甸，士氣高昂，深入敵陣，破獲日本間諜機關，片中穿插一段青年軍軍官與緬甸華僑少女瑪琪戀愛，少女親人被日軍俘虜，國軍夜襲日軍，在歡呼聲中入城。是一部揭露日軍入侵緬甸的罪行和華僑愛國行動的電影。參與此片演出的演員有王玨、黎莉莉、宗由等。

---

59 李道新，《中國電影史》，頁一一九。

60 黃仁，〈愛臺灣有罪：中國影壇最有成就的臺灣人何非光〉。

4.《血濺櫻花》

一九四四年編導，描述留學日本的中國留學生，返國參加抗戰，在戰場發現一名日本戰俘，竟然是他在日本留學時的同學，兩人通過交往，終使日本戰俘認識到自已民族的侵略之罪，乃寫傳單回日本，號召日本人民不要再爲軍國主義賣命。參與此片演出的演員有黎莉莉、舒繡文、陳天國、白雲等。[61]

電影研究學者黃仁認爲何非光「能演戲，善導演」。[62]也有認爲《東亞之光》以被感化了的日本俘虜的「良心供述」和「正義的呼籲」爲主題，顯示出何非光的藝術才能。[63]何非光在戰後曾回臺灣拍攝電影，一九四八年他執導的《花蓮港》在臺灣上映。此後兩岸隔絕，他無法再到臺灣，晚年他渴望回臺灣，言臺灣是生他、養他的故土，可惜他的願望沒有達成。

61 李道新，《中國電影史》（北京：首都師範大學出版社，二〇〇〇年八月），頁一一九。

62 林德政採訪記錄，《黃仁先生訪問記錄》，二〇〇二年七月二日，臺北，黃宅。

63 李道新，《中國電影史》，頁一二〇。

02 臺灣志士與中共

對日抗戰一開始，國共二次合作即宣告形成，抗戰期間臺灣志士投入中共者，其所從事的工作，約可分爲一、軍事部門。二、情報蒐集部門。三、情報分析與日俘接待部門。四、醫藥部門。茲分述如下。

一、軍事部門——蔡嘯在新四軍

蔡嘯，一九一九年生，臺灣臺南人，一九三四年自臺灣到廈門，報名國民黨中央軍，欲參軍，因爲是臺籍，被國民黨當成日本特務加以拒絕，並把他關押了七十七天。一九三七年八月對日抗戰已經爆發，他到福建龍岩縣白沙，參加由張鼎丞、譚震林領導的「閩西南抗日游擊第二支隊」，不久加入南京附近的水陽戰鬥，戰鬥結束調到新四軍教導總隊軍事隊。新四軍事件發生，蔡嘯隨第二批人員北撤，受命在茅山地區組建茅山四縣總隊第二連，擔任連長，負責掩護地方黨政機關，接送渡江人員，維護地方治安。

一九四一年六月，蔡嘯調回新四軍第六師十八旅教導營擔任營長，十八旅的戰鬥區域西沿運河，南臨長江。一九四三年，蔡嘯調到旅部擔任參謀處作戰教育科科長，負責管理旅司令部的圖冊、印信，掌握部隊的人員、武器、彈葯情況和部隊的分布、調度、訓練，以及觀察敵人動態，部隊進攻敵人時，要部隊首長一起研究，匯報敵情，提出戰術建議等。[64]

二、情報蒐集部門——史明

史明，本名施朝暉，一九一八年生於臺北士林，中小學教育在臺灣接受，中學讀臺北州立第一中學校（今臺北市立建國高級中學），一九四二年畢業於日本早稻田大學政治經濟系。由於早稻田大學當時是日本主張馬克思主義、社會主義、無政府主義的大本營，他在大學期間服膺馬克思思想，認為馬克思的學問體系是最正確的，因此成為一名社會主義信徒。畢業那年，一位中國來的沈姓同學慫恿他去中國中共解放區實踐馬克思主義，二十五歲的史明，隻身前往上海，參加中國的革命。

在中共安排下，史明先在汪精衛政權的江蘇省政府底下擔任經濟科科員，這是掩護，實際上是做上海地區的情報工作，即蒐集日本情報拿給中共。史明到中國參加抗日戰爭，並不是源於民族主義，他剖析自己的動機，並非自認為自己是中國人，當時對他而言，中國不外是一個很生疏、很抽象的外國而已。臺灣人要到中國就必須持護照，在政治上、社會上也是一個外國的存在，只是會有一種抽象的意識，只是緣於祖先是由中國來而已。就他而言，純粹是因為有了反對殖民地主義、反對日本帝國主義的侵略行為，他想把日本帝國主義從臺灣排除。另一方面他認為世界發生這麼大的戰爭，當個年輕人豈可都逃跑，應該去參加此戰役，所以才奮勇前往走向中國抗日戰爭。史明自承他參與中國的抗日運動，主要是馬克思主義中對於階級的討論，就是階級，而不是中華民族主義。[65]史明如此剖析自我，分析其原

64 蔡銘熹，〈臺灣人民的優秀兒子蔡嘯〉，中華全國臺灣同胞聯誼會編，《臺灣抗日五十年紀實》（北京：中華婦女出版社，一九九八年）。

65 周易正總編輯，《史明口述史》（臺北：行人出版社，二〇一三年一月），第一冊，〈穿越紅潮〉，頁

因，應也有國際共產主義的背景。

史明在蘇州、上海一帶從事情報工作直到戰爭結束。

三、情報分析與日俘接待部門——沈扶

沈扶，臺灣臺北人，一九一三年生，別名文庶。中小學教育在臺灣接受，一九三〇年十七歲，因父母親不願意兒子在臺灣接受日人奴化教育，舉家遷回福建，在廈門登陸，之後在上海新華藝專求學。一九三七年十一月淞滬會戰結束，上海淪陷，搭船自上海南下香港，一九三八年七月在廣州「八路軍辦事處」辦手續，經西安八路軍辦事處，轉赴延安。旋即進入「魯迅藝術學院」就讀，被編入第二期美術系，讀沒多久，因爲中共對日工作部門急需日語幹部，一九三九年，被調離魯藝，派到第十八集團總政治部的對日工作部門，從事日本有關資料研究和翻譯，兼管理從前線送來的日本戰俘。[66]

從在魯藝的學習美術的學生，改調爲對日工作，並且要面對日本俘虜，開始時沈扶因爲對日本本能的厭惡，無法適應，沈扶記述說，是經由理論以及中共對日本俘虜政策的學習，並大量的實際接觸工作後，才逐漸認識此一工作的重要性，他記載通過抗日根據地的對日工作，許多日俘轉變了立場，投入反戰、抗日鬥爭行列，如一九三九年十月，他奉中共總政治部主任譚政之命，解送一批日俘去西安，抵達西安行營時，許多日俘淚流滿面，依依不捨，紛紛表示要爲反戰、早日結束不義的戰爭而工作。

沈扶另外做日本相關資料的研究，主要是分析研究第二次世界大戰中各主要戰場的政治、軍事、經濟形勢，然後提出研究報告，經討論後，交有關部門參考，部份研究成果發表於延安《解放日報》。另

八九、九二、九三、一〇二、一一三。

66 沈扶，〈從臺北到延安〉，北京：《臺聲》，一九八五年第五期。

外他又擔任中共對日工作部門的日本籍顧問林哲（原名野坂參三）的翻譯。[67]

四、醫藥部門——林棟與楊美華

有李偉光、林棟、楊美華等人。

李偉光，即李應章，其經歷與抗日活動參見前面所述。

林棟，臺灣臺南人，在臺灣接受中小學教育，一九四三年畢業於日本名古屋大學藥學系，畢業典禮當天下午起程到中國，先到山西太原，一面教書，一面找聯繫的朋友與嚮導，準備奔赴西共所屬的抗日根據地，他決定投向中共，原因是到大後方重慶，路途遙遠，旅費龐大，抵達後職業也沒有保證，而到中共的抗日根據地，則路途近，只要有嚮導，抵達很方便。

初到太行山根據地，林棟先在太行軍區司令員處當參謀，在錢信忠領導的培訓醫護人員處教書，後來到八路軍野戰總部衛生材料廠工作，當時中共製造醫藥的設備相當簡陋，場地是借用民宅、廟宇，設備則只是一些可拆可裝的原始工具，除了從日軍醫院繳獲一臺單沖式壓片機外，其餘都是靠共軍自己解決，完全靠人力，無一機動設備，原料都是靠當地的中草藥和礦產資源加工提煉，生產出藥用酒精、藥用葡萄糖、脫脂棉、消炎三黃片、止咳片、小蘇打、柴胡注射劑等。[68]

楊美華，臺灣高雄人，原就讀日本東京齒科醫專，一九四五年，以應聘日人在華北辦的輕工業公司招工名義，由日本到山東，後來投身中共八路軍游擊隊，參加醫療及翻譯等工作。[69]

67 沈扶，〈從臺北到延安〉，北京：《臺聲》，一九八五年第五期。

68 林棟，〈奔赴太行抗日報國〉，北京：《臺聲》，一九八五年第五期。

69 丘晨波，〈抗戰期間臺灣同胞在大陸的抗日鬥爭〉，《廣東文史資料》第五十輯，一九八七年二月。

五、其他

邱剛明，原名邱潤堂，一九一六年生，臺灣高雄人，日本東京第一高等學校肄業，抗日戰爭爆發後，放棄學業，經華南轉赴陝甘寧邊區，入抗大學習，畢業後到大別山區參加一百廿九師的游擊戰。

董克，原名董金龍，臺灣臺南人，一九一四年生，一九三〇年到廈門，入雙十中學、集美學校讀書，後赴菲律賓，抗戰爆發，自菲律賓奔赴延安，進入陝北公學、抗大就讀，畢業後在《渭河報》、太行山《新華日報》任記者，從事宣傳與聯絡工作。

李子秀，原名呂芳群，臺灣臺北人，一九二二年生。曾就讀日本士官學校，抗戰末期經朝鮮、華北進入張家口，參加八路軍，在一次手雷示範表演中犧牲，之後張家口建紀念碑以爲紀念。

楊誠，臺灣臺南人，一九一六年生，原名楊繼誠，幼時隨家人移居印尼，再從印尼回中國進中學和大學，曾在北平參加過「一、二九」學生運動，擔任北平總聯絡員，後赴延安，入陝北公學，任歸國華僑聯合會主任，延安外語學院黨支部書記等職。

馮志堅，臺灣臺北人，一九一三年生，原名翁阿冬，翁澤生之妹。一九三一年與父遷回廈門，到漳州閩南醫院任護士，受兄翁澤生影響開始讀「共產黨宣言」等革命書籍，後赴新加坡任護士。一九三八年經廖承志介紹，從新加坡到延安，先在抗大學習，後擔任延安女子大學醫務所所長。[70]

張志忠，一九一〇年生，臺灣嘉義人，少時回廈門就讀集美中學，一九三九年到延安，進入抗大軍士隊受訓，結訓後到一百廿九師冀南軍區敵工部從事對敵宣傳工作。

---

70 蔡銘熹，〈臺灣同胞在大陸抗日戰場上〉，北京：《臺盟盟訊》，一九八五年第七期。

另外，原來在北平求學的臺籍青年陳明、何標[71]、文英、楊泰山等人，也在抗日戰爭末期，從北平進入中共控制區，加入共軍。在天津有臺籍青年蘇青、蘇群，就近參加京西（北京西部）游擊隊。[72]

71 何標原名張光正，父親是臺灣著名的文學家張我軍，其弟張光直為考古人類學家，曾任中央研究院副院長。

72 蔡銘熹，〈臺灣同胞在大陸抗日戰場上〉，北京：《臺盟盟訊》，一九八五年第七期。

03 臺灣人在戰場上

戰爭爆發後，中國軍隊開上了戰場，絕大多數的中國民眾捲入了戰爭，在漫天煙火的中國土地上，另一批臺灣人也拿起刀槍，上了戰場，加入反日本侵略戰爭，他們分布的區域很廣，包括湘粵黔戰場、華北戰場、福建戰場、滇緬戰場等。

一、臺兒庄會戰

一九三八年三月廿三日「臺兒庄會戰」爆發，臺灣新竹人蘇薌雨在戰場上見證了這一次大捷。

蘇薌雨，一九〇二年生，原名蘇維霖，一九二一年返中國，先在南京暨南學校補習，繼入北京大學預科，再入北大哲學系，一九二八年畢業。一九三五年入東京帝國大學進修心理學。[73]台兒庄會戰爆發時，蘇薌雨在陸軍第二集團軍總司令孫連仲轄下的第卅軍第卅一師池峰城師長師部擔任顧問，師部原本設在雞公山下省立河南大學農學院，雞公山距漢口不遠。部隊原來是在河南省南部的武勝關做防禦工事，後來部隊調防到臺兒庄內，接替廿軍團第五十二軍關麟徵部，以擔任正面攻擊，關麟徵則是與第八十五軍王仲廉部擔任台兒庄外圍機動戰。[74]台兒庄則是由池峰城部面對號稱日軍精銳的第十師團磯谷

73 張德南，〈蘇維霖（薌雨）先生事略〉，《新竹市志》，卷七，人物篇。

74 王仲廉的八十五軍攻台兒庄北之棗庄及臨城，減輕台兒庄守軍之負擔。王仲廉，《征塵回憶》，頁二一四—二一五。

廉介部，雙方血戰三晝夜，日軍衝入庄內，池峰城在集團軍總司令孫連仲嚴命下率殘部巷戰，蘇薌雨親眼看到第卅一師師長池峰城以大刀隊守在北門外，聲稱部隊退者格殺勿論，戰況慘烈，廿軍團湯恩伯援軍從庄外進擊日軍，至四月六日國軍終於擊潰日軍。[75]激戰後，臺兒庄城內只剩北門街東倒西歪，其它地區幾燒成平地，城內所餘者僅是一條沒死的狗和一名婦女。[76]

台兒庄會戰大捷，使南京大屠殺後的民心士氣爲之提昇，軍事委員會總政治部組織龐大慰問團到臺兒庄慰問，團員二十多人，都是教育界文化界知名人物，其中有郁達夫、盛成中等人。國軍慶祝臺兒庄大捷，卅一師師長池峰城在徐州飯館招待慰問團，郁達夫乾了四十杯紹興酒。此時，日軍趁國軍狂歡鬆懈之際，從魯西大迂迴，切斷國軍退路，導致魯南和蘇北一些地方失陷。[77]

二、湘粵桂黔戰場

在湘、粵、桂、黔戰場上效力的臺灣軍人有鄒洪、陳漢平、王民寧、林正亨等人。

一九三八年十月廿一日，日軍於攻佔廣州，十月廿五日，武漢陷落日軍之手，自此之後，在湘粵桂戰區，相繼爆發長沙會戰、粵北攻防戰、崑崙關戰役等戰役。

（一）廣東方面

廣州陷於日軍之手後，日軍繼續在廣東四出進攻，當時擔任廣東省保安處處長的臺籍軍人鄒洪，

75 王仲廉，《征塵回憶》，頁二一九。

76 蘇薌雨，〈中國二十五年回憶錄（下）〉，臺北：《傳記文學》，第二十七卷第二期，一九七五年八月。

77 蘇薌雨，〈中國二十五年回憶錄（下）〉，臺北：《傳記文學》，第二十七卷第二期。又見李宗仁口述，唐德剛撰稿，《李宗仁回憶錄》（香港：南粵出版社，一九八六年三月），頁四八一。

率部拒敵，一九三九年三月他參與四邑江會之役，六月參與潮汕之役，十月以軍功升新編陸軍第二軍軍長，在廣東西江守備。

（二）廣西方面

在廣西有桂南之役與崑崙關之役，由桂林行營主任白崇禧督導第四戰區司令長官張發奎指揮作戰。[78]二役有臺籍軍人陳漢平與林正亨參加。

一九三九年十一月中旬，日軍第五、第二十八師團從廣西南部欽縣、防城登陸，進攻桂南，十一月廿四日攻佔南寧，企圖截斷桂越國際交通線，在桂南之役的攻防戰中，當時身為中央軍校教官的臺籍軍人陳漢平，率中央軍校學生參與其間。[79]

一九三九年十二月四日，日軍攻佔崑崙關，戰役爆發，國軍第卅八集團軍徐庭瑤總司令所屬第五軍在軍長杜聿明率領下，十二月卅一日克復崑崙關，一九四〇年二月八日，日軍奪回崑崙關。在整個戰役中，臺籍軍人林正亨隨第卅六軍姚沌部在廣西作戰，他擔任第九十六師少尉軍官，在參謀處任職，與日軍第五師團在崑崙關作戰，在日軍包圍中他死戰突圍，幾天未吃飯，被日軍砲彈打中鋼盔，幸而未死，率情報排三十多名士兵，退卻四天，死戰後只剩十餘人，終於脫險。林正亨描述崑崙關戰役之慘烈：

> 我軍官學校畢業後，即派往卅六軍軍部當見習官，二九年元月隨卅六軍前往廣西作戰，不久，我即派往九十六師當少尉軍官，在參謀處服務那時候（二月間）我們和日軍第五師團在

---

78 賈廷詩、馬天綱、陳三井、陳存恭訪問紀錄，《白崇禧先生訪問紀錄》（臺北：中央研究院近代史研究所，一九八四年五月），上冊，頁二七二。

79 《陳漢平先生行狀》，國史館藏。

崑崙關大戰，我們在日軍包圍中死戰突圍，幾天沒吃飯，差一點失了生命，我那時率領情報排三十多名士兵退略了四日，只剩下十多個。[80]

（三）貴州方面

獨山之役

一九四四年十一月十日，日軍攻佔廣西桂林、柳州，十一月廿四日攻佔南寧，接著進攻貴州的獨山，發動「獨山之役」。十二月二日日軍攻佔了獨山和八寨，已逼近貴陽，而貴陽是戰時首都重慶門戶，爲此國民政府震動，參謀總長何應欽到貴陽指揮各路援軍反攻，命湯恩伯兵團由河南步行至黔南前線，另一部隊由美空運到黔南，由孫元良副司令指揮，十二月八日國軍收復獨山，黔桂線戰局趨於穩定。[81]攻防戰中，當時擔任「黔桂邊區防守司令部」參謀處長的陳漢平，參與克復獨山之役，獨山之役中國軍隊打敗日軍，使抗日根據地的四川轉危爲安，是抗戰八年中一次關鍵性的戰役，臺籍軍人陳漢平參與其間。

陳漢平是臺灣高雄人，一九〇五年出生，畢業於日本慶應大學及陸軍士官學校，一九二九年回到中國，歷任中央軍校少校軍官，南京鐵道砲隊中校隊長，一九三二年一月參與淞滬之役，戰後隨十九路軍入福建，一九三四年到桂林，擔任第四集團軍技術兵團上校團長，一九三六年擔任中央軍校燕塘分校上校教官。[82]

80 〈林正亨稟母信〉，林正亨之姪林光輝提供。

81 何應欽，《八年抗戰之經過》（臺北：金文圖書公司，一九八二年八月）。王平，《抗戰八年》（臺北：天祥出版社，一九六六年十一月），頁三八三—三八四。

82 〈陳漢平先生行狀〉，國史館藏。

保定軍校出身的臺籍軍人鄒洪，參與長沙會戰。（鄒姓宗祠提供）

（四）湖南方面

長沙會戰

在湖南戰場上參與抗戰的臺灣軍人有鄒洪、林正亨、王民寧等人，而湖南戰場上重要的長沙會戰，則有鄒洪與王民寧兩人參與。

長沙會戰共三次，第一次是一九三九年九月十七日至十月八日，第二次是一九四一年九月六日至十月十日，第三次是一九四一年十二月十九日至一九四二年一月十七日。日軍發動會戰的主要目的是攻下長沙，打通粵漢鐵路。三次會戰的主要指揮者是第九戰區司令長官薛岳，副司令長官是羅卓英、王陵基。[83]

抗戰開始後，國民政府軍政部成立工兵團，臺籍年輕軍人王民寧奉命招兵訓練，成立工兵獨立團第五團，一九三八年王民寧被任命爲團長少將，爲工兵種最高階，奉命率領工兵部隊到長沙，參加三次長沙會戰，王在長沙，負責加強防禦工事，破壞日軍之交通，包括道路與橋樑，以便阻撓日軍進攻速度，並截斷其援兵。王民寧是臺灣臺北人，一九〇五年生一九二二年回中國入北大，一九二九年自日本士官學校工兵科畢業，回到中國向訓練總監報到，派在中央教導隊擔任教練，一面接受德國軍事顧問指導，教導隊後來改爲警備軍，王民寧歷任排、連長，再任八十七師工兵營營長，一九三二年「一二八淞滬之

83 陳壽恒、陳伯俊、譚次修、蔣榮森等編著，《薛岳將軍與國民革命》（臺北：中央研究院近代史研究所，一九八八年十二月），頁三二七—三八六。

役」，王即曾奉命在前線構築工事。[84]

第一次長沙會戰後的一九四〇年五月，臺籍軍人林正亨隨部隊從廣西調到湖南，他在第五十師擔任毒氣連連長，之後他離開湖南回四川重慶。[85]

一九四一年九月六日第二次長沙會戰爆發，九月廿日軍渡過汨羅江，國軍力拒，雙方惡戰到九月廿六日，其間李玉堂第十軍戰力平均損失百分之三十二以上，蕭之楚第廿六軍在甕江被日軍包圍，經血戰後突圍，所屬第四十四師傷亡達百分之二十四，國軍情勢相當不利，幸有援軍鄒洪、夏楚中、王耀武率部趕到湖南赴援。鄒洪是暫編第二軍軍長，在九月廿九日率該軍從廣東抵株州馳援，在他力戰之下終於擊潰日軍第三師團，立下戰功，長沙會戰於十月十七日結束。[86]旋日軍攻香港，鄒洪兼程赴援，至惠州時香港已陷，鄒乃駐曲江。

鄒洪除了在第二次長沙會戰當中立下戰功，更爲同袍仗義執言，戰後軍委會在南嶽舉行軍事會議，有人向蔣介石委員長進讒，言蕭之楚會戰中其廿六軍不戰而退，爲此蕭之楚差點被槍斃，鄒洪在南嶽軍事會議上侃侃作證，才免了蕭之楚一死，鄒洪因此被稱爲「廣東俠士」。[87]

第三次長沙會戰結束後，鄒洪以軍功於一九四二年二月升任卅五集團軍副總司令，仍兼第二軍軍長，轉戰湖南、廣東一帶。一九四五年一月，擔任粵桂邊區總指揮，身處萬山之中，糧餉缺乏，與士卒

---

84 王民寧口述，〈抗日臺胞憶當年〉，臺北：《中央月刊》，第二十卷第七期，一九八七年七月。

85 《林爲民先生訪問記錄》。

86 黎東方，《蔣公介石序傳》（臺北：聯經出版公司，一九七六年十一月），頁四〇一—四〇二。
黎東方，《細說抗戰》（臺北：遠流出版公司，一九九五年二月），頁一八〇。

87 黎東方，《細說抗戰》，頁一八〇。

同甘苦，士氣為之振作，曲江淪陷，民眾驚慌，鄒洪努力安撫百姓，並力卻強敵，四月十六日以勞苦病逝任所，享年四十九歲，葬於粵北陽山縣。一九四五年八月戰爭結束後，國民政府明令褒揚，生平事蹟宣付國史，並追贈陸軍上將。[88]

鄒洪是臺灣新竹芎林人，原名德寶，生於一八九七年，少年時期自臺灣回到中國，一九一九年入學保定軍校，畢業於第八期砲兵科，[89]與陳誠、羅卓英同期，後加入國民革命軍，北伐期間擔任第四集團軍野戰砲兵團團長，一九三一年累升至陸軍第四四十三師師長，一九三二年參加江西剿匪之役，一九三三年擔任委員長南昌行營陸軍整理處處長兼辦公廳主任，一九三六年一月調任粵漢鐵路警備司令，同年年底再遷廣東省保安處處長。抗戰爆發，任廣東省保安副司令、國民黨廣東省黨部執行委員。[90]

曾跟鄒洪一起工作的還有其弟鄒清之和鄒滌之，抗戰時期鄒清之擔任少將參議。戰後，鄒清之曾經擔任臺灣新竹縣縣長，至於鄒滌之則曾經擔任國民黨籍的國民大會代表。[91]

---

88 李汝和主修，《臺灣省通志》（臺北：臺灣省文獻委員會，一九七一年六月），卷七，人物志。《新竹縣志》，人物篇。

89 參見林德政，《保定軍官學校之研究》，一九八〇年六月。

90 張珂，〈鄒洪傳〉，臺北：《傳記文學》，第三十卷第二期。《張發奎口述自傳》（北京：當代中國出版社，二〇一二年七月），頁二〇二、二〇九。

91 《臺灣省通誌》，卷七，人物志，頁二七〇。又見張珂，〈鄒洪〉，《傳記文學》三十卷第二期，一九七七年二月。

三、華北戰場

豫西會戰

日軍於一九四五年三月廿九日發動攻勢，開始「豫西鄂北」的會戰，目標是西峽口與老河口，為拿下這兩個據點，得先攻下南陽。參與豫西會戰的臺灣軍人是黃國書。

日軍發動豫西會戰的目的是企圖破壞陝南、豫西及鄂北之空軍基地，以確保其平漢路南段之交通，南漳幾進幾出，襄陽、樊城國軍失而復得，戰況激烈，老河口於四月八日被日軍攻陷。[92]日軍對豫西的第卅一集團軍發動攻擊，此集團軍總司令為王仲廉，曾參加南口之役與台兒庄會戰，是著名抗戰將領，臺籍軍人黃國書就在他的集團軍下擔任第七十八軍新四十三師師長。[93]黃國書於會戰中參加豫西武關、前門、西峽口之戰鬥，浴血奮戰十晝夜，殲滅日軍主力部隊，使戰局轉危為安，一九四五年六月八日，黃國書率部與友軍進攻丁河店及一千一百八十高地之日軍，鏖戰十天。抗戰結束時，黃以軍功升任國軍第九十軍副軍長，官階陸軍中將。[94]

黃國書，一九〇六年生，臺灣新竹人，本名葉焱生，曾就讀臺北師範學校、淡水中學校，因為目睹臺灣受日本警察欺凌，激發民族意識，乃潛回中國，最先以華僑身份進入南京暨南中學讀書，繼而進入暨南大學就讀，攻讀政治經濟，並加入國民黨，旋投筆從戎，經由國民黨推荐，到日本進入陸軍士官學校及砲兵專科學校就讀，歸國後，在中央軍校、陸軍砲兵學校及軍官團擔任教官，後來擔任砲兵學校

---

92 劉峙，《我的回憶》，頁一五八。

93 王仲廉，《征塵回憶》（作者出版，一九七八年十二月），頁四四二、四五五。

94 《臺灣名人傳》，頁一五三。林忠，《臺灣光復前後史料概述》，頁一六六。王大任，〈黃國書先生行述〉，臺北：《國史館館刊》，第四期，一九八八年四月。

戰術主任及研究委員。旋奉命赴歐美考察部隊機械化及砲兵問題，入法國砲兵專科學校及法國戰術研究院，研究軍事學，特別是高級戰術及機械化作戰法。

一九三七年黃國書回國，適逢抗戰爆發，被任命爲獨立砲兵團團長，以軍功升獨立旅旅長，戍守河南省境內之黃河段，以一旅之戰力，和日軍原田師團對峙一年，日軍始終無法獲勝。抗戰八年，黃國書轉戰千里，其參與「豫西會戰」已如上述。他曾被稱爲「砲兵三傑」。[95]戰後黃國書返臺，走上從政之路，曾任立法院副院長、院長。

另一位參加華北戰役的是劉定國。一九三七年八月，劉定國剛從南京的中央軍校畢業，適逢中日戰爭爆發，被派在第十七軍團軍團長胡宗南的部隊中，在第七十六軍軍長李鐵軍部擔任少尉，在隴海鐵路沿線的陝西、山西、河北、河南一帶與日軍作戰，於隴海鐵路旁邊的陝州，被日軍擊中，子彈貫穿左腿，幸而不死。

劉定國是臺灣苗栗人，一九一三年生，祖父劉鼎文曾領導苗栗義軍，於一八九五年乙未割臺時奮勇抵抗日軍，在丘逢甲領導下，擔任苗栗地區義軍總指揮。十五歲自苗栗鶴岡公學校畢業，前往日本留學，考入東京錦城中學，在學校期間因爲教官歧視臺灣學生，出操動作偶而犯錯，動輒拳打腳踢，並斥爲「清國奴」，深受刺激，課餘參加留日學生組成的讀書會與同學會，因此認識丘逢甲之子丘念台，受其影響，輟學返回中國。一九三四年考入南京中央軍校第十一期，編入第一總隊騎兵科，在學期間三年半。一九四五年八月抗戰結束，劉定國隨湯恩伯部隊接收北平，之後部隊復員，士兵潰散，他被編入軍官總隊第十八總隊，擔任隊長。[96]戰後劉定國返臺。

95 《臺灣名人傳》，頁一五三。林忠，《臺灣光復前後史料概述》，頁一六六。

96 何來美，〈軍政大老話當年：劉定國〉。

四、福建戰場：

（一）福清戰役

一九四一年四月十九日，日軍攻佔連江、長樂，繼而攻佔福清，強迫當地士紳成立僞治安維持會，藉以安定民心，搜括物資，民衆發良民證，出入受檢查，福清是福州烏龍江以南重鎮，也是馬尾軍港的屏障，是福廈公路北段的交通樞紐，戰略地位十分重要，一九四一年四月廿一日，日軍進一步攻佔福州，意圖控制閩江出海口，利用馬尾軍港作爲臺灣海峽中途站，日軍在福州附近要地派兵駐守，爲了不讓日軍以馬尾作爲進犯中國的中途站，駐閩國軍，因此發動反攻。[97]

國軍第三戰區長官部命令李良榮率領所部南下，攻取福州，同時命令福建保安處派遣部隊，攻取福建外圍之福清縣，以便與李良榮部呼應。

國軍於一九四一年四月發動反攻，「福清戰役」於是展開，國軍從梧州地區集結，沿福廈公路挺進，通過南山隘口，北上時在宏路遭受日軍砲兵砲擊，造成國軍官兵傷亡，四月十日，國軍反攻進佔宏路的日軍，由第一營及第三營分左右兩路進攻，右翼突擊成功，日軍被擊潰。第三團在攻下宏路後，繼續進攻福清縣城，分左右兩翼進攻，日軍受兩翼夾擊，深恐歸路被切斷，在強力反擊後，向馬尾撤退，撤退時，日軍施放毒氣於陣地內。[98]國軍在廿六日收復長樂。

在福清戰役攻防戰中，臺籍軍人陳守山，當時擔任連長，戍守在福建莆田，擔任海防，在團長陳輊之指揮下，參與此次戰役，與福建馬尾日軍殊死戰，戰況猛烈，力克日軍收復失土，陳守山在此役腿部

97 李凡，〈陳守山參戰見證歷史〉，臺北：《勝利之光》，第六〇七期。

98 劉鳳翰訪問，《陳守山口述歷史》（臺北：國史館，二〇〇一年七月），下冊，頁二九—三一。

受傷，血流不止。[99]陳守山是臺灣臺北人，一九二一年二月廿日出生於臺北，先在臺北的太平公學校就讀，未畢業即輟學回中國，回福建南安讀小學，畢業回臺，再赴廈門就讀同文中學，一九三九年八月進入中央軍校第三分校第十六期就讀，隔年八月畢業，該校位於江西瑞金，分發福建保安第三團直屬部隊迫擊砲排中尉排長，團部在福州西南永泰縣嵩口鎮，一九四一年初調升第三營第八連上尉連長，時年二十歲。

（二）南日島戰役

南日島位於福建莆田外海，此島由汪精衛政權派駐之「福建和平救國軍」駐紮，汪精衛政權佔據該島，在於宣示其政權之存在，但是駐軍經常對進出興化灣之商船、漁船收取通行稅，間或對中外輪船扮成強盜登船搶劫，駐閩國軍乃對其發動攻防戰，一九四三年春，福建保安團第三團，進攻福建莆田縣外海的南日島，陳守山當時擔任連長，參與此役，打敗汪政權的駐軍，收回該島。[100]

抗戰結束，陳守山於一九四五年十月一日到位於福建永安的福建省政府及保安處報到，被告知到福州東湖「臺灣警備總司令部特務團」報到，他被任命爲迫擊砲連連長，一九四五年十月十六日，他搭乘「美軍LST軍艦」抵達基隆港，這年他二十四歲。[101]

陳守山後來在臺灣甚有發展，歷任要職，一九七三年任政治作戰學校校長，後調任國防部總政戰部副主任兼執行官，一九七八年七月調任陸軍訓練部司令，一九八一年七月調任陸軍總部副總司令，十二月一日調警備總部總司令兼軍管區司令，同時晉升上將，一九八九年十二月，由臺灣警備總司令調任國

---

99 李凡，〈陳守山參戰見證歷史〉，臺北：《勝利之光》，第六〇七期。

100 《陳守山口述歷史》，下冊，頁二一四—二一五。

101 《陳守山口述歷史》，下冊，頁四七—四九。

防部副部長（部長郝柏村），一九九一年六月退休。[102]

五、滇緬戰場

一九四一年十二月廿日，日軍飛機空襲昆明，一九四二年一月廿日，日軍自泰國進攻緬甸，二月六日，仰光被日軍攻佔，滇緬公路入口被切斷，中國遠征軍部隊在英軍要求下，在仰光淪陷前，開始進入緬甸，自一月十九日起，國軍第六軍第九十三師、第四十九師、暫編第五十五師，陸續開入緬甸，第五軍也在二月廿八日開入緬甸，後又加派第六十六軍（轄新編卅八師）入緬，國軍入緬後，與英軍、美軍聯合作戰，四月十九日，新編三十八師第一百一十二團、一百一十三團在師長孫立人率領下，以一千兵力在仁安羌勇救被日軍圍困的英軍及記者七千多人，但日軍以重兵襲擊臘戌，國軍後方連絡線被切斷，五月起，中國遠征軍部隊一部（新廿二師、新卅八師）離開緬甸，經緬北野人山退入印度邊境，由史迪威擔任中印緬戰區總司令，在印度藍伽訓練空運到印的

霧峰林家林正亨，參加滇緬戰役，身負重傷，九死一生。（林光輝提供）

102 《陳守山口述歷史》，下冊，頁一六。

國軍士兵，給以美式裝備，至一九四四年一月完成訓練。[103]至於緬甸全境則在一九四二年六月為日軍所佔。

緬甸為日軍所佔之後，盟軍籌劃反攻，國軍除了已入印度的部隊外，又組建遠征軍，先後投入印緬戰場。一九四二年八月中國駐印軍誕生，由史迪威任總指揮，羅卓英任副總指揮，次年統帥部將新卅八師、新廿二師、第卅師合併為新一軍，由鄭洞國任軍長，孫立人任副軍長。在衆多進入印緬戰場的青年軍人中，也有一個臺籍青年軍官林正亨，加入了那一場聖戰。林正亨之前曾參加一九三九年十二月的崑崙關之役，後他加入中國遠征軍到緬甸救援英軍，因功升任突擊隊長，一次白刃戰突擊日軍，被日本兵打到受重傷。[104]

中央軍校第十五期畢業的林正亨，一九一五年出生，學的是防化，他是一九三七年在南京考上中央軍校，因為軍校隨國民政府西遷，一九三九年九月在成都畢業，畢業後被派往國軍第卅六軍軍部，擔任見習官，一九四〇年一月隨部隊到廣西作戰，再派九十六師當少尉軍官，在參謀處服務，與日軍在崑崙關作戰，在日軍包圍中死戰突圍，日軍砲彈打中他的鋼盔，幸而未死，率情報排三十多名士兵，退卻四天，只剩十餘人，方才脫險。一九四〇年五月隨部隊到湖南，後回重慶，一九四一年升任中尉。[105]

一九四四年，杜聿明在四川奉命組建遠征軍到緬甸抗日，遠征軍統轄十二個師，大多換用美式裝

---

103 王平，《抗戰八年》（臺北：天祥出版社，一九六六年十一月），頁三五九。

104 許雪姬訪問，王美雪記錄，《林垂凱先生訪問記錄》，《霧峰林家相關人物訪問記錄》（臺中縣立文化中心，一九九八年），頂厝篇。

105 許雪姬訪問，王美雪記錄，〈林為民先生訪問記錄〉，載《霧峰林家相關人物訪問記錄》，下厝篇，《中縣口述歷史》，第五期，一九九八年六月，臺中縣立文化中心。

備，第一批於四月十五日從雲南開入緬甸。林正亨報名參加遠征軍，當年七月，他從四川坐汽車到雲南先參加整訓，之後乘飛機到印度、緬甸參加作戰，任步兵團指揮連連長。

一九四五年春國軍從緬北戰到緬中，日軍望風敗北，三月在緬中結束最後一役，林正亨帶領一個連追擊敗退的日軍，日軍瘋狂反撲，他是上尉連長，與八名日軍搏鬥，身受十六處傷口，幸而被同袍所救，[106]在緬甸軍醫院住院四個月，一九四五年四月轉印度治療，九月中旬才痊癒，九月底從印度回到雲南，繼續養傷，雙手因爲傷到筋，成了半殘廢，所幸還能寫字。林正亨在給母親的家書中，提到這段慘烈的戰役，他說：

> （民國）卅二年因為湖南衡陽的失守，和陝西洛陽的失守，我毅然別了臨產的保珠（林正亨妻），投進軍政部遠征軍到印度、緬甸作戰，七月坐汽車到雲南昆明市，不久就乘飛機到印度、緬甸作戰，那時我任步兵團指揮連連長，卅四年春，由緬北戰到緬中，日軍望風敗北，兒因土人助日軍為逆，沿途殺戮過多，三月底在緬中戰爭最後的一役，追擊敗退的日軍，受到逆襲，不幸重傷十六處，當時死去，幸救治速，在緬甸醫院治療四個月，動兩次手術，痛苦自不待言。八月間轉印度治療，九月中才算痊癒，但是雙手因傷了筋無法治療，成半殘廢，幸右手尚可以執筆作書，九月廿日轉入休養院，廿六日由印度雷多返國，現在住在雲南省雲南驛。[107]

106 林正亨是被他的中央軍校同學所救，見林爲民訪問、記錄，《林雙盼女士訪問記錄：憶林正亨》，《霧峰林家相關人物訪問記錄》，下厝篇，頁五八。

107 〈林正亨稟母信〉，林正亨之姪林光輝提供。

戰後，林正亨變成國民黨軍隊的編餘人員，只得到一些遣散費，一說退伍時是少校軍階，[108]他回到重慶，沒有工作，住在一家簡陋的小旅館，國民黨政府未予安置工作，最後在其妹妹林雙盼的男朋友安排下，進入「勞動協會」工作，做的是碼頭工人的工作，而林雙盼在戰時也曾經在山東泰安傷兵醫院為傷兵服務，她的男朋友名叫魯明，是一名中共黨員，後兩人結婚。[109]

108 林為民訪問、記錄，《林雙盼女士訪問記錄：憶林正亨》，《霧峰林家相關人物訪問記錄》（臺中縣立文化中心，一九九八年），下厝篇，頁五九。許雪姬訪問，王美雪記錄，《林雙意女士訪問記錄》，《霧峰林家相關人物訪問記錄》，下厝篇，頁一一二。

109 林為民訪問、記錄，《林雙盼女士訪問記錄：憶林正亨》，頁五八。魯明在中共建國後出任駐科威特大使，林雙盼改名林岡，隨同丈夫魯明赴任，為大使夫人，兩人之女為林力。

結論　參與中國革命者的下場

在書寫結論前，讓我們先舉八位參與中國革命且在一九四五年之後仍在世的臺灣人爲例，論述他們在戰後的處境。

一、霧峰林家林祖密、林正亨父子的悲劇

爲辛亥革命及孫中山護法大業而出錢出力的林祖密，獻身中國革命，用盡家產組建「閩南軍」，幾至耗盡家財，然而先是見逼於陳炯明，後是被軍閥張毅所慘殺，享年四十八歲。

林祖密的兒子林正亨投身中央軍校，參與滇緬戰役大難不死，緬甸戰場回來，林正亨身軀殘廢了。一九四六年輾轉回到臺灣，先任職「臺灣省警務處訓導營」，二二八事變發生，他做二二八事件處理委員會委員的工作，勸處委會委員不要被陳儀的花言巧語所迷惑，上國民黨的當。之後他回臺中參加武裝鬥爭，因此被省警務處免職。二二八沒有死，卻到一九四九年八月十八日被捕，一九五〇年一月卅日，以「組織讀書會」罪名被國民黨臺灣當局在臺北市馬場町槍決，年僅卅五歲，留下寡妻及年幼子女。[1] 而林正亨的哥哥林正元、弟弟林正恭也在一九五〇年因政治因素被當局殺害。

二、李友邦慘死於白色恐怖，孩子頓成孤兒

黃埔二期畢業的李友邦，一九四五年十二月以隊長身份率領臺灣義勇隊返臺，隔年二月，國民政府軍事委員會突然發布命令，毫無預警解散臺灣義勇總隊，沒有表明任何原因，對於義勇隊員更沒有發給退伍證書或退休金。

---

1 《林爲民先生訪問記錄》，頁三九—四二。

返臺後，李友邦擔任三民主義青年團臺灣區團部主任，二二八事件爆發，三月初，陳儀希望藉李友邦影響力平息事變，乃請李友邦到電臺廣播講話遭拒，為此李友邦遭誣陷，以唆使三青團暴動及窩藏共產黨罪名，一九四七年三月十日被捕並送南京法辦，其妻嚴秀峰趕赴南京營救，面見三民主義青年團中央組織處處長蔣經國，分析二二八事變的前因後果及事實眞相，請他切勿輕聽不實報告，誣稱臺灣同胞暴動而派軍隊鎮壓，將造成政府與臺人之間心理上無可彌補的裂痕，力言李友邦未犯別人所檢舉之事，李友邦幸而於六月獲釋。[2]

一九四九年，李友邦出任國民黨臺灣省黨部副主任委員、臺灣新生報董事長。沒想到李友邦雖然逃過二二八，卻逃不過一九五〇年代的白色恐怖。先是其妻嚴秀峰一九五〇年二月十八日以匪諜罪判刑十五年，入獄服刑。一九五一年十一月十八日國民黨當局再以「參加匪幫，掩護匪諜，意圖非法顛覆政府」之罪名將他逮捕，並於一九五二年四月廿二日槍決，沒有判決書，享年四十六歲。

李友邦被國民黨槍斃後，其妻猶在獄中，四個小孩頓成孤兒。

三、張秀哲二二八被誣陷變成活死人

當年為廣東革命青年團出錢出力的張秀哲，一九四五年十月回到臺灣，以留學東京時代的同學包可永的介紹出任臺灣工礦公司的協理，生平痛惡貪污，成為公司裡中國派來的人的擋路人，被公司內二十一人聯名密告，胡指他唆使臺灣人衝進公司打中國來的職員，不久被特務抓走，關在警總情報處，

2 賴澤涵、黃富三等訪問，曾士榮紀錄，〈嚴秀峰女士訪問紀錄〉，《口述歷史》第四期，《二二八事件專號》，臺北：中央研究院近代史研究所，一九九三年二月。嚴秀峰，《跨越海峽的情懷：一個女戰士的自述》（福建人民出版社，二〇〇七年十二月），頁一七九—一九〇。

以「叛亂嫌疑」處以死刑，幸有保密局臺灣站站長胡寶三的弟弟胡品三為警總少校，撞見張秀哲被矇住雙眼綁去，奔告張秀哲父親，展開營救，最後由警總參謀長柯遠芬親自去監獄帶出來。出獄後，張秀哲聽到昔日好友不是失蹤就是被抓，愈來愈鬱悶，終於封閉自己，眼神像看見人又像沒有看見人一般，其子張超英痛心地形容他「既是活的死人，也是死的活人」。[3]直至一九八二年二月去世，張秀哲過了三十多年自我封閉的日子。

張秀哲精通中、日、英三種語文，讓人無法想像過去那樣子熱愛祖國的的一個大有為青年，為什麼戰後經歷二二八的冤案、九死一生之後，變得那樣子的消沉，若非對他所熱愛的祖國，絕望到極點的話，是不可能那樣子的。

四、謝雪紅被中共鬥爭二十年

謝雪紅在一九三一年被日臺當局關押八年，至一九三九年才出獄，出獄後謝雪紅與楊克煌經營百貨店為生，因太平洋戰爭之故不能從事政治運動，過了一段平靜的日子。戰後謝雪紅率先在臺中成立「臺灣人民協會」，一九四七年二二八事件爆發，她率眾反抗國民黨腐化殖民的體制，三月三日成立臺中地區治安委員會作戰本部，又參與組建「二七部隊」，領導中部地區人民武裝抵抗國民黨，率部隊到南投埔里。三月六日陳儀呈蔣介石請兵，說「必須迅派得力軍隊來台」。國軍在八日、九日登陸，隨即從基隆南下展開屠殺。謝雪紅於四月逃離臺灣，再次到中國，經由上海再南下香港。當年十一月十二日，她與蘇新、楊克煌於香港組織「臺灣民主自治同盟」，擔任主席。一九四九年九月廿一日參加中國

3 張超英，〈談父親〉，見張秀哲，《「勿忘臺灣」落花夢》書前序文。

人民政治協商會議，在大會上發言，十月一日登上北京天安門參加中共建國大典，極一時之風光。但自一九五一年十月起，謝雪紅受盡苦楚，一九五七年中共發起反右派鬥爭，將她打成「右派」，而且是極右份子，被開除黨籍和剝奪全部公職，包括臺盟主席職務，說她是「極端狂妄的野心家」、「共產黨的叛徒」、「二二八的逃兵」、「臺灣人民的敗類」。[4]文化大革命時被公開鬥爭，甚至被抄家，更可憐的是被昔日舊臺共同志王萬得拳打腳踢，受盡屈辱。直到一九七〇年十一月五日去世為止。死前向楊克煌交代遺言說：「最後勝利是屬於臺灣人民的」。在中國，謝雪紅多數時間是在羞辱中過日子，下場淒慘。[5]直到一九八六年九月十五日，中共才為她舉行遷移骨灰至「八寶山革命公墓」儀式，首先說她「當年在臺灣有一定的聲望」，但話鋒一轉又說她「一生有過曲折和錯誤」。[6]實際上這是不清不楚的平反，是不澈底的平反。不過，此時的謝雪紅已經過世十六年，已經看不到了。

五、陳復志二二八被慘殺

懷抱祖國之情的陳復志，黃埔軍校八期畢業後，參與抗日戰爭，戰後返臺，擔任國防部中校參謀，旋轉任「三民主義青年團」嘉義分團主任。一九四七年「二二八事件」爆發，在嘉義地方人士強力要求下，勉強出面擔任談判代表，與嘉義市參議員也是著名的畫家陳澄波（一八九五－一九四七）、醫師潘木枝（一九〇二－一九四七）、柯麟（一八九五－一九四七）、盧鈵欽（一九一二－一九四七）等人赴水上機場代表談判，不料與多名談判代表同遭國軍拘押，陳復志於一九四七年三月十八日在嘉義火車站

4 北京，《光明日報》，一九五七年十二月二十六日。

5 參見陳芳明，《謝雪紅評傳：落土不凋的雨夜花》，頁五九三－五九九。

6 仝祥順，《臺灣民主自治同盟卷》（石家庄：河北人民出版社，二〇〇一年十二月），頁一六六。

前廣場遭槍決，陳復志因想替大家排解誤會而出面，卻無辜的在二二八事件被槍斃。陳復志妻蔣佩芝回憶說：

> 二二八事件打起來時，我叫陳仔逃走，跑到阿里山去。他說：「不能跑啦，這個跑了那個也跑了，地方的事誰做呀？我也跑不掉呀，上面和各分團都有聯絡的，一天到晚電話不斷，叫我出來維持秩序呀。」又說：「我如果不管，會死很多人！」[7]

一個古道熱腸愛鄉愛國的臺灣菁英，就這樣無端地被殺害了。

六、史明幻滅成臺獨主義者

史明在戰後選擇前往延安，但中共以他受日本教育，通曉日本語文，派他到「晉、察、冀軍區」，再調到張家口，史明先在中共的「聯合大學」受訓。之後為中共整理日偽「蒙疆政府」留下有關經濟方面及銀行的資料，史明一心想的是革命，被派去整理資料，感到不快。之後中共派他到太行山從事地下工作，當時太行山是「晉、冀、魯、豫」四省的軍區。

一九四六年國共內戰爆發，國民政府將從臺灣徵調來的臺灣兵，投入國共戰場，國軍失利，四、五千個臺灣徵調來的臺灣兵被中共俘虜，中共將之重驅戰場，令與國軍打，史明閱讀《解放日報》，知道臺灣兵很勇敢，每天都死亡兩三百人，乃向上級報告，說蔣介石最終一定會逃到臺灣，因此臺灣兵千

---

7 蔣佩芝口述，張炎憲、王逸石等採訪記錄，《嘉義驛前二二八》（臺北：吳三連臺灣史料基金會，一九九五年二月），頁二一四。

萬不可讓他們在前線死光，最好調到後方，並訓練他們將來派往臺灣從事政治工作，中共中央接受他的建議，將史明由華北調到太行山去組織臺灣兵，史明跋涉一個多月到太行山，在鄧小平下面組織「臺灣隊」。中共當時調集了三百多個臺灣兵加以訓練，爲防臺灣兵太團結，採取分化策略，派一廣東客家人及海南人到部隊，前者挑撥客家人鬥爭福佬人，後者挑撥福佬人鬥爭客家人，臺灣隊演變成打架、鬥爭的局面，史明沒想到中共在革命部隊中搞分化政策，大失所望極力反對這麼做，與中共幹部關係因而不好，對中共越來越失望，一九四九年一月決定「死也要回到臺灣，死也不可以死在中國」，逃離中共控制區，經過一番險阻，五月返回臺灣。

史明始終沒有加入中國共產黨，原因是他對中共有很大的不滿，他認爲他大學時期所研讀的社會主義或共產主義，與中共的所作所爲完全兩樣，中共是由上而下的法西斯獨裁，與社會主義背道而馳，並且中共殺人如麻，在土地改革中，殺了一千萬人，殺人方式又非常殘忍。史明說中共殺人是「半夜拖出去倒吊，並打到半死不活……還有割耳之類的，實在是慘絕人寰」，因此，儘管中共一直遊說史明入黨，史明始終不爲所動。[8] 史明滿腔熱誠去參加中共的革命，最後幻滅逃出中國。

史明回到臺灣後，再逃到日本，此後他既反國民黨，也反對中共，變成一個終生的臺灣獨立主義者。

8 〈史明訪問記錄〉，見張昭仁、謝立信編，《噤聲五十年：臺灣人民口述歷史》（臺北：海洋國家文化出版社，一九九六年二月），頁一二二。史明未加入中共，除了他本身的意願外，有可能中共方面也無意讓他入黨。另見周易正總編輯，《史明口述史》，第一冊，〈穿越紅潮〉，頁一八六—一八七。

七、蔡孝乾投降國民黨

抗戰結束後，蔡孝乾被中共派爲「中共臺灣省工委」書記，一九四六年四月潛回臺灣，途經江蘇淮安，向中共華中局申請調洪幼樵（廣東人）、張志忠（臺灣嘉義人）隨行，抵臺後建立臺北、臺中、高雄、臺南、新竹、嘉義等支部。二二八之際，黨員七、八十人，一九四八年時黨員增爲三百人左右。一九四八年五月蔡潛赴香港，參加中共華東局主持的臺灣工作會議，回臺後，爲中共解放臺灣開展工作，積極吸收黨員，先後吸收簡吉、陳福星、張伯顯等人。一九四九年八月省工委辦的「光明報」被國民黨破獲，此時黨員已有九百多人。一九四九年十月卅一日副書記陳澤民在高雄被捕。十二月卅一日張志忠在臺北被捕。[9] 一九五〇年一月廿九日，蔡孝乾在臺北被國民黨當局逮捕，不久脫逃，五月在嘉義竹崎山區再度被捕，旋即投降國民黨，供出省工委部下與成員多人，國民黨安排他出任國防部匪情研究室主任。至此有別於舊臺共的新臺共，在臺灣灰飛煙滅。蔡孝乾就逮後又刻意被當做誘餌放出來，和蔡一起工作的人沒多久被一網打盡。因此蔡孝乾被視爲「變節投降、出賣組織、出賣同志」。[10]

做爲一個年輕時即投身共產主義的革命者而言，蔡孝乾的投降，充滿諷刺，令人錯愕。

八、李應章早逝留下遺憾

改名爲李偉光的李應章一直爲中共效力，他先後在廈門、上海爲中共效命，最大貢獻就是掩護中共地下工作人員，如本書所述的張雲逸、曹荻秋與吳成方，再就是爲紅軍、新四軍治病及提供醫藥與器

9 司法行政部調查局，《臺共叛亂史》，頁五七。

10 周易正總編輯，《史明口述史》，第二冊，〈橫過山刀〉，頁二一一。陳芳明，《謝雪紅評傳：落土不凋的雨夜花》，頁五三八。

材，也爲中共蒐集日軍情報。戰後，他在上海組織「臺灣同鄉會」，與楊肇嘉互爭會長一職。一九四六年他短暫回臺，爲中共在臺灣建立省工委舖路。二二八事件發生，從臺灣逃到上海的國民黨通緝犯，如謝雪紅、楊克煌、李喬松、吳克泰、蔡子民、周青等人，都受到他的庇護，住在他家裡。「臺灣民主自治同盟」成立後，一九四九年七月他負責籌建華東總支部並擔任主任委員，九月廿一日出席中國人民政治協商會議，十月一日參加中共開國大典。同月臺盟第一屆總部理事會成立，謝雪紅爲主席，李應章爲五名理事之一。又在中共中央「華東局」「臺灣工作委員會」工作，這是中共當年企圖「解放臺灣」的前線單位。一九五四年被選爲上海市人民代表大會代表，並擔任上海市政府衛生局顧問，十月一日在上海參加中共國慶日慶典，第二天腦溢血突發去世。[11]死後葬上海萬國公墓，後移到龍華烈士陵園。

李應章享年僅五十七歲，算是太早過世，來不及在戰後好好地展現理想與抱負，留下遺憾。

以上八位臺灣人的抉擇與遭遇，令人不得不陷入沉思。

自一八九五年起，臺灣人參與中國的革命活動，從辛亥革命起，歷經反帝國主義運動、北伐、國民革命與共產主義運動、最後則是對日抗戰。從辛亥到國共搏鬥，從民初的北洋政府到北伐後的國民政府，歷任中國政府從未主動積極地招攬臺人參與革命，臺灣人基於反對異族統治與民族自決的理念，幾乎都是主動到中國參與中國革命。

辛亥革命爆發時，臺灣人對辛亥革命的充滿期盼與關注之情，這是因爲臺灣人民素來富有強烈的民族主義，自日本統治臺灣後，武裝抗日運動接二連三，未嘗稍停。對於辛亥革命，臺灣志士以實際行

11 林德政採訪記錄，《李克世先生訪問紀錄》，二〇〇二年九月十四日，福建廈門。李芳，〈幸得身如松與柏，凌霜傲雪不凋殘－記祖父李偉光的革命一生〉，《臺灣農民運動的先驅者李偉光》，下卷，頁三八六。

動，或出錢，如林熊徵、林祖密、蔣渭水；或出力，如林祖密、許贊元、許贊書、張昌赤、賴忠等人；或掩護革命黨人如丘逢甲。總之，臺灣人從各種各樣的方向來支持、參與中國的辛亥革命大業，有的甚至以身殉之，例如林祖密在稍後的護法運動中喪生，其事蹟之可歌可泣，令人動容。

中國人從辛亥革命起，為了追求國家富強的理想，志士仁人前仆後繼，犧牲者無可計數，無名英雄的數目，比留下姓名者還多，從辛亥革命起，歷二次革命、三次革命，之後為護法運動，再之後是北伐（國民革命），中間夾雜著中國共產主義運動與中共的興起，當然其中最嚴重是國民黨與中共的厮殺與搏鬥，可以說，在這一連串事件的漫漫歷史長河中，中國人犧牲不計其數，臺灣人也都捲入了，幾乎無役不與。

臺灣人對中國的反帝國主義運動與共產主義運動，也付出心力，更受到中國的影響，從中共建黨起，就有臺灣人參與，而另一方面臺共的創黨，竟然是在中國的土地上進行，幾位身兼中共與臺共黨籍的臺灣人涉入其中。臺灣共產黨的建黨，追求的是臺灣民族獨立與建立「臺灣共和國」，這除了是和共產主義運動有關外，又和臺灣人的反日運動分不開關係。

中國波瀾壯闊的反帝國主義運動：五卅運動，臺灣人竟然一樣走在上海南京路的街頭上，抗議、示威和募款，幾乎每一項都參加。而五卅運動也鍛鍊了臺灣青年，例如謝雪紅與翁澤生在運動前後加入共產主義青年團及中共，許乃昌、謝雪紅、林木順、甚至還被派到莫斯科東方大學去留學，臺灣共產主義運動以此和共產國際產生了連結。

國民革命軍北伐以及中國國民黨、中國共產黨兩黨的衝突，在中國現代史上是慘烈無比的，李友邦等臺灣人既進入了黃埔軍校，接受軍事訓練，也拿起了槍，上了北伐戰場。參加黃埔軍校的同時，臺灣人也進入另一所國民黨創辦的廣東中山大學就讀，接受革命的洗禮；或是擔任教授，作育英才。

自一八九五年開始，臺灣與中國分開，歸屬於日本，成為日本的殖民地，對臺灣人而言，從此被一個與自己不同民族與文化的異國肆行殖民統治，被迫與祖國分離，充滿無奈與悲憤，一方面認同祖國的國族主義，另一方面化為共同對抗殖民帝國與認同中國的民族革命。這些參與中國革命的臺灣人，相當成份把希望寄託在中國。

日治五十年間，臺灣人進出中國時，身份不同於以往，雖然實質上是同族，但卻已是外國人，這是前所未有的尷尬現象，不僅有認同上的困境，而且政治離散者在故鄉、祖國與所在國間流移，在離散的過程中極易產生種族的矛盾與衝突，臺灣人與日本人有種族與文化的隔閡，然而在認同於祖國的過程中又屢屢被質疑為日本的奸細。這是身為臺灣人的痛苦。

由於臺灣人反對日本帝國主義，基於民族主義，也支持中國的革命，部分臺灣人離開他們的故鄉，被中國與日本簽訂馬關條約造成的族群分散，仍然維持共同認同的群體離散，被害的族群在祖國的環境中維持了獨特的認同：臺灣人自認是中國一份子。因此這些離開家鄉的離散者，由於認同祖國，選擇前往中國，他們不再懷抱著流亡、無奈與渴望的哀愁，而是積極的參與中國的革命。

臺灣人處於中國「國共兩黨」矛盾的夾縫中，吃盡苦頭。國民黨從「聯俄容共」、「國共合作」到後來大規模的「清黨運動」，致使臺灣人屢招國民黨猜忌，丘念台在廣東成立「東區服務隊」，見疑於國民黨，被解除三百人的武裝大隊，將他們轉做文教工作，而李友邦將「臺民墾殖所」的人員組成抗日的「臺灣義勇隊」，也因為被懷疑是共產黨，致使抗日末期國民黨對「臺灣義勇隊」始則遲遲不與核定立案，態度始終非常冷淡。

國民黨在一九一九年重新出發，共產黨在一九二一年誕生，兩黨在一九二四年宣示「聯俄容共」與「國共合作」，在那個年代，連中國人自己都不知道到底該選擇國民黨？還是選共產黨？更遑論是對中國政治文化感到陌生的臺灣人，於是部分臺灣人，在北伐前後的期間內，在清黨的狂飆過程中，也跟著中國人被鬥爭甚至犧牲生命。

如同中國人加入共產黨者都是狂熱的愛國主義者，臺灣人無論是加入中共或是參與創建臺灣共產黨者也是一樣。中共初創時全國黨員數才五十幾人，而臺共剛建時全部黨員數也才十幾人而已。臺共以反對日本帝國主義在臺灣的統治爲號召，目標是建立「臺灣共和國」，幾乎所有參與臺灣共產黨的締造者，都擁有中共黨員的身份。這個吊詭的歷史現象，間接說明了臺灣人革命與中國革命千絲萬縷的關係。臺共的內鬥與潰滅，有本身的因素，更有中共的因素，也就是受到中共的干擾。

北伐伊始，臺灣人主張臺灣人應該參加祖國的革命，北伐途中，就有臺灣人犧牲。中共的兩萬五千里長征，臺灣人也有人參加，到了延安，還是有人在那裡爲中共奮鬥。

抗戰爆發，即使是烽火連天的戰場，照樣有臺灣人拿著刀槍和日本人拼命，如鄒洪參與長沙會戰，黃國書參與豫西會戰，霧峰林家的林正亨參加滇緬戰役，身負重傷。在延安，臺灣人丘念台見到中共重要的領導人與幹部，成爲毛澤東的座上客、他的到訪，中共並未等閒視之。丘念台從延安回來後，效法中共之法組織「東區服務隊」，在廣東前線從事民衆組訓工作，爲抗戰奉獻心力。後方無論是重慶的國民黨陣營，或是延安中共陣營，都有臺灣人在各個崗位爲抗戰努力。

中國在北洋軍閥統治時期，內憂外患，自顧不暇，國民黨統一中國後，早期對臺灣也是沒有什麼政策可言的，直到抗戰爆發，國民黨臨時全國代表大會舉行，才轉而積極起來。這種狀況下還有那麼多的臺灣人去中國參加革命，這是令人感到稀奇的。

自一八九五年以降半個世紀，中國成了日本欺凌宰割的對象，也就是因爲日本的侵臺，導致臺灣人跑到中國去，走出一條又一條的道路來，臺灣俚諺說「一樣米養百樣人」，臺灣人到中國，各種各樣的派系，彼此傾軋，在國民黨陣營裡面，彼此之間不能團結，經常相互傾軋，其情令人扼腕。此其間臺人有影響與貢獻，有理想有抱負，也有失落，有正面的肯定，也有負面的評價，。

從「臺灣革命同盟會」到「國民黨臺灣黨部」，一路相互告狀，什麼難聽的字眼都用上了，如柯台山之攻擊翁俊明，如張邦傑之攻擊翁俊明，後人研讀那些文字，回顧那些難堪的往事，眞是浩歎不已！

相對於認同國民黨的臺灣人，在共產陣營裡的臺灣人也是鬥爭連連。以臺灣共產黨參與創建者的謝雪紅和翁澤生兩大派系而言，就是最好的一個例子。在臺共僅存的三年黨史裡，翁澤生派挾共產國際與中共之勢，對在臺灣島內的謝雪紅派無情的打擊與鬥爭，令人感嘆。而即使到一九四九年中共建國之後，對謝雪紅的鬥爭仍然沒有中斷。

戰後不到四年，中國政局大逆轉，還沒有調適好的臺灣人，不旋踵之間，又再度面臨選擇。

現代中國的政治鬥爭，殘殺了許多中國菁英，也殘殺了許多臺灣菁英，部份臺灣菁英逃得過中國時期的清算，但是隨著國民黨政權到了臺灣，終究還是逃不過死路一條，「臺灣義勇隊」隊長李友邦，以及「日本通」宋斐如，這兩個人就是明顯的例子。宋斐如是出生並成長在受日本帝國主義壓迫最深的殖民地臺灣裡，參加中國革命，反抗日本帝國主義成了他生命的目標，但最後的下場，卻在二二八屍骨無存。宋斐如在中國時期尚能發揮所長，沒想到造化捉弄，戰後回臺，積極爲臺灣人民的福祉而發聲，成爲批判臺灣當局施政的勇者，竟然爲「中國」政府所不容，最後成爲二二八事件中第一批犧牲者。霧峰林家的林祖密爲孫中山的護法大業，耗盡家財，終究命喪軍閥之手。

回到中國的臺灣人，他們所擁有的日本經驗，以及日本語文能力，是他們報效國家也是一項被重用的因素，這是非常諷刺的事情，同時也因爲他們擁有日本經驗和日本國籍的身份而倍受中國的懷疑，有的甚至因此而遭來殺身之禍，例如謝東閔就以親身體驗的身份說：「臺灣人既不容於敵人，又不容於中國」[12]。再如柯台山任職重慶國民黨中央黨部多年，表現忠誠，仍未獲國民黨信任，中央還派人監視

12 謝東閔，〈認識臺灣研究臺灣〉，《公論月刊》二十三期，一九四四年七月。

他，盯他的梢。[13]從某一個角度看，這不僅是臺灣人的不幸，也誠屬整個中國的不幸。若不以一黨一政權的狹隘角度看問題，而以全中國的宏觀視野來觀察，則戰時臺灣人更是對中國有所貢獻。

第一，他們回歸中國，透過他們的介紹，讓中國人民及政府重新了解這塊被馬關條約割讓的土地：臺灣。

第二，他們在中國，以實際行動參加抗日戰爭，由於擁有被日本統治的經驗，不僅深諳日本語文，且對其國情文化有較深的認識，這一點就比中國同胞要來得強，這個特點在戰時也大大地發揮，例如在獲取日本情報方面，如國際問題研究所裡的臺籍人員；在外交折衝方面，著者如黃朝琴。

第三，戰後國民政府接收臺灣，多少對他們有所借重，不管是名義或實際，以國民黨言，所謂「半山」，便多人參與；以中共言，其派蔡孝乾到臺灣組織「省工委」，也是因為他的臺籍背景。

過去總認為戰時在中國的臺籍志士，有雙重危機，一是日本人以為你是日本籍卻在中國，顯有「中國間諜」嫌疑；二是中國人也不接納臺人，儘管你忠心耿耿，照樣認為你是「日本間諜」，關於這一點，諸多當事人如謝東閔，如張深切等，都曾經提及這是日治時代臺灣人的悲哀。

然而當時臺人真正的危機，還不止這兩種，尤以投入國民黨陣營者為最，其實說起來應該有三種危機，即當時投入國民黨的臺籍志士，他的第三項危機是「共黨嫌疑」，凡有此項嫌疑者，動輒被國民黨逮捕、監禁。以謝南光為例，戰前他在上海，開設通訊社，就曾經備受日方壓力，他加入國際問題研究所，派在港粵一帶工作，就被國民黨當局以共產黨嫌疑逮捕。一九四二年七月，在福建永安，當時擔

---

13 許雪姬訪問，《柯台山先生訪問紀錄》，頁三九。

任福建臨時省政府第三科科長的謝南光對藍敏說，希望她不要去重慶而是去延安，藍敏說她很意外，沒想到謝南光吃國民黨的飯，竟已加入延安方面了。謝說，將來若中國勝利，不是國民黨的天下，而是共產黨的天下，去重慶不如到延安。[14]戰後，謝南光以國民政府中國駐日代表團的成員身份，投向中共，似乎早就埋下伏筆。

日治時期，臺灣人回到中國，在「族群的認同」上，其認同祖國的中國，是沒有疑問的，但不可避免地受到中國人的質疑。而在國民黨與中共之間，到底要認同那一個？這就是「政治上的認同」或「意識形態上的認同」了，歷史顯示，不管臺灣人選擇的認同是國民黨或中共，戰前或戰後，臺灣人都受盡苦楚。

為什麼呢？為什麼他們所擁抱的中國，會帶給他們痛苦呢？

總之，臺灣人在充滿荊棘的中國革命道路上，其道路是曲折的、坎坷的，付出的代價是高昂的。臺灣人參與中國革命的經驗，是臺灣人歷史經驗中極其特殊的一段，也是臺海兩岸關係史中非常重要的一段，臺灣人在中國的革命活動，其面相是多樣的，有慷慨激昂，有痛苦折磨，也有焠鍊。

歷史顯示，在中國革命的道路上，「認同」對臺灣人而言，始終是一個重大課題！

14 許雪姬訪問，《藍敏女士訪問記錄》，《口述歷史》第五期，頁三五。

國家圖書館出版品預行編目資料

在中國革命的道路上：歷史巨變下的臺灣人／
林德政著. ——二版. ——臺北市：五南圖書出版股份有限公司, 2022.12
面； 公分
ISBN 978-626-343-489-9（平裝）

1.CST: 中華民國史 2.CST: 民族運動

628 111017235

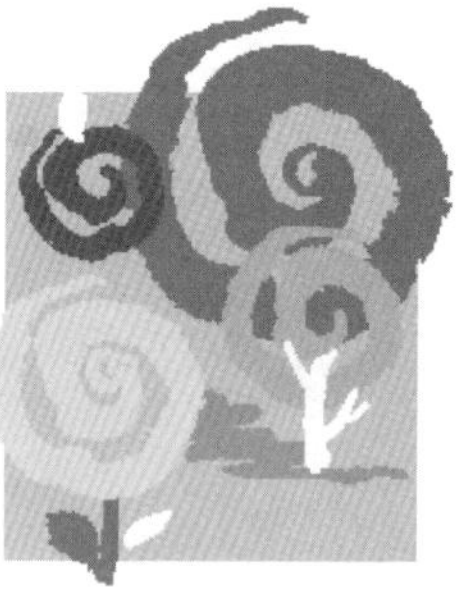

台灣BOOK 07

1XAG **在中國革命的道路上：歷史巨變下的臺灣人**

作 者— 林德政
發 行 人— 楊榮川
總 經 理— 楊士清
總 編 輯— 楊秀麗
副總編輯— 蘇美嬌
責任編輯— 邱紫綾
封面設計— 果實文化設計工作室
出 版 者— 五南圖書出版股份有限公司
地 址：106台北市大安區和平東路二段339號4樓
電 話：(02)2705-5066 傳 真：(02)2706-6100
網 址：https://www.wunan.com.tw
電子郵件：wunan@wunan.com.tw
劃撥帳號：01068953
戶 名：五南圖書出版股份有限公司
法律顧問 林勝安律師事務所 林勝安律師
出版日期 2014年10月初版一刷
2022年12月二版一刷
定 價 新臺幣550元